»Wir kriegen euch alle!«
Braune Spur durchs Frankenland

Werner Rosenzweig

»WIR KRIEGEN EUCH ALLE!«

Braune Spur durchs Frankenland

Engelsdorfer Verlag
Leipzig
2015

Bibliografische Information durch die Deutsche Nationalbibliothek:
Die Deutsche Nationalbibliothek verzeichnet diese Publikation in der
Deutschen Nationalbibliografie, detaillierte bibliografische Daten sind im
Internet über http://dnb.dnb.de abrufbar.

Handlung und Personen sind frei erfunden.
Ähnlichkeiten mit lebenden oder verstorbenen Personen
wären rein zufällig und unbeabsichtigt.

ISBN 978-3-95744-592-6

Copyright (2015) Engelsdorfer Verlag Leipzig
Alle Rechte beim Autor, www.roetten-buch.de

Lektorat: Barbara Lösel, www.wortvergnügen.de

Hergestellt in Leipzig, Germany (EU)
www.engelsdorfer-verlag.de

18,00 Euro (D)

VORWORT

Der Nahe Osten scheint dem Verfall nahe. Sunniten kämpfen gegen Schiiten. Die USA haben sich aus dem Irak zurückgezogen, ohne stabile Strukturen zu hinterlassen. Das so oft totgesagte Regierungssystem von Präsident Assad in Syrien ist immer noch an der Macht und kämpft an verschiedenen Fronten. Nahezu fünf Millionen Flüchtlinge haben beide Länder zwischenzeitlich verlassen. Die dschihadistisch-salafistische Terrororganisation Islamischer Staat, deren Machtbasis auf einer Gruppe ehemaliger irakischer Offiziere beruht, hat ein Kalifat ausgerufen und will zurück zu den Ursprüngen des Islam. Seinen Ursprung hat die Terrororganisation im irakischen Widerstand. Ihre Verbrechen sind brutal und menschenrechtsverachtend. Und da ist auch noch der türkische Ministerpräsident Erdogan in seinem 1000-Zimmer-Palast, der davon träumt, eines Tages die Muslime zu führen und ein großosmanisches Reich zu errichten. Natürlich steht ihm dabei der syrische Präsident im Weg, und auch dem Iran wird diese Idee nicht gerade gefallen. Gekämpft wird an allen Ecken und Enden. Leidtragende sind die Bevölkerungen der genannten Länder. Als wenn das nicht schon genug wäre, verübt auch die nigerianische Terrororganisation Boko Haram ständig Anschläge, und auch in Ägypten und Libyen ist das Fass aufgrund der unsicheren politischen Situationen ständig am Brodeln.

All diese Ereignisse lösten eine Flüchtlingswelle in einem nie dagewesenen Ausmaß aus. Die Neonazis in Deutschland sehen es mit Wohlwollen, wenn sich die Muslime in ihren eigenen Ländern zu Tausenden gegenseitig umbringen. Jetzt aber, wo immer mehr Flüchtlinge und Asylsuchende unter Einsatz ihres Lebens in gewagten Schiffstransporten über das Mittelmeer die italienische Insel Lampedusa ansteuern und so nach Europa und auch nach Deutschland drängen, vergeht ihnen das Lachen. Tausende, Hunderttausende Flüchtlinge sind nach Europa unterwegs beziehungsweise warten noch immer auf ihre lebensgefährliche Fahrt über das Mittelmeer. Tausende von ihnen bezahlten dieses Wagnis bereits mit ihrem Leben.

Die Asylaufnahmestellen in Deutschland sind auf diesen Ansturm nicht vorbereitet. Es herrscht das blanke Chaos. Die Flüchtlinge, welche entkräftet, aber lebend in Italien ankommen, will in Wirklichkeit keiner haben. Doch dies zuzugeben, ist politisch nicht opportun. Asyl erhalten normalerweise nur diejenigen, welche auch asylrelevante Gründe glaubhaft machen können. Viele hoffnungslose Menschen werden wieder in ihre Heimatländer abgeschoben, in denen auf viele von ihnen Repressalien, Inhaftierungen und ein ungewisses Schicksal warten. Diejenigen, die in Deutschland bleiben dürfen, haben kaum eine Chance in die Gesellschaft integriert zu werden. In den Orten und Städten ihres endgültigen Verbleibens werden sie selten willkommen geheißen. Sie sind und bleiben Fremde, Störenfriede und werden in vielen Fällen als Nutznießer des deutschen Sozialsystems kritisiert. Sie gehören nicht hierher. Oft schlägt ihnen Fremdenhass entgegen, und einige werden zu Zielobjekten der rechtsradikalen Szene.

»Wir sind keine Nazis«, meinen mehr als 15.000 Dresdner Bürger während der Demonstrationen von Pegida, den Patriotischen Europäern gegen die Islamisierung des Abendlandes, und: »Klar müssen wir Flüchtlingsheime bauen, aber doch nicht gerade hier. Gibt es überhaupt ein Sicherheitskonzept für diesen Plan? Werden jetzt unsere Kita- und Schulplätze knapp? Sind die Asylanten nicht kriminell, und Asylbetrüger? Wie gesagt, wir sind keine Nazis, wir äußern nur unsere berechtigten Bedenken.« Ängste kommen auf, Ängste werden geschürt, und die Pegida-Anhänger geraten in eine politische Schieflage, werden verbal attackiert und dämonisiert. Doch nicht wenige Deutsche, die nicht auf die Straße gehen, denken ähnlich wie sie. Birgt eine zunehmende Islamisierung tatsächlich Gefahren?

Die Rechtspopulisten haben da weniger Probleme ihre Meinung klar zu äußern, Islamfeindlickkeit ist sowieso eine ihrer Dogmen.

Die Neonazis hingegen haben in dieser Geschichte längst beschlossen, rechtzeitig zu handeln: »Taten statt Worte.« Eine Gruppe ehemaliger Mitarbeiter des Ministeriums für Staatssicherheit der DDR sieht es als unerlässlich an, ganz Deutschland mit einem neuen Terrornetz zu überziehen und gegen den unerwünschten Ausländeransturm vorzugehen. Der

Nationalsozialistische Untergrund hat es längst vorgemacht, wie man mit diesem Ausländergesindel umgeht. Beate Zschäpe, Mitglied des NSU, steht noch immer vor Gericht. Zehn Menschen haben Uwe Mundlos und Uwe Bönhardt, ihre beiden ehemaligen Lebensgenossen, getötet. Die Ermittlungsbehörden konnten die drei lange Zeit nicht unschädlich machen. Sie hatten in ihrer Ermittlungsarbeit versagt. Nie wieder darf sich so etwas wiederholen. Nie wieder, schworen sich die Bundesbehörden.

Doch das sehen die ehemaligen MfS-Mitarbeiter ganz anders. Sie haben ganz klare Vorstellungen: Kleine Terrorgruppen sollen es sein, unauffällig und schlagkräftig. Jeder Anschlag soll detailliert geplant und präzise ausgeführt werden. Viele tote Ausländer nehmen sie gerne in Kauf. Je mehr, desto besser. Ihre Attentate sollen schließlich aufschrecken, sollen die Flüchtlingsströme dazu veranlassen, gar nicht erst nach Deutschland zu kommen. Sie bereiten ihren Plan von langer Hand vor.

Als dann das europäische Parlament beschließt, dass auch Rumänen und Bulgaren ab Januar 2014 die Möglichkeit der freien Wohnsitzwahl in Westeuropa haben, wird es Zeit endlich zu handeln. Hunderttausende Arbeitslose – so die Befürchtungen mancher Politiker – werden sich voraussichtlich auf den Weg machen, in der Hoffnung in Westeuropa eine Arbeitsstelle zu finden. Sie werden Nutznießer der lokalen Sozialsysteme oder nehmen Einheimischen die Arbeitsplätze weg, so die Befürchtungen vieler. Vielleicht stimmt das in einigen Fällen. Vielleicht auch nicht. Bedenken gehen um, Bedenken werden geschürt. »Wer betrügt fliegt! Wir müssen rechtzeitig etwas gegen diese Schmarotzer unternehmen«, heißt die unausgesprochene Botschaft. »Am besten, wir lassen sie gar nicht erst rein, nach Deutschland. Wir brauchen sie nicht, das Lumpenpack, das faule. Haut ihnen doch gleich auf die Fresse!«

PROLOG

Trotz dunkler Vergangenheit war Thomas Keller nie auf dem Radarschirm des Verfassungsschutzes aufgetaucht – bis heute nicht. Eine der vielen desaströsen Peinlichkeiten in der Arbeit der staatlichen Ermittlungsorgane. Gut, er war auch immer äußerst vorsichtig gewesen, bei seinen Kontakten zu Uwe Mundlos, Uwe Böhnhardt und Beate Zschäpe. In der Öffentlichkeit ließ er sich nie mit ihnen sehen. Die wenigen persönlichen und kurzen Treffen mit den drei Rechtsextremisten fanden ausschließlich im Geheimen statt, immer draußen an einsamen Orten, Augenzeugen waren sowieso niemals dabei. Telefonieren kam auch nicht infrage. Seinerzeit war er einer der zahlreichen fanatischen Unterstützer des Nationalsozialistischen Untergrunds, des NSU. Die drei hätten ohne Unterstützung von außen, ohne die Geldspender, die Beschaffer von Ausweispapieren, die Vermittler von konspirativen Wohnungen und die Waffenlieferanten ihre Banküberfälle, Bombenanschläge und Morde niemals alleine ausführen können.

Zumindest finanziell leistete er in den Anfangsjahren seine bescheidenen Beiträge. Immer in bar. Beate Zschäpe wusste das, aber er hatte keine Sorgen, auch wenn sie gerade vor Gericht stand. Beate würde ihn nie verraten.

Bis zum Spätherbst 1989 war Thomas Keller ein führendes Mitglied des Ministeriums für Staatssicherheit, doch damals hieß er im wahren Leben noch Hans-Peter Wallner. Als in den großen Städten der damaligen DDR die Bürger auf die Straßen gingen und »Wir sind das Volk« riefen, um gegen das SED-Regime zu demonstrieren, als Ungarn seine Grenzen zum Westen öffnete, war für ihn das Ende seiner geliebten DDR absehbar, und er handelte ohne zu zögern. Der Zufall kam ihm dabei zu Hilfe: Was für ein Glück, dass er den wahren Thomas Keller, den SED-Regimekritiker und SPD-Anhänger aus Ostberlin, Anfang 1986 hinter Schloss und Riegel brachte. Er sah ihm äußerlich verdammt ähnlich – was sein persönliches Interesse an dem Häftling weckte: Er hatte das gleiche Alter – Geburtsjahrgang 1950 – war schlank, einen Meter achtundsiebzig groß, hatte ein ovales Gesicht, selbst seine Art, sich zu bewegen, war nahezu identisch. Die wirklichen Unterschiede waren nicht sonderlich gravierend: Auf der Nase hatte er, im Gegensatz zum richtigen Thomas Keller, einen kleinen Höcker, die Farbe seiner Augen war nicht braun, sondern blau-grau. Der andere war Brillenträger, hatte einen nach hinten gekämmten Kurzhaarschnitt, der an den Schläfen bereits graue Töne annahm. Immer wieder betrachtete Hans-Peter Wallner die Fotos von Thomas Keller und studierte die Vernehmungsprotokolle. Bald kannte er dessen Lebensgeschichte in- und auswendig: einziges Kind von Helga und Thorsten Keller. Die Eltern waren 1984 bei einem schweren Verkehrsunfall verstorben. Ein Wessi-Lkw drückte bei Schnee und Glatteis auf der Transitautobahn ihren Trabi gegen eine Autobahnbrücke. Kellers Onkel war 1950 in die USA ausgewandert und betrieb in Seattle einen gut florierenden Immobilienhandel. Das war's. Ansonsten hatte Thomas Keller keine weiteren Verwandten. Niemand wartete auf ihn. Er war Single.

Der Verurteilte saß in Bautzen II, dem Stasi-Knast, in der Lessingstraße in der Ostvorstadt ein. Von 1945 bis 1949 diente Bautzen II – eine Zweigstelle von Bautzen I – der sowjetischen Militärverwaltung als Untersuchungsgefängnis. Im Jahr 1949 übernahm das Justizministerium der DDR die Strafanstalt, bis schließlich 1956 das Ministerium für Staatssicherheit die Kontrolle an sich riss. Auch in Bautzen II demonstrierten die Gefangenen in der Wendezeit gegen das politische System. Hans-Peter Wallner schmiedete schon seit Wochen an seinem Plan. Anfang November 1989 besuchte er Thomas Keller im Gefängnis und erklärte ihm, dass er freigelassen werden würde. Noch heute. Jetzt sofort. Er, Hans-Peter Wallner, habe Anweisungen erhalten, ihn in sein Häuschen nach Berlin-Köpenick zurückzubringen. Der Entlassungsvorgang dauerte eine knappe Stunde. Nachdem die vorbereiteten Entlassungspapiere geprüft, Thomas Kellers Hab und Gut, sein DDR-Ausweis, sein Berliner Hausschlüssel und die sonstigen Dokumente übergeben waren, öffneten sich für die beiden die Gefängnistore und der poltische Gefangene atmete, erstmals seit drei Jahren und zehn Monaten, wieder als freier Mann die Luft dieses kalten und nebeligen Tages. Hans-Peter Wallner öffnete die Beifahrertür seines Dienst-Trabis, wartete, bis der Ex-Gefangene Platz genommen hatte, klemmte sich hinter das Steuer des Wagens und ließ den Motor an. Der spotzte drei Mal, bis er ansprang und blauer Dunst aus dem Auspuff wirbelte. Dann entfernte sich der Kleinwagen mit dem hohen Singsang seines Zweitaktmotors vom Parkplatz vor dem Gefängnis. Danach wurde Hans-Peter Wallner, der sich um die zweifelhaften Erfolge des Ministeriums für Staatssicherheit verdient gemacht hatte, nie wieder gesehen. Er verschwand für immer und ewig von der Bildfläche. Eine Fahndung nach ihm wurde nicht eingeleitet. Die DDR befand sich in einem wirren Auflösungsprozess. Jeder war sich selbst der Nächste und musste sehen wo er blieb.

★

Kurz bevor Hans-Peter Wallner und Thomas Keller an diesem 3. November 1989 den Südosten Berlins erreichten, bog der MfS-Mann in ein Waldstück ein. »Muss mal pinkeln«, kommentierte er kurz und knapp. Nach wenigen Minuten stoppte er nahe einer dichten Fichtenschonung. Die beiden Männer stiegen aus und jeder suchte sich einen Baum, um sich zu erleichtern. Als sie ihr Geschäft verrichtet hatten und zum Fahrzeug zurückgingen, trat Hans-Peter Wallner dicht hinter den Freigelassenen. Seine Dienstpistole mit aufgesetztem Schalldämpfer hatte er längst entsichert. Eiskalt und ohne Kommentar schoss er Thomas Keller aus allernächster Nähe in den Hinterkopf. Das Gesicht des Opfers explodierte in einem Schwall aus Blut, Gehirnmasse und Knochensplitter, bevor der leblose Körper lautlos auf dem feuchten Waldboden aufschlug. Der Mann aus dem Ministerium für Staatssicherheit steckte seine Waffe zurück in den Schulterhalfter und sah sich um. Der dünne Pulverrauch verflüchtigte sich rasch. Kein Laut war zu hören. Nur der Wind zerrte an den Baumwipfeln der hohen Lärchen. Der Mörder bückte sich, packte die Leiche an den Füßen und schleifte sie in die nahe Fichtenschonung. Er sah die blutbesudelte

Leiche mitleidlos an. Dann holte er einen Spaten aus dem Trabant und begann, in der Nähe eines riesigen Ameisenhaufens Erde auszuheben. Es dauerte drei Stunden, bis er eine genügend tiefe Grube ausgehoben und den Toten in einen schwarzen Plastiksack gezwängt hatte. Er schwitzte, obwohl der Wind nun eisig kühl durch die Waldwege fegte. Kalter Schweiß benetzte seine Stirn. Immer wieder unterbrach er seine Arbeit und lauschte in alle Richtungen. Nachdem er den Leichensack würdelos in das ausgehobene Loch gestoßen hatte, benötigte er zwei weitere Stunden, um das Grab wieder mit Erde zu füllen und notdürftig zu verdichten. Als er dann auch noch Moos und Heidelbeerkraut in die weiche Erde getreten hatte, stieß er mit dem Spaten in den aus Abermillionen Fichtennadeln bestehenden Ameisenhaufen. Die kleinen, roten Insekten – in ihrer Winterruhe gestört – gerieten in helle Aufregung und krabbelten den Spatenstiel entlang. Doch der Mörder gab keine Ruhe, bis er den gesamten Nadelhaufen auf das frische Grab seines Opfers geschaufelt hatte. Erst dann begann er, die winzigen, lästigen Tierchen von seiner Kleidung abzustreifen. Sie würden einige Zeit benötigen, um ihre zerstörte Ordnung wieder herzustellen. Ihre unterirdischen Gänge mussten sie sich neu graben. Wenn sie wollten. Es würde sich lohnen. Der Mörder hatte den schwarzen Plastiksack, in dem die Leiche von Thomas Keller ruhte, an mehreren Stellen mit seinem Taschenmesser aufgeschlitzt, bevor er die ausgehobene Erde wieder in das Loch zurückschaufelte. Der Tote wäre ein leckerer Schmaus für die winzigen, roten Krabbeltiere. Der MfS-Mann betrachtete sein Werk und war hoch zufrieden. Sein Hemd klebte kalt am Rücken und er fröstelte. Die Temperaturen waren weiterhin gefallen und die ersten filigranen Schneeflocken tänzelten aus einem mit Schneewolken verhangenen Himmel. Zeit, um endgültig zu verschwinden. Er sah ein letztes Mal hinein in die Waldschonung zu dem Fichtennadelhaufen, in dem die kleinen Insekten immer noch aufgeregt umherirrten. Dort lag nun Hans-Peter Wallner begraben, einer der brutalsten, aber auch loyalsten Mitarbeiter des Ministeriums für Staatssicherheit der DDR. Thomas Keller, der Regime-Kritiker aus Berlin-Köpenick hatte überlebt. Der Mörder fühlte sich wie neugeboren, wie ein junger Schmetterling, dessen hässliche Larve, vergraben in einem schwarzen Plastiksack, dahin modern würde. Jetzt musste er sich nur noch schnellstens und unauffällig seines Wagens entledigen. Berlin hatte viele Kanäle und Gewässer.

1

Thomas Keller alias Hans-Peter Wallner hatte es nicht eilig. Er konnte sein neues Leben mit Bedacht planen. In der Ruhe liegt die Kraft. Sein bisheriger Arbeitgeber, das Ministerium für Staatssicherheit, befand sich in einer heillosen Auflösungsphase. Keller saß in seinem neuen Haus in Berlin-Köpenick, ließ die Vergangenheit vor seinem geistigen Auge Revue passieren und betrachtete die weitere politische Entwicklung entspannt von außen. Er dachte an seine Kindheit, an seine Oma Anna, die immer für ihn da war, immer ein Ohr für ihn hatte, wenn er Probleme wälzte, die ihn immer tröstete, und meist einen Ausweg wusste. Oma Anna war es, die ihm so oft spannende Geschichten erzählte, damals aus der Zeit, als sie noch jung und hübsch war. Sie erzählte ihm von dem Herrn Hitler, dem großen deutschen Führer, der Deutschland nach den Wirren und der Schande des Ersten Weltkrieges wieder zu einer großen, aufstrebenden Nation formte. Er war es, der den Deutschen wieder Arbeit gab, der die ersten Autobahnen bauen ließ. »Deutschland gehört den Deutschen, und nicht den Ausländern«. Wie recht er hatte. Oma Anna erzählte ihm, wie sie während der Bombennächte in den Luftschutzbunkern in Dresden saß, als die Engländer und die feigen Amerikaner ihre wunderschöne Heimatstadt mit einem wahren Bombenteppich belegten. Die Amerikaner, die konnte er sowieso noch nie leiden. Warum hatten die sich überhaupt in den Krieg gegen Deutschland eingemischt? Alle gegen einen. Schon damals spielten sie Weltpolizist, genau wie heute. Oma Anna erzählte ihm von den ruhmreichen Schlachten der deutschen Landser, wie sie Frankreich überrannten, wie tapfer Rommel sich in Nordafrika schlug und wie die deutschen U-Boote die feindlichen Geleitzüge im Atlantik aufspürten und vernichteten. Seine Oma konnte wirklich spannend erzählen, auch von Johann, ihrem Ehemann, der gegen Ende des Zweiten Weltkriegs am Bahnhof von Bologna von einem Tieffliegerangriff der Amerikaner überrascht wurde und im Feld blieb. Sein Opa, den er nie kennengelernt hatte. Er hasste die Amerikaner umso mehr dafür. Die USA waren für ihn der westliche Teufel schlechthin, genauso wie ihr Ableger, diese BRD. Als am 13. August 1961 in Berlin die Mauer errichtet wurde, war er elf Jahre alt. Endlich wusste sich die Deutsche Demokratische Republik vor der Infiltration des Westens zu schützen. In der Schule las er die Werke von Marx und Lenin. Besonders Karl Marx hatte es ihm angetan. Wie hatte er in *Die Deutsche Ideologie* geschrieben? »Nicht das Bewusstsein bestimmt das Leben, sondern das Leben bestimmt das Bewusstsein«, und »Die herrschenden Gedanken sind immer die Gedanken der Herrschenden«. Er hatte sich fest vorgenommen, eines Tages auch zu den Herrschenden zu gehören, zur Elite. Mit zwanzig Jahren meldete er sich freiwillig zum Dienst der Deutschen Grenzpolizei, welche damals dem Ministerium für Staatssicherheit unterstellt war. Er war ein guter Polizist. Unter seiner Leitung stellten sie in Thüringen drei Gruppen von Republikflüchtigen. Einen von ihnen, der nicht stehen blieb, sich den klaren Befehlen widersetzte und glaubte, den Grenzzaun noch überwinden zu können, stoppte er durch einen gezielten Schuss in den Rücken. Er wurde belobigt. Selbst schuld. Der Republikflüchtling könnte heute noch leben, wenn er auf die Aufforderungen zum Stehenbleiben gehört hätte. Hans-Peter Wallner wurde für seine Aufmerksamkeit und die hervorragenden Dienste im Interesse der DDR ausgezeichnet und in das Ministerium für Staatssicherheit berufen. Zu seinen neuen Aufgaben gehörte nun, an der Zersetzung von politisch Oppositionellen und Regimekritikern mitzuwirken, um politische Straftaten zu unterbinden. Er war auf dem richtigen Weg. Er genoss die neue Macht, die er über andere hatte. In dieser Zeit vertiefte er den Hass gegen die Feinde der DDR.

Nun hatten die westdeutschen Kapitalisten doch noch gesiegt. Am 17. November 1989 wurde das Ministerium für Staatssicherheit in »Amt für Nationale Sicherheit« umbenannt. Kurz darauf, am 4. Dezember, besetzten politisch Verblendete die Bezirksstelle Erfurt, und dann, am 15. Januar 1990, die Zentrale in Berlin. Sie hielten Bürgerwachen und gründeten Bürgerkomitees. Die Wende war nicht mehr aufzuhalten, Hans-Peter Wallner hatte gerade noch rechtzeitig die Kurve gekriegt.

★

Erst im Frühjahr 1991 tauchte der neue Thomas Keller bei der Meldebehörde Köpenick auf und legte seine Papiere vor: Pass der DDR und Geburtsurkunde. Er berichtete von seiner Verhaftung, seiner Gefängniszeit in Bautzen II, seinen dauerhaft gesundheitlichen Leiden, welche er sich in dieser Zeit zuzog und von den unmenschlichen Bedingungen im Allgemeinen. Der zuständige Beamte war von seinen Erzählungen gebannt und erschüttert zugleich. Dass sein Gegenüber mit dem graumelierten Kurzhaarschnitt braune Kontaktlinsen, trug fiel ihm gar nicht auf. Dass er vor wenigen Wochen eine leichte Nasenkorrektur hatte vornehmen lassen, konnte er sowieso nicht ahnen. Er stellte einen vorläufigen Reisepass der Bundesrepublik Deutschland aus und versprach dem Mann, dass das endgültige Dokument in etwa zwei Wochen abgeholt werden könne. Der neue Thomas Keller bedankte sich für die professionelle und unbürokratische Bearbeitung seiner Angelegenheiten. Drei Monate später bot ihm – aufgrund seiner Bewerbungsunterlagen – ein großer deutscher Elektrokonzern in Berlin, in der Elsenstraße, einen Job an. In dem Haus in Berlin-Köpenick, welches er widerrechtlich übernommen hatte, hatte er den dokumentierten, beruflichen Werdegang seines Opfers gefunden, welches nun unter einem riesigen Ameisenhaufens verscharrt für ewig ruhte. Die lückenlosen Nachweise, wie Schul- und Uniabschlüsse, Geburtsurkunde und Familienstammbuch wuschen seine Vergangenheit um eine weitere Stufe rein. Seine Gesinnung hatte sich indessen nicht geändert: Er mochte das System des konsumorientierten Westens nicht und glorifizierte in seinen Gedanken immer noch die alten DDR-Zeiten. Er hegte einen manischen Hass gegen all die in den Osten Deutschlands drängenden Ausländer, welche gegen eine lausige Bezahlung den Einheimischen die raren Arbeitsplätze wegschnappten oder dem deutschen Staat faul auf der Tasche lagen. Da standen sie im Görlitzer Park, einzeln oder in kleinen Gruppen, die arbeitsscheuen Türken und Neger, und dealten mit Rauschgift. Deutschland brauchte sie nicht, diese Drecksschweine. Am meisten hasste er Türken, Bosnier und Schwarzafrikaner. Die gehörten weg, raus aus Deutschland. Am besten ganz weg. Sie schadeten seiner Heimat, in der er groß geworden war. Er war schon immer ein Anhänger der Politik von ganz früher, als Deutschland auf dem Weg war, eine der ganz großen Nationen dieser Welt zu werden. Oma Anna hatte ihm ja alles erzählt. Seinerzeit waren es die Juden, die Deutschland wirtschaftlich bedrohten. Das sollte man doch heute auch noch wissen? Dann, in den 60er Jahren, holte sich die BRD unverständlicherweise die vielen Türken ins Land, welche heute in der zweiten und dritten Generation immer noch hier waren. Damals war ihm das egal. Er verstand es nur nicht. Wozu? Sie lassen sich nicht integrieren, leben immer noch sippenhaft unter ihresgleichen und kennen ihre sozialen Rechte besser als jeder deutsche Arbeiter. Auch die aktuellen Berichterstattungen in den Medien kotzten ihn an. Da kamen sie, die Bimbos aus Libyen, Syrien, Tunesien, Ghana und sonstigen Ländern, in abgetakelten Booten übers Mittelmeer, setzten ihr Leben aufs Spiel und meinten, in Westeuropa fänden sie das Schlaraffenland. Sollen sie doch bleiben, wo sie herkamen, diese Kameltreiber. Wie die schon aussehen. Zum Fürchten. Was wollen die eigentlich hier? Leben in Saus und Braus! Schade, dass bei der Überfahrt nicht mehr von ihnen draufgehen. Schade, dass viele von ihnen Lampedusa immer noch erreichen. Zu viele. Und diese inkompetenten EU-Politiker im europäischen Parlament, diese hirnverbrannten, überbezahlten Politikheinis, was geben die von sich? Deutschland sei ein prädestiniertes Einwanderungsland! Bockmist! Bullshit! Die haben doch keine Ahnung. Außer blödsinnige Richtlinien zu erlassen, haben die eh nichts im Hirn. Die regeln selbst die Ausnahmen von den Ausnahmen. Es wurde Zeit endlich zu Handeln. Taten statt Worte. Genau wie Hitler sagte.

Thomas Keller suchte Kontakte zu seinesgleichen – die genau dachten wie er. Es gab da Gott sei Dank noch ein paar wenige Aufrichtige, welche ebenfalls zeitweise abgetaucht waren und die Welt mit den gleichen Augen sahen wie er. Auch ihnen tat es innerlich weh, zusehen zu müssen, wie ihre politische Weltanschauung immer mehr in die Bedeutungslosigkeit abglitt.

Dass diese unfähigen West-Politiker im Dezember 1991 das Stasi-Unterlagen-Gesetz in Kraft gesetzt und die Öffnung der Akten ihres ehemaligen Staatssicherheitsdienstes erlaubt hatten, war ihnen schon gegen den Strich gegangen. Mussten sie sich vielleicht eines Tages auch noch wegen ihrer vaterlandstreuen Arbeit rechtfertigen? Sie beschlossen, endlich aktiv zu werden. Gemeinsam kamen sie überein, dem Asylgebaren dieses verhassten kapitalistischen Systems nicht mehr länger untätig zuzusehen. Sie wollten ihre alte Weltordnung wiederherstellen, ohne schmarotzende Ausländer. Deutschland brauchte wieder eine strenge Hand, wie sie bis Mitte der vierziger Jahre gelebt wurde. Wenn es nicht anders ging, dann eben mit Gewalt. So gründeten sie, nachdem der NSU aufgeflogen war, im Juni 2012 die Nationale Extreme Leipzig, die NEL. Die Satzung kannten nur die zwölf Gründungsmitglieder. Äußerste Vorsicht war angesagt, das war ihnen klar. Gerade jetzt, nachdem die heroischen Taten des NSU immer mehr in die politischen Diskussionen gerieten und der Prozess um Beate Zschäpe unverständlich hohe Wellen schlug. Sie nahmen sich vor, nur im Geheimen zu operieren. Nur im Stillen, ohne aufzufallen. Keine Kontakte zu anderen rechtsextremen Organisationen. Abstand zur NPD. Keine Öffentlichkeitsarbeit. Eigentlich gab es die NEL gar nicht, und doch gelobten sie sich, dass jeder von ihnen eine neue Terror-Zelle ins Leben rufen und führen würde. Unabhängig voneinander wollten sie operieren. Besser die Mitglieder der Zellen kannten sich untereinander gar nicht. Was ich nicht weiß, macht mich nicht heiß! Für ihr Vorhaben brauchten die Zwölf Geld und die richtigen Leute. Keine schwarz gekleideten Glatzköpfe mit Springerstiefeln und Bomberjacke, denen man den Neonazi schon auf hundert Metern ansah. Sie suchten normal aussehende junge Menschen, ohne negativen Leumund, aber den richtigen, ideologischen Einstellungen, politisch interessiert, aber inaktiv, skrupellos und gewaltbereit. Zwei, maximal drei Leute je Zelle waren okay.

Die Zwölf fuhren in Dreiergruppen in den Westen, nach Niedersachsen, Hessen, ins Rheinland und nach Bayern, überfielen in kurzen Abständen Einrichtungen mit hohen Tageseinnahmen, wie Tankstellen, McDonalds-

Restaurants und Supermärkte, und verschwanden wieder. Die Polizeibehörden waren ratlos. Nach vier Wochen intensiver Überfälle hörte der Spuk so schnell auf, wie er begonnen hatte. Dort, wo die vier Gruppen bei ihren Taten gefilmt wurden, sah man Männer mit breiten Strohhüten auf ihren Häuptern. Von den Krempen der Kopfbedeckungen hingen Imker-Netze, welche jeglichen Blick auf die Gesichter der Täter unmöglich machten. Die bundesweit agierende »SOKO Honigtopf« sprach von lange vorbereiteten, generalstabsmäßig ausgeführten Überfällen. Trotz intensiver Bemühungen gab es keinerlei Hinweise auf die Täter. Besonders irritierend war die Tatsache, dass die Überfälle nahezu zeitgleich in vier verschiedenen Bundesländern abliefen.

Thomas Keller und seine Genossen standen kurz vor ihrem Ziel. Sie hatten genügend Anfangskapital. Nun hieß es, die richtigen Zellenmitglieder anzuheuern: Sympathisch mussten sie aussehen, vertrauenswürdig und unauffällig. Sie durften noch nie mit dem Gesetz in Konflikt geraten sein. Ausländer sollten ihnen verhasst sein. Besonnenheit, Mut und Entscheidungsstärke waren weitere Eigenschaften, die sie besitzen sollten, gepaart mit Skrupellosigkeit und Gewaltbereitschaft. Der Plan der zwölf Gründungsmitglieder der NEL war simpel: Schnell zuschlagen, einen hohen Personen- und Sachschaden hinterlassen und unerkannt verschwinden, ohne Spuren zu hinterlassen. Die zwölf planten einen Teppich der Gewalt über in Deutschland lebende Ausländer auszurollen. Ein Meer aus Angst und Schrecken wollten sie verbreiten, um den Migranten, Asylanten und der ganzen Türkenbande das Leben in Deutschland grundlegend zu vermiesen. Jeder Asylbewerber sollte sich drei Mal überlegen, ob er nach Deutschland kommen wollte. Das Ausländerpack, welches bereits in Deutschland lebte, sollte sich nicht lange überlegen müssen, das Land wieder zu verlassen. Dieses Ziel zu erreichen, schnell zu erreichen, ging nur mit extremer Gewaltanwendung. Nur das verstanden diese Bimbos – eine klare Sprache.

Ihren zentralen Treffpunkt mieteten die Gründungsmitglieder der NEL in Leipzig an, mitten im Zentrum, wo es vor Touristen nur so wimmelt.

Thomas Keller hatte die Idee. »Das Barfußgässchen ist die Fressmeile Leipzigs«, argumentierte er. »Nahezu ganzjährig halten sich Touristen in den engen Gassen und auf dem Platz vor dem Alten Rathaus auf. Da fallen wir in dem Gewimmel gar nicht auf, wenn wir unsere vierwöchigen Treffen abhalten.« Gesagt, getan. Dort, wo ein alter, dunkler und schäbiger Treppenaufgang zum Central Kabarett hochführt, mietete Thomas Keller im vierten Stockwerk eine Dreizimmerwohnung mit Küche, Bad und einem großen Wohnzimmer. Sogar einen offenen Kamin hatte die Wohnung. Von hier aus, so hatten sie sich vorgenommen, wollten sie Deutschland wieder lebenswerter machen, frei von diesem Ausländerpack, das so nützlich war wie ein Kropf am Hals. Sie hatten sich fest vorgenommen, die Arbeit der NSU erfolgreich fortzusetzen. Nein, nicht nur erfolgreich – erfolgreicher. Bald würde es viele tote Ausländer in Deutschland geben. Skrupel ließen sie nicht gelten. Sie sahen ihr zukünftiges Handeln als eine Berufung an – eine Berufung Deutschland zu retten, bevor es endgültig zu spät war. Wie hatte auch der NSU gesagt? »Taten statt Worte« – nur dieses Mal besser organisiert und geplant. Nichts sollte dem Zufall überlassen bleiben. Niemand in Deutschland sollte mit der Abkürzung NEL je konfrontiert werden. Es gab sie, und es gab sie nicht. Nur zwölf Menschen konnten mit dieser Abkürzung etwas anfangen.

2

Der 25. August 2013, ein Sonntag, war ein Scheißtag – zumindest wettermäßig. Seit den frühen Morgenstunden zogen tiefhängende Regenwolken von Westen her auf die kleine mittelfränkische Gemeinde Röttenbach zu. Es sah nicht so aus, als hätten die wärmenden Strahlen der Augustsonne an diesem Tag auch nur die geringste Chance, die dichte Wolkendecke zu durchdringen. Als der Himmel einmal kurz heller wurde – oder war das nur pure Einbildung? – machte innerhalb von Minuten eine neue, dunkle Wolkenfront alle Hoffnungen wieder zunichte. Seit zwei Stunden fielen feine, aber dichte Regentropfen, wie an einer dünnen Schnur gezogen, ununterbrochen auf das Dorf.

Mitten auf dem Parkplatz vor dem Röttenbacher Rathaus stand einsam und verlassen ein moderner Reisebus. Der Motor war abgeschaltet, die Eingangstüren geöffnet. Hinter den beschlagenen Scheiben sah man von außen ab und an rege, aber undeutliche Bewegungen. Die riesige Asphaltfläche um den Bus glänzte feucht, und in den Unebenheiten der Teerdecke hatten sich unzählige Pfützen gebildet. Zwei schirmbewehrte Gestalten humpelten gestikulierend auf den Reisebus zu. »Wer hätt etz denkt, dass es heut, am fümfazwanzigstn August, so schüttn tät? Vor aner Wochn wars nu heiß, und ich hab gschwitzt wie eine Sau.« Kunigunde Holzmann schimpfte wie ein Rohrspatz und machte ihrem Ärger lautstark Luft.

»Des kannst halt vorher a net wissen, wie des Wetter wird«, konstatierte ihre Freundin Margarethe Bauer. »Kumm, schick mer uns, ich glaab, wir sind eh die Letztn. Die wartn alle scho auf uns.«

»Des is mir doch scheißegal. Sollns doch ohne uns abfahrn. Hab sowieso kann Bock mehr auf des bleede Mjusical«, brummte Kunigunde Holzmann vor sich hin.

»Na ihr zwaa, ihr seid doch immer die Letztn!«, ertönte eine Stimme aus dem Innern des Busses.

»Sei bloß ruhig«, belferte die Kunni zurück, »sonst steig ich gar net erst ei. Dann könnt ihr alla fahrn. Retta, alte Zuchtl, etz schau halt scho, dassd endlich nei kummst, in den Scheißbus. Ich werd doch da außen nass wie ein Pudl.«

Die Röttenbacher Senioren hatten wirklich verdammtes Pech. Ihr lange geplanter Kulturausflug fiel regelrecht ins Wasser. Um halb zwei starteten sie, knapp fünfzig an der Zahl, vor dem Rathaus in Röttenbach.

Fünfundvierzig Minuten später hatte der Reisebus auf dem Frankenschnellweg Bamberg längst hinter sich gelassen, und der Schnürlregen fiel immer noch auf die in feinem Dunst liegende Landschaft.

»Ich mein, hier regnets nu mehr als bei uns daham", stellte Kunigunde Holzmann fest und sah ihre Freundin nicht gerade freudig erregt an. »Wo fahrn wir eigentlich hin?«

»Na, zur Waldbühne Heldritt, in die Näh von Coburg«, antwortete Retta Bauer unfreundlich. Auch ihr schlug das schlechte Wetter ordentlich aufs Gemüt.

»Werd scho su a Kaff sei«, mutmaßte die Kunni. »Heldtritt? Habbi noch nie ghört.«

Kunigunde Holzmann und Margarethe Bauer kennen sich seit dem Sandkastenalter. Ihre Ehemänner hatte der Herrgott schon vor Jahren zu sich geholt. Im August 2012 feierten sie gemeinsam in der Gaststätte Fuchs ihre achtzigsten Geburtstage, und im Dorf, aus dem sie nie herausgekommen waren, kennt man sie schlichthin als Kunni und Retta. Gesundheitlich sind die beiden noch gut drauf, wenn auch Kunni bei einem Kampfgewicht um die fünfundachtzig Kilogramm Schwierigkeiten beim Laufen hat und immer öfter auf ihren Rollator angewiesen ist. Retta ist das Gegenteil. Rank und schlank, mit der Figur einer Jugendlichen, läuft sie wie ein Porsche frisch aus der Fabrik. Nur ihre Gelenke und die Gicht machen ihr ab und an zu schaffen. Ihre Haushalte führen die zwei noch selbst. Kochen und Essen sind eine ihrer Leidenschaften. Während Kunni allein lebt, hat Retta das Obergeschoss ihres Häuschens an einen zugezogenen Rentner aus dem Sauerland vermietet. Der fühlt sich seit Jahren in Mittelfranken recht wohl, was auch an seiner Vermieterin liegt. Seit Jahren versucht Dirk Loos, zwischenzeitlich auch schon fünfundsiebzig, an seine heimliche Herzensdame heranzukommen. Bisher nur mit mäßigem Erfolg. Neben der guten fränkischen Küche haben Kunni und Retta ein zweites Hobby, dem sie leidenschaftlich nachgehen: die Kriminalistik. Sie haben schon des Öfteren komplizierte Kriminalfälle gelöst und dabei die zuständigen ermittelnden Beamten der Kripo Erlangen verdammt schlecht aussehen lassen. Das Ganze birgt insofern noch eine zusätzliche Brisanz in sich, als Kunnis Neffe, Gerald Fuchs, der verantwortliche Kommissar der Mordkommission in Erlangen ist. Die Vorbilder der beiden Damen sind die Münchner

Tatort-Kommissare Leitmayr und Batic, deren Sendungen sie niemals verpassen, wobei die Kunni mehr von Leitmayr hält als von Batic. Ihre Freundin ist da gegenteiliger Meinung, und manches Mal geraten die beiden darüber auch in Streit, was aber ihrer langjährigen Freundschaft keinen Abbruch tut. Dass Kunnis einziger lebender Verwandter, Gerald Fuchs, ebenfalls in Röttenbach wohnt, hat mit ihren kriminalistischen Erfolgen nichts zu tun. Im Gegenteil, sie war ihm bisher in ihren Ermittlungen sowieso immer um Nasenlängen voraus.

Den Ausflug im Rahmen des heutigen Operettenabends, in die Nähe von Coburg, hatten sie schon vor Wochen geplant. Schade, dass das Wetter heute nicht so mitspielte, wie sie sich das erhofft hatten. Draußen, in der wolkenverhangenen Landschaft zog rechterhand der Staffelberg vorbei. Auch die Türme der Wallfahrtskirche Vierzehnheiligen lagen wenige Minuten später in einem dichten, dunstigen Regenschleier, und die mächtigen Scheibenwischer des Reisebusses ächzten in ihren Scharnieren, darum bemüht, dem Fahrer ein einigermaßen klares Sichtfeld zu verschaffen. Auf den regennassen Seitenfenstern des Busses zogen sich lange Regenschlieren von rechts oben nach links unten hin und verwischten die Sicht auf das auf der linken Seite auf einem Hang stehende Kloster Banz sowie auf die umliegende hügelige Landschaft.

»Wie heißt das Stück nochmal, das wo wir uns heut bei dem Sauwetter anschaun wolln?« Kunni Holzmann warf einen konzentrierten Blick auf das winzige Zifferblatt ihrer Armbanduhr und kramte aus ihrer Handtasche den Wochenendteil der Nordbayerischen Nachrichten und einen Kugelschreiber hervor.

»Also Kunni, was ist denn heut mit dir los? Hast auch scho Alzheimer? Weißt denn du das nimmer? Heut ist doch unser Operettenausflug! Kiss mi Käit von Kol Border steht aufm Programm …«

Weiter kam Margarethe Bauer in ihren Ausführungen nicht. Der Organisator des Seniorenausfluges meldete sich über den Bordlautsprecher und kündigte eine Durchsage an: »Also alle mal herhörn«, begann er, »leider spielt ja heut das Wetter nicht so mit, wie wir uns das alle vorgstellt ham.

Aber es könnt ja auch noch schlimmer kommen. Nehmen wirs, wie es ist, und malen wir den Teufl nicht an die Wand. In Coburg könnts ein wenig schöner sein, hat der Wetterbericht gsagt. Also, ich heiß euch alle nochmals recht herzlich willkommen, auf unserm Operettenausflug zur Waldbühne nach Heldritt. Wer letztes Jahr schon dabei war, weiß ja schon, wies da zugeht. Für die, die heut das erste Mal dabei sind, möcht ich ein paar Erklärungen abgeben. Also, keine Sorgn, die Waldbühne ist überdacht. Wir werdn also nicht nass. Die Sitzplätze sind in einen roten und in einen blauen Bereich unterteilt. Ich werd nachher die Eintrittskartn verteilen, schaut also auf eure Kartn, in welchem Bereich ihr hockt. Da steht das drauf. Es gibt nämlich für jeden Bereich einen eigenen Eingang. Wir ham heuer recht gute Plätz gekriegt und sitzen ziemlich weit vorn. Das Areal der Waldbühne ist bewirtschaftet. Das heißt, wir kriegn auch was zu essen und zu trinken, bevor das Stück angeht.« Eine Hand ging hoch.

»Ja, Schorsch, hast eine Frach?«

»Was ist denn das, ein Areal? Mit die ausländischn Ausdrück kenn ich mich nicht so gut aus.« Ein belustigtes Glucksen ging durch den Bus. Nahezu alle Augenpaare richteten sich auf Georg Nützel, der die Frage gestellt hatte.

»Frach nur, Schorsch, frach nur, wenn dir was nicht klar is. Ein Areal ist nichts anderes als eine Fläche. Die Grundstücksfläche halt, auf der die Waldbühne und die zugehörigen Wirtschaftsgebäude stehen.«

»Das ist gut, dass es eine Wirtschaft auch gibt", kommentierte Georg Nützel, »dann verdurstn wir wenigstens net. Hoffentlich gibts auch ein gscheits fränkisches Bier und nicht so ein Gesöff wie das Krombacher.«

»Oder so eine bayerische Brüh«, ergänzte der Brunners Schorsch, der es sich mit seiner Frau Betti eine Sitzreihe hinter Georg Nützel bequem gemacht hatte. »Gell Betti?« Betti nickte heftigst mit dem Kopf und machte ein angewidertes Gesicht.

»Damit wir uns auch ausgiebig laben können«, fuhr der Vortragende fort, »kommen wir auch rechtzeitig in Heldritt an. Ich schätz so um fünf. Ach so, das hab ich ja noch gar nicht gsagt: Die Vorstellung fängt um sechs Uhr an. Leider können wir nicht bis direkt zu der Waldbühne fahrn. Wir müssn die letzten dreihundert Meter laufen. Wer schlecht zu Fuß ist, der sagt mir das bitte rechtzeitig, es gibt nämlich auch motorisierte Transportmöglichkeiten bis zur Waldbühne. Wenn ich das vorher weiß, wer von euch nicht gescheit laufn kann, wär das gut, weil dann könnt ich den Transport noch organisiern. Also, meldet euch bitte. Natürlich fahrn wir jetzt nicht gleich nach Heldritt, weil das ja viel zu früh wär. Wir steuern jetzt zuerst Coburg an. Eigentlich ham wir uns bei der Planung von dem Ausflug dacht, dass wir da in Coburg einen gemütlichen Spaziergang hättn machen und uns die Stadt hättn anschaun können. Aber bei dem Scheißwetter ... Na ja, gehen wir halt ins Café. Wichtig ist, dass wir um dreiviertel fünf widder von Coburg abfahrn. Ein Stückerla müssen wir jetzt schon noch fahrn, dann haben wir unser erstes Ziel erreicht. Noch was: Wenn die Vorstellung aus ist, kann sich jeder ausreichend Zeit lassn. Keiner braucht zum Bus hetzn. Wir nehmen alle wieder mit. Um halb elf, denk ich, solltn wir dann wieder in Röttenbach ankommen. Ich wünsch euch, trotz des schlechten Wetters, einen schönen Tag und eine gute Unterhaltung. Wenn jemand noch Fragen hat, ich geh gleich rum und teil die Eintrittskartn aus.«

»Hast alles verstandn?«, wollte Margarethe Bauer von ihrer Freundin wissen.

»Schon, aber worums in dem Stück *Kiss mi Käit* geht, hat er net erklärt.«

»Herrgott«, erzürnte sich die Retta, »dann les halt das Programm, das da in der Rücksitzlehne steckt, da stehts doch drin.«

»Woher soll ich wissen, dass da das Programm drinsteckt? Hat doch keiner was gsagt. Außerdem hab ich meine Brilln net dabei«, merkte die Kunni sauer an.

»Kiss me Kate – amüsant und reichlich turbulent«, las Margarethe Bauer laut vor.

»Na, des kann was wern. Da hat doch der Schäigsbier auch seine Händ mit drin. Den mag ich sowieso net. Des wird schon ein rechtes Gschmarri wern. Wär ich bloß daham blibn. Aber na, ich Bledl lass mich von der

Bauers Retta, die von nix a Ahnung hat, überreden mitzufahrn, bei so einem Scheißwetter, ich Dolln.«

Sie erhielt keine Antwort, Margarethe Bauer stierte beleidigt durch das regennasse Fenster in den wolkenverhangenen Himmel hinaus. Mit der Innenfläche ihrer rechten Hand wischte sie ärgerlich über die beschlagene Fensterscheibe. Auf der rechten Seite tauchte in weiter Ferne erstmals die mächtige Veste Coburg auf, welche hoch oben auf einem Hügel trutzig über die Stadt wacht. Den Aufstieg zur Burg, auf den sie sich so gefreut hatte, konnte sie vergessen. Der Regen fiel nach wie vor dünn, aber beständig. Von wegen, in Coburg könnte es etwas schöner sein. Ein Scheißtag, und Kunni gab ihr auch noch die Schuld dafür. Wie ungerecht. In Coburg würde sie sich erst mal ein Kännchen Kaffee und ein großes Stück Zwetschgenkuchen genehmigen, oder vielleicht doch gleich einen Schoppen Frankenwein? Das konnte heute ja noch heiter werden, ständig mit ihrer nörgelnden Freundin im Schlepptau. Verstohlen warf sie einen kurzen Seitenblick auf die Nörglerin.

Die starrte verbissen auf das Kreuzworträtsel in den Nordbayerischen Nachrichten und kaute auf ihrem Kugelschreiber herum. »Erfinder der Taschenuhr«, grantelte sie vor sich hin. »Mit sieben Buchstaben. Der erste is a H.«

»Also Kunni, etz schäm dich fei. Dass du als waschechte Fränkin des net wasst! Heinlin. Peter Heinlin. A Nembercher hat die Taschenuhr erfunden.« Retta Bauer erntete nur einen missmutigen Kommentar.

»Des wär mir scho nu selber eigfalln. Außerdem habbi dich gor net gfracht.« Es dauerte drei Minuten, bis Kunigunde Holzmann die nächste Beleidigung ausstieß: »Alte Dolln. Du mit deim Peter Heinlin! Wenn des stimma tät, dann tät der schmackhafte Speisefisch Karpfln heißen!«

»Wer is eine alte Dolln?«, gab Retta Bauer schlagfertig zurück, »Du mit deim Spatzenhirn kennst auch bloß den Karpfen. Schon mal was von einer Scholle gehört?«

»Scholle?«, geiferte Kunni zurück. »Schmackhafter Speisefisch heißts da. A Scholle, die schmeckt doch net!« Obwohl wenig überzeugt, trug

Kunni den Namen des bekannten Meeresfisches in ihr Kreuzworträtsel ein, doch der nicht ausgesprochene Burgfrieden zwischen den beiden Witwen dauerte nicht länger als zwei weitere Minuten.

»Scholle! Heinlin!«, geiferte Kunni noch lauter als zuvor. »Dann müsst die mittelfränkische Regierungsstadt Aisbach haßn, und der Rettich auf bayerisch wär net Radi, sondern Oadi. Du mit deim Heinlin und deiner Scholle! Mei ganzes Kreuzworträtsel hast mer versaut! Nix stimmt mehr!«

»Peter Henlein!« Betti Brunner in der Sitzreihe gegenüber rief den beiden Witwen den Namen zu. »Der hat die Taschenuhr erfunden.«

»Siehgstes«, rief die Kunni aus, nachdem sie nochmals einen Blick auf ihr Kreuzworträtsel geworfen hatte, »hätt mei Karpfen doch gstimmt! Wer is etz die alte Dolln?«

Zehn Minuten später parkte der Fahrer den Bus auf dem Busparkplatz *Am Anger*, gleich gegenüber vom Rosengarten. Achtundvierzig Röttenbacher Senioren wälzten sich unwillig aus dem Fahrzeug, spannten erneut missmutig ihre Regenschirme auf, zogen die Reißverschlüsse ihrer Jacken und Anoraks hoch und starrten voller Verzweiflung in die dunklen Wolken. Nicht ein Sonnenstrahl ließ sich blicken. Dann machten sie sich seufzend durch die Ketschengasse auf den Weg in Richtung Innenstadt. Bald hatten sich die achtundvierzig in kleinere Grüppchen aufgelöst. Kunni Holzmann und Retta Bauer hatten Georg Nützel, seine Frau Maria sowie Daggi Weber und die nach Röttenbach zugezogene Bremerin Cordula Siefenbrink im Gefolge. Zusammen brachten sie es auf durchschnittlich stolze fünfundsiebzig Lebensjahre. Es dauerte, bis sie auf dem nahezu menschenleeren Marktplatz standen, dessen Pflaster trostlos nass glänzte. Erneut starrten sie hoffnungslos in den grauen Himmel. »Und nun?«, wollte die Bremerin Cordula Siefenbrink wissen.

»Und nun, und nun?«, äffte sie Kunigunde Holzmann nach. »Ihr Preußn seit auch meistens recht hilflos, wenns a wenig kritisch wird, gell? Etz suchn wir uns ein Café, wo wir ein Stück Tortn oder einen Obstkuchn kriegen, oder hat jemand von euch noch Lust durch den Regen zu dabbn? Also, ich net!«

»Zum Stadtcafé ist es nicht weit«, merkte Daggi Weber an, welche sich in Coburg etwas auskannte.

»Etz trifft mich doch gleich der Schlag!« Georg Nützel war es, den natürlich nicht der Schlag traf, sondern der angestrengt zum historischen Coburger Rathaus hinüberstarrte. »Dees is doch die junge Türkin, die in Röttenbach in der Amselstraß wohnt? Wie heißts jetzt widder?«

»Akgül Özkan oder so ähnlich«, antwortete seine Frau Maria, »und der junge Bursch ist der Walter Fuchs, der Fuchsn Gerda ihr Bu, aus der Waldstraß.

»Ich hab gmant, dem sei Freundin ist die junge Kunstmann aus der Erlanger Straß?«, steuerte Margarethe Bauer neugierig ihren Kommentar bei.

»Eben, deswegn glotz ich ja so bleed«, versuchte Georg Nützel zu erklären, »bevor mich doch noch der Schlag trifft.«

»Schau dir bloß die türkische Schnalln an«, wusste Daggi Weber zu berichten, »wie die sich an den Walter dranhängt! Das wenn die Doris Kunstmann wissen tät …!«

»Das wenn der Vadder von der Türkin wissen tät!«, dachte Kunigunde Holzmann laut nach. »Schaut nur hin, wie die mitnander rumknutschn!«

»Schee«, gab die Retta zurück. »Ach, ist des scho lang her.''

»Bei dir scho, du alte Zuchtl'', merkte die Kunni giftig an, »schau halt amol in Spiegel nei. Nix wie Faltn. Tiefer als der Nembercher Burggraben. Heinlin, Scholle«, stänkerte sie immer noch herum und würdigte ihre Freundin keines Blickes mehr.

3

Nicht nur den Röttenbacher Senioren versaute der Regen an diesem 25. August 2013 die Stimmung. Auch der Röttenbacher Neubürger Bernd Auerbach, seine Freundin Anna Wollschläger und ihre Umzugshelfer waren nicht gerade in bester Stimmung. Während die Röttenbacher Senioren mit aufgespannten Regenschirmen missmutig durch den Coburger

Regen stapften, war der Umzug von Hoyerswerda, im Landkreis Bautzen, nach Röttenbach noch voll im Gang. Gleich hinter der Brauerei Sauer war ein zweistöckiges Wohnhaus frei geworden. Der Eigentümer war vor drei Wochen mit seiner thailändischen Freundin in ihre Heimat ausgewandert und hatte dem fränkischen Dorf den Rücken gekehrt. Das Anwesen selbst war vormals ein Bauernhof gewesen, hatte einen großen, gepflasterten Hof und eine große Scheune, welche quer zum Wohnhaus stand.

Bernd Auerbach trieb seine Freunde und Bekannten, die ihm beim Umzug halfen, zur Eile an. Er war schon sehr gespannt, wie sich er und seine Freundin hier im tiefsten Mittelfranken einleben würden. Andererseits, schlimmer als in seiner Heimatstadt konnte es auch nicht werden.

»Do gennsde bleede wärn«, kommentierte einer der sächsischen Umzugshelfer. Seine Füße steckten in hohen, schwarzen Springerstiefeln, und von seinem glatt rasierten Schädel rannen ihm kleine Rinnsale in den dunklen Hemdkragen. Bernd Auerbach war stinksauer als er in seinem Neonazi-Outfit hier in Röttenbach ankam. »Das nächste Mal ziehst du dir zumindest normale Kleidung an«, herrschte er ihn an. »Da machdor eiorn Dregg alleene«, erhielt er zur Antwort. Die Möbel des Schlafzimmers lagen noch in Einzelteile zerlegt auf der Ladefläche des MAN-Kastenwagens, und Anna Wollschläger war seit Stunden in der Küche damit beschäftigt, Gläser, Geschirr und Besteck zu spülen, um die neue Bleibe möglichst schnell wohngerecht einzurichten. Überall standen noch Kartons mit Klamotten herum, und die Lampen waren auch noch nicht montiert. Der Glatzkopf stand im Hof, drehte Däumchen und rauchte eine Zigarette. »Moch die Gusch zu un glodds nedd su bleede«, fuhr er einen seiner Kollegen an, der gerade dabei war, ein Nachtkästchen ins Haus zu tragen. »Scheiß Räschn«, fluchte er vor sich hin.

Bernd Auerbach hatte sich das Angebot von Thomas Keller nicht lange überlegen müssen. Er wollte schon lange raus aus der Plattenbausiedlung in der Dr. Wilhelm-Külz-Straße, Ecke Südstraße, ein sechsstöckiges Monster in Großblockbauweise. Eine gigantische Häuserreihe, hässlich wie die Nacht finster. Hoyerswerda war auch nicht mehr das, was es einmal war.

Die Bevölkerung war stark geschrumpft. Hohe Arbeitslosigkeit kam hinzu. Vorbei die alten Zeiten, als in den fünfziger Jahren das Braunkohleveredelungswerk Gaskombinat Schwarze Pumpe gebaut wurde. Da war er zwar noch nicht geboren, aber sein Vater schwärmte immer noch von damals. An die Wende konnte er sich deshalb noch erinnern – da war er gerade sieben Jahre alt –, weil er miterleben musste, wie sein Vater seinen Arbeitsplatz verlor. Ein Türke, der aus der Oberpfalz nach Sachsen kam, bekam den Job – zu einem viel niedrigeren Stundenlohn. Heute fragte er sich des Öfteren, ob es schon in den Anfängen der DDR Leute gab, die ähnlich dachten wie er heute, die von Anbeginn gegen das politische System der SED eingestellt und eher dem Nationalsozialismus zugeneigt waren. Er konnte das damals, in den Zeiten der Wende, nicht selbst beurteilen, er war ja noch ein Kind, aber er konnte sich gut daran erinnern, dass er auf dem Friedhof Grabsteine gesehen hatte, die mit Hakenkreuzen beschmiert waren. Seine Eltern unterhielten sich unter vorgehaltener Hand auch manchmal über diese Dinge. Er erinnerte sich, wie sein Vater einmal sagte: »Wir haben eine Legitimationskrise in der DDR, die sich wirtschaftlich, sozial und politisch kontinuierlich vertieft. Sie treibt immer mehr Bürger in die Opposition. Manche träumen schon wieder von einem neuen Kaiserreich.« Er verstand nicht, was sein Vater damit sagen wollte, aber er erahnte, dass es nichts Gutes war. Dann kam diese politische Veränderung, welche die Erwachsenen als »Wende« bezeichneten. Von Erich Honecker hörte man plötzlich gar nichts mehr. Man sah nur noch diesen dicken Helmut Kohl im Fernsehen. Der wurde doch noch vor einem Jahr als Klassenfeind bezeichnet? Jedenfalls kamen nach dieser sogenannten Wende unheimlich viele neue Menschen in die ehemalige DDR, die plötzlich auch, wie der Klassenfeind, Bundesrepublik Deutschland hieß. Er verstand das damals alles noch nicht so richtig. Überall wurde plötzlich in neue Straßen und neue Gebäude investiert. Selbst die alten Straßenbahnen gab es nach einigen Jahren nicht mehr, in jeder Stadt fuhren bald nagelneue auf den Schienen herum. Gehörten die auch zu den blühenden Landschaften, die dieser dicke Helmut Kohl versprochen hatte? Wo kam denn plötzlich das viele Geld her? Aber es war nicht alles gut, was da plötzlich auf die Menschen in seiner Heimat zukam. Das sagten auch seine Eltern. Ein regelrechter Ansturm von Ausländern kam aus dem Westen, auch Schwarze, die in den Straßen und in den Parks herumlungerten. Es wurden im Laufe der Jahre immer mehr. Rauschgift machte die Runde. Sein bester Freund, Dieter Faustka, setzte sich den goldenen Schuss. Dieter wollte noch nicht sterben. Er war erst siebzehn Jahre alt und drogensüchtig. Der Reinheitsgrad des Stoffs war unerwartet hoch. Er war mit dabei, als Dieter starb, als er in Atemdepressionen verbunden mit einem Atemstillstand verfiel. Sein Herz blieb stehen. Das Heroin finanzierte Dieter durch Kleindiebstähle. Er hatte selten Geld. Sein Vater war Alkoholiker und arbeitslos. Seine Mutter verkaufte ihren ausgemergelten Körper an jeden, der dafür bezahlte, auch an Ausländer, wie die schwarzen Rauschgiftdealer, die ihren Sohn umgebracht hatten. Es war ihr einerlei. Ein Esser weniger. Dieter war schon seit vielen Jahren tot.

Seit diesem Erlebnis konnte er Türken und Neger nicht mehr leiden. Begeistert las er ein paar Monate vor der Wende in der Tageszeitung seiner Stadt vom *Negerklatschen*. Jugendliche Glatzköpfe hatten auf dem Rummelplatz einen Afrikaner verprügelt, der blutüberströmt in das Krankenhaus eingeliefert wurde. Dabei konnte sich Bernd Auerbach noch vage daran erinnern, dass es so etwas vor langer Zeit schon einmal gegeben hatte. Es musste im Jahr 1987 gewesen sein, wenn er sich recht an die Erzählungen seiner Eltern erinnerte. Damals veranstaltete eine Westberliner Punkband ein Konzert in der Berliner Zionskirche. Dreißig Skinheads stürmten das Konzert, riefen »Sieg Heil« und verprügelten auf dem Kirchenvorplatz Besucher der Veranstaltung. Er mochte diese Glatzköpfe zwar nicht, aber wo sie recht hatten, hatten sie recht.

Bernd Auerbach erlebte den Umbruch der ehemaligen DDR hautnah. Er sah das gigantische Investitionsvolumen, welches von Westen nach Osten strömte. Er erinnerte sich an die »blühenden Landschaften«, die Helmut Kohl vorausgesagt hatte. Er sah aber auch die Abwanderer, die in den Westen der Republik strömten und verlassene und marode Dörfer hinterließen. Kein Wunder, im Westen zahlten Arbeitgeber höhere Löhne. Er machte sich Sorgen über die hohe Arbeitslosigkeit in der ehemaligen DDR und über die Verwahrlosung der ländlichen Regionen. Bernd Auerbach sah die vielen arbeitslosen Jugendlichen, die in den Städten lustlos herumlungerten, sich zusammenrotteten, bar jeder Hoffnung auf eine erstrebenswerte Zukunft. Er konnte für sich noch von glücklichen Umständen sprechen. Über Beziehungen fand er einen Ausbildungs- und Arbeitsplatz. Die Stadtverwaltung Hoyerswerda bot ihm eine Ausbildung zum Verwaltungskaufmann an. Glücklich willigte er ein und landete im Ausländeramt. Fortan beschäftigte er sich nur noch mit den Bestimmungen des Ausländergesetzes, mit Visaangelegenheiten, Aufenthaltsberechtigungen und arbeitslosen Ausländern. Bald hasste er seinen Job. Er hasste den Mief und die Enge seines Büros. Zu viert saßen sie an einem Vierer-Schreibtisch-Block, eingepfercht auf weniger als fünfundzwanzig Quadratmetern und eingeengt von grauen, tristen Büromöbeln, die voll waren mit genauso uninteressanten farbigen Ordnern. Der kackbraune Fußboden glotzte ihn jeden Arbeitstag an, und die dreckigen Fenster gaben von seinem abgewetzten Bürostuhl aus einen faden Blick auf einen langweiligen Innenhof frei, der mit Müllcontainern vollgestellt war. Das Porträt der Bundeskanzlerin an der Wand kotzte ihn auch schon lange an. Genauso wie seine drei Kollegen, die mit ihm im Büro saßen. Er wusste genau, dass sein Büroleiter Siegbert Sauer, dieses faule Stück, mit seiner Frau in Scheidung lebte und seine Geliebte im Einwohneramt, nur ein Stockwerk über ihnen, bumste. So ein Schwein. Drei kleine Kinder hatte das Schwein zu Hause. Melissa Gumbert auf dem Bürostuhl rechts neben ihm, diese aufgetakelte Fregatte mit dem grellroten Karpfenmund und den lila geschminkten Glubschaugen, war eine Lesbierin. Bruno Seitz, den Lehrling mit seinem pickeligen Gesicht, hatte er schon häufiger beobachtet, wie er heimlich ins Pornokino schlich. Alle beherrschten das politische Taktieren bis zur Perfektion, wenn mal der Obermotz aus der vierten Etage ins Büro kam, um sich nach seinen Mitarbeitern umzusehen. Dann sprühten sie vor Belanglosigkeiten und Speichelleckerei und glaubten, auf ihrem Karrierehighway wieder ein gutes Stück vorangekommen zu sein. Bernd Auerbach hatte für sich sehr schnell erkannt, dass er diese Gesellschaft auf Dauer nicht überleben würde. Lustlos und voller Langeweile erfüllte er seinen Job nach Vorschrift. Montag, Dienstag, Mittwoch, Donnerstag, Freitag – jeden Tag der gleiche Scheiß. Fast jeden Tag hatte er mit Flüchtlingen zu tun, wenn sie vor ihm saßen, mit ihren iPhones spielten, die Marlboro-Schachtel auf den Tisch legten, das Dupont-Feuerzeug daneben und nach finanzieller Unterstützung fragten. Oh ja, die Richtlinien legte er sehr erzkonservativ aus, wenn sie kamen, seine Lieblinge, die Schwarzafrikaner aus Ghana, die politisch verfolgten Tschetschenen und die Türken aus dem tiefsten Anatolien, ihre Anträge auf Unterhaltsvorschuss, auf Kindergeld und Hartz IV in den Händen. Die meisten kannten sich gut aus, welche Rechte ihnen das deutsche Sozialrecht bot. Wie viele Kinder die alle hatten und dafür Kindergeld kassieren wollten! Selbst für die Kinder zuhause in der Türkei, deren Existenz eh niemand überprüfen konnte. Müllmann? Nein, so eine Arbeit wäre nicht angemessen. Zu schmutzig. »Wissen Sie, ich habe zudem eine Müllallergie«. »Nein, ich suche keinen Arbeitsplatz, ich möchte nur Hartz IV beantragen«. Bernd Auerbach empfand seine Arbeit im Laufe der wenigen Jahre als immer schwachsinniger. Da verdiente er selbst eintausendfünfhundert Euro brutto im Monat und musste sich mit den überzogenen Forderungen dieses faulen Ausländerpacks auseinandersetzen, denen das deutsche System die Euros vorne und hinten nur so reinstopfte. Tag für Tag verwunderte ihn die Arroganz und das Wissen der Ausländer, womit sie glaubten, ihre Rechte einfordern zu können. Aber nicht mit ihm. Er machte ihnen das Leben schwer, wo und wie er auch immer konnte. Als ihn Thomas Keller das erste Mal kontaktierte, wusste er, dass sich sein Leben grundsätzlich ändern würde. Er hasste sie alle, diese ausländischen Betrüger und Schmarotzer.

Ein halbes Jahr vor seinem Umzug nach Röttenbach hatte er selbst so einem Nigger ordentlich die Fresse poliert. Schade, dass der Schwarze nicht abgekratzt war, sondern sich wieder erholte. Na ja, richtig gehen kann er auch heute noch nicht. Er humpelt immer noch auf Krücken herum. Es war ein spontanes Wutgefühl, das über Bernd Auerbach kam, damals vor fünfeinhalb Monaten, als ihm der Bimbo aus Ghana nachts um zwei Uhr gut gelaunt und ein Liedchen auf den Lippen entgegenkam. Er hätte ihn dabei nicht ansehen sollen, der Schwarze. Aber als Bernd in der Dunkelheit diese weißen Augäpfel und dieses Affengesicht sah, konnte er nicht mehr an sich halten. Er musste an seinen toten Freund Dieter denken. Es war einfach über ihn gekommen. Dieses Gefühl. Diese unbändige Wut. Ohne jegliche Vorwarnung stürzte er sich auf den Afrikaner und schmetterte ihm mit seinen Hammerfäusten zwei wohl platzierte Kinnhaken ins Gesicht. Von der Wucht der beiden Boxhiebe überrascht geriet der Ausländer ins Straucheln. Bernd Auerbach nutzte die Gunst der Situation und zog seinem Gegner die Beine weg. Der schlug mit seinem schwarzen Schädel hart auf der Bordsteinkante auf und stöhnte vor Schmerz. Sofort war der junge Einheimische über ihm und versetzte ihm mit seinen schweren Schuhen zwei Fußtritte gegen die rechte Schläfe und mitten ins Gesicht. Die wulstige Unterlippe des am Boden Liegenden platzte auf. Blut floss auf den Gehsteig. Dann, nach zwei weiteren Fußtritten gegen den Kopf und gegen die Rippen, verlor der Afrikaner das Bewusstsein. Bernd Auerbach hatte noch nicht genug. Aus dem Innern seiner Jacke zog er eine Stahlrute hervor und schlug damit wie wild auf die Beine seines Opfers ein. Dann trat er erneut mit seinen Schuhen zu. Er hörte das Brechen des rechten Oberschenkelknochens. Hätte die kühle Nacht nicht nahende Schritte an die Ohren des Schlägers getragen, wäre es um den Afrikaner wohl geschehen gewesen. Schnell trat er den Schwarzen ein letztes Mal in die Weichteile, bevor er eiligst in der Dunkelheit verschwand.

»Hallo, was ist mit Ihnen los? Können Sie mich hören? Brauchen Sie Hilfe?« Die Fragen kamen vom Ort des Überfalls. Dann gellten laute Hilferufe durch die Nacht.

Der Täter konnte nie ermittelt werden, und Bernd Auerbach, der kräftige junge Mann, der normalerweise immer innere Ruhe ausströmte und für seine Mitmenschen Freundlichkeit und Hilfsbereitschaft in einer Person verbildlichte, hatte Blut geleckt. Niemand vermutete, dass sich hinter diesem attraktiven jungen Mann mit den strahlend blauen Augen und dem wie mit dem Lineal korrekt gezogenen Seitenscheitel ein Mensch mit so hohem Gewaltpotenzial versteckte. Bald würde er nun die Türken und Bimbos in Mittelfranken aufmischen. Diese Nichtsnutze. Er freute sich auf seine neue Aufgabe. Die Franken würden ihm insgeheim dankbar sein. Davon war er fest überzeugt.

Um zehn Uhr vormittags, am 2. September, trat Bernd Auerbach in das Bürgerbüro des Röttenbacher Rathauses ein. Vierzig Minuten später verließ er es wieder und hielt seine Gemeinde-Anmeldung und seinen Gewerbeschein in den Händen. »Beratertätigkeit« stand in dem Feld Beruf. Er würde oft unterwegs sein, um mit Thomas Keller »Beratergespräche« zu führen. Er machte sich auf den Weg zur örtlichen Sparkasse. Schließlich brauchte ein Beratungsunternehmen auch ein Geschäftskonto, auf welches seine Kunden die Gelder für seine Dienstleistungen überweisen konnten. Morgen würde er sich noch einen Laptop, einen Geschäftsstempel und Visitenkarten für seine Firma *Auerbach-Asylberatung* besorgen. Ach ja, zum Finanzamt Erlangen musste er auch, um eine Umsatzsteuer-Identifikationsnummer zu beantragen. Seine Finanzplanung für die nächsten drei Geschäftsjahre hatte er peinlichst genau vorbereitet. Alles musste seine Ordnung haben. Nur nicht negativ auffallen. Nur nicht gegen gültige Gesetze verstoßen, zumindest nicht nach außen hin. Immer schön den Schein wahren. Die Gespräche, die er bisher mit Thomas Keller geführt hatte, waren für ihn wie ein »Aha-Effekt«. Sie erweiterten seinen intellektuellen Horizont. Noch nie hatte er die Dinge so klar gesehen. Thomas Keller war ein kluger Kopf, reich an Erfahrung. Auch die Geschichte bestätigte, dass Veränderungen nur von wenigen, klugen Köpfen ausgingen. Er wollte ein Teil dieser Veränderungen werden, koste es, was es wolle.

4

Drei Wochen vergingen, und wieder einmal war es Zeit für die Röttenbacher Kirchweih. Die Kirchweihburschen trafen sich schon seit zwei Wochen regelmäßig beim Sauers-Wirt, um das lokale Großereignis vorzubereiten und dem Kirchweihablauf ein festes Programm zu verpassen. Auch Norbert Amon war, wie auch im letzten Jahr, wieder dabei.

»Wo ist denn der Walter?«, wollte der Müllers Luggi von ihm wissen, »kommt der nicht mehr? Ihr zwei seid doch die besten Freunde?«

»Keine Ahnung«, entgegnete der Gefragte lustlos, »hab ihn schon länger nicht mehr gesehn. Seit der mit der Türkin zamm ist, interessiert der sich nicht mehr für mich.« Norbert Amon antwortete oberflächlich und emotionslos, aber innerlich hatte ihn die Frage sehr aufgewühlt. Er war stinksauer auf seinen Freund Walter Fuchs. Walter war mit dieser geilen Türkin eine Beziehung eingegangen, ohne seiner bisherigen Freundin etwas davon zu sagen. Er hatte sie einfach links liegengelassen. Kein feiner Zug. Auch Akgüls bisheriger Freund, dieser Türke mit der Riesengurke im Gesicht, einer Nase die ihresgleichen suchte, wusste offensichtlich von nichts. Aber am meisten ärgerte er sich, dass Walter auch für ihn keine Zeit mehr hatte. Er rief nicht mal mehr an. Norbert Amon konnte nicht mehr an sich halten vor Wut, wenn er darüber nachdachte. Vor zwei Tagen griff er zum Erlanger Telefonbuch und suchte nach der Telefonnummer von Yilmaz Müselüm.

»Mit was für einer Türkin?", wollte der Faulhammers Jupp wissen, der gerade seinen Bierkrug leerte und rülpsend auf den Tisch stellte. »Herbert, bring mir noch eins!«

»Herbert, bring uns noch fünf!«, schrie der Holzmanns Hanni, ein weiterer Kirchweihbursche, dem Wirt hinterher.

»Na, mit der Akgül aus der Amselstraß«, antwortete Norbert Amon widerstrebend, »und etz lass mir meine Ruh mit der Gschicht. Ich will nix mehr davon hörn!«

»Aber die hat doch einen türkischen Freund, den Müselüm«, wunderte sich Josef Faulhammer.

»Gehabt«, stellte Norbert Amon richtig. »Gehabt!«

»Oh weh«, äußerte sich der Holzmanns Hanni, »das gibt Ärger! Wenn der das erfährt …«

»Wenn er es nicht schon weiß, wenn er es nicht schon weiß", orakelte Norbert Amon und stierte weiterhin finster vor sich hin.

»Wer?« Günther Siebenschläger war immer etwas schwer von Begriff.

»Na der Türke, der Müselüm.«

»Hast du es ihm wohl schon erzählt?«, mutmaßte der Faulhammers Jupp.

»Könnt schon sein«, brummte Norbert zurück.

»Dann gibts Mord und Totschlag!«

»Soll nicht meine Sorge sein und etz endgültig Schluss mit dem Thema.«

»Wenn das auffliegt, gibts noch einen viel größeren Ärger«, mischte sich nun auch der Wirt in die Unterhaltung ein, welcher der Diskussion der Kirchweihburschen zugehört hatte.

»Warum?«, kam es mehrstimmig zurück.

»Denkt doch mal nach«, forderte der Sauers-Wirt die Meute auf.

»Auweierla, die Doris!«, fiel es dem Jupp ein.

»Genau, die Doris!«, bestätigte der Wirt, und knallte fünf Steinkrüge, bis zum Rand mit seinem dunklen, süffigen Kellerbier gefüllt, auf die dicke, hölzerne Tischplatte. »Hoffentlich weiß die das noch nicht!«

»Aber die zwei sollen doch beim Betzn-Raustanzen mit dabei sein?« Günther Siebenschläger runzelte die Stirn, und blickte fragend in die Runde.

»Günther, bist bleed? Da wird doch nix mehr draus«, klärte ihn Jupp Faulhammer auf.

»Aber dann merkt die Doris das doch?«, ließ Günther Siebenschläger nicht locker.

»Hast du das auch schon geschnallt?«

5

Nicht nur im Kreise der Kirchweihburschen sorgte die vermeintliche neue Liebschaft für heftige Diskussionen. Auch im Familienkreis der Familie Özkan war Feuer unterm Dach. Vor vier Jahren waren die Özkans aus der südostanatolischen Stadt Urfa, vierzig Kilometer von der türkisch-syrischen Grenze entfernt, nach Deutschland gekommen. Nach einem sechsmonatigen Aufenthalt in einem Asylantenheim in Niedersachsen wurde der Familie politisches Asyl gewährt. Vater Özkan konnte den deutschen Behörden gegenüber glaubhaft nachweisen, dass der syrische Geheimdienst, in seinem Fall die Abteilung für militärische Aufklärung, ihn massiv unter Druck gesetzt hatte, syrische Oppositionelle auf der türkischen Seite zu denunzieren. Nachdem seinem Asylantrag endlich stattgegeben wurde, machte ihn ein Bekannter, der schon längere Zeit in Deutschland lebte, auf eine Stellenausschreibung der Firma Schaeffler im fränkischen Herzogenaurach aufmerksam. »Du bist doch gelernter Maschinenschlosser«, ermunterte er ihn. Ahmet Özkan bewarb sich und wurde eingestellt. So kamen die Özkans vor drei Jahren nach Röttenbach und leben seitdem zurückgezogen in einem kleinen Häuschen in der Amselstraße. Anschluss an die einheimische Bevölkerung suchten sie nicht. Sie wollten lieber unter ihresgleichen bleiben. Ahmet Özkan war ein konservativer, frommer Muslim und wollte keinen zu nahen Kontakt zu den Ungläubigen. Das galt nicht nur für ihn, auch seiner Familie untersagte er diese Kontakte. Er vermisste die Moschee seiner Heimatstadt. Allah hatte ihm eine schwere Prüfung auferlegt, aber er würde nicht klagen. Nach dem Anruf von Müselüm, dem Freund seiner Tochter, war er regelrecht schockiert. Er glaubte ihm nicht und bezichtigte ihn der Lüge. »So etwas macht Akgül nicht«, hielt er ihm am Telefon vor. »Meine Tochter ist keine Hure.« Doch die Informationen, die sich sein Sohn Kemal daraufhin besorgte, deuteten auf eine eindeutige Situation hin. Er hatte tatsächlich eine Hure im Haus, in der eigenen Familie. Er verfluchte den Tag, an dem er entschieden hatte, mit der ganzen Familie nach Deutschland zu ziehen. Gut, er hatte Glück gehabt mit seinem Asylantrag, und einen gut bezahlten Job hatte er auch relativ schnell gefunden, aber das Leben hier in Deutschland hatte er sich ganz anders vorgestellt. Er verfluchte die vielen nackten Frauen im Fernsehen und auf den Titelblättern der Zeitungen. Selbst in dem kleinen Kaff Röttenbach liefen sie im Sommer halbnackt auf den Straßen herum. Er verehrte Karpfen als heilige Tiere. Hier wurden sie in viel zu engen Teichen gezüchtet. Und was machten die fränkischen Barbaren mit den heiligen Tieren? Sie töteten sie, und verspeisten die Fische mit einer abartigen und perversen Wolllust. Das Schlimmste aber waren die Demütigungen so mancher Dorfbewohner und Arbeitskollegen: »Du stinkst heut wieder. Schlimmer wie a ganze Odelgrubn.« »Hast dich in Knoblauch gwälzt, Ahmet?« »Stinkn alle Türkn so wie du?« Er hasste diese Deutschen. Wäre er doch nur in Urfa geblieben.

★

Ahmets siebzehnjährige Tochter Akgül saß heulend und verängstigt in einem tiefen, roten Plüschsessel. Sie hatte gegen das ungeschriebene Gesetz der Özkans verstoßen, indem sie in kompromittierender, unzüchtiger Weise mit einem jungen, deutschen Mann gesehen worden war. Heiße Tränen rannen ihr ohne Unterlass aus ihren kohlschwarzen Augen. Ihr zarter, feingliedriger Körper bebte und wurde von heftigen Weinkrämpfen geschüttelt. Ihr gegenüber, auf dem roten Sofa, saßen ihr wutentbrannter Vater und ihr ebenso wütender zwanzigjähriger Bruder Kemal, der gerade heftig auf sie einredete.

»Was du glaubst du bist? Eine Hure! Bringst Schande über die ganze Familie und Schande über Müselüm. Muss Müselüm von Dorfburschen erfahren, dass du hast deutschen Freund? Ich dich schlagen tot, wenn nix ist Ruhe damit! Sieh an Vater Ahmet, wie traurig und wütend ist. Du bist Türkin und nix deutsches Mädchen. Nix deutsche Freund. Ist kein Moslem. Nix glauben an Allah und Propheten. Ist ungläubig. Was er haben gemacht mit dir?«

Bei diesen Worten zuckte Akgüls Oberkörper wieder wie unter Peitschenhieben zusammen. Mit tränenerstickter, leiser Stimme antwortete sie: »Nix gemacht mit Walter, nur geküsst.«

»Schweig«, herrschte sie nun ihr Vater an, »ich will nix hören Name von deutsche Teufel.

In der Küche brach nun auch Kamuran Özkan, Akgüls Mutter, in Tränen aus. Sie konnte die lauten, an ihre Tochter gerichteten Beschuldigungen deutlich vernehmen. Sie rückte ihr buntes Kopftuch zurecht und hielt die gefalteten Hände zur Decke gestreckt. »Allahu akbar«, betete sie innbrünstig. Im Wohnzimmer brüllten Vater Ahmet und Sohn Kemal weiter auf ihre Tochter ein.

»Und nun, was du machst nun?«, wollten sie von ihr wissen.

»Ich nix lieben Müselüm«, versuchte Akgül sich zu verteidigen, »Müselüm ihr habt ausgesucht für mich. Zu alt für mich und hässlich, hat Nase wie krumme Gurke. Immer ich soll machen, was er sagt. Sagt ich soll Kopftuch tragen. Ich bin schön und nicht will bedecken mein schönes Haar. Nicht leben wie in achtzehntes Jahrhundert, wie in Urfa.«

»Müselüm hat recht, du nicht gekleidet wie türkisches Mädchen«, brüllte sie ihr Bruder an, »Hose an Arsch zu eng und Bluse zu durchsichtig. Kann jeder sehen deine Unterwäsche durch Stoff. Kann nicht glauben, dass deutscher Freund da nicht schon hat hingelangt. Vielleicht auch schon anderswo? Vielleicht du bist schon geöffnet und keine Jungfrau mehr? Müssen gehen zu Arzt und feststellen.«

»Nein«, kreischte Akgül verzweifelt, »das nicht stimmen, was du sagen. Du bist türkisches Männer-Arschloch. Macho.«

Sie reagierte zu spät, als ihr Bruder, wie von der Tarantel gestochen, über den kleinen Couchtisch hechtete, sein Glas, gefüllt mit aromatischem Apfeltee, verschüttete, und ihr einen kräftigen Faustschlag auf die rechte Wange hieb. Sein schwerer Metallring, den er am rechten Mittelfinger trug, riss ihre feine bronzefarbene Gesichtshaut auf, und augenblicklich war ihre weiße Bluse mit dicken Bluttropfen besprenkelt. Akgül schrie vor Schmerzen auf, und ihre Mutter stürzte aus der Küche herbei, um ihre Tochter in die Arme zu nehmen und sie vor weiteren Angriffen zu schützen.

»Weib, geh in Küche, hier kein Platz für dich!«, herrschte sie ihr Ehemann an.

6

Doris Kunstmann lebte noch zuhause bei ihren Eltern, in Röttenbach, in der Weiherstraße. Die achtzehnjährige Blondine, mit den himmelblauen Augen und der kräftigen Oberweite bereitete sich auf das Abitur vor, welches sie im kommenden Jahr mit Bravour bestehen wollte. Im Moment stand ihr der Sinn allerdings nicht nach Lernen, und ihr Interesse an der Schule war gerade in weite Ferne gerückt. Ausgerechnet ihre Intimfeindin, diese flachbrüstige, krummbeinige Hannelore Adam – wie konnte man nur Hannelore heißen? – hatte ihr mit höchster Schadenfreude die neueste Nachricht verkündet, welche sie noch immer nicht so recht glauben wollte: Ihr Walter solle angeblich seit Neuestem mit dieser türkischen Schlampe aus der Amselstraße liiert sein, diesem geilen Miststück. Wie hieß sie doch noch gleich? Akgül! Da war ja sogar Hannelore ein schönerer Name. Im fernen Coburg hat man die beiden gesehen, wie sie innig miteinander knutschten. Sie glaubte kein Wort davon. Sie musste sich selbst Sicherheit verschaffen. Jetzt, sofort. Ihre Gedanken kreisten hin und her. Walter hatte ihr doch immer wieder seine Liebe erklärt. Erst kürzlich. Vor zwei Wochen. Aber was besagt das? Es stimmt schon, in letzter Zeit hatte er sich immer rarer gemacht.

»Wenn du im Moment keine Zeit net hast, ist's net so schlimm«, waren seine Worte. »Die Matheschulaufgab ist im Moment wichtiger für dich. Nimm dir nur Zeit zum Lerna. Wir treffn uns halt danach wieder.«

Sie erinnerte sich an diesen Satz aus seinem Mund, und wieder wurde sie von heftigen Zweifeln geplagt. Die ganze unschöne Angelegenheit wühlte sie innerlich auf. Schlechte Nachrichten schlugen bei ihr immer auf das vegetative Nervensystem. Dann bekam sie meist Schwierigkeiten mit der Atmung, manchmal auch mit der Verdauung und dem Stoffwechsel. War das alles nur Süßholzraspeln, was Walter ihr kürzlich ins Ohr flüsterte? Nur leere Worte? Dachte er dabei bereits an das nächste Wiedersehen mit dieser türkischen Nutte? Nein, das konnte nicht sein. Ihr Walter war anders als die anderen jungen Männer. Er las ihr doch immer jeden Wunsch von den Augen ab, und er konnte so zärtlich sein, wenn er sie in die Arme nahm. Nein, Walter ging nicht fremd. Aber wer weiß, vielleicht hatte ihm dieses türkische Satansweib doch schöne Augen gemacht, und er ist auf sie hereingefallen? Sie sah ja extrem gut aus. So exotisch. Das musste man ihr lassen. Der Teufel in Person. Falls …, na dann konnte die was erleben. Sie würde ihr ihre schwarzen Glubschaugen auskratzen. Sie würde ihr ihren türkischen Arsch bis zum Gehtnichtmehr aufreißen. So ein Luder. Doris Kunstmann nahm ihr iPhone zur Hand und wählte die eingespeicherte Nummer von Norbert Amon. Norbert war Walters bester Freund. Die beiden steckten doch ständig zusammen. Wenn jemand Bescheid wusste, dann Norbert. Das Mobiltelefon tickerte. Besetzt. Die beiden quatschten bestimmt gerade miteinander. Sie würde es später noch einmal probieren und wehe, an der Sache war was dran, dann würde sie nicht nur dieser türkischen Amazone den Arsch aufreißen. Dann war auch Walter dran, aber daran mochte sie im Moment noch gar nicht denken. Und wenn doch? Auf jeden Fall ließ sie sich nicht vor dem ganzen Dorf lächerlich machen. Das stand außer Zweifel.

7

Müselüm Yilmaz war höchst verärgert. Nein er war hochgradig wütend. Unruhig tigerte er in seiner Erlanger Zweizimmerwohnung auf und ab. So eine Schande. Sie hatte ihm Hörner aufgesetzt, dieses Weib. Müselüm rieb sich seinen überdimensionalen Riechkolben. Das tat er immer, wenn er in höchster Aufregung war. Seine siebzehnjährige Freundin hatte ihn gedemütigt. Vor aller Welt. Das war ihm nun klar. Sie hatte ein neunzehnjähriges dahergelaufenes Bürschlein, einen Deutschen zudem – noch grün hinter den Ohren – ihm, einen gesunden und kräftigen vierundzwanzigjährigen türkischen Mann, vorgezogen und damit gegen alle traditionellen Regeln der türkischen Lebensanschauung verstoßen. Das musste Konsequenzen haben. In beide Richtungen. Er würde sich diesen Deutschen, dem noch die Eierschalen hinter den Ohren klebten, bei nächster Gelegenheit ordentlich vornehmen. Er musste seine verletzte Würde wieder ins rechte Lot bringen. Aber auch Akgül musste bestraft werden. Da ging kein Weg daran vorbei. Sie würde schon noch lernen, den ihr versprochenen zukünftigen Ehemann zu achten und seine Anordnungen zu befolgen. Wie oft hatte er ihr schon gesagt, dass er es nicht mochte, wenn sie sich so aufreizend kleidete. Er war wohl bisher zu weich und nachsichtig mit ihr gewesen. Das war ein Fehler, doch das würde sich ab sofort fundamental ändern. Ganz sicher. Er konnte auch andere Saiten aufziehen, wenn er wollte. Da würde sie sich noch wundern. Doch Müselüms größte Sorge war, dass Akgül zwischenzeitlich keine Jungfrau mehr war. Diese deutschen Halbstarken wären die reinsten Hurenböcke, hatte er gehört. Immer wieder tauchte dieser schreckliche Gedanke im hintersten Winkel seines Gehirns auf und versetzte ihn in Panik. Er mochte gar nicht daran denken, was geschehen würde, wenn dies der Fall sein sollte. Wirklich nicht auszudenken. Er würde dem Deutschen eigenhändig den Schwanz abschneiden. Er würde ihm seine Eier einzeln ausreißen. Eine unbändige Wut stieg in ihm hoch, wenn er nur daran dachte. Der Zweifel nagte tief in ihm und ließ ihm keine Ruhe. Dann griff er, immer noch hoch erzürnt, zum Telefon und wählte Ahmet Özkans Nummer. Er wollte endlich wissen, was sein Schwiegervater in spe über Akgüls Seitensprung herausgefunden und was der Familienrat beschlossen hatte.

8

Auch Walter Fuchs hatte daheim Probleme mit seinen Eltern.

»Bring uns fei bloß keine türkische Schnalln ins Haus geschleift«, musste er sich von seinem Vater, Moritz Fuchs, anhören, »und wehe du machst dieser Zigeunerin ein Kind! Ein türkischer Balg kommt mir fei net ins Haus. Sonst enterb ich dich. Merk dir das!«

»Dass du überhaupt mit so einem Madla was anfängst«, geiferte seine Mutter Gerta, »die stinkn doch alle nach Knoblauch. Dass du dich da net ekelst! Waschn tun die sich wahrscheinlich auch net. Die hat es doch bloß auf unser Haus abgsehn. Dass du das nicht merkst! Du bist doch unser einziger Bu!«

»Etz lasst mich doch endlich in Ruh«, geiferte der junge Mann zurück, »schließlich bin ich erwachsen und kann machen und tun, was ich will. Und dass ihr das endlich mal wisst: Auf eure Bruchbudn kann ich sowieso gern verzichtn.«

»Da pass etz aber auf, was du sagst", fing Vater Moritz erbost zu schreien an, »solang du deine Füß unter unsern Tisch ausstreckst, hast du herinna überhaupt nix zu sagen. Das sag ich dir! Wenn du willst, kannst du morgen scho ausziehn, und glaub bloß net, dass wir dir irgendeine Träne nachgreina!«

»Papa«, klagte Gerta Fuchs nun ihren Mann an, »um Himmels Willn, etz sei doch nicht so streng mit unserm Bubm. So was sagt mer doch net zu seinem eigenen Fleisch und Blut.«

»Na, weils doch wahr ist«, ließ Moritz Fuchs nicht locker. »Soll er doch schaun, wie er allein zurechtkommt, das Siebngscheiderla. Erwachsen will er sein, mit seine neunzehn Jährli, dabei hat er noch keinen Strich gärwert. Dass ich fei net lach! Sein ganzes Leben hat er noch nix gschafft. Der hockt doch bloß in der Schul rum und reißt Türken-Weiber auf.« Dann wandte er sich wieder an seinen Sohn: »Wie ich so alt war wie du, da hab ich scho fünf Jahr aufm Bau gärwert und Geld verdient! Da hab ich keine so Flausn im Kopf ghabt wie du.«

»Warst halt auch a weng zu bleed für das Gymnasium", konterte sein Sohn sichtlich aufgebracht.

»Walter, das sagt man fei net zu seim Vadder! Jahrzehntelang ham wir nur buckelt und gärwert. Und für wen? Doch nur für dich. Du sollst es doch mal besser ham als wir.«

»Siehst du«, brauste Moritz Fuchs auf, »frech wird er auch noch zu seine Eltern, der Rotzlöffel! Wer hat denn dir das alles ermöglicht, das schöne Leben, das wo du heut führst? Vom Maul ham wir uns das alles abgspart, ich und dei Mudder. Und dann kriegst du so was gsagt! Do hört sich doch alles auf. Undank ist der Welt Lohn! Wenn ich des vorher gewusst hätt …, dann hätt ich andere Saitn aufzogen. Das kannst mir glauben. Etz weiß ich auch, warum deine Notn in der Schul immer schlechter werdn … , weilst dieser türkischn Büchsn nachstellst. Die hat dich ja scho ganz schön am Wickel, das Luder. Is dir das bisserla, was von deinem Verstand noch übrig is, auch scho in die Hosn grutscht? Der Lack vo derer Türkin wird fei a bald abgschleckt sein, gell Mudder? Dann kommt der Alltag, … mit dera Schlampn. Da möcht ich net amol dran denkn. Was meinst, wie die aufgehn, wenns amol verheiratet sind? Wie ein Hefeküchla, sag ich dir. Schau dir die Mama an.«

Walter Fuchs konnte sich das Genörgel seines Vaters nicht mehr länger anhören. Genervt und wutentbrannt sprang er von seinem Sessel auf und verließ grußlos das Wohnzimmer, in welchem seine Eltern ihn zur Rede gestellt hatten. Er dachte an Akgül. Ob sie zuhause ähnliche Probleme hatte? Hoffentlich nicht. Er hatte nicht vor, seine Beziehung zu seiner neuen Freundin zu beenden. Egal, wer oder was da komme. Er würde es seinen Eltern schon zeigen. Er war neunzehn. Da ließ man sich doch nicht mehr wie ein Zehnjähriger herumkommandieren.

»So ein Früchtla«, waren die letzten Worte seines Vaters an seine Mutter, bevor Walter außer sich vor Zorn die Haustüre von außen zuknallte, »ich frag mich im Nachhinein bloß, wie du den so erziehn hast können, den Bangert, den nichtsnutzigen?«

9

Norbert Amon quälte ein schlechtes Gewissen. Er war nicht mehr davon überzeugt, dass es richtig war, Müselüm Yilmaz von der Beziehung zwischen Walter und der Akgül berichtet zu haben. Er fühlte sich wie ein Verräter. Schließlich war der Walter doch immer noch sein bester Freund, auch wenn er zwischenzeitlich mehr Zeit mit seiner türkischen Freundin verbrachte als mit ihm. Aber er war einfach wütend, als er selbst von der Geschichte erfuhr. Zufällig. Er hatte das Gespräch zwischen der schwatzhaften Daggi Weber von nebenan und seiner Mutter belauscht, als die Daggi davon erzählte, dass sie den Walter knutschenderweise in Coburg gesehen hatte. Mit der Akgül Özkan. Der Türkin.

»So was macht mei Norbert net«, hatte seine Mutter stolz geantwortet. So ein Blödsinn. Natürlich würde er der Akgül jederzeit gerne an ihre strammen Titten greifen, wenn er die Chance dazu hätte. Aber er hatte bei Frauen eben kein Glück. Er war nun mal kein Adonis, mit seiner Körpergröße von nur einem Meter siebzig, seinen vierundachtzig Kilogramm Lebendgewicht, den Rettungsringen um seine Taille und seiner pockennarbigen Gesichtshaut. Eigentlich hatte er noch nie eine feste Beziehung mit einem Mädchen gehabt. Das kurze Techtelmechtel mit der spindeldürren Hannelore Adam konnte man nicht als Beziehung bezeichnen. Eher als gescheiterten Fehlversuch. Selbst die hatte ihm den Laufpass gegeben. Na ja, daran war er auch nicht ganz schuldlos. Er erinnerte sich noch genau. Ein halbes Jahr war es jetzt her, als sie sich nachts nach einer Party, leicht vom süßen Alkohol betütelt, gemeinsam auf den Nachhauseweg machten. Er spielte den Charmeur und hatte ihr angeboten, sie zu begleiten. »Brauchst ka Angst zu ham, ich bring dich schon heim«, hatte er ihr gesagt und sie dabei schmachtend angesehen. Sie lächelte ihn dankbar an. Als sie an der Lohmühlhalle vorbeikamen, nahm er all seinen Mut zusammen und drängte Hannelore mit seinem Körpergewicht zielstrebig in das gegenüberliegende Wäldchen. Sie ließ es geschehen. Als er sie dann stürmisch küsste, hatte sie noch immer nichts dagegen. Er wollte mehr. Ermutigt griff er ihr blitzschnell mit beiden Händen unter ihren Pullover und schob ihr den BH fast bis unters Kinn. Dann griff er zu. Besser gesagt, er wollte zugreifen. Doch da war nichts, außer zwei nicht erwähnenswerten, leichten Schwellungen, auf denen je eine Brustwarze saß. Statt der erhofften, straffen Schnaufhügel legte er einen Wust an Stofftaschentüchern frei, welche sanft auf den Waldboden fielen. Anstelle sexueller Wallungen bekam er dann einen kräftig geführten Boxhieb auf die Nase, und Hannelore lief schreiend und schluchzend davon. Er war so verdattert, dass er zunächst überhaupt nicht reagierte. Er stand einfach nur da und in seinem Gehirn hämmerten die Geräusche, welche Hannelores klappernde Absätze auf dem Straßenasphalt verursachten, als sie in der Dunkelheit verschwand. Seine Schwellung im Schritt war auch längst verflogen. Dann hob er die am Boden liegenden Taschentücher auf und zeigte sie am nächsten Tag seinen Saufbrüdern vom Stammtisch *Sauf mer nu ans*. Norberts Erlebnis machte die Runde unter den Heranwachsenden und Jugendlichen in Röttenbach. Leider ließ es sich in der Folgezeit nicht ganz vermeiden, dass er und Hannelore sich ab und zu im Dorf über den Weg liefen. Hätten ihre Blicke töten können, wäre er jedes Mal einen extrem qualvollen Tod gestorben.

Norberts Gedanken glitten in die Gegenwart zurück. Vor fünf Minuten hatte ihn Doris Kunstmann angerufen. Er hatte sich am Telefon gewunden wie ein Aal, aber sie bestand darauf, dass er ihre Fragen beantwortete. Er war eben kein guter Lügner.

10

Adem Gökhan war vor drei Jahren aus seiner Heimatstadt Ankara an das Türkische Generalkonsulat in der Regensburger Straße in Nürnberg versetzt worden. Von Anbeginn fühlte er sich in der fränkischen Metropole pudelwohl. Mit seiner Frau Ipek und seiner Tochter Akasya bewohnte er seitdem einen kleinen Bungalow im südöstlichen Stadtteil Nürnberg-Fischbach. Wenn da nicht dieser unglückselige Unfall gleich zu Beginn seines Amtsantritts gewesen wäre, ginge es ihm heute noch deutlich besser. Von Zeit zu Zeit erinnerte er sich an das tragische Ereignis von damals. Es war am 17. März 2010. An diesem Tag war er mit seinem Pkw dienstlich zur türkischen Botschaft in Berlin unterwegs, um sich persönlich beim Botschafter seines Landes vorzustellen. Er war fast am Ziel angelangt, als auf der Tiergartenstraße in Höhe Clara-Wieck-Straße ein Junge quer über die Fahrbahn lief. Der Kleine ignorierte den schnell dahinfließenden Verkehr. Er war plötzlich da, ein huschender Schatten. Adem hatte nicht die geringste Chance zu reagieren. Ein wuchtiger Schlag gegen das Fahrzeug, dann wirbelte ein kleiner Körper durch die Luft, flog über das Dach seines silbergrauen Volvos hinweg und schlug hart auf dem Straßenasphalt hinter ihm auf. Auch der nachfolgende Fahrer des grünen Ford Escort hatte keine Chance mehr, rechtzeitig zu bremsen. Er überrollte den reglosen Körper, der bereits aus Nase und Ohren blutete. Der zehnjährige Muhammed Abusharekh, Sohn von Ali Abusharekh, war sofort tot. Die Gerichtsverhandlung im Frühjahr dieses Jahres ging wie erwartet gut für Adem Gökhan aus. Der Richter sah keinerlei Verschulden, welches dem Unglücksfahrer hätte angelastet werden können, und sprach den Mitarbeiter des Türkischen Generalkonsulats von jeglicher Schuld frei. Die palästinensische Großfamilie Abusharekh aus Berlin-Neukölln sah die Schuldfrage allerdings völlig anders als der deutsche Richter: Der Sohn der Abusharekhs sei getötet, der Täter aber nicht bestraft worden. Der Vorfall müsse nach den Bestimmungen der Scharia geregelt werden, forderten sie.

Als Adem Gökhan sich Anfang 2013 erneut auf den Weg nach Berlin machte, um, wie er hoffte, mit den Abusharekhs in einem Versöhnungstreffen zu erreichen, dass man sich nach alter arabischer Tradition die Hände reichen und Tee trinken würde, stellte er schnell fest, dass er sich gewaltig geirrt hatte. Als er die Wohnung der Familie Abusharekh betrat, wusste er, dass die Familie des Unfallopfers keine Friedenspfeife rauchen wollte. Fünfunddreißig Familienmitglieder und der Imam einer Neuköllner Moschee empfingen ihn. Der Geistliche rezitierte aus dem Koran und empfahl erneut, dass der Fall nach der Scharia geregelt werden sollte. Adem protestierte. »Ich akzeptiere die Scharia nicht«, stieß er wütend aus. »Wir leben in Deutschland und unterliegen der deutschen Rechtsprechung. Ich bin von einem ordentlichen deutschen Gericht freigesprochen worden. Mich trifft keine Schuld an dem unglücklichen Unfall.« Seine Argumente beeindruckten den Imam jedoch in keinster Weise. Er forderte Schadenersatz für die leidvoll geplagte Familie. Die Abushareks hörten die Worte des Imam und nickten mit versteinerten Mienen. Adem Gökhan solle den Gegenwert von achtzig Kamelen entrichten, dann wäre die Angelegenheit erledigt. Der Imam errechnete einen Betrag von 44.000 Euro. Nach heftigen Verhandlungen blieb immer noch ein Betrag von 30.000 Euro übrig, aber auch den lehnte Adem Gökhan aus Prinzip ab. »Wir wollen dich nicht bedrohen, aber wenn du auf der Straße bist, können wir für dein Leben nicht garantieren«, erklärte ihm Ali Abusharekh mit hasserfüllten Augen. Adem Gökhan wandte sich sowohl an die Berliner, als auch an die Nürnberger Polizei. »Die Abushareks gehen geschickt vor, sie haben keine direkte Bedrohung ausgesprochen«, erklärte ihm Lorenz Illgen, Leiter des Dezernats Organisierte Kriminalität beim Berliner Landeskriminalamt. »Obwohl wir wissen, dass Teile der Familie sich in der Vergangenheit durch Eigentums- und Gewaltdelikte hervorgetan haben, können wir aktiv nichts gegen sie unternehmen. Wir sind quasi zur Zuschauerrolle verdammt.«

11

Die Röttenbacher Kirchweih gehörte bereits der Vergangenheit an, und der September neigte sich seinem Ende zu. Die Tage waren merklich kühler geworden, und in den frühen Morgenstunden hingen die ersten herbstlichen Morgennebel über den feuchten Wiesen und den zahlreichen Karpfenweihern. Auch die milde Sonne war zwischenzeitlich immer öfter von tief segelnden Wolken verdeckt und trug einen nahezu aussichtslosen Kampf aus, um die Nebelschwaden bis zur Mittagszeit aufzulösen. Die

Röttenbacher Störche hatten ihr Nest auf dem Brauhaus der Brauerei Sauer vor Kurzem verlassen und sich auf ihren weiten Weg in Richtung Süden begeben. CDU/CSU hatten die Bundestagswahlen mit deutlichem Abstand gewonnen, und die SPD und die Grünen leckten ihre Wunden. Die Freien Demokraten waren in ein Loch der Bedeutungslosigkeit abgestürzt.

Das alles hatte für Bernd Auerbach keine wirkliche Bedeutung. Keine der genannten politischen Parteien vertrat seine Interessen. Er und seine Lebenspartnerin hatten sich in Röttenbach zwischenzeitlich einigermaßen zurechtgefunden. Einigermaßen, denn mit den Franken hatten die beiden noch so ihre Probleme. Nicht mit den zwischenmenschlichen Beziehungen. Die waren im Grundsatz kein Thema, denn die einheimischen Aborigines sind von Grund auf gutmütige Menschen. Sie hatten ja nicht die geringste Ahnung, warum die beiden Sachsen ins Fränkische gezogen waren und was sie vorhatten. Der mittelfränkische Dialekt war es, der den beiden Neubürgern aus Sachsen noch Schwierigkeiten bereitete. Der Ausspruch »Tut euch na net o, des wird schon noch wern« klang für die zwei Ostdeutschen wie Jodeln auf Fränkisch. Auf ihre Frage, wie sie denn zur nächsten Gaststätte gelangen könnten, erhielten sie zur Antwort: »Da gehst die Straß gar nauf, auf die ander Seitn nieber, a Stückerla grad aus – net weit – dann bist scho da.« Dennoch, die Franken waren okay, nette Leute, aber auch unheimlich neugierig. »Gell, ihr seid net vo da? Wo kommen wir denn her?« Mit dem »wir« konnten die beiden Sachsen schon rein gar nichts anfangen. »Was macht ihr denn bei uns, in Franken?« Immer wieder wurden sie während der einheimischen Kirchweih im Festzelt mit solchen Fragen konfrontiert. »So, aus Saxn seid ihr! Gibts dort a Karpfn und Schäuferle? Net? Was esstn dann ihr?« Ständig sprachen die Einheimischen über Karpfen, das Aischgründer Karpfenland oder der Einfachheit halber einfach nur von ihrem Karpfenland. Bernd Auerbach hatte keine Ahnung und konnte nicht mitreden, bis er bei der NORMA einen der Ur-Röttenbacher traf, den Sieberts Schorsch, der ihn ansprach. »Wohnst du a in Röttenbach? Dich habbi hier bei uns goar nunni gsehn«, wollte der Schorsch wissen. »So, aus Saxn kommst. Kennst du dich denn bei uns im

Karpfnland scho aus? Net, gell?« Der Sieberts Schorsch schien alle Zeit der Welt zu haben sowie ein großes Mitteilungsbedürfnis und folgte ihm bis hinaus auf den Parkplatz, wo sein Fahrrad stand. »Unser Karpfnland is ka einheitlichs Gebilde«, setzte der Schorsch seine Rede draußen fort. »Wir liegn scho a weng abseits vom Schuss, und des Auffälligste in unserer Gegend sen die vielen Weiherketten, in dene unser Aischgründer Spiegelkarpfn heranwächst. Mehr als siebentausend Karpfenweiher gibts bei uns, mit aner Flächn vo mehr als dreitausend Hektar. Drei Joahr braucht su a Fisch, bis er aufn Teller kummt. Scho die Mönch im Mittelalter ham den Karpfn als Fastenspeise zücht. Du musst wissen, den Spiegelkarpfen gibts nur in den Monaten, die ein R in ihrm Noma tragn, vo September bis April, und unser Karpfnland liegt in einem Dreieck, des die Städte Nermberch, Bamberch und Neustadt an der Aisch verbindet. Drum redn wir a hauptsächlich vom Aischgrund. Bei uns gibts Störch, Mühln und a Haufn Burgn und Felsenkeller. Soll ich dir auch die Gschicht vo unsere Felsnkeller derzähln? Do kriegst du eine hervorragende Brotzeit und ein Spitznbier.«

»Nein, danke«, antwortete Bernd Auerbach höflich. »Vielleicht das nächste Mal.« Er musste grinsen, wenn er über die Einheimischen nachdachte. Den Fußweg zum nächsten Bierkeller in Neuhaus hatten er und seine Freundin bereits Anfang September längst für sich entdeckt, und sie genossen die kurze Wanderung durch den Wald, um sich auf dem Felsenkeller der Familie Würth niederzulassen und das schmackhafte Kellerbier sowie eine deftige Brotzeit zu genießen. Sie hatten noch nie von einem Bratwurstsalat oder Bratwurst-Schaschlick gehört. Auch der knusprige Krustenbraten war ihnen fremd gewesen. Durch Zufall schlenderten sie in Röttenbach die Schulstraße dorfauswärts entlang und kamen bald zum Neubaugebiet Am Sonnenhang. Riesige Erdbewegungen waren dort zu beobachten. Baumaschinen, Kräne und Bagger waren im Einsatz, als ihnen ein Jogger entgegenkam. »Entschuldigung«, sprach ihn Anna Wollschläger an, »können Sie uns sagen, wohin dieser Weg führt?« Dabei deutete sie in Richtung Westen, raus aus dem Dorf.

»Wenn Sie hier hochgehen«, antwortete der Freizeitsportler und schnaufte dabei wie ein mittelalterlicher Postgaul, »kommen Sie in den Wald. Laufen Sie immer den Hauptweg entlang, bis zu einer Weggabelung. An einem Baumstamm finden Sie ein Hinweisschild, das Ihnen den Weg zum Neuhauser Bierkeller zeigt, ungefähr drei Kilometer von hier.« Er sah auf seine Armbanduhr. »In einer halben Stunde wird geöffnet.« Dann drehte er sich, ohne ein weiteres Wort zu verlieren, um und lief wieder davon.

»Dankeschön«, rief ihm Anna Wollschläger nach. Die beiden Sachsen nahmen ihren Weg wieder auf und durchliefen, kurz nachdem die Schulstraße in einen breiten Feldweg übergegangen war, einen Hohlweg, dessen Ränder mit dichten Schlehenhecken und wilden Kirschbäumen bewachsen waren. Immer weiter ging es bergan. Links und rechts des Weges standen nun Getreidefelder. Bald würden die mächtigen Mähdrescher mit ihren riesigen, messerbewehrten Mäulern kommen und sich die satt gewachsenen Ähren einverleiben. Doch noch drang das kräftige Blau der Kornblumen und das tiefe Rot des Klatschmohns aus den Rändern der Getreidefelder. Als die beiden die Anhöhe erklommen hatten, kurz vor dem Waldrand, blieben sie stehen. Rechter Hand erschlossen sich ihnen weite Blicke bis nach Erlangen und Nürnberg. Geradeaus und links konnten sie bis in die hügelige Landschaft der Fränkischen Schweiz sehen. »Schön hier«, entfuhr es Anna Wollschläger. Fasziniert genossen sie weitere fünf Minuten die Schönheit der Landschaft und tauchten bald darauf in den kühlenden Schatten des Waldes ein. Mühelos fanden sie das beschriebene Hinweisschild und ließen sich eine halbe Stunde später auf einer der schattigen Bänke des Bierkellers nieder. »Das nenne ich Lebensqualität«, urteilte Bernd Auerbach, als er den ersten, tiefen Schluck des süffigen und kühlen Kellerbieres zu sich genommen hatte. »Die Franken leben im Paradies«, meinte er. Drei Mal besuchten die beiden Sachsen den Neuhauser Bierkeller in kurzen Abständen.

★

Bernd Auerbach fuhr in einem alten VW Golf, den er in Fürth auf einem öffentlichen Parkplatz aufgebrochen und kurzgeschlossen hatte, das Stadtgebiet von Nürnberg an. Bereits Tage zuvor hatte er sich vergewissert, dass der Parkplatz nicht kameraüberwacht war. Der schwere Rucksack, den er getragen hatte, lag nun auf der Rücksitzbank. Die Kapuze seines Anoraks hatte er vom Kopf gezogen, aber die Sonnenbrille behielt er nach wie vor auf der Nase, obwohl die Sonne selbst überhaupt nicht zu sehen war. Nun fing es sogar leicht zu nieseln an. Seine Hände, welche den Pkw in eine leichte Linkskurve zogen, steckten in feinen Lederhandschuhen. Aufmerksam kontrollierte Bernd Auerbach den rollenden Verkehr vor und hinter sich. Immer wieder wanderten seine Augen auf den Innenspiegel des Pkw. In dieser frühen Morgenstunde war noch nicht viel los auf den Straßen der Stadt. Der Berufsverkehr setzte gerade erst ein und er hatte noch mehr als eine Stunde, um sein Vorhaben auszuführen. Zeit, schnell noch im bunten Treiben der Bahnhofshalle bei McCafé ein Frühstück einzunehmen.

Der warme Kaffee tat ihm gut, und er dachte an seinen ersten Auftrag, den er vor zwei Wochen von Thomas Keller erhalten hatte. Endlich ging es los. Endlich konnte er seinen bescheidenen Beitrag für ein besseres Deutschland leisten. Nun konnte er beweisen, was in ihm steckte, und auch die angemietete Scheune in Röttenbach konnte nun sinnvoll genutzt werden – die Scheune, in die er sich die letzten Tage zurückgezogen hatte und seiner Arbeit nachgegangen war. »Würden die Röttenbacher wissen, was in dem Gebäude gelagert ist«, dachte er sich, »wären sie kaum so umgänglich und hilfsbereit.« Wie weise von Thomas Keller, so einen geräumigen Lager- und Arbeitsraum gleich mit anzumieten. Der plastische C4 Sprengstoff aus den ehemaligen NVA-Beständen, die TNT-Zünder, die Sprengkapseln, die Relais und Handtastaturen, die Metallkugeln, die zwei automatischen Schnellfeuergewehre, die amerikanischen Splitterhandgranaten, die Thomas Keller aus dem Kosovo besorgt hatte, Pistolen und Munition – kurzum alles, was sich zum Kampf gegen die verhassten Ausländer einsetzen ließ und sich im Umzugsgut befand, hatte in der Scheune ausreichend Platz gefunden. Als Ergebnis lagen nun zwei selbstgebastelte Bomben auf dem

Rücksitz des alten VW Golfs und warteten auf ihren tödlichen Einsatz. Zwei Feuerlöscher der Marke Gloria steckten in dem Rucksack. Er hatte das Löschpulver sorgfältig entfernt, den Boden sowie die Seitenwände der Behälter mit Blei verstärkt und den verbliebenen Raum mit Stahlkugeln aufgefüllt. Der kittähnliche Sprengstoff, die TNT-Zünder, Relais, Akkus – alles war professionell arrangiert. Sobald er die Zündung auslöste, würden die Metallkugeln an den schwächsten Stellen der Behälter in einem berechneten Sechzig-Grad-Winkel mit einer derartig gewaltigen Zerstörungskraft und Geschwindigkeit nach vorne austreten und verheerende Schäden an Mensch und Material anrichten. So war es geplant, so sollte es sein. Bernd Auerbach freute sich schon insgeheim auf das bevorstehende Feuerwerk. Er sah auf seine Armbanduhr. Noch eine halbe Stunde. Danach würde das Türkische Konsulat nicht mehr das sein, was es im Moment noch war.

★

Während Bernd Auerbach noch an den Resten seines lauwarmen Kaffees nippte, bereiteten sich vierzehn Rentner aus München auf ihren Besuch im Historischen Straßenbahndepot St. Peter in der Schloßstraße 1 vor. Sie waren mit dem Regionalexpress der Deutschen Bahn angereist. Alle hatten in ihrem aktiven Berufsleben mit Schienenfahrzeugen zu tun. Drei von ihnen waren Straßenbahnschaffner gewesen. Auch zwei ehemalige Dampflokomotivführer waren dabei. Fünf hatten bei Krauss-Maffei Elektrolokomotiven montiert. Sie fieberten dem Besuch im Straßenbahndepot entgegen, denn sie hatten ihren Ausflug schon vor Monaten geplant und organisiert. Selbst den Nürnberger Oberbürgermeister hatten sie angeschrieben, damit ihnen ein Sonderbesuchstermin gewährt wurde, denn die öffentlichen Besuchszeiten des Depots waren ausschließlich auf das erste Wochenende im Monat festgelegt. Man konnte die vierzehn durchaus als »Pufferküsser« bezeichnen, als Bahnsexuelle. Nun standen sie vor dem Nürnberger Hauptbahnhof und blinzelten in den jungen Tag. »Pack mers«, rief Toni Hirnthaler in die Runde, »es is net weit, des schaff mer z'Fuß. Auf gehts! Außerdem san mir eh zfrüh dran.«

★

Die vierzehn Rentner aus München waren bereits eine gute Weile unterwegs, als Bernd Auerbach aus dem Südausgang des Bahnhofs trat. Die Kapuze seines Anoraks hatte er wieder bis in die Stirn gezogen. Seine Augenpartie bedeckte die dunkle Sonnenbrille. Schnellen Schrittes überquerte er die Straße *Hinterm Bahnhof* und lief auf den geparkten VW Golf zu. Bevor er die Fahrertür des gestohlenen Pkws öffnete, sah er sich nach allen Seiten um. Dann schwang er sich auf den Fahrersitz, steckte den Schlüssel ins Zündschloss, ließ den Motor an und rollte im Schritttempo vom Parkplatz. Sein Ziel war nur wenige Minuten Fahrzeit entfernt. Von der Allersberger Straße bog er rechts in die Köhnstraße ein, welche nach wenigen hundert Metern in die Regensburger Straße überging. Er war bereits nahe an seinem Zielort, als er urplötzlich auf Höhe der von rechts kommenden Kurtstraße kräftig fluchend in die Eisen stieg. Elf, zwölf, dreizehn ältere Herrschaften mochten es sein, die wild gestikulierend und völlig desorganisiert, von rechts nach links über die Fahrbahn eilten und ein kleines Verkehrschaos auslösten. Auch auf der Gegenfahrbahn setzte ein wildes Gehupe ein. Reifen quietschten auf dem nassen Asphalt. Fäuste drohten aus den Fahrzeugen in Richtung der betagten Herren. »Hat das Altersheim heut Kerwa?«, schrie ein erboster Beifahrer durch das herabgelassene Fenster, steckte seinen Kopf aus dem bremsenden Fahrzeug und fuchtelte mit beiden Händen in der Luft herum. »Seid ihr um dera Uhrzeit scho alle besoffn?«

»Halts Maul, Saupreiß«, schrie Toni Hirnthaler zurück und zeigte ihm den Stinkefinger. Als die vierzehn noch immer zu Tode erschreckt und verdattert, aber Gott sei Dank heil auf der anderen Straßenseite angekommen waren, legte Toni Hirnthaler erst richtig los. Seine Worte galten Sepp Melchinger, mit dreiundachtzig der Älteste in der Rentnerband. »Sepp, fängst etz des Spinna an? Warum rennst du mirnixdirnix überd Straß?« Dann richtete er seine Vorhaltungen an den Rest der Truppe: »Und ihr Hornoxn rennts dem Sepp einfach hinterher. Spinnts etz alle? Was isn in eich gfahrn?«

»Du hast doch gsagt, dass mir aufd andre Seitn müassn«, konterte der Rohrmoser Rudi.

»Aber doch erscht an der Fußgängerampel!«, gab Toni Hirnthaler ärgerlich zurück und tippte sich mit dem Zeigefinger mehrmals an die Stirn.

»Des hast net dazu gsagt«, schrie nun auch der immer noch nach Atem ringende Rudi Rohrmoser zurück.

»Genau«, schlug sein Schwager Xaver Bichler in die gleiche Kerbe, »des hast net gsagt, alter Depp.«

»Ruhe, Sakra!« Toni Hirnthaler fuhr aus der Haut. »Noch zehn Minutn, dann semmer da. Und etz reißts eich zam! Zefix luja nochmal!«

12

Das Türkische Generalkonsulat in Nürnberg hatte vor fünfundzwanzig Minuten seine Pforten geöffnet. Erst drei Besucher hatten an diesem nasskalten Donnerstagvormittag das Gebäude betreten. *Parteiverkehr: Mo. – Fr. 08:30 bis 12:00 Uhr* stand auf einem Messingschild neben der schmalen Eingangstür zu lesen. Passanten mit aufgespannten Regenschirmen hasteten auf dem Gehweg vor dem Gebäude mit der hellen Steinfassade vorbei und eilten zu ihren Arbeitsplätzen. Auf der Regensburger Straße staute sich der tägliche Berufsverkehr. Der feine Nieselregen glitzerte im Schein der Pkw-Scheinwerfer und die Scheibenwischer der Fahrzeuge huschten über die Windschutzscheiben und gaben die angespannten Gesichter ihrer Fahrer frei, die genervt und entrückt auf die dampfenden Auspuffrohre ihrer Vorderleute starrten. Stop and go, wie jeden Wochentag um diese Zeit. Vor dem Eingang des Konsulats steckten neun wackelige, hüfthohe Metallrohre im Asphalt und dem gepflasterten Gehweg. Sie waren mit durchhängenden, angerosteten Ketten verbunden und sollten so etwas wie eine Absperrung andeuten. Nur rechter Hand, dort wo zwei riesige Plakatwände aufgestellt waren, war das Konsulat ohne Barriere zugänglich. *Enjoy More* stand auf einer der Werbetafeln zu lesen, auf der eine überdimensionale, blaue Zigarettenschachtel von Pall Mall abgebildet war. Zwischen der Regensburger Straße und der Kettenabsperrung, mitten auf dem Geh- und Fahrradweg, hatte vor zehn Minuten ein Fürther mit Anorak und dunkler Sonnenbrille seinen alten VW Golf, Baujahr 1999 geparkt, war ausgestiegen und weggegangen. Typisch Fürther Autofahrer! Die machen immer, was sie wollten, Autofahren können sie sowieso nicht, diese Deppen. Nachlässig war er auch noch, dieser Fürther Blasarsch. Nicht einmal die Pkw-Türen hatte er richtig geschlossen. Selbst ein Blinder mit Krückstock sah, dass beide Türen auf der Beifahrerseite nicht richtig in ihre Schlösser eingerastet waren. Na ja, wer würde schon so eine alte, grüne Rostlaube klauen? Die beiden Feuerlöscher, die auf dem Rücksitz lagen, waren wohl das Wertvollste an dem ganzen Gefährt. Vierzehn betagte Herrschaften kamen um die Ecke gedackelt und schlurften schnurgerade auf den VW Golf zu, der sich ihnen auf dem Fußgängerweg in den Weg stellte. Sie waren auf dem Weg zur Schloßstraße 1. »Saupreißn«, schimpfte ein Hüne in Lederhose und bayerischem Trachtenjanker und wedelte mit seinem weiß-blauen Rautenmusterschirm, »so was gibt's z'Minga net. Mei, der alte Kübl wär bei uns scho längst abgschleppt worn.«

Auch Rudi Rohrmoser belferte wie ein tollwütiger Wolpertinger: »Solch alte Kübl gibts in Minga gar nimmer, aber mia san jenseits des Weißwurstäquators, Hirni, quasi in der nördlichen Entwicklungszone unseres bayerischen Freistaates, da derfst du dich net wundern. Schau, selbst die Türn san net abgschlossn.«

Neugierig trat Toni Hirnthaler an den grünen Pkw heran und legte seine Pratze auf den Türgriff der Beifahrertür. »Brauchts an Feuerlöscher?«, rief er in die Runde.

13

Thomas Keller sah zu dem asymmetrisch angeordneten Turm des Leipziger Alten Rathauses empor, welcher das Renaissancebauwerk im Goldenen Schnitt teilte. Er hielt es in der Zentrale der NEL nicht mehr aus. Er musste raus. Raus an die frische Luft. Ungeduldig wartete er auf den Anruf von Bernd Auerbach. Vor einer Viertelstunde hatte er sich unter die Kunden und Touristen auf dem Marktplatz gemischt. Die Angebote der Händler und das Treiben der Touristen und Einkäufer interessierten ihn nicht. Er wartete nur auf drei banale Worte, die in den Telefonhörer einer öffentlichen Telefonzelle am Nürnberger Hauptbahnhof gesprochen werden sollten. Sie würden ihm Gewissheit verschaffen, dass die Sache geklappt hat: »Oh, Entschuldigung, verwählt.« Auf diesen kurzen Satz wartete er voller Ungeduld und Nervosität. Er sah erneut auf seine Armbanduhr. Zehn Minuten nach neun Uhr. Vielleicht war Bernd Auerbach noch auf der Suche nach einer öffentlichen Telefonzelle? Vielleicht waren gerade alle besetzt? Vielleicht war ein unvorhersehbares Ereignis eingetreten, welches die gesamte Angelegenheit verzögerte? Vielleicht war Bernd Auerbach beim Autodiebstahl beobachtet worden und längst verhaftet? Vielleicht …, vielleicht …, vielleicht … »Entschuldigung der Herr, haben Sie die genaue Uhrzeit?« Thomas Keller war in seiner Gedankenwelt versunken und zuckte nervös zusammen. Ein altes Mütterchen stand vor ihm und sah ihn fragend an. In der rechten Hand hielt sie eine rote Lederleine, an deren Ende ein Spitz hing, der zu ihm aufblickte und freudig mit dem Schwanz wedelte. Sein zotteliges Fell war blütenweiß. Es harmonierte farblich mit der frischen Dauerwelle seines Frauchens. Auch das kleine rote Mäschchen, welches der kleine Kläffer auf seinem Kopf trug, passte im Farbton hervorragend zum Lodenmantel der Alten. Erneut sah Thomas Keller auf seine Armbanduhr. »Es ist jetzt genau vierzehn Minuten nach neun Uhr, meine Dame«, gab er zur Antwort und versuchte seine Nervosität zu unterdrücken.

»Siehst du, Rasputin«, sprach das Frauchen zu ihrem weißen Putzwedel am Ende der roten Hundeleine, »es gibt doch noch höfliche Menschen, richtige Gentlemen.« Rasputin gab wie zur Bestätigung ein heißeres »Wihau« von sich und setzte eifrig sein Schwanzwedeln fort.

Seine Nervosität stieg. Thomas Keller musste daran denken, wie er früher mit solchen Situationen umgegangen war, als sie an der deutsch-deutschen Grenze nachts auf Lauer lagen und darauf warteten, Republikflüchtlinge zu stoppen. Damals, bei der MfS-Elitetruppe, beim Wachregiment Feliks Dzierzynski. Es war eine harte Zeit. Sie hatten jede Menge Arbeit – Stress total. Er erinnerte sich daran, wie schwierig es für ihn war, seine Sympathie für den Nationalsozialismus zu verbergen. Es gab ihn ja offiziell gar nicht. Er wurde totgeschwiegen, obwohl es von Anbeginn der DDR immer kleine Nazigruppen gab, die die Ansichten des Führers verherrlichten. Ab 1983, es war wie eine Explosion, verfünffachten sich plötzlich die Gewalttaten der Rechtsextremen. Ihm war das egal, in vielen Fällen sogar recht. Auch er trug dazu bei, die Taten totzuschweigen. Es sollte eben nicht wahr sein, was nicht wahr sein durfte. So einfach war das. Ließ sich eine rechtsextremistische Tat nicht mehr verheimlichen, so wurde sie eben dem Klassenfeind im Westen zugeschoben oder als krimineller Handlungsakt und nicht als politisch begründet abgetan. Er verstand das manchmal auch nicht. Die Denkweisen der SED und der Nationalsozialisten lagen gar nicht so weit auseinander: Beide standen für Militarismus, und beide übten sich in der Praxis anders denkende Menschen zu unterdrücken. Hitler-Kult, Gewalt gegen Juden und Hakenkreuzschmierereien gab es schon immer in der DDR. Am besten konnte man die Gewaltbereitschaft der Rechtsextremen auf dem Fußballplatz wahrnehmen, und Angriffe auf Arbeiter aus Asien und Afrika gab es damals doch auch schon. Nicht ohne Grund entstanden eine Fülle an extremen Organisationen, wie die »Lichtenberger Front«, die »NS-Kradstaffel Friedrichshaine«, oder die »Wotanbrüder«. Nicht zu vergessen die »Weimarer Heimatfront« oder die »SS-Division Walter Krüger«. Viele Kollegen im MfS waren damals Mitglieder in einer dieser Organisationen. Als sich dann die Wende vollzog, war es doch nicht verwunderlich, dass viele junge Glatzköpfe sagten, sie seien »nicht angepasst«.

Er erschrak und zuckte zusammen. Sein Mobiltelefon vibrierte in seiner Manteltasche. Nervös kramte er es hervor und wischte mit dem rechten Zeigefinger über das grüne Telefonsymbol. »Ja?«

»Oh, Entschuldigung, verwählt.«

★

Als Bernd Auerbach das Nürnberger Bahnhofgebäude zu Fuß erreichte, hatte er ein viel dringenderes menschliches Bedürfnis, als sofort eine öffentliche Telefonzelle aufzusuchen. Er hetzte die Rolltreppe zum ersten Stockwerk hoch und steckte siebzig Euro-Cent in die Ticket-Maschine der öffentlichen Toilettenanlage. Die Schranke gab den Weg frei. Der ohrenbetäubende Knall der beiden Explosionen dröhnte noch immer in seinen Ohren. Er war in Hochstimmung und ließ den Strahl kräftig in das Pissoir plätschern. Erleichtert nahm er daraufhin wieder den Weg nach unten in die Bahnhofshalle und fand auf Anhieb eine freie Telefonzelle. Er wählte die Nummer eines Mobiltelefons, wartete, bis er ein nervös fragendes »Ja?« vernahm, sprach die drei Worte »Oh, Entschuldigung, verwählt« in die Sprechmuschel und legte wieder auf. Dann begab er sich eilig zum Bahnsteig Nummer zwei und stieg in den bereits wartenden Thüringen-Regionalexpress. Von den Straßen vor dem Bahnhof dröhnte das Geheule von Martinshörnern in einem wilden Durcheinander bis in das Innere des Zuges. »Was na da draußen wieder passiert is?«, rätselte die Frau, die ihm gegenüber saß. »Gott sei Dank hock ich scho im Zug.«

»Bestimmt ein Unfall«, mutmaßte der Ostdeutsche freundlich. Fast hätte er das lang anhaltende Pfeifen auf dem Bahnsteig überhört. Kurz darauf nahmen die Stahlräder in den Fahrwerken der Wagons ächzend Bewegung auf. Die Traktionsmotoren liefen hoch und übertrugen ihr hohes Surren und Vibrieren in den Innenraum. Der Zug beschleunigte, zuerst langsam, dann immer schneller, und hatte nach kurzer Zeit den Nürnberger Hauptbahnhof in Richtung Bamberg verlassen.

Noch immer strömte Adrenalin durch Bernd Auerbachs Adern. Er war innerlich aufgewühlt, wie noch nie in seinem Leben. Noch einmal liefen die letzten dreißig Minuten wie ein Film in seinem Kopf ab: Punkt neun Uhr eins hatte er aus sicherer Entfernung zum Konsulat den roten Knopf der Fernsteuerung gedrückt. Jeder Knall der beiden Explosionen, die Sekundenbruchteile später zu hören waren, war gewaltig. Eine enorme Druckwelle raste durch die Straßen. Im Laufen drehte er sich um und sah den Rauch, der am Ort des Geschehens aufstieg, und den Trümmerregen, der sich über den Dächern der umstehenden Gebäude ausbreitete, dort für Sekundenbruchteile in der Luft hängen zu blieben schien, um darauf die Regensburger Straße und die benachbarten Straßenzüge mit umherfliegenden Teilen regelrecht zu übersäen. Im Moment hatte er keine Ahnung, wie es am Ort der Detonationen aussah und welche Schäden diese angerichtet hatten. Waren Menschen auch betroffen? Und wenn schon. Er konnte es gar nicht abwarten, nach Hause zu kommen, um sich im Fernsehen die Bilder anzusehen. Ob über den Anschlag schon berichtet wurde? Er hatte seine Sache gut gemacht, das wusste er. Profihaft. Thomas Keller würde zufrieden sein. Fünfzehn Minuten später stieg er in Erlangen am Gleis drei aus dem Zug, um wiederum acht Minuten später auf dem Bahnhofvorplatz in den Bus der Linie 205 Erlangen - Höchstadt zu steigen. »Wie soeben mitgeteilt, haben sich in Nürnberg vor dem Türkischen Konsulat zwei schwere Explosionen ereignet. Wer oder was die Explosionen ausgelöst hat, ist derzeit noch unbekannt. Es geht das Gerücht, dass es sich um einen politisch motivierten Anschlag handelt.« Der Busfahrer stellte das Radio auf eine höhere Lautstärke. »Rettungskräfte befinden sich auf dem Weg zur Unglücksstätte. Ob auch Menschen zu Schaden gekommen sind, ist noch nicht bekannt. Wir berichten in Kürze live vom Ort des Geschehens.«

»Tät mi net wundern, wenn des Neonazis gwesen wärn«, kommentierte der Busfahrer. Wie recht der Mann hatte. Bernd Auerbach war happy und freute sich schon auf den nächsten Auftrag. Er würde wieder sein Bestes geben. Gewissensbisse hatte er nicht. Ein Hoch auf die NEL.

14

Vor dem schwer beschädigten Gebäude in der Regensburger Straße 69 herrschte das blanke Chaos. Ein Ort der Verwüstung, des Entsetzens und des Todes. Der Ort des Terrors war durch Polizeikräfte zwischenzeitlich weiträumig abgesperrt worden. Neben den verheerenden Sachschäden waren zehn Tote, sechs zum Teil lebensgefährlich sowie zahlreiche leicht Verletzte zu beklagen. Genau in dem Moment, in dem Adem Gökhan mit einem Besucher des Konsulats aus dem Inneren des Gebäudes auf die Straße trat, explodierten die beiden Sprengsätze in einem gleißenden Inferno. Adem Gökhan und sein Begleiter hatten nicht den Hauch einer Chance. Von den vierzehn Münchner Touristen, die auf dem Weg zum in unmittelbarer Nähe liegenden Historischen Straßenbahndepot waren, wurden acht von den umherfliegenden Trümmern und Metallkugeln tödlich getroffen. Ihre Leiber waren nahezu zur Unkenntlichkeit zerfetzt. Die anderen sechs Münchner, die von dem explodierenden Fahrzeug noch etwas weiter entfernt waren, wurden mit schwersten Verletzungen in die Chirurgische Universitätsklinik Erlangen eingeliefert. Nur äußerst glückliche Umstände führten dazu, dass es auf der Straße keine weiteren Toten gab. Ein bis auf den Fahrer leerer städtischer Nahverkehrsbus, der nicht auf Dienstfahrt war, stand zum Zeitpunkt der Explosion unmittelbar neben dem geparkten grünen VW Golf im Stau und diente rein zufällig als Schutzschild für die anderen Verkehrsteilnehmer, die in der Regensburger Straße unterwegs waren. Der Bus der VAG Nürnberg besaß nur noch Schrottwert. Der Fahrer erlitt Schnittverletzungen am Hals und an der rechten Schulter. Er stand noch immer unter Schock. Von dem VW, in dem die beiden Bomben lagen, war so gut wie nichts mehr übrig. Seine Karosserieaufbauten und sonstigen Bestandteile wurden durch die Wucht der Detonation in Stücke gerissen und schwirrten wie Schrapnellen in alle Himmelsrichtungen davon. Glasscherben und Metallteile fügten einigen Fußgängern selbst in weiterer Entfernung noch Schnittwunden im Gesicht und am Körper zu. Die Beifahrertür des VW Golfs wurde im Ganzen aus ihren Scharnieren gerissen und trennte Toni Hirnthaler in Sekundenbruchteilen den Kopf ab. Neben ihm starb Rudi Rohrmoser im gleichen Moment. Die Leichen von Adem Gökhan und seinem Begleiter lagen zwischenzeitlich unter Decken verhüllt vor der zerstörten Gebäudefassade. Ihre Körper wurden von den umherfliegenden Metallkugeln regelrecht durchsiebt. Die meisten der Münchner Rentner starben auf die gleiche Weise. Die Fensterscheiben des Türkischen Generalkonsulats sowie die der anschließenden Geschäftsgebäude existierten nicht mehr und lagen in Scherben verstreut auf dem Gehweg der Straße beziehungsweise in den verwüsteten Räumen der Gebäude. Von den beiden riesigen Werbetafeln rechter Hand des Konsulats ragten nur noch die zersplitterten Holzstümpfe ihrer Trägerkonstruktion aus der verwüsteten Erde. Die Werbetafeln selbst waren, von Metallkugeln durchlöchert, durch die Luft geschleudert worden. Eine schlug auf dem Dach des VAG-Busses ein, die andere flog gegen die Außenfassade des Konsulats und donnerte von dort mit einem gewaltigen Getöse auf den straßenseitigen Eingangsbereich des Gebäudes. Fast wäre der zerfetzte Körper von Adem Gökhan ein weiteres Mal durchbohrt worden.

Eine Stunde war seit der Explosion vergangen. Die Blaulichter der Einsatzfahrzeuge von Polizei, Feuerwehr und der Notärzte rotierten am Einsatzort und ständig kamen neue Rettungsfahrzeuge hinzu. Leichentransportwagen hatten sich an den Rand des Geschehens herangeschlichen und lauerten wie Hyänen nur darauf, dass sie die verstümmelten Reste der Opfer endlich abtransportieren durften. Durch die weiträumige Sperrung des Tatorts staute sich der Individualverkehr bis weit in die Innenstadt. Menschentrauben von Neugierigen harrten an den rot-weißen Absperrbändern aus, und aufdringliche Berichterstatter der lokalen und internationalen Presse mussten von den Polizeibeamten immer wieder ermahnt werden, jenseits der Absperrungen zu bleiben. Vier Fernsehsender hatten ihre Übertragungswagen in unmittelbarer Nähe aufgebaut und ihre Moderatoren hasteten, mit Mikrofonen bewaffnet, durch das Heer der Neugierigen, in der Hoffnung doch noch auf einen Augenzeugen des Tathergangs zu stoßen. Über der Szene schwebte ein Helikopter von RTL im regenverhangenen Morgenhimmel. Die Beamten der Nürnberger Polizei waren in höchste Alarmstufe versetzt worden, waren aber schlichtweg überfordert. Das Durcheinander war perfekt. Hundeführer schwärmten aus und suchten nach weiteren, möglichen Sprengsätzen. Psychologen betreuten die Mitarbeiter des Konsulats, welche zwischenzeitlich aus dem schwer beschädigten Gebäude evakuiert wurden. Manche bluteten aus Kopfwunden. Die Berufsfeuerwehr war mit fünf Einsatzfahrzeugen vor Ort, wusste aber nicht so recht, was zu tun war beziehungsweise ob sie überhaupt gebraucht wurden. Ein Brand war nicht ausgebrochen. Die dringend benötigten Mitarbeiter der Kriminaltechnischen Untersuchung steckten noch im Stau in der Bahnhofsstraße fest. Weder die Martinshörner noch die rotierenden Blaulichter ihrer Fahrzeuge nützten ihnen etwas. Es ging nichts mehr vor und nichts mehr zurück. Streifenbeamte in den Straßen waren bemüht, ihnen freie Bahn zu verschaffen, gestikulierten wild und verzweifelt mit Händen und Armen und schrien den ebenfalls ungeduldigen Autofahrern, die in den Staus steckten, ruppige Worte an die Köpfe. Am Ort der Verwüstung wartete man auf die Ankunft der Verantwortlichen vom Verfassungsschutz und des Bundeskriminalamts. Die meisten öffentlichen und privatrechtlichen Fernsehstationen unterbrachen ihre laufenden Sendungen oder blendeten mitlaufende Untertitel ein. *Terroranschlag in Nürnberg fordert zehn Tote. Türkisches Generalkonsulat in Nürnberg durch Sprengsätze verwüstet. Wer steckt hinter dem Nürnberger Bombenanschlag?* Es gab kein Bekennerschreiben. Nichts deutete auf die Tat einer terroristischen Organisation hin. RTL dachte laut über einen Terroranschlag der kurdischen PKK nach, während SAT1 den Geheimdienst der Israelis, den Mossad, ins Spiel brachte. VOX wiederum stellte die Frage, ob möglicherweise die Syrer ihre Hand im Spiel hatten. Als einer der Toten zweifelsfrei als Adem Gökhan identifiziert wurde, richtete sich das Interesse der deutschen Ermittler erstmals auf die palästinensische Großfamilie der Abusharekhs in Berlin-Neukölln.

15

Doris Kunstmann hatte Gewissheit: Ihr Gesicht war tränenverschmiert, ihr Herz litt unter Liebesschmerz, und auch der Schmerz der Eifersucht war kaum noch zu ertragen, und ... in ihr brodelte eine unbändige Wut. Das türkische Luder hatte ihrem Walter tatsächlich die Augen verdreht. Walter, der Depp, war auf ihren wohlgeformten Arsch und zwei kleine Titten hereingefallen. Das sah ihm ähnlich. Was wollte er denn mit einer siebzehnjährigen Muslimin? Da hatten doch sicherlich die Eltern noch ihre Hände auf der Unschuld. Es geschah ihm recht, diesem Hitzkopf. Na, der konnte sich was von ihr anhören. Sie würde ihm die Leviten schon lesen. Und dieser widerlichen Türken-Nutte würde sie auch noch ein paar nette Worte mitzuteilen haben. In ihrer ersten Wut überlegte sie, wie sie den beiden einen ordentlichen Denkzettel verpassen konnte. Hatte dieses türkische Miststück nicht einen Freund? Natürlich, diesen Kümmeltürken aus Erlangen. Sie hatte die beiden schon mal Händchen haltend im Cine Star gesehen. Das war erst sechs Wochen her. Ein kräftiger, muskulöser Typ. Mit einer gewaltigen Türkennase im Gesicht. Irgendwie sah der brutal aus. Sie erinnerte sich. Er hatte sie so geil angesehen, als sie damals an den beiden vorbeischlenderte – als ob er sie mit Blicken ausziehen wollte. Ein ekliger Kerl, mit glänzender Pomade im Haar. Nicht ihre Kragenweite. Igitt, wenn sie sich vorstellte, dass sie etwas mit dem haben müsste, dass er sie anfassen würde, mit seinen dreckigen Fingernägeln. Nein, nie und nimmer. Doris Kunstmann standen die feinen Härchen auf ihren Unterarmen zu Berge. Was der Typ wohl sagen würde, wenn er erfuhr, dass ihm seine Freundin abhanden gekommen war, oder wusste er gar schon Bescheid? Auf Walter würde er bestimmt nicht gut zu sprechen sein. Die zogen doch immer gleich das Messer, diese Türken. Dieser, ... Mensch, wie hieß er doch gleich wieder? Ihr fiel der Name nicht ein. Irgendetwas mit Müsli. Müslim? Der gehörte bestimmt auch zu dieser Sorte der Messerstecher. Sie würde Norbert Amon noch einmal befragen, der wusste zwar immer alles, aber man musste ihm sein Wissen erst regelrecht aus der Nase ziehen. Ein netter Kerl, aber ein maulfauler Typ. Als sie ihr Mobiltelefon zur Hand nahm, kam ihr noch eine andere Idee. Sie drückte auf die Funktion »Nachrichten« und wählte Walter Fuchs' Handynummer. Dann huschten ihre Finger über die kleine Tastatur: *Walter, Du bist ein Aas. Du bist auch nicht besser als all die anderen versoffenen Typen. Ich sage Dir, Deine Untreue kotzt mich an. Ich kann nicht glauben, was ich erfahren habe. Ich hatte an Dich geglaubt. Felsenfest. Umso mehr hast Du mich enttäuscht. Was willst Du denn von dieser türkischen Hure? Was hat die, was ich Dir nicht geben kann? Erklär es mir! Hat sie einen festeren Arsch? Größere Titten bestimmt nicht! Ich hasse Dich! Ich scheiß auf Dich! Wenn Du mir über den Weg läufst, reiß ich Dir Deinen Arsch auf, das kann ich Dir sagen. Du hast mich beleidigt, gedemütigt und bloßgestellt. Lächerlich hast Du mich gemacht, vor allen Leuten. Ich wünsche Dir und Deiner Kanaille die Pest an den Hals. Trete mir nicht mehr unter die Augen! Ich will Dich nicht mehr sehen. Du wirst sehen, ich werde dafür sorgen, dass ihr beide euren Denkzettel abbekommt. Lass Dich überraschen, Du Wichser. Ich hasse Dich für alles. Doris.* Sie drückte das Tastenfeld »Senden«. Danach fühlte sie sich zwar nicht besser, aber dennoch etwas erleichtert.

★

Kunigunde Holzmann und Margarethe Bauer, die beiden Röttenbacher Busenfreundinnen, saßen bei der Kunni im Wohnzimmer. Vor ihnen auf dem Couchtisch standen eine gut gefüllte Kanne mit frisch gebrühtem Kaffee, eine Kuchenplatte mit drei Schichten Streusel-Zwetschgenkuchen, eine Glasschale mit frisch geschlagener Sahne, ein Porzellankännchen mit Bärenmarke-Kondensmilch und, inmitten von Kuchentellern, Tassen und Besteck, ein Plastikspender mit Süßstoff-Tabletten. »Wegen der Kalorien«, wie Kunni Holzmann anmerkte. »Essn wir eine Kleinigkeit. Hau rein, Retta.«

Margarethe Bauer sah auf das Ziffernblatt der hohen Standuhr. »Wird heut net der *Bergdoktor* wiederholt?«, wollte sie von Kunni wissen, während sie ein Stück Zwetschgenkuchen auf ihren Kuchenteller schaufelte und aus der Glasschale zwei turmhohe Sahnehäubchen oben drauf klatschte.

»Weiß net, schalt halt den Fernseher ein«, antwortete die Kunni, während sie die beiden Kaffeetassen mit duftendem Kaffee füllte, jeweils zwei Süßstoff-Tabletten dazu gab und die dunkle Brühe kräftig umrührte. »Milch auch?«

»Freilich, ohne Milch schmeckt doch der Kaffee net.« Margarethe Bauer drückte auf der Fernbedienung des Fernsehers herum. Das Gerät knisterte und kurz darauf erschien eine Fernsehreporterin in Großaufnahme. Ihr Gesichtsausdruck wirkte wie versteinert. In der rechten Hand hielt sie einen aufgespannten, geblümten Regenschirm, in der linken ihr Mikrofon mit dem ZDF-Logo. Der Wind zerrte an ihrer dunklen Afro-Frisur und schaukelte den Regenschirm hin und her. »Is des net in Nermberch?«, warf die Retta ein

»Hab ich mir a grad denkt«, bestätigte die Kunni zweifelnd.

»Was isn da scho widder passiert?«

»Ruhich, leise!«

»… seit einer knappen Stunde sind auch die staatlichen Ermittlungsbehörden vom Bundeskriminalamt und dem Verfassungsschutz am Ort der Verwüstung«, berichtete die Reporterin mit aufgeregter Stimme. »Im Hintergrund sehen sie das Türkische Generalkonsulat in Nürnberg oder besser gesagt das, was davon noch übrig geblieben ist. Heute Morgen, um Ortszeit neun Uhr eins, eine halbe Stunde nach Öffnung, explodierten unmittelbar vor dem Gebäude zwei Sprengsätze, welche über Funk gezündet wurden und sich in einem in Fürth gestohlenen VW Golf befanden. Soweit bekannt ist, fielen dem Anschlag zehn Menschen zum Opfer, sechs weitere liegen schwer verletzt in den Erlanger Kliniken und zahlreiche andere Personen wurden durch umherfliegende Splitter leicht verletzt.

Hinter mir sieht es aus, wie nach einem Bombenangriff.« Die Kamera zoomte das schwer beschädigte Gebäude heran und schwenkte Sekunden später wieder auf die zerzauste Berichterstatterin zurück. »Das Türkische Generalkonsulat sowie die nebenstehenden Gebäude sind schwer beschädigt. Wer für den schrecklichen Anschlag verantwortlich ist, ist bis dato noch nicht bekannt. Ein Bekennerschreiben gibt es, soweit uns bisherige Informationen vorliegen, nicht. Von der Polizei und der zuständigen Staatsanwaltschaft unbestätigt hält sich allerdings ein hartnäckiges Gerücht, demzufolge hinter dem verabscheuungswürdigen Terrorakt vermutlich eine palästinensische Großfamilie stecken könnte, die in Berlin beheimatet sein soll. Die Gerüchte besagen, dass Teile dieser Familie Mitglieder der Organisierten Kriminalität sind und dass die Motive des schrecklichen Bombenanschlags möglicherweise im Bereich eines persönlichen Rachefeldzuges liegen könnten, welcher einem getöteten Mitarbeiter des Konsulats gegolten haben soll. Warum bei dem Anschlag allerdings weitere neun unschuldige Menschen ihr Leben lassen mussten, nun, diese Frage ist im Moment noch völlig ungeklärt. Die Polizei vor Ort hat für heute um dreiundzwanzig Uhr eine Pressekonferenz anberaumt. Viele Fragen bleiben im Moment noch offen. Wir berichten weiter. Bleiben Sie dran. Und nun schalten wir zurück ins Studio Mainz. Es folgt die Wiederholung der Sendung *Die Fischers Froni und der Jägers Toni*, aus unserer Serie *Der Bergdoktor*.«

»Glaubst du das mit der palästinensischen Großfamilie?«, wollte die Kunni, sichtlich erschüttert, wissen und schob sich ein Stück Kuchen in den Mund.

»Könnt scho sein«, antwortete die Retta, »das sind doch sowieso alles Schlaggn und Gauner, die Palästinenser. Wie die scho ausschaua! Mit ihre Bärt und stiere Blick. Zum Fürchtn. Da brauch ich mich doch bloß an den Arafat zu erinnern, mit seinem komischen Kopftuch und den kleinen, listigen Schweinsaugen. Von denen kannst du doch keinem net traun. Das sind doch alle Gangster und Verbrecher.«

»Aber die bringen doch keine zehn Leut net um, die mit ihnen gar nix zu tun ham. Mirnixdirnix. Am helllichten Tag noch dazu. Also ich glaub des net. Wenns die NSU noch geben␣t, dann␣t ich sagn, da stecken die dahinter.«

»Meinst du?«, zweifelte Margarethe Bauer und griff sich ihr zweites Stück Kuchen. »Hast du noch an Kaffee? Ist das die Milde Sorte vo Tchibo? Hast ganz schön stark gmacht. Hoffentlich kann ich heut Nacht schlafen.«

16

Nicht nur Ahmet Özkan hatte vor Jahren unfreiwilligen Kontakt mit dem syrischen Geheimdienst, auch die palästinensische Großfamilie Abusharekh in Berlin-Neukölln pflegte rege Beziehungen mit den Glaubensbrüdern, wobei sich diese Aktivitäten jedoch am Rande der Legalität bewegten. Ali, der Familienvorstand, stand politisch dem syrischen Regime und dem Führungsgremium der Baath-Partei sehr nahe. Er unterstützte den 1969 gegründeten Geheimdienst der Syrer, indem er schon so manchen in Deutschland aktiven Regimefeind diskreditiert hatte. Einige unaufgeklärte Morde und Entführungen wären ohne seine Informationsbereitschaft nicht geschehen. Obwohl Ali Abusharekh bei seinen Kontakten sehr vorsichtig war, war ihm der Bundesnachrichtendienst doch auf die Schliche gekommen und hatte auch den Verfassungsschutz informiert. Ali Abusharekh wurde von Zeit zu Zeit observiert, sein Festnetz- und sein Mobiltelefon wurden vom BND abgehört.

Doch er war ein äußerst vorsichtiger, verschlagener und misstrauischer Mann. Über vertrauliche Angelegenheiten, die nicht für die Allgemeinheit bestimmt waren, sprach er nie am Telefon. Er zog das persönliche Gespräch außerhalb der eigenen vier Wände vor. Im Notfall benutzte er sein abhörsicheres Satellitentelefon. Nur ganz wenige Menschen kannten die Telefonnummer. Seine Kontakte reichten bis tief in die Türkei hinein, wo noch Hunderttausende Flüchtlinge, vor allem aus Syrien, dem Irak und Afghanistan, darauf warteten, bis an die nordafrikanische Küste weitertransportiert zu werden, um ihre ungewisse Überfahrt nach Europa anzutreten. Seine Beziehungen waren aber auch über halb Europa verteilt, und wann immer ein Boot mit Flüchtlingen in Lampedusa oder einem anderen Mittelmeerhafen eintraf, wusste er nach wenigen Stunden, ob Syrer unter den Ankömmlingen waren und welche politischen Ansichten sie vertraten. Der Chef des Familienclans befehligte höchstpersönlich mehrere Schleuserbanden im Nahen Osten, Tunesien und Libyen. Er verdiente am Leid der Flüchtlinge und setzte bewusst ihr Leben aufs Spiel, indem er seine Handlanger anwies, nur alte, verrottete Seelenverkäufer für die Überfahrt zu beschaffen, Boote und Fischkutter, welche den Namen *seetüchtig* in keinster Weise mehr verdienten. Darauf pferchten seine Leute die hoffnungsvollen Flüchtlinge und ließen sie dann mit den Schleppern in See stechen. Meist in der Nacht und bei jedem Wetter. Circa einhundertdreißig Kilometer waren es von Tunesien, circa dreihundert von Libyen bis nach Lampedusa. Kurz genug, um zu jeder Zeit zu sterben, lange genug, um stundenlange Ängste und Zweifel zu durchleben. Auch im Mittelmeer gab es nicht selten überraschend auftretende, heftige Stürme und Gewitter mit meterhohen Wellen. Einmal, als die Flüchtlinge sich weigerten, auf hoher See auf ein anderes Boot umzusteigen, versenkten die Schlepper kurzerhand das Flüchtlingsboot. Ali Abusharekh erinnerte sich an den Anruf auf seinem Satellitentelefon, damals, vor einem knappen dreiviertel Jahr, als er weit nach Mitternacht mit dem Problem konfrontiert wurde. »Lasst sie absaufen«, hatte er voller Zorn in den Hörer geschrien. Mehr als zweihundert Menschen – Kinder, Frauen und Männer – ertranken elendiglich und qualvoll, als ihr alter Kutter in den Tiefen des Mittelmeers versank. Die Schlepper, welche die Ventile des alten Kahns geöffnet hatten, verhöhnten die wenigen, die noch schwimmend auf der Wasseroberfläche trieben. Bald würden auch ihre Kräfte nachlassen.

★

Hinter dem mannshohen Maschendrahtzaun, an dessen oberen Ende drei Reihen Stacheldraht gezogen waren, ragten die langen, dreistöckigen

Mannschaftswohngebäude der ehemaligen Polizeikaserne empor. Kein besonders schöner Anblick, diese in Stein errichtete Tristesse und die kahl geteerten Flächen zwischen den langgezogenen Gebäuden. Ein Wohnblock stand aufgereiht neben dem anderen. Es sah aus wie in einem Sammellager, aber das war es ja auch. Das Rote Kreuz hatte zusätzlich riesige Mannschaftszelte zwischen den Gebäuden aufgebaut, manche reichten bis direkt an die Hauswände heran, manche standen in unmittelbarer Nähe des Zauns. Reihen von mobilen Dixie-Toiletten, von Schmeißfliegen umschwärmt, schlossen sich an und stanken vor sich hin. Niemand fühlte sich zuständig, sie zu entleeren. Vor manchen Fenstern der Wohngebäude waren Wäscheleinen gezogen, an denen wenig reizvolle Unterwäsche, Kopftücher und Hemden zum Trocknen hingen. Ein blickdichtes Schiebetor, der offizielle Zugang zu dem Areal, rundete den unappetitlichen Eindruck der Gesamtanlage ab, welche auf ein Aufnahmevolumen von sechshundertfünfzig Asylsuchenden ausgelegt war. Derzeit lebten knapp tausend Flüchtlinge hinter dem Zaun, der die Anlage in einem großen Rechteck umgab. Die Aufnahmestelle platzte aus allen Nähten. Selbst die Kapelle und die Cafeteria waren zu Notunterkünften umfunktioniert worden. Garagen dienten zur Lagerung von allem möglichen Krimskrams, und die im Freien aufgestellten Mannschaftszelte waren auch schon brechend voll. Einhundertzwanzig Männer mussten sich einen Waschraum teilen. Asylanten aus dreißig verschiedenen Herkunftsländern lebten derzeit vorübergehend auf dem Areal der Aufnahmeeinrichtung für Asylsuchende in Zirndorf an der Rothenburger Straße 31, welches dem Bundesamt für Migration und Flüchtlinge, dem *BAMF* unterstand. Sie kamen aus Tschetschenien, Syrien, Irak, Afghanistan, Libyen, Ghana, dem Sudan, Uganda und anderen Krisenländern. Die wenigsten von ihnen hatten tatsächlich eine echte Chance, in Deutschland bleiben zu dürfen, und würden über kurz oder lang wieder in ihre Heimat abgeschoben werden. Das galt ganz besonders für die neuen Syrer, die sich seit ein paar Tagen in der Aufnahmestelle aufhielten. Die Leitung der Einrichtung war überfordert und aufs Höchste erbost. Noch versuchten sie herauszufinden, welcher Idiot ihnen die Syrer geschickt hatte. Wo käme man denn hin, wenn denen auch noch Tür und Tor geöffnet würden. Nun ja, jeder von denen hatte die Regeln und rechtsstaatlichen Verfahren zu akzeptieren. Flüchtling hin oder her. Den wenigsten Anträgen lagen wirklich asylrelevante Fluchtgründe zu Grunde. Das war doch jedem klar. Bürgerkrieg hin oder her, politische Verfolgung oder nicht. Was wollten denn die ganzen Ausländer in Deutschland? Sie sprachen die Sprache nicht, hatten kaum eine Chance auf eine Arbeitsstelle und bewegten sich außerhalb ihres beschissenen Kulturkreises. Die konnten doch dem deutschen Staat nicht ewig auf der Tasche liegen? Das galt nicht nur für die syrischen Flüchtlinge. Vielen der *BAMF*-Mitarbeiter gingen solche oder ähnliche Gedanken durch den Kopf, wenn sie das tägliche Leid wahrnahmen. »Deutschland kann es sich einfach nicht leisten, dass jeder dahergelaufene Ausländer wie die Made im Speck hier leben möchte. Noch dazu im schönen Bayern, dem deutschen Musterland.« So dachten die etwas extremistischer eingestellten Beamten, sprachen aber ihre Gedanken nicht aus. Sie arbeiteten sehr genau, nach allen Vorgaben der Regeln und waren von ihrem Naturell her eher misstrauisch eingestellt. Sie glaubten nur, was sie schwarz auf weiß sahen. Darin hatten sie Erfahrung. Mit Lügengeschichten brauchte man ihnen schon gar nicht zu kommen. Da konnten sie sehr empfindlich reagieren. Überaus empfindlich sogar. Sie hatten klare Anweisungen vom bayerischen Innenministerium.

Die junge, attraktive Frau mit der kleinen Stupsnase und dem kurzgeschnittenen blonden Haar war mit der U-Bahn bis zur Haltestelle Rothenburger Straße gefahren und dann auf die Buslinie 113 umgestiegen. Sie kannte sich in Zirndorf nicht aus, war noch nie hier gewesen, aber sie hatte sich die Straßen rund um die Aufnahmestelle, gut eingeprägt. Wozu gab es ein Internet? Sie trug eine schwarze, enge Jeanshose, welche ihren knackigen Po gut zur Geltung brachte. Ihre wattierte, dunkle Wolljacke trug sie offen, so dass sich die weiße Bluse darunter kontrastreich hervorhob. Es schien nicht, dass sie in Eile war. Sie sah sich erst einmal um, als sie auf dem Gehsteig neben der Rothenburger Straße stand, und orientierte sich. Der Berufsverkehr brauste an ihr vorbei. Eine Glocke trug ihre schweren

Schläge von irgendwo her. Halb neun Uhr am Morgen. Dann zog die junge Frau ihr Samsung-Mobiltelefon aus der Gesäßtasche und fotografierte die Rothenburger Straße in westlicher und östlicher Richtung. Auf einem der Digitalfotos war am linken Bildrand die Polizeiinspektion Zirndorf zu sehen.

Die Frau lief in Richtung Osten, immer die Rothenburger Straße entlang. Es sah so aus, als wäre sie auf der Suche. Aber wonach? Nahezu orientierungslos, so schien es, setzte sie ihren Weg fort. Ab und zu blieb sie stehen, und sah sich immer wieder um. Als sie die Polizeiinspektion passierte, schoss sie mit ihrem Handy aus dem Handgelenk rasch ein halbes Dutzend Fotos. Sie lief geradeaus weiter. Nach weiteren wenigen Minuten erreichte sie die Einmündung der Zwickauer Straße und bog links ab. Spätestens als sie kurz darauf wieder links in die Plauener Straße lief, wäre einem aufmerksamen Beobachter aufgefallen, dass sie gar nicht so orientierungslos war, wie es ursprünglich schien. Ganz im Gegenteil, als sie die beiden ersten großen Wohngebäude erreichte, welche mit der Stirnseite zur Straße standen, sah sie sich verstohlen um und schlug sich in die dort stehenden Büsche. Sie blieb stehen und lauschte angestrengt. Niemand, der ihr zurief: »Suchen Sie etwas Bestimmtes?«, »Hallo, was machen Sie da unten, wohnen Sie hier?«, oder »Hallo, kann ich Ihnen helfen?« Das Buschwerk unter den zwei hohen Bäumen war dicht und gab ein gutes Versteck ab. Noch waren die Blätter dem Herbst nicht zum Opfer gefallen. Die junge Frau schlich weiter durch das Gebüsch und achtete darauf, auf keinen trockenen Ast zu steigen, dessen Knacken ihre Anwesenheit verraten konnte. Nach wenigen weiteren Schritten erreichte sie den Zaun, der die Aufnahmeeinrichtung für Asylsuchende umgab. Durch das Blätterwerk registrierte sie, dass jenseits der Absperrung rege Betriebsamkeit herrschte. Dunkelhäutige Männer und Frauen gingen in riesigen Mannschaftszelten ein und aus. Kinder steckten noch in Schlafanzügen, liefen ihren Müttern hinterher oder tummelten sich spielend im Freien. Die Handy-Kamera klickte leise. Die Männer trugen überwiegend Bärte und eigenartige Kopfbedeckungen, gestikulierten lauthals vor den Dixie-Toiletten und warteten, bis die nächste Kabine frei wurde. Drei heranwachsende Jungs spielten immer wieder einen Lederball gegen die nächste Hauswand. Ein kunterbuntes Stimmengewirr verschiedener Sprachen drang an die Ohren der jungen Frau mit der Stupsnase. Auf ihrem Samsung-Handy speicherte sie eifrig Fotos. Nach fünf weiteren Minuten des Beobachtens schlich sie wieder auf die Plauener Straße zurück und setzte ihren Weg fort. Sie hatte genug gesehen und in Bildern festgehalten. Ihre Gedanken kreisten. Für ihren Freund würde es ein leichtes Unterfangen werden, nachts, im Schutze der Dunkelheit, seinen Plan in die Tat umzusetzen. Lediglich der Fluchtweg bereitete ihr noch Kopfzerbrechen. Die Polizeiinspektion lag verdammt nah, quasi unmittelbar vor dem Haupteingang des Asylantenlagers. Die Bullen würden innerhalb kürzester Zeit hier sein und waren in der Lage, den Tatort schnell weiträumig abzusperren beziehungsweise Straßenkontrollen durchzuführen. Dennoch, sie war sich sicher, dass es auch dafür eine Lösung gab. Sie musste sich in der Gegend noch etwas umsehen.

17

Akgül Özkan und Walter Fuchs, die beiden Jungverliebten, konnten und wollten nicht voneinander lassen, trotz der Probleme, welche beide mit ihren Elternhäusern hatten.

»Du musst verstehen, Walter«, schluchzte Akgül und drückte sich an ihren neuen Freund, »meine Eltern kommen aus tiefste Provinz in Türkei. Aus Urfa in Südostanatolien. Ist zwar Stadt mit mehr als 500.000 Leute – so groß wie Nürnberg – aber, wie sagt man? Sehr konservativ und fromm. Alle Frauen tragen Kopftuch. Musst wissen, ist bedeutende Pilgerstätte für Muslime.«

»Und was ist da so bedeutend?«, wollte Walter, der seinen rechten Arm um ihre Schulter gelegt hatte, wissen, »ich hab von Urfa noch nie was ghört.«

»In Urfa liegt Halil-Rahman Moschee mit Abraham Teich, und darin heilige Karpfen.«

»Heilige Karpfn? Ja verregg«, witzelte Akgüls Freund.

»Ja, heilige Karpfen, hast du gehört richtig. Nach altem Glauben wollte König Nemrud den Propheten Abraham verbrennen auf Scheiterhaufen, weil Abraham wollte nicht anerkennen alte Götter. Und in Koran steht: *Verbrennt ihn und verteidigt eure Götter, falls ihr etwas tun wollt,* aber es steht auch *Oh Feuer sei kühl und unschädlich für Abraham.* Muslime glauben, dass Gott hat verwandelt das Feuer in Wasser, und brennende Holzscheite aus Scheiterhaufen in Karpfen. Deshalb bei uns Karpfen sind heilige Tiere und dürfen nicht gegessen werden.«

»Und da seid ihr nach Röttenbach gezogen?« Walter Fuchs konnte es nicht glauben. »Mitten rein ins fränkische Karpfenland, wo es die besten Karpfn gibt? Eine kulinarische Spezialität. Wo allein der Landrat von September bis April einen ganzen Karpfenweiher leer frisst.«

»Versteh ich nicht, was du meinst mit Landrat und Karpfen. Ist Landrat auch heilig, und schützt Fische?«

Walter lachte hell auf und meinte: »Na, der net! Weder des eine noch des andere, aber des musst du auch net verstehn, Akgül.«

Walter hatte sich heute am Christian-Ernst-Gymnasium in Erlangen krank gemeldet, nur um Akgül in Nürnberg zu treffen, wo sie die Private Fachoberschule Mesale e.V. in der Hasstraße besuchte. Vor allem Schüler und Schülerinnen aus Migrantenfamilien, welche sich mit der deutschen Sprache noch schwer taten, besuchten die Schule. Vor fünfzehn Minuten war Schulschluss, und der Röttenbacher hatte vor der Schule auf seine Akgül gewartet. Nun machten sie sich Händchen haltend auf den Weg in die Innenstadt zum Bahnhof. Derzeit bestand so gut wie keine Chance sich anderweitig zu sehen. Akgül hatte noch immer Hausarrest.

»Akgül«, begann Walter Fuchs, »das ist wirklich Scheiße, das mit deinen Eltern. Ich mein, meine ham sich auch gscheit aufgregt, aber das geht mir am Arsch vorbei, denen ihr Gwaaf. Bei dir ist das viel schlimmer. Dass dich dein eigener Bruder geschlagen hat, das ist eine Sauerei. Dem tät ich am liebsten eine in die Eier geben, dem Kümmeltürken. Oh, entschuldige, das ist nicht so gemeint. Was machen wir denn etzerdla? Du weißt doch, dass ich dich so gern mag. Ich tät dich doch am liebsten jeden Tag sehn. Das halt ich fei auf Dauer net aus, das mit dem Stubenarrest. Wie lang soll das denn noch gehn?«

»Kann nicht sagen«, antwortete Akgül seufzend und mit tränenfeuchten Augen, »mein Vater hat nix gesagt, wie lange dauert, und meine Bruder ständig passt auf mich auf. Musst wissen, ist arbeitslos, hat Zeit, und immer fragt: Wo du gehst hin?, Was du machst morgen?. Sagt, wenn ich will was unternehmen, ich soll Müselüm anrufen. Aber, glaub mir, ich nicht lieben Müselüm, ist kein guter Mann. Ich will nicht mehr sehen diese Mann. Ich lieben dich. Möchte auch den ganzen Tag sein bei dir. Aber Vater sagt, wenn nicht Schluss mit deutsche Freund, er mich schicken zurück in Türkei, nach Südostanatolien, zurück nach Urfa zu meine Großmutter. Und hat gesagt, dass er wird aussuchen eine türkische Mann für mich, der mich wird heiraten und Kinder machen. Walter, ich nicht will zurück nach Urfa, will bleiben hier bei dir. Türkischer Ehemann ist nicht gut, Südostanatolien auch nicht gut.«

»Wenn die dich in die Türkei zurückschicken, ich glaub, dann bring ich sie alle um«, stieß Walter Fuchs zwischen den Zähnen hervor. »Dann werd ich zur rasenden Wildsau. Dann kann ich mich nicht mehr zurückhalten.«

»Nein Walter, darfst du nicht so denken, bringt nur Unglück. Vielleicht ist Hausarrest doch bald vorbei. Wir müssen haben Geduld. Auf jeden Fall ich will nicht mehr sehen Müselüm, lieber Hausarrest. Allah sei Dank, dass Vater und Kemal nicht haben gedacht an iPhone und wir uns immer noch schicken können Botschaft und Fotos. Lass uns beeilen, sonst Kemal schöpft Verdacht, wenn ich komme zu spät nach Haus.«

Walters iPhone piepste. Er checkte den SMS-Eingang und schüttelte den Kopf.

»Sie dir schon wieder hat geschrieben wütende Botschaft?«, mutmaßte Akgül.

Walter Fuchs nickte nur und löschte die SMS. Irgendwann würde er seiner früheren Freundin den Hals umdrehen. Sie ging ihm zwischenzeitlich dermaßen auf den Sack, mit ihren ständigen Eifersüchteleien.

18

Müselüm Yilmaz war höchst verwirrt und immer noch zornig. Lange hatte er mit Akgüls Vater am Telefon gesprochen. Er hatte eine unbändige Wut auf diesen Deutschen, der ihm Akgül weggenommen hatte. Seine Akgül. Sie war ihm versprochen worden. Nun wollte sie nichts mehr von ihm wissen, hatte Ahmet gesagt. Lieber bliebe sie Jungfrau, hatte sie gesagt. Zumindest dieser Satz hatte in Müselüm eine gewisse Erleichterung hervorgerufen, denn er hatte die attraktive Akgül noch nicht aufgegeben. Er würde um sie kämpfen. Das hatte er sich vorgenommen. Aber dann erzählte ihm Ahmet Özkan, dass er mit den Gedanken spiele, seine ungehorsame Tochter gegebenenfalls in die Türkei zurückzuschicken. Nach Urfa zu ihrer Großmutter. Nach Urfa wollte Müselüm Yilmaz auf keinen Fall, das kam für ihn überhaupt nicht in Frage. Was sollte er denn in diesem Provinznest am Arsch der Welt? Soweit würde seine Zuneigung zu Akgül nun auch wieder nicht gehen. Vielleicht lief ja etwas mit dieser Deutschen? Mit dieser Doris Kunstmann, die sich bei ihm telefonisch gemeldet hatte. »Der Walter, der dir die Akgül ausgespannt hat, war bis vor Kurzem mein Freund«, hatte sie ihm am Telefon erklärt, »und ich bin, genauso wie du, stinksauer auf ihn und deine Akgül. Insofern sitzen wir beide im gleichen Boot, wir sind die beiden Betrogenen. Und das stinkt mir gewaltig. Ich denke, die beiden sollten für ihre Untreue bezahlen. Deshalb rufe ich dich an. Was meinst du?«

»Kenne ich dich?«, wollte Müselüm von ihr wissen.

»Ich denke nicht«, kam die Antwort, »aber ich habe dich schon mal mit ihr in Erlangen gesehen. Ich weiß, wie du aussiehst. Hast du Zeit, Lust und Interesse, dass wir beide mal darüber reden?«

»Schon.«

»Okay, dann treffen wir uns am Samstagabend um acht in Erlangen, im *Bogart's*. Keine Sorge, ich spreche dich an, wenn du da bist.«

Sie hatte eine verdammt sexy Stimme am Telefon. Etwas rauchig. Erotisch war der bessere Begriff. Alter? Schwer zu schätzen. Er hatte den Eindruck, sie wusste genau, was sie wollte. Das gefiel ihm. Er würde da sein, am Samstag.

★

Während Doris Kunstmann im *Bogart's* auf Müselüm Yilmaz wartete, schlich ein junger Mann mit Rucksack durch die Büsche an der Plauener Straße in Zirndorf. Langsam tastete er sich in der Dunkelheit bis zum Zaun vor, der die Anlage für Asylsuchende umgab. Seine Stirnlampe wollte er nicht einschalten, um sich nicht selbst zu verraten. Er stand ganz still und lauschte den Geräuschen der Nacht. Menschliche Stimmen drangen gedämpft aus den Zelten jenseits des Zauns zu ihm herüber. Ausländische Stimmen, die er nicht verstand. Manche leicht dahin murmelnd, manche kräftig und fordernd. Aus dem dreistöckigen Wohnhaus auf seiner Seite des Zauns drang aus einem offenen Balkonfenster die Eingangsmelodie der Serie *Die Zwei*. In dem kleinen Wohnzimmer dahinter flackerte der unruhige Lichtschein des Fernsehbildschirms. Bernd Auerbach roch den modrigen Geruch der nassen Erde, auf der er stand. Der Boden war noch mit dem Laub vom letzten Jahr übersät. Er stand weich, wie auf mehreren dünnen Teppichen. Fremdländische Essensgerüche aus den Zelten wehten herüber und vermischten sich mit dem Geruch der modrigen Erde. Das Buschwerk, in dem er sich verbarg, war noch von der Feuchtigkeit des letzten Regens benetzt. Nach weiteren fünf Minuten des stillen Wartens, und nachdem sich seine Augen an die Dunkelheit gewöhnt hatten, legte er seinen Rucksack geräuschlos und vorsichtig auf die feuchten Blätterschichten. Er öffnete ihn, griff hinein und holte die drei Transportbehälter mit den todbringenden amerikanischen M61-Splitterhandgranaten heraus.

Immer wieder lauschte er in die Finsternis. Jenseits des Zauns unterhielten sich die Menschen in ihren Zelten weiterhin in ansteigenden und abflachenden Tonlagen. Ein Kleinkind begann zu weinen. Irgendwo im Gebüsch neben ihm regte sich etwas. Eine fette Kröte kroch unter einem tiefhängenden Zweig hervor und machte sich gemütlich davon. Mit Bedacht und Routine nahm er die drei Handgranaten aus ihren Behältern und legte sie vor sich auf das feuchte Blattwerk. Die Transportbehälter steckte er wieder in den Rucksack zurück. Die Sprengkörper schimmerten matt und bedrohlich im gedämpften Widerschein, der aus den drei Zelten auf der anderen Seite herüberdrang.

Bernd Auerbach hatte sich die Fotos, die seine Freundin wenige Tage zuvor gemacht hatte, ganz genau eingeprägt. Auch das Firmengelände eines Honda-Händlers ganz in der Nähe, Ecke Brandstätterstraße/Zwickauerstraße, hatte sie ausgekundschaftet. Die langgezogene Halle sah nicht so aus, als ob sie ausreichend gegen Einbrecher geschützt sei. Videokameras waren jedenfalls nicht zu erkennen. Er hatte nicht vor, nach seiner Tat das Gebiet sofort zu verlassen. Zu nah lag die Polizeiinspektion Zirndorf. Er musste damit rechnen, dass die Bullen – trotz Notbesetzung während des Wochenendes – sehr schnell am Tatort eintrafen und Straßensperren errichteten. Er hatte keine Lust, den Polizeibeamten in die Arme zu laufen. Nein, er würde ganz in der Nähe bleiben und sich bis zum Sonntagabend auf dem Gelände des Honda-Händlers verstecken. Eine Flasche Cola und vier belegte Brote steckten ebenfalls in seinem Rucksack. Das reicht bis Sonntagabend. Wer würde damit rechnen, dass der oder die Täter noch in der Nähe waren? Niemand. Sie würden hier niemals nach ihm suchen. Ein genialer Plan, den sie sich zuhause ausgedacht hatten, Anna und er. Bernd Auerbach sah auf das Leuchtzifferblatt seiner Armbanduhr. Noch dreißig Minuten. Konzentriert befasste er sich in Gedanken nochmals mit dem Entsichern und Werfen der Handgranaten. Das war der Knackpunkt. Er schloss die Augen und versuchte, sich die Szene vorzustellen. Es musste alles sehr schnell gehen. Zwar hatten die Explosivkörper einen eingebauten Zeitstempel, aber mehr als acht bis zwölf Sekunden zwischen Zündung und Explosion blieben ihm nicht. Der Splitterradius dieser Defensivwaffen war größer als die Wurfreichweite. Um selbst nicht Opfer seiner Handgranaten zu werden, musste er spätestens nach acht Sekunden um die Ecke des nahestehenden Wohngebäudes verschwunden sein. Trotz aller Vorsicht ein heikles Unterfangen. Nachdem er den Angriff gedanklich durchgespielt hatte, warf er einen kleinen Zettel achtlos neben sich auf die Erde. Er wusste nicht wozu, aber Thomas Keller bestand unbedingt darauf, dieses Stück Papier, auf dem eine Reihe verwirrender Buchstaben notiert waren, am Tatort zu hinterlassen. Thomas Keller würde schon seine Gründe haben. Er vertraute ihm. Plötzlich veränderten sich die Geräusche. Die Äste und Zweige der hohen Laubbäume über ihm fingen zu tanzen an. Ihre Stämme ächzten. Der Wind flüsterte aus den hin und her wankenden Baumkronen zu ihm herab. Erst zart, dann rasant zunehmend. Es regnete braune, vertrocknete Blätter herab. Bernd Auerbach roch den Regen, der sich von Westen her anschlich. Das Gewebe der Wolken hatte seine Zartheit verloren. Schwere, schwarze Regentürme ritten wie eine Herde springender Delfine aus dem Westen daher und verkündeten nichts Gutes. Einige dieser Motherfucker steckten ihre Köpfe aus den Zelten, um sie sofort wieder zurückzuziehen. Diese Trottel, bald würde ihnen die Welt um die Ohren fliegen. Noch zehn Minuten.

★

»Sie sind Müselüm Yilmaz?!« Es war mehr eine Feststellung als eine Frage. Die Stimme traf ihn von hinten und seine Gehörgänge transportierten pure Erotik in sein Gehirn. »Wollen wir uns dahinten in die Ecke setzen?« Ohne auf eine Antwort zu warten, drehte sie sich um und lief vor ihm durch das Lokal.

Obwohl Müselüm wusste, dass sie auf ihn wartete, war er doch von ihrem plötzlichen Erscheinen überrascht. Er folgte ihr durch das Lokal. Ob er wollte oder nicht, er musste auf ihren prallen Arsch gucken, der beim Gehen von links nach rechts und von rechts nach links hin und her schwankte. Aufreizend, wie er fand. Ihre blonde Mähne fiel ihr glatt in den Rücken und endete zwischen den Schulterblättern. Als sie ihn begrüßte, waren ihre himmelblauen Augen und die langen, gebogenen Wimpern noch auffallender als ihre üppige Oberweite und der schwarze BH, der durch das helle T-Shirt von Dolce & Gabana schimmerte. Müselüm genoss die leichte Schwellung in seiner Hose. Die Frau war ein Hammer, eine absolute Wucht. Leider konnte er ihre Beine nicht sehen, die in einer schwarzen Röhrenjeans steckten. Die roten High Heels, in denen sie vor ihm dahin schritt, hätten alleine schon eines Waffenscheins bedurft. Er rieb seine mächtige Nase, die aus seinem sonst ebenmäßigen Gesicht ragte. Im Vergleich zu ihm hatte Thomas Gottschalk ein Kindernäschen.

Sie waren an dem Tisch in der Ecke angekommen. »Setzen Sie sich doch«, forderte sie ihn auf.

»Können wir nicht besser zum Du übergehen?«, hörte er sich sagen, während er auf dem Stuhl Platz nahm. Ihm war ganz heiß. »Das Sie klingt so förmlich, so unpersönlich.«

»Von mir aus, ich bin die Doris.«

»Müselüm.«

»Wollen wir was trinken?«, schlug sie vor.

Müselüm fiel es schwer, seinen Blick von ihrer enormen Oberweite abzuwenden, welche sich bei jedem Atemzug hob und senkte. »Gerne«, krächzte er.

»Hast du was im Hals?«, wollte sie wissen.

»Nein, nein, nur ein bisschen heiser, eine leichte Erkältung.« Die Bedienung trat an den Tisch. »Wisst ihr schon, was ihr wollt?«

»Einen großen Cappuccino für mich«, antwortete Doris Kunstmann.

»Ich nehme einen grünen Tee.«

»Also«, nahm Müselüm Yilmaz das Gespräch auf, »du hast mich angerufen und mir vorgeschlagen, dass wir uns hier treffen. Wenn ich es recht verstehe, ist dein bisheriger Freund jetzt mit meiner Akgül liiert. Das stinkt dir offensichtlich so gewaltig, dass du am Telefon von Rache, Bestrafung oder zumindest von Vorschlägen gesprochen hast, welche in diese Richtung gehen. Hier bin ich, was willst du mir vorschlagen?«

Doris Kunstmann hatte seinen Worten aufmerksam gelauscht, und versuchte sich ein Bild von ihrem Gegenüber zu machen. Einen ersten Eindruck. Sie hatte es bereits bereut, dass sie sich auf seinen Vorschlag zum Du eingelassen hatte. Sie versuchte zwar nicht hinzublicken, aber immer wieder wanderten ihre Augen wie magisch in sein Gesicht und blieben auf seiner riesigen Nase hängen. Was für ein Kolben! Nun roch sie auch noch diesen feinen Knoblauchgeruch, den sein Körper ausströmte und der penetrant in der Ecke des Raumes hängen blieb. Leichter Ekel kroch ihr das Rückgrat empor. Am liebsten wäre sie aus dem Lokal geflüchtet, aber nun musste sie da durch. Da half nichts, wenn sie sich nicht lächerlich machen wollte. Sie hatte sich die Suppe selbst eingebrockt. Was erhoffte sie sich eigentlich von diesem Menschen, dessen Blicke ständig zwischen ihren Augen und ihrem Busen hin und her wanderten? Sie musste gepudert gewesen sein, als sie in ihrer ersten Wut beschloss ihn anzurufen, noch dazu ihn zu treffen. Sollte sie offen mit ihm reden oder doch besser gleich verschwinden? Sie wollte ja ansonsten nichts von ihm.

»Ein großer Cappuccino und ein grüner Tee«. Die Bedienung trat an ihren Tisch und stellte die Getränke auf der Tischplatte ab.

»Können Sie mir noch ein Glas stilles Wasser zum Kaffee bringen? Entschuldigung, ich hab das vorhin vergessen.«

»Kein Problem, kommt sofort.«

»Ja«, nahm Doris Kunstmann das Gespräch wieder auf, und starrte dabei auf die Tischplatte, »das ist so …« Dann begann sie detailliert zu erzählen, wie sie von Walters Untreue erfahren, was sie sich dabei gedacht und wie verletzt sie sich gefühlt hatte und wie langsam der Wunsch nach Rache in ihre Gedanken geschlichen war und sich dort festgesetzt hatte. »Es gäbe natürlich auch die Möglichkeit, es noch einmal zu versuchen und um die eigene Liebe zu kämpfen«, erklärte sie.

»Was meinst du damit?«, wollte Müselüm wissen.

»Mann, war der Kerl doof«, dachte Doris Kunstmann und begann zögernd: »Ich meine, ich kämpfe um meine Liebe zu Walter und verzeihe ihm alles, falls er zu mir zurückkehrt. Du könntest ja die gleichen Gedanken bezüglich deiner Akgül haben, und wir beide könnten uns in unseren Bemühungen absprechen. Vielleicht könnten wir ja auch zu viert über unser Problem sprechen? Was meinst du? Wer weiß, vielleicht hast du dich mit dem Verlust deiner Freundin ja schon abgefunden? Mag sein, dass du dir eine Fortsetzung eurer Beziehungen gar nicht mehr vorstellen kannst? Das sind so die Gedanken, die mich im Moment bewegen. Ich bin einfach hin und her gerissen.«

Ihr Mobiltelefon piepste. Eine SMS. Von Walter Fuchs. »Einen Moment bitte«, forderte sie Müselüm auf. Dann las sie: *Hallo Doris, ich hoffe, Du hast zwischenzeitlich selbst erkannt, warum ich Dich verlassen habe? Nein? Dann erkläre ich es Dir: Du bist eine ordinäre, selbstverliebte Frau ohne echte Gefühle für andere. Immer nur Du, Du, Du. Diese Welt, dieses Leben kann so schön sein, wenn man den richtigen Partner hat. Du bist es leider nicht. Das habe ich zwischenzeitlich erkannt. Diese Erdkugel dreht sich, und Du klebst an ihr wie ein Stück Scheiße, wie ein Popel in der Nase. Diese Welt braucht Dich eigentlich gar nicht. Ach, wie habe ich mich in der letzten Zeit vor Deinen Berührungen geekelt. Wie haben mich die Gespräche mit Dir gelangweilt. Immer standest Du im Mittelpunkt: Deine Leistungen in der Schule, Dein geplantes Studium, Dein Kleid für den Abi-Ball, Dein Projektvorhaben für Äthiopien, Dein, Dein, Dein … Als ich Akgül kennenlernte, lernte ich ein neues Leben kennen. Ich war wie von den Toten erwacht. Es gab mich noch. Sie hat mir wieder Atem eingehaucht. Ich war schon gestorben und merkte es gar nicht. Das kannst Du Dir gar nicht vorstellen, nicht wahr, denn Du bist ein Egozentriker sondergleichen. Ich meine damit, dass das Leben, das Du führst, inhaltlich leer ist. Abgedroschen, eintönig, eingefahren, tot eben. Und bevor ich es vergesse, lass Dir an dieser Stelle gesagt sein, dass ich es nicht mehr tolerieren werde, wenn Du Akgül in Deinen beschissenen SMS-Nachrichten weiterhin beleidigst. Dann, und das lass Dir gesagt sein, werde ich Dir den Arsch aufreißen (groß genug ist er ja), und das meine ich wörtlich. Wenn Du willst, dass das Leben weiterhin an Dir vorbeigeht, dann mach so weiter. Lebe in Deiner Traumwelt, die sich ausschließlich um Dich dreht, liebe Dich selbst und lass andere in*

Ruhe. Du würdest ihnen nur schaden, sie unglücklich machen. Ich muss bekloppt gewesen sein, bis mir Akgül die Augen geöffnet hat. Werde auf Deine Art glücklich, aber ohne mich. Walter

★

Doris Kunstmann und Müselüm Yilmaz saßen immer noch im *Bogart's*. Die Blondine hatte den Inhalt von Walters SMS noch nicht verdaut. Sie war völlig durcheinander, völlig von der Rolle. Heftige Weinkrämpfe wechselten sich mit ordinären Verwünschungen ab. Ihr Make-up war verschmiert, und sie hatte bereits den zweiten doppelten Whiskey intus. Müselüm Yilmaz lernte plötzlich eine ganz andere Doris Kunstmann kennen.

Zur gleichen Zeit flogen fast gleichzeitig zwei M61 über den Zaun der Zirndorfer Aufnahmestelle für Asylsuchende. Die erste schlug gegen den schweren Stoff des mittleren Zeltes, federte etwas zurück, fiel mit einem satten Geräusch auf den Rasen und blieb dort liegen. Die zweite Granate schrammte Sekundenbruchteile später gegen die Außenwand eines der Wohnhäuser, prallte mit einem lauten metallischen Klacken, welches vom heftigen Wind verschluckt wurde, von der Mauer ab, sprang auf dem schrägen Dach des nebenstehenden Zeltes auf, rollerte von dort auf die Erde und beendete ihren Weg direkt vor dem Zelteingang. Die dritte schließlich wurde nicht geworfen. Sie kullerte an das am nächsten stehende Zelt, gleich am Zaun. Zehn Sekunden, nachdem Bernd Auerbach die drei Handgranaten auf ihren tödlichen Weg gebracht hatte, war er bereits auf der anderen Seite der Plauener Straße angelangt und setzte seinen Spurt zum nahen Gelände des Honda-Händlers fort. Die Explosionen wüteten in seinen Ohren, aber für ihn klang es wie Musik. Die scharfen Metallsplitter der Waffen zerrissen die Zeltwände wie Papier und fuhren wie brennende Furien in das Innere der behelfsmäßigen Unterkünfte. Stofffetzen und die kläglichen Überreste der Zeltstangen flogen in einer dichten Explosionswolke auseinander. Die dicken Splittermäntel der drei Wurfgeschosse zerbarsten von der Wucht der Detonationen an ihren Sollbruchstellen, und die freigesetzten, scharfkantigen Metallteile drangen mit einer immensen Gewalt in die Leiber der Männer, Frauen und Kinder, welche sich innerhalb der Zelte aufhielten. Der Tod wütete unter den Asylbewerbern und hielt reiche Ernte. Schwerverletzte, denen Gliedmaßen abgerissen wurden, begriffen im ersten Moment nicht, was geschehen war. Sie standen unter Schock, sahen verständnislos an ihren blutigen Armstümpfen herab. Überlebende trugen ausnahmslos schwere Verwundungen davon. Orientierungslos rannten sie, sofern sie dazu noch in der Lage waren, aus ihren zerstörten Unterkünften heraus. Sie stolperten über die Reste ihrer wenigen Habseligkeiten, über zerfetzte Leiber und rutschten auf den am Boden liegenden Eingeweiden aus. Ein lautes Wehklagen setzte ein, nachdem sich der erste Rauch der Explosionen verzogen hatte. Verwundete brüllten ihren Schmerz in die Nacht. Bäche von Blut breiteten sich auf dem Asphalt aus. Selbst die Wand des nahestehenden Wohnblocks war bis hinauf zum ersten Stockwerk mit Blutspritzern besprenkelt. Die Nacht hatte ihre Unschuld verloren, und das Sterben ging immer noch weiter. Für die meisten Schwerverletzten kam jede Hilfe zu spät. Endlich, nach einer knappen Minute, löste sich die Erstarrung, welche durch den Knall und die Wirkung der Explosionen ausgelöst wurde. Plötzlich setzte hektische Betriebsamkeit ein. Die ersten Bewohner des nächsten Wohnblocks stürmten nach draußen, um zu ergründen, was vorgefallen war. Sie sahen sich irritiert um. Anhaltende Schmerzensschreie und Hilferufe drangen von allen Seiten an ihre Ohren. Die meisten kapierten noch gar nicht, was geschehen war. Viele liefen wieder in ihre Wohnungen zurück und trugen schwere Stablampen herbei. Die gespenstischen Bilder und Szenen, die sich draußen abspielten, ließen ihnen das Blut in den Adern gefrieren. Das blanke Grauen stieg ihnen die Kehlen hoch. Zuckende Lichtkegel fuhren unkontrolliert über riesige Blutlachen, abgerissene Körperteile, Verwundete und Tote. Sie mussten den Anblick erst verarbeiten. Viele erlitten einen Schock und standen zunächst wie gelähmt herum. Dann, allmählich, begriffen sie, dass etwas Furchtbares geschehen sein musste, und einige Wenige lösten sich aus ihrer Lethargie. Andere brauchten länger, starrten lediglich auf den Ort der Verwüstung und nahmen immer noch mit entsetzten Gesichtern und zitternden Körpern das Grauen in sich auf. Noch verweigerten ihre Gehirne zu verarbeiten, was ihre Augen sahen. In ihren Köpfen fielen tausend Sperren. Lediglich aus ihren Mündern strömten bestialisch klingende, unkontrollierbare Wehlaute in die Nacht. Diejenigen, welche ihren Schock schneller überwinden konnten, griffen hektisch zu ihren Mobiltelefonen und gerieten in einen Sog konfuser Gespräche. Jeder versuchte, den anderen an Lautstärke zu überbieten. Plötzlich setzte der Regen ein. Heftig und überraschend. Dicke Regentropfen schlugen in den Blutlachen der Toten und Verletzten Blasen. Der nun orkanartige Wind trieb immer weitere tief segelnde, dicke Regenwolken von West nach Ost über Zirndorf hinweg. Alle Höllendämonen der Nacht schienen in Aufruhr geraten zu sein. Der Himmel weinte und ergoss seine kalten Tränen über das Gelände der Verwüstung und des Todes. Die Menschen dort waren in wenigen Sekunden nass bis auf die Knochen. Doch das scherte sie nicht. Zu groß waren der Schmerz und das Unheil, die über sie gekommen waren. Noch immer suchten sie nach Bekannten und Freunden, welche in den Zelten untergekommen waren.

Ganz in der Nähe jagte das erste Martinshorn sein lautes *Tatüütata* durch die stürmische Dunkelheit und kämpfte gegen das Gebrüll und das Tosen des Orkans an. Ein blauer Lichtschein rotierte in wilden, regelmäßigen Zuckungen und wurde von den Hauswänden gespenstisch zurückgeworfen.

Polizeihauptmeister Max Kruse stoppte den Streifenwagen, als eine schreiende, wild gestikulierende Menschenmenge auf das Polizeifahrzeug zulief. Der Geräuschpegel drang gedämpft durch die verschlossenen Pkw-Türen und vermischte sich mit den jaulenden Tönen des eigenen Martinhorns. Die ersten Blitze zuckten bereits ganz in der Nähe, und der unmittelbar einsetzende Donner hörte sich an, als spielte Petrus im Himmel Bowling. Die Erde schien aus ihren Fugen geraten zu sein. Kruses Kollege Gerhard Dillich schnallte sich ab, zog den Reißverschluss seiner Lederjacke bis zum Halsansatz hoch, öffnete die Beifahrertür und stürzte murrend ins Freie. Sofort war er von der aufgeregten Menschenmenge umstellt, die ihm in einem Wirrwarr an Fremdsprachen – so zumindest empfand es der Polizeibeamte – versuchte, etwas mitzuteilen. Weinende, triefnasse Menschen schrien ihren Schmerz in die Dunkelheit. »Gucken, hinter Haus, viele Tote«, schrie ein in seiner Nähe stehender Dunkelhäutiger. »Viel Blut, Kinder auch tot.« Er deutete in Richtung der Umzäunung. Ein heulender, in blaue Zuckungen getauchter Sanka des Bayerischen Roten Kreuzes fuhr um die Ecke und kam hinter dem Polizeifahrzeug zum Stehen. Sofort stürzten sich die verzweifelten und schockierten Asylbewerber auch auf das zweite Fahrzeug.

»Platz machen! Auf die Seite«, bemühte sich Gerhard Dillich wild gestikulierend um ein Durchkommen. Die dicken Regentropfen sausten wie wild gewordene Hummeln auf seinen ungeschützten Hals und liefen ihm in kleinen Bächen den Körper hinab. Seine olivfarbene Hose war bereits bis zu den Knien hinauf patschnass. Ein Sanitäter leistete ihm Hilfestellung. Gemeinsam gelang es den beiden, die wilde Horde so von den beiden Einsatzfahrzeugen abzudrängen, dass ein schmaler Weg zur Weiterfahrt frei wurde. Vorsichtig steuerte Max Kruse den Streifenwagen durch die Menschenansammlung. Der Sanitätskrankenwagen folgte ihm. Die Reifen der Fahrzeuge krochen knirschend über Glasscherben – Reste von Fensterscheiben, die durch den Druck der Detonationen aus ihren Rahmen geplatzt waren und nun über einem Teil des Hofes verstreut im Regenwasser herumlagen. Der Regen hämmerte weiter in die riesigen Pfützen auf dem welligen Asphalt.

Auch drüben, jenseits des Maschendrahtzaunes der Asylantenaufnahmestelle – dort, wo noch vor Kurzem der Attentäter seine Handgranaten gezündet hatte –, herrschte trotz des heftigen Regens ebenfalls eine rege Betriebsamkeit. Die Anrainer und Bewohner des nächstgelegenen Wohnhauses, deren nach Westen gelegene Fenster nur noch aus dunkel gähnenden, offenen Löchern bestanden, hatten sich dicht gedrängt am Zaun versammelt und glotzten unter einem Meer von bunten Regenschirmen heftig diskutierend auf das Gelände des Asylantenheims hinüber. Oben auf einigen der Balkone standen andere Hausbewohner mit schweren Taschenlampen bewaffnet und bemühten sich verzweifelt, mit ihren Lichtquellen den nächtlichen Regen zu durchdringen. Immer mehr Nachbarn aus der näheren Umgebung trafen ein, gesellten sich zu den Schaulustigen am Zaun und wollten aufgeregt wissen, was da drüben bei den Asozialen passiert war. Ein weiteres Einsatzfahrzeug fuhr auf den Hof. Wenig später begannen Mitarbeiter des Technischen Hilfswerks drei starke Halogenscheinwerfer in Betrieb zu nehmen, welche kurz darauf die Szene gespenstisch ausleuchteten. Nun sah man den Regen, der in langen, schrägen Strichen auf die Erde prasselte, sich mit den Blutlachen vermischte und diese in den nächsten Gully spülte. Sanitäter in schweren Regenjacken trugen hastig Bahren und Leichensäcke über das Gelände und suchten verzweifelt nach Verwundeten und Überlebenden.

»Jetzt sehen wir wenigstens etwas. Das hat vielleicht einen Schlag gegeben«, erklärte Illona Seitz den Herumstehenden, »drei Mal kurz hintereinander. Ich war grad auf dem Abort gsessen, als die Fensterscheibe in meinem Bad in tausend Stücke zerscheppert ist. Da, schaut nur her, da am Hals hat mich eine Scherbe getroffen. Geblutet hab ich wie eine Sau." Illona Seitz deutete auf die Stelle ihres Halses, wo nun ein kleines Wundpflaster klebte. »Da denkst du an nix Böses, sitzt am Abort und plötzlich fliegt dir das halbe Haus um die Ohren. Da machst du was mit, bis du alt und grau wirst. Was ist denn überhaupt passiert?«, wollte sie schließlich wissen.

»Ein Attentat auf das Asylantenheim! Bestimmt!«, mutmaßte ihr Nachbar, Beppo Brehm. »Bei mir sind auch die Fenster kaputt gegangen. Das schaut ja schlimm aus, da drüben! Da soll angeblich einer mit Handgranaten rumhantiert haben. Hab ich so übern Zaun vernommen. Ein Polizist hat so etwas Ähnliches gesagt.«

»Wer?«, wollte Illona Seitz wissen.

»Weiß ich doch nicht, ich kenn doch nicht alle Polizisten.«

»Nein, ich mein, wer hat mit Handgranaten rumhantiert?«

»Das weiß ich doch schon gleich gar nicht«, entsetzte sich Beppo Brehm, »bin doch kein Hellseher!«

»Das wundert mich nicht, dass die Handgranatn ham«, meinte eine Nachbarin von der gegenüberliegenden Straßenseite, »schaut euch doch des Gschwerdl da drüben an. Wo sie nur alle herkommen? Die meinen, bei uns da ist das Schlaraffenland, wo Milch und Honig fließen. Wo man nix ärwern muss! Wo einem der Staat das Geld hinten und vorn nur so reinstopft! Das Gschwerdl kennt doch seine Rechte viel besser als unsereins. Da siehst du mal wieder, was die alles ham: sogar Handgranaten! Wos ner die klaut ham? Da musst du ja Angst kriegn, dass die dich nicht auch noch in die Luft sprengen.«

»Genau«, stimmte eine Nachbarin mit einem gelben Regenschirm in die Diskussion ein. »Sogar die Kirchen, allen voran die katholische, sprechen von Demut und Hilfsbereitschaft gegenüber den Flüchtlingen. Die redn sich leicht daher. Soll doch der Vatikan seine Pforten aufmachen und die Asylanten aufnehma. Platz genug hams doch.«

»Und Geld und Reichtümer hams a«, ergänzte Beppo Brehm. »Was allans ich jährlich an Kirchensteuer zahl. Da derf ich goar net dran denkn, sonst überkommt mich gleich die kalte Wut.«

»Der Meinung bin ich auch«, warf die gelb Beschirmte erneut ein, »soll doch der Papst seine Schatztruhen mal öffnen und seine Reichtümer an die armen Flüchtlinge verteilen. Der hat doch keine Ahnung, dass die meisten von denen hochkriminell sind und sogar mit Handgranaten werfen. Wer zahlt etz eigentlich für eure kaputten Fenster und ein Schmerzensgeld für deine lebensgefährliche Verletzung am Hals, Illona? Das kannst fei beantragen. Hoffentlich kriegst keine Blutvergiftung. Na, dann aber! Dann gehst aber nüber zu dem Ausländerpack! Dann können die was erleben, gell. Denen tät ich schon den Marsch blasen! Mein lieber Gott, wenn ich die Merkel wär, die tät ich alle rausschmeißen aus Deutschland. Die tät ich wieder zurückschicken in ihre Negerhütten nach Afrika. Alle! Auf einen Schlag! Armes Deutschland. In was für einer Zeit leben wir denn?«

Illona Seitz und Beppo Brehm sahen sich an und verdrehten die Augen. Sie standen genau an der Stelle, an der der Attentäter sich ebenfalls aufgehalten hatte. Doch das wussten sie natürlich nicht. Der eh schon weiche

Blätterboden war durch das Herumgetrampel der Schaulustigen und dem heftigen Regen zwischenzeitlich völlig aufgeweicht. Auch die Temperaturen waren innerhalb der letzten halben Stunde deutlich gefallen. Illona Seitz fror. Die Kälte kroch ihr die Beine empor und sie stapfte von einem auf den anderen Fuß. Zurück ins Haus wollte sie aber noch nicht. Noch tat sich etwas auf der gegenüberliegenden Seite, und sie wusste noch nicht einmal, was ganz genau dort drüben überhaupt passiert war. »Außerdem«, dachte sie sich, »könnte das Technische Hilfswerk doch gleich mein Badfenster abdichten, wenn die schon da sind.« Weder sie noch Beppo Brehm registrierten, dass sie beide schon die ganze Zeit auf einem Stück Papier herumtrampelten, welches dadurch immer tiefer in die weiche Erde gedrückt wurde.

Jenseits des Zauns, kaum zwanzig Meter entfernt, herrschte immer noch das absolute Chaos. Die vorläufige Zahl der geborgenen Toten lag aktuell bei dreiundzwanzig Asylsuchenden. Den Ermittlern war zwischenzeitlich bewusst geworden, dass die Handgranaten – und nur um solche Explosivkörper konnte es sich bei dem Anschlag handeln – von jenseits des Zaunes geworfen wurden. Sie rückten mit fünfundzwanzig Beamten an, vertrieben die Schaulustigen um Beppo Brehm und Illona Seitz und geleiteten sie unter Protest in ihre Häuser. »Ich wart aufs Technische Hilfswerk«, versuchte Illona Seitz zu argumentieren, »die solln gleich mei kaputtes Badfenster reparirn. Auch wir sind Betroffene und ham ebenfalls ein Anrecht auf Hilfeleistung. Wozu zahln wir unsere Steuern? Die da drübn zahln keine Steuern, die kosten nur Geld. Was is eigntlich genau passiert?« Es half nichts. Drinnen im Haus nahmen die Beamten ihre Personalien auf und spannten draußen am Zaun ein weiteres rot-weißes Absperrband. Dann sicherten die Polizeibeamten zusätzlich das Areal und warteten ungeduldig auf ihre Kollegen von der Kriminaltechnischen Untersuchungsabteilung. Doch die waren mit ihrer Arbeit auf der anderen Seite noch längst nicht fertig. »Ist das Technische Hilfswerk auch noch da?«, wollte Illona Seitz von ihnen wissen.

19

Thomas Keller hatte den Anruf auf seinem Mobiltelefon, dessen SIM-Karte er sich in einer Tchibo-Filiale besorgt hatte, kurz nach einundzwanzig Uhr erhalten. »Unsere Oma ist heute nach langer, schwerer Krankheit friedlich entschlafen«, lautete die Meldung. »Dieser Bernd Auerbach ist ein Teufelskerl«, entfuhr es ihm. Aufgeregt schaltete er sein Fernsehgerät ein. Er konnte es kaum erwarten, die ersten Medienberichte zu verfolgen. Zur Feier des Tages holte er sich eine Flasche *Mumm Dry* aus dem Kühlschrank, dazu eine schlanke, elegante Sektflöte aus der Küche und zündete sich eine handgerollte *Forty Creek Canadian Whisky* aus der Dominikanischen Republik an. Die Spitze der Zigarre glühte auf und der würzige Rauch kringelte sich bis zur Decke hoch. Dann wartete er geduldig. Er wollte den Abend genießen, und er wurde in seiner Erwartung nicht enttäuscht. Schnell zappte er sich durch die verschiedenen Sender und blieb bei RTL hängen. *Ladykracher* war gerade zu Ende gegangen, und der Sender unterbrach sein weiteres planmäßiges Programm und kündigte einen Sonderbericht an. Die Nachrichtensprecherin mit dem dunklen Pagenschnitt und dem dezenten Make-up sah ernst in die Kamera. Dann begann sie ihren Bericht: »Meine Damen und Herren, aus gegebenem Anlass unterbrechen wir unser reguläres Programm und bringen nun eine aktuelle Sondersendung. Die in Ihren Programmen angekündigten Sendungen verschieben sich um circa fünfundzwanzig Minuten.« *Anschlag auf Asylantenheim* war im Hintergrund in dicken, roten Buchstaben zu lesen. »Wir bitten die Abweichungen zu entschuldigen.« Sie holte tief Luft und sah erneut betroffen in die Kamera. »Im mittelfränkischen Zirndorf wurde heute Abend, um einundzwanzig Uhr, ein schweres Attentat auf die dortige, in seinen Aufnahmekapazitäten völlig überlastete Aufnahmestelle für Asylbewerber ausgeübt. Nach Information der zuständigen Polizeibehörden wurde ein Bereich des Sammellagers von Unbekannten mit Handgranaten attackiert. Drei dieser Sprengsätze wurden aus nächster Nähe auf Wohnzelte geworfen, die als vorläufige Unterkünfte für Asylbewerber dienten. Die Explosionen haben ein Bild der

Verwüstung und des Todes unter den untergebrachten Ausländern hinterlassen. Zurzeit zählen die ermittelnden Beamten vor Ort fünfundzwanzig Tote. Die Anzahl der Schwerverletzten, die zwischenzeitlich in den umliegenden Krankenhäusern untergebracht wurden, beziffern die Behörden mit achtzehn. Viele von ihnen ringen mit dem Tode. Wer für das brutale Attentat verantwortlich ist, ist noch völlig unklar. Ein Bekennerschreiben gibt es nicht. Damit ereignete sich in der Region innerhalb kürzester Zeit der zweite schwere Anschlag, der mit Sprengwaffen ausgeführt wurde. Erst in der vorletzten Woche zündeten unbekannte Täter zwei Autobomben vor dem Türkischen Generalkonsulat in Nürnberg, es gab zehn Todesopfer. Wir schalten nun live, zu meiner Kollegin Ellen Kraußenberger, die sich in unmittelbarer Nähe des Tatorts befindet.« Das Bild wechselte und Ellen Kraußenberger erschien auf dem Bildschirm. In der linken Hand hielt sie ein Mikrofon, in der rechten einen überdimensionalen, bunten Regenschirm, den der Wind hin und her schüttelte. Den Kragen ihres hellen Trenchcoats hatte sie hochgestellt. Noch immer trieb der Wind leichte Regenschauer über den Ort des Geschehens. Die Reporterin stand in der Plauener Straße. Im Hintergrund rotierten die Blaulichter von Einsatzfahrzeugen und warfen ihre Lichtgemälde in regelmäßigen Abständen gespenstisch auf die umstehenden Wohnhäuser und Büsche.

»Ja, guten Abend meine Damen und Herren«, begann sie mit belegter Stimme, »ich stehe hier, keine zwanzig Meter vom Tatort entfernt, wo die ermittelnden Beamten der Kriminaltechnischen Untersuchungsabteilung vor Kurzem ihre Tätigkeiten aufgenommen haben. Um einundzwanzig Uhr zerrissen drei unmittelbar aufeinanderfolgende Detonationen die dörfliche Ruhe. Ein oder mehrere Täter warfen zu diesem Zeitpunkt mindestens drei Handgranaten auf das hinter mir liegende Gelände der Aufnahmeeinrichtung für Asylsuchende, hier in Zirndorf, im Landkreis Fürth. Genau hinter mir, in den Büschen, muss sich der Täter beziehungsweise die Täter während der gemeinen Tat versteckt gehalten haben. Das Attentat ist eines der schwersten in der Geschichte der Bundesrepublik Deutschland. Fünfundzwanzig ausländische Asylbewerber, davon zwölf Syrer, acht Tunesier, drei

Iraker und zwei Tschetschenen, sind tot. Andere ringen in den Krankenhäusern noch um ihr Leben. Einige der getöteten Asylbewerber sind erst vor wenigen Tagen in der Zentralen Aufnahmeeinrichtung Zirndorf angekommen. Was für eine menschliche Tragödie. Vor wenigen Wochen waren sie noch bei stürmischer See in ihren überfüllten Booten von Libyen nach Lampedusa unterwegs. Ihre lebensgefährliche Reise hatten sie glücklicherweise überstanden, aber nun mussten sie hier in Zirndorf einen gewaltsamen Tod erleiden. Unter den Opfern befinden sich Männer, Frauen und Kinder. Wer, beziehungsweise welche Organisation für diesen schändlichen Anschlag verantwortlich zeichnet, steht noch völlig in den Sternen. Die örtliche Polizeiorganisation hat dazu noch keine Stellungnahme abgegeben. Vor wenigen Minuten wurde für Mitternacht eine erste Pressekonferenz angekündigt. Vertreter des Verfassungsschutzes, des BKA und des Landeskriminalamtes haben die ersten Ermittlungsarbeiten eingeleitet, während die anwesenden Notärzte und Sanitäter sich immer noch um die Leichtverletzten kümmern. Ich frage mich, ob zwischen diesem Attentat und dem kürzlich stattgefundenem Bombenanschlag auf das Türkische Generalkonsulat in Nürnberg ein Zusammenhang besteht? In beiden Fällen gibt es keine Bekennerschreiben. In beiden Fällen gibt es ausländische Opfer. Was sind die Gründe dafür, dass gerade Mittelfranken eine neue Serie der Gewalt erlebt? Neben mir steht Polizeihauptmeister Max Kruse.« Die Kamera zoomte zurück und ein sichtlich physisch und psychisch angeschlagener Polizeibeamter erschien im Bild. »Herr Kruse, haben Sie eine Erklärung für die beiden grausamen Anschläge?«, setzte die Reporterin ihre Rede fort und ergänzte: »Polizeihauptmeister Max Kruse und einer seiner Kollegen waren die Ersten, die am Tatort eintrafen.« Dann hielt sie dem Beamten ihr Mikrofon unter die Nase.

»Nein, absolut nicht«, gab der Polizist von sich und kratzte sich nervös hinter dem rechten Ohr. »Es ist mir völlig unerklärlich, welcher Mensch dazu in der Lage ist, wehrlose Kinder, Männer und Frauen auf eine solch heimtückische Art und Weise regelrecht hinzuschlachten. Ich werde diese

Bilder des Grauens und der Verwüstung mein Leben lang nicht mehr vergessen.«

»Weiß man denn schon, ob es sich um einen Einzeltäter oder möglicherweise um mehrere Täter handelt?«

»Nein, dafür stehen die Ermittlungen noch zu sehr am Anfang. Sie sehen ja, wie die Kollegen im Hintergrund noch mitten in ihrer Arbeit stecken. Zudem dürfte der heftige Regen einige brauchbare Spuren zwischenzitlich einfach weggespült haben.«

»Sie waren als Erster am Tatort. Wie haben Sie von dem schrecklichen Anschlag erfahren?«, wollte Ellen Kraußenberger wissen.

»Nun, unsere Polizeiinspektion liegt ja nur wenige hundert Meter von hier entfernt. Wir haben die Explosionen ja gehört. Und dann kamen gleich darauf die ersten aufgeregten Anrufe. Zwischen den Detonationen und unserer Ankunft an diesem Ort der Verwüstung vergingen keine fünf Minuten. Natürlich wussten wir nicht, was uns hier erwartete, umso mehr waren wir regelrecht schockiert, als wir das Ausmaß der Situation erkannten.«

»Das heißt, dass zum Zeitpunkt Ihres Eintreffens der oder die Täter noch nicht weit vom Tatort entfernt gewesen sein konnten?«, hakte die Reporterin energisch nach.

»Mit Sicherheit«, bestätigte Max Kruse, »insbesondere weil man annehmen kann, dass der oder die Attentäter ihren Wagen nicht gerade in unmittelbarer Nähe des Anschlags abgestellt haben und somit auch einige Zeit für den Weg zu ihrem Fluchtfahrzeug benötigten. Aus dieser Überlegung heraus haben wir auch ohne Verzögerung weiträumige Straßenkontrollen eingerichtet, die immer noch andauern. Egal ob Autofahrer, Fußgänger oder Fahrradfahrer, wir überprüfen jeden.«

»Dann gibt es ja noch immer die Chance, dass sich der oder die Verbrecher in dem Fahndungsnetz der Polizei verfangen?«

»Richtig, darauf hoffen wir.«

»Vielen Dank für Ihre Ausführungen, Herr Polizeihauptmeister Kruse. Wir wünschen Ihnen viel Erfolg für eine rasche Aufklärung.«

Im Hintergrund riefen Stimmen: »Herr Kruse, jetzt bitte zum Übertragungswagen des ZDF!«

»Nein«, rief jemand, »wir von Pro7 waren früher dran.«

»... Äh, ... das war Ellen Kraußenberger, live vom Geschehen am Rande der Aufnahmeeinrichtung für Asylsuchende im fränkischen Zirndorf. Ich gebe hiermit zurück ins Studio. Wir berichten weiter. Bleiben Sie dran.«

Thomas Keller verfolgte die Sondersendung bis zum Schluss. Jede Information sog er in sich auf, wie ein trockener Schwamm das Wasser. Er war stolz auf seinen Mann, Bernd Auerbach. Die Ermittler hatten keine Ahnung, wer hinter dem Anschlag steckte. Er wusste, Bernd Auerbach war wie vom Erdboden verschwunden und trotzdem immer noch ganz nah am Tatort.

20

Der Attentäter wusste nicht, was draußen vor sich ging. Kaum fünf Minuten, nachdem er ohne Schwierigkeiten in die Halle des Honda-Händlers eingedrungen war, hörte er aus der Ferne das erste Martinshorn. Ob es sich dabei um ein Polizei- oder um ein Rettungsfahrzeug handelte, konnte er nicht einschätzen, das war ihm aber im Prinzip auch egal. Jedenfalls war es richtig, sich hier zu verkriechen und abzuwarten. Davon war er jetzt umso mehr überzeugt. Er saß in der Dunkelheit und trank von seiner Cola. Seine Augen hatten sich zwischenzeitlich an die Finsternis innerhalb der Halle gewöhnt. Nun hatte er Zeit, viel Zeit, um nachzudenken. Er dachte an den NSU, an Beate Zschäpe, Uwe Mundlos und Uwe Bönhardt. Zehn Mal hatten sie getötet. Dutzende von Banken überfallen. Dass es dazu überhaupt kommen konnte, rechnete er weniger den Fähigkeiten der drei zu als vielmehr der Tatsache, dass die ermittelnden Behörden keinen Fehler ausließen, der überhaupt zu begehen war. Bernd Auerbach hatte sich mit der Geschichte der drei Rechtsextremisten intensiv befasst. So gut es eben ging, ohne dabei aufzufallen. Es dauerte lange, bis die drei wirklich gewalttätig wurden, und auf dem Weg dorthin hatten sie mehr Glück als Verstand, dass sie nicht schon viel früher gefasst wurden. Insbesondere dieser Bönhardt lief total aus der Reihe. Aggressiv war er, irgendwie unkontrollierbar, fiel ständig auf und stand schon früh auf der Fahndungsliste der Behörden. »Wenn ich zielbewusst gegen Ausländer vorgehe, dann kleide ich mich nicht in Bomberjacken und Springerstiefel und lass mir nicht den Kopf kahl scheren«, sprach er zu sich selbst, »da falle ich doch sofort auf.«

»Von den Glatzköpfen musst du dich immer fernhalten, genauso wie von den Konzerten der Rechtsrock-Bands«, hatte ihm Thomas Keller immer wieder eingetrichtert. »Die stehen unter ständiger Beobachtung. Kameradschaftssaufen, vergiss es. Unauffällig musst du sein, freundlich nach außen, unerbittlich und skrupellos in der Sache, ohne Spuren zu hinterlassen«.

In der Sache hatten die drei von der NSU ja durchaus recht. Ausländer, vor allem diese Muslime, hatten in Deutschland wirklich nichts verloren. Da hatte er genügend eigene Erfahrungen gesammelt. Die Sache mit seinem Vater, die Sache mit Anna, unter der sie immer noch litt. Sein früherer Job. Er hasste sie alle, diese Türken, Bosnier, Muslime und Neger. Sie gehörten wirklich raus aus Deutschland, am besten, man würde sie gleich eliminieren. Er verstand Adolf Hitler, der damals einen verzweifelten Kampf gegen diese Zionisten führte. Die waren auf dem besten Weg, Deutschland schlecht zu machen, das Ansehen der tapferen deutschen Landser nach dem Ersten Weltkrieg quasi in den Dreck zu ziehen und Deutschland die Schuld am Kriegsausbruch zuzuschieben. An dieser Dolchstoßlegende war schon etwas Wahres dran! Und nun war Deutschland schon wieder voll von einem anderen Gesocksel: Türken, Muslime, Schwarze, Osteuropäer. Der einfache, ehrbare Deutsche, der Arbeiter und Bauer musste sich recken, um mit seiner Familie überleben zu können. Den Ausländern steckte die deutsche Regierung das Geld in den Arsch. Der Dank dieser Knoblauchfresser war es, dass ihre Jugendlichen, die arbeitsscheuen Säcke, die Straßen verunsicherten und durch Überfälle ihr Taschengeld finanzierten. Genau dagegen kämpfte er. Er hatte es nie verstanden, dass sich dieser Ex-Bundespräsident, der schließlich der eigenen Rachsucht zum Opfer fiel, sich hinstellte und davon laberte, dass der Islam ein Teil Deutschlands sein sollte. So ein Schwachsinn. Spätestens damals, wusste Bernd Auerbach, dass er selbst etwas tun musste, um Deutschland wieder auf den richtigen Weg zu bringen. Er wollte weitere, große Taten vollbringen. Er hatte ja gerade erst angefangen. An den Zeitungsartikel des *Sächsischen Boten* von 1988 konnte er sich immer noch erinnern: Das oberpfälzische Schwandorf, ein Jahr vor der Wende. Das war damals ein Ding. Es war im Dezember, an einem Freitagabend, als die türkische Leyla, mit neunzehn Jahren frisch verheiratet, ihre gerechte Strafe verpasst bekam. Damals hatte sie ihre Eltern Fatima und Osman sowie ihren jüngeren Bruder Mehmet zu Gast. Die Türkenbande feierte und ließ es sich gutgehen, während viele deutsche fleißige Arbeiter überlegten, was sie ihren Kindern zu Weihnachten schenken konnten. Überall fehlte das Geld, und die Türken feierten und frönten der Völlerei. Gegen elf Uhr nachts verließen diese Stinker ihre Tochter und Schwester. Ein Abschied für immer. Stunden später wurde Leyla aus dem Schlaf gerissen (geschah ihr ganz recht). »Das Haus deiner Eltern brennt!«, teilte ihr eine andere Türken-Sau mit. Sie rannte durch die Straßen Schwandorfs, bis sie vor dem Wohnhaus ihrer Eltern stand. Dichter Rauch stieg aus dem Haus und der Dachstuhl brannte lichterloh. Sie irrte hilflos am Ort des Geschehens umher, fragte Rettungskräfte von der Feuerwehr, Polizisten und Notärzte. Keiner konnte ihr helfen. Auch ihren Eltern und dem jungen Bruder konnte niemand mehr helfen. Zu verdanken war das der Courage eines jungen Mannes, Mitglied der Nationalistischen Front, der Ausländer hasste und im Treppenhaus Kartons und Papier entzündete. Wegen schwerer Brandstiftung wurde der arme Kerl zu zwölfeinhalb Jahren Gefängnis verurteilt. Eine Ungerechtigkeit sondergleichen. Bernd Auerbach wusste noch, was die Leute damals erzählten. Obwohl er erst fünf Jahre alt war und noch nicht lesen konnte, riss er den Pressebericht aus der Tageszeitung und hob ihn auf. Er hatte ihn auch heute noch, und er konnte ihn aus dem Gedächtnis frei zitieren. Der damals neunzehnjährige Täter genoss seine höchste Anerkennung. Über das Ereignis wurde weltweit berichtet. Auch er wollte durch seine Taten die Welt wachrütteln, nachhaltig verändern. Wollte ein Zeichen der Erneuerung setzen.

Fast zum gleichen Zeitpunkt, als Bernd Auerbach die drei Handgranaten geworfen hatte, gab es auf dem Gelände einer niedersächsischen Firma, die in Salzgitter-Watenstedt Rohbauten für Nutzfahrzeuge baute und einem türkischen Geschäftsmann gehörte, eine gewaltige Explosion. Gott sei Dank lag die Firma in einem weitläufigen Industriegebiet, so dass keine Menschen zu Schaden kamen. Über die Hintergründe der Explosion konnten noch keine Angaben gemacht werden, die Untersuchungen waren noch im Gange. Als Bernd Auerbach einige Tage später davon hörte, ahnte er: Eine weitere Zelle der NEL hatte ihre Aktivitäten aufgenommen. Nun kam endlich Fahrt auf. Gut so.

21

Die stupsnasige, blonde Anna Wollschläger war zwei Jahre jünger als ihr Freund Bernd Auerbach. Vor vier Jahren hatten sie sich bei einer Sportveranstaltung in Zwickau kennengelernt. Damals war sie in einem ortsansässigen Unternehmen der Autoindustrie beschäftigt, in welchem AGM-Batterien vom Band liefen. Sie war Vize-Chefin der Qualitätssicherung und hatte Personalverantwortung für zwölf Mitarbeiter. Bis zu ihrem Umzug nach Röttenbach führten sie und Bernd quasi eine Wochenendehe. Er lebte an den Werktagen in Hoyerswerda, sie in Zwickau. Anna, eine hübsche, schlanke und modebewusste Frau, hätte genug Verehrer haben können, aber die meisten entsprachen nicht ihren Vorstellungen. Dazu gingen die politischen Einstellungen zu weit auseinander. Anna stand politisch weder links noch rechts. Mit den Grünen konnte sie auch nichts anfangen, mit der FDP schon gleich gar nicht. Ihr ging es auch gar nicht so sehr um die Programme der politischen Parteien. Auf Details konnte sie verzichten. Es kam sowieso nicht so, wie im Wahlkampf versprochen. Alle Politiker logen. Das bestätigten mal wieder die laufenden Koalitions-Verhandlungen zwischen CDU/CSU und der SPD. Denen ging es nur um Macht. Ihr ging es in erster Linie nur um einen Punkt, um Deutschland. Sie konnte und wollte einfach nicht verstehen und auch nicht akzeptieren, dass die Zahl der Migranten von Jahr zu Jahr zunahm. Irgendwann würde Deutschland überfremdet sein. Irgendwann würden die Deutschen in der Minderheit sein. Das war abzusehen. Selbst in der deutschen Spitzenpolitik meinten die Ausländer schon den Ton angeben zu können. Das schrie zum Himmel. Vietnamese bleibt eben Vietnamese, auch wenn er die deutsche Staatsbürgerschaft besitzt, und Türke bleibt eben Türke, da kann er noch so grün sein. Als Bernd Auerbach sie in der Warteschlange vor der Sportstätte mit den Worten »Endlich eine natürlich hübsch aussehende, junge deutsche Frau« ansprach und dabei applaudierte, wollte sie ihm schon eine klatschen. Dann sah sie ihm in die Augen und registrierte, dass er es ernst meinte. Sie kamen ins Gespräch, und so fing alles an. Es erfüllte sie mit Freude, dass Bernd über Ausländer genauso dachte wie sie. Beide hatten im Grundsatz nichts gegen Ausländer, solange sie in ihrer Heimat lebten und dort auch arbeiteten. Wenn sie nach Deutschland kamen, um hier Urlaub zu machen, hatten die beiden auch noch Verständnis dafür. Ihr Geld durften sie schon in Deutschland lassen. Wenn aber die ausländische Bagage mit betrügerischen, an den Haaren herbeigezogenen Argumenten versuchte, hier politisches Asyl zu beantragen, dann konnte Anna Wollschläger zur Furie werden. Kaum richtig in Deutschland angekommen, glaubten viele dieser Affen, die nicht gleich vorzugsweise behandelt wurden, ihre Rechte einklagen zu können. Moscheen wollten sie bauen, am besten noch mit deutscher Unterstützung. Die Burka wollten sie tragen, mitten in Deutschland. Verdammt nochmal, konnten deutsche Christen denn im Iran Gottesdienste besuchen? Religionsfreiheit! Pfeif drauf! Anna Wollschläger hatte für diese Einseitigkeit nicht das geringste Verständnis. Bernd sah das ebenso. Im Laufe der Zeit vertieften sie ihre Gespräche und stellten ein Höchstmaß an Übereinstimmung fest. Vor zwei Jahren, sie waren zwischenzeitlich längst ein Paar geworden, fuhren sie das erste Mal gemeinsam nach Kärnten in den Urlaub. In Bad Kleinkirchheim fanden sie ein fesches, bezahlbares Pensionszimmer, welches ihren Vorstellungen entsprach. Es war noch Nebensaison. Sie hatten Spaß daran, die Nockberge zu erwandern, im Millstätter See zu baden, Tagesausflüge zur Burg Hochosterwitz und nach Klagenfurt zu unternehmen oder ganz einfach mal einen Tag auf der faulen Haut zu liegen. Dann kam der bewusste Freitag, ihr vorletzter Urlaubstag. Anna wollte noch ein letztes Mal einen Spaziergang durch den lang gestreckten Urlaubsort unternehmen, immer am Bachlauf entlang, Bernd zog es vor, die Rückreise vorzubereiten und die Rucksäcke und Reisetaschen zu packen. Also zog Anna alleine los. Sie kannte sich zwischenzeitlich ja aus. Gut gelaunt verließ sie die Pension und begann ihren Rundweg im Almrosenweg. Bald ließ sie die Talstation der Kaiserburgbahn links liegen und folgte dem Spazierweg, der am Twengbach entlangführte. Sie hing ihren Gedanken nach und freute sich schon wieder auf zuhause. Als sie am Kurpark vorbeikam, lief sie noch ein Stück gerade aus, bog dann rechts in Richtung der Hauptverkehrsstraße, der Kleinkirchheimer Straße ab, überquerte diese und marschierte in den Wasserfallweg hinein. Über den Bergen, in Richtung Millstätter See, zeigten sich erste dunkle Wolken. Schon kam leichter Wind auf. Sie war bisher stramm gelaufen. Ihr leichtes T-Shirt zeigte ein paar dunkle Schweißflecke. Als sie am Hotel Almrausch vorbeikam, fröstelte sie leicht. Obwohl es ständig bergan ging, legte sie noch einen Zahn zu und erreichte bald das Ende des Wasserfallwegs. Eine Stunde war sie bereits unterwegs und entschied wegen des aufziehenden Unwetters, eine Abkürzung zu nehmen. Der Wind hatte weiter zugenommen, die Temperaturen waren gefallen, die dunklen Wolken waren deutlich angewachsen und segelten mit zunehmender Geschwindigkeit immer tiefer in den Talkessel hinein. Sie meinte den ersten dicken Regentropfen bereits gespürt zu haben. Um den Rückweg über den Sankt-Kathrein-Weg schneller zu erreichen, nahm sie einen kurzen, schmalen Waldweg, der durch Büsche und hohe Kiefern führte. Es war wirklich unangenehm kühl geworden, der Schweiß klebte kalt auf ihrem Körper. Urplötzlich öffnete der Himmel seine Schleusen. Dicke Regentropfen fielen vom Himmel und klatschten geräuschvoll auf die

Blätter der Büsche und Bäume. Niemand war mehr unterwegs. Nur zwei Jogger mit übergezogenen Kapuzen kamen ihr, keine fünfzig Meter voraus, entgegengetrabt. Sie kamen schnell näher. Es mussten Bosnier sein. Jedenfalls meinte Anna Wollschläger die Sprache zu erkennen, in welcher sie sich unterhielten. Als sie auf gleicher Höhe zu ihr waren, ging alles ganz schnell. Der größere der beiden, ein Hüne von mindestens einen Meter neunzig, griff nach ihr, hielt ihr den Mund zu und schleifte sie rückwärtig ins Gebüsch. Der andere schnappte sich ihre Beine und folgte dem anderen. Anna zappelte wie ein unartiges Kind, wand ihren Körper, der gegen ihren Willen davongetragen wurde, und versuchte sich zu befreien. Es half nichts, die beiden Männer waren zu kräftig. Als der kleinere der beiden, ihre zappelnden Beine fest umklammernd, gebückt durch das Unterholz hastete, blieb seine Stoffkapuze an einem Ast hängen und wurde ihm vom Kopf gezogen. Anna Wollschläger blickte in ein junges Gesicht von schätzungsweise zwanzig bis dreiundzwanzig Jahren, oval, breiter Mund mit wulstigen Lippen, kleine, mit Sommersprossen besprenkelte Nase, himmelblaue Pupillen starrten sie an, aus der linken Augenbraue ragte eine kleine, dunkle Warze. Der blonde junge Mann mit der Scheitelfrisur erschrak selbst am meisten und versuchte, seine Kapuze wieder über den Kopf zu ziehen. Zwangsläufig musste er mit einem Arm Annas Beine loslassen. Erneut begann sie, mit beiden Beinen heftig zu zappeln. Es half ihr trotzdem nichts. Sie waren bereits zu weit vom öffentlichen Weg entfernt, und sie spürte, wie sich zwei kräftige Hände um ihren Hals legten und immer stärker zudrückten. Sie bekam keine Luft mehr. Schwarze Kreise tanzten vor ihren Augen. Kurz bevor sie bewusstlos wurde, registrierte sie noch, wie ihr ihre Entführer die Jogginghose vom Körper zogen. Dann umfing sie finstere Nacht.

★

Bernd Auerbach hatte bei der Gendarmerie Alarm ausgelöst, als seine Freundin – trotz heftigen Regens – nach drei Stunden immer noch nicht zurück war. Wirkungslos, wie er feststellen musste. »Gengas«, musste er sich anhören, »des is doch erscht drei Stunden her!« Doch der Ostdeutsche gab nicht nach. Er machte sich selbst auf die Suche nach seiner Freundin. Er kannte ja den Weg, den sie in den letzten Tagen des Öfteren gegangen waren. Als er im strömenden Regen den Wasserfallweg hoch hastete, taumelte ihm Anna aus einem Waldstück völlig durchnässt entgegen. Sie blutete aus der Nase. Ihre Jogginghose und ihr T-Shirt hingen ihr, mit feuchter Erde beschmutzt, in Fetzen vom Körper. Trotz des heftigen Regens steckten Tausende von Tannennadeln in den Resten ihrer Kleidung, in ihrem Haar und klebten auf ihrem Gesicht, am Hals und ihrem halb entblößten Oberkörper. Als sie ihn sah, entfuhr ihrer Kehle ein verzweifeltes tiefes Schluchzen und Tränen schossen aus ihren müden, traurigen Augen. Bevor sie vor Erschöpfung und Verzweiflung auf der Straße zusammenbrach, fing sie ihr Freund gerade noch auf. »Anna, Anna, was haben sie mit dir gemacht?«, schrie er verzweifelt und voller Hass in den herabströmenden Regen, dann wurden auch seine Augen feucht, während er seine ohnmächtige Freundin schützend in den Armen hielt. Er ließ seinen Tränen freien Lauf und schwor fürchterliche Rache.

★

Bernd Auerbach und Anna Wollschläger mussten ihre Abfahrt verschieben. Zwei Tage wurde Anna, nachdem sie mehrfach vergewaltigt worden war, im Hospital, in Spittal an der Drau, medizinisch und psychologisch betreut, bevor es Kommissar Anton Hofsteiner von der Landespolizeidirektion Klagenfurt erlaubt wurde, sie zu vernehmen. »… und Sie sind sich sicher, dass Sie diesen Abadin Dizdar wiedererkennen?«, fragte er sie zum wiederholten Male und deutete auf das Foto des blonden Bosniers in den polizeilichen Erkennungsakten, welche er ihr vor zwanzig Minuten vorgelegt hatte.

»Absolut!«, bestätigte Anna Wollschläger mit fester Stimme. »Dieses Gesicht werde ich mein Leben lang nicht vergessen.«

»Der andere war größer, kräftiger?«, wollte der Beamte erneut wissen. »Ist Ihnen irgendetwas an ihm aufgefallen?«

»Nein, ich konnte sein Gesicht ja nicht sehen. Aber er war bestimmt eineinhalb Köpfe größer als der Blonde. Er hat mich von hinten gepackt und in das Gebüsch gezerrt. Nur seine Hände konnte ich ganz kurz sehen, bevor er mir den Mund zuhielt und seine linke Armbeuge um meinen Hals legte. An der rechten Hand fehlte der kleine Finger – das konnte ich auch spüren, als er mir den Mund zuhielt. Da waren, außer dem Daumen, nur drei Finger. Auf der rechten Handoberfläche hatte er eine farbige Tätowierung. Ein Adler, der in seinen Krallen ein Schwert trägt.«

»Bektas Nakas!«, entfuhr es dem Kommissar. »Das passt. Wir kennen die zwei. Kleinkriminelle, wohnhaft in Millstadt. Schlagen sich mit Gelegenheitsarbeiten durchs Leben, seit vier Jahren in Kärnten und wiederholt vorbestraft. Gewalt haben sie bisher allerdings noch nicht angewandt. Wir werden die beiden vorläufig verhaften und eine Gegenüberstellung mit Abadin Dizdar arrangieren. Danach können Sie abreisen. Es tut mir außerordentlich leid, dass Ihnen das passiert ist, Frau Wollschläger, hier bei uns im schönen Kärnten, aber Sie sollten wissen, dass wir hier ähnliche Probleme haben, wie Sie in Deutschland: Kärnten hat die höchste Ausländerquote Österreichs und zugleich die höchste Quote an arbeitslosen Ausländern. Jeder Zehnte, der in Kärnten wohnt, ist ein Ausländer. Glauben Sie mir, mir gefällt das ganz und gar nicht. Ich mag sie einfach nicht, diese Bosnier, Serben und die anderen Kanaken. Entschuldigung, das ist mir eben so rausgerutscht. Ich bin beileibe kein Rassist, aber manchmal kann ich mein Temperament eben auch nicht zügeln.«

Den beiden Bosniern konnten ihre Verbrechen durch eine DNA-Analyse nachgewiesen werden. Ihrem Anwalt – dem gerissenen Hund – gelang es, durch diverse Befangenheitsanträge gegen die Justiz ihnen eine Untersuchungshaft zu ersparen – bis zum angesetzten Gerichtstermin. Der fand allerdings nicht mehr statt. Drei Tage, bevor ihr Prozess beginnen sollte, trieben ihre Leichen im Wasser, am Nordufer des Millstätter Sees. Beiden war die Kehle durchgeschnitten worden. Es gab keine Hinweise auf den oder die Täter.

22

Die Ermittler des Verfassungsschutzes und des Bundeskriminalamts hatten eine heiße Spur. Beide Fälle, der aktuelle Anschlag in Zirndorf und das Attentat auf das Türkische Generalkonsulat, so sahen sie es, hingen zusammen. Die Spur führte eindeutig nach Berlin-Neukölln, zu dieser palästinensischen Großfamilie und ihrem kriminellen Umfeld. Die Anschläge hatten teils privaten, teils politischen Hintergrund. Da waren sich die Ermittler so gut wie sicher. Die Indizien zeigten jedenfalls in diese Richtung. Die Beamten hatten sich die Motive bereits zurechtgelegt. Alles passte, war logisch und schlüssig. Lediglich die Beweise fehlten noch. Die Ermittler gründeten ihren Verdacht auf den Fund eines Fetzen Papiers, welches dem oder den Tätern entfallen sein musste, kurz bevor er oder sie die Handgranaten in Zirndorf zur Explosion brachten. Die KTU hatte den Fetzen gefunden, der jenseits des Zauns, dort, wo die vielen neugierigen Nachbarn herumgetrampelt waren, bevor man sie verscheuchte, in der aufgeweichten Erde steckte. Eigentlich waren es nur noch drei kleine, durchnässte und zerknitterte Papierreste, aber die Spurenexperten trockneten sie und setzten sie wieder zusammen. Zunächst waren sie sehr ratlos, was die wirren Buchstabenreihen bedeuten sollten. Dann kam einer auf die Idee, dass es sich um eine Art Code handeln könnte. Tatsächlich. Die Geheimsprache war leicht zu knacken. Es handelte sich um zwei Telefonnummern. Die erste gehörte Ali Abusharekh. Die zweite führte in das Sekretariat einer Moschee in Berlin-Neukölln.

★

Ali Abusharek höchstpersönlich kontrollierte von Zeit zu Zeit seine Bettler-Garden, welche er vorzugsweise auf dem Kurfürstendamm, vor dem Berliner Hauptbahnhof, Unter den Linden, am Dom und bei den Hackeschen Märkten positioniert hatte. Zwölf Männer und Frauen hatte er in der Stadt, alles Palästinenser, welche sich illegal in Berlin aufhielten. Nachts hausten sie im Keller eines verlassenen Fabrikgebäudes in Spandau, ohne Strom, fließend Wasser und Fenster. In der kalten Jahreszeit schliefen sie, in dicke Decken gehüllt, auf durchgelegenen, schäbigen Matratzen. Ihre einfachen Mahlzeiten bereiteten sie sich auf einem einfachen Spirituskocher zu, und ihren Toilettengang verrichteten sie draußen auf dem Fabrikgelände, welches mit Unkraut überwuchert ist, oder sie benutzten die öffentlichen Einrichtungen in der Stadt. Früh morgens, wenn die Stadt noch schlief, wurden sie von schweren Mercedes-Limousinen abgeholt und auf ihre Standorte verteilt. Dann begann ihr Dienst – zwölf lange Stunden pro Tag. Die meisten von ihnen spielten die Mitleidsmasche. Sie knieten auf dem Straßenpflaster nieder, den Kopf demutsvoll geneigt und hielten einen Plastikbecher hoch. Andere probierten es mit Rosen, welche sie überraschten Passanten in die Hand drückten, um daraufhin einen Obolus zu erbitten. Eine junge, hübsche Frau, auf primitive Krücken gestützt, die ihren rechten Unterschenkel durch den Schuss eines israelischen Soldaten verloren hatte, erzielte stets die höchsten Einnahmen. Das gesammelte Geld mussten sie abgeben und damit die Schleuserdienste abbezahlen, die ihnen Ali Abusharekh in der Vergangenheit verauslagt hatte. Zehn Prozent ihrer Einnahmen durften sie behalten. Im Vergleich zu ihrem Heimatland ein profitabler Job.

Ali Abusharek stand im Schatten der Gedächtniskirche und beobachtete die junge Frau ohne Unterschenkel. Die Bettler wussten, dass sie von Zeit zu Zeit überwacht werden. Betrügereien und Geldveruntreuungen wurden mit harten Strafen geahndet. Ein Passant beugte sich zu der Bettlerin hinab, welche an einer Hausecke angelehnt saß und ihren Beinstumpf weit von sich streckte. Ihre Krücken lagen neben dem gesunden Fuß. Der Mann warf eine Zwei-Euro-Münze in den Plastikbecher. Die Bettlerin bedankte sich mit einem Kopfnicken und wünschte dem Geber ein langes, gesundes Leben.

Dass Ali Abusharek ein Schatten folgte, bemerkte er nicht. So schien es jedenfalls. Maximilian Hochleitner vom Verfassungsschutz stand auf der anderen Straßenseite. Eine Sony-Spiegelreflexkamera mit einem langen Teleobjektiv hing über seiner linken Schulter. Der Ermittler hatte sich in typische Touristenkleidung geschmissen. Auf dem Kopf trug er einen Filzhut aus dem Allgäu, aus einer Tasche seines Trachtenjankers ragte ein Stadtplan von Berlin. Seine Kollegin, Bettina Großbauer, stand keine zwanzig Meter von Ali Abusharek entfernt und fotografierte die Gedächtniskirche. Die beiden folgten dem Palästinenser schon seit mehr als einer Stunde, seit er aus dem argentinischen Steakhaus am Ku-Damm getreten war. Dass er Zoff mit dem in Nürnberg getöteten Türken Adem Gökhan hatte, wussten die Ermittler aus den Polizeiakten. Nun kamen auch noch die in Zirndorf gefundenen und codierten Telefonnummern dazu. Der dunkelhäutige Typ mit der Hakennase, der beim Argentinier am Nebentisch von Ali Abusharek saß, war kein geringerer als der Sekretär des syrischen Botschafters und Mitglied des syrischen Geheimdienstes. Maximilian Hochleitner wusste auch, dass dieser Mann die Verfolgung syrischer Oppositioneller in der Bundesrepublik Deutschland koordinierte. Wie viele Syrer waren in Zirndorf getötet worden? Zwölf! Zufall? Der Verfassungsschützer glaubte nicht an Zufälle. Er überquerte die Straße. Ali Abusharek lief nun in Richtung Bahnhof Zoo. Bettina Großbauer folgte ihm ebenfalls in gebührendem Abstand. Die beiden Beamten tauchten im Strom der Passanten unter und achteten auf den Kopf des Verfolgten, der ihnen circa dreißig Meter vorauslief. »Dieses Mal kriege ich dich, du Schwein«, flüsterte Maximilian Hochleitner.

»Achtung, Maximilian, er kehrt um und kommt direkt auf uns zu«, hörte er Bettina Großbauers Stimme aus dem winzigen Lautsprecher in seinem Ohr. Dann hielt ein beiger Mercedes 250 S am Straßenrand. Die Tür im Fond wurde von innen geöffnet und Ali Abusharek stieg ein. Die dunklen Scheiben des Pkws verschluckten den Palästinenser. Er saß auf dem Rücksitz und lächelte vor sich hin. »Immer noch die gleichen Stümper, die Leute vom Verfassungsschutz«, sprach er zu Mohammad, dem Fahrer. »Gib Gas! Zur syrischen Botschaft!«

Maximilian Hochleitner und Bettina Großbauer hatten den zu Observierenden verloren, aber für die beiden stand fest, dass dieser etwas mit den beiden Anschlägen in Franken zu tun haben musste. »Es würde mich nicht wundern, wenn sich der syrische Geheimdienst die Finger schmutzig gemacht hat«, meinte der Mitarbeiter des Verfassungsschutzes. »Wir bleiben an ihm dran, Bettina. Dem Kerl legen wir das Handwerk schon noch!«

23

Die Tage zogen dahin, ohne dass die Ermittler in Sachen »Türkisches Generalkonsulat« und »Zirndorf« wirklich vorankamen. Es gab Hunderte von Spuren, aber eine wirklich heiße, um dem Palästinenser drankriegen zu können war nicht darunter. Es war bereits Mitte Dezember, und zwei weitere schwerverwundete Opfer des Zirndorfer Anschlags waren ihren Verletzungen erlegen. Die Todesquote stieg auf siebenundzwanzig. Zwischenzeitlich war die SOKO *Flash* ins Leben gerufen worden, doch ihre achtundzwanzig ermittelnden Staatsbediensteten traten immer noch auf der gleichen Stelle. Sie taten ihr Möglichstes, sprachen etliche Male mit der Witwe Gökhan, sprachen mit ihren V-Leuten und untersuchten die gefundenen Reste der Autobomben und der M61-Handgranaten. Der bei der Explosion zerstörte grüne VW Golf gab auch nichts her. Es war zum Haare raufen. Über die Medien wurden Zeugen gesucht. Eine Prämie in Höhe von zehntausend Euro wurde für Hinweise ausgelobt, welche zur Ergreifung des oder der Täter führten. Nur wenige vermeintliche Zeugen meldeten sich. Einer glaubte, am Tag des Anschlags auf das Türkische Generalkonsulat eine rothaarige Frau hinter dem Steuer eines grünen VW Golfs gesehen zu haben, welche in Richtung Regensburger Straße fuhr. »Sie hat auf mich unwahrscheinlich nervös gewirkt«, berichtete der vermeintliche Zeuge. Ein Fahrradfahrer in Zirndorf berichtete, dass er wenige Tage vor dem Attentat eine blonde Frau mit Kurzhaarschnitt in der Plauener Straße gesehen haben will, welche in auffälliger Art und Weise fotografierte. Auf die Fragen, wie die Frau ausgesehen habe, welche Kleidung sie trug, wie alt sie wäre, antwortete er: »Blond halt, und an knackign Orsch hats ghabt.«

Allmählich rückten die Schlagzeilen um die beiden Anschläge von den Titelseiten in das Innere der Tageszeitungen. Andere Themen traten in den Vordergrund: Boxweltmeister Vitali Klitschko trieb die oppositionellen Massen in der Ukraine an, sich gegen das korrupte Regierungsregime zu stellen. Die Verhandlungen von CDU/CSU und der SPD um die Große Koalition liefen auf ihr absehbares Ende zu. Es gab wilde Spekulationen, ob sich die SPD-Basis für die Große Koalition entscheiden würde. In Thailand fetzten sich die oppositionellen Schwarzhemden mit den demokratisch gewählten Regierungsmitgliedern und forderten den Rücktritt der Regierung. Auch über den aktuellen Stand des Prozesses gegen Beate Zschäpe wurde regelmäßig berichtet.

★

Bernd Auerbach saß im Wohnzimmer und hatte die Seite zwei der Nordbayerischen Nachrichten aufgeschlagen. *Sie sind ein kleiner Klugsch...* las er als Überschrift. Dann folgte ein Bericht über das Verhalten von Uwe Mundlos' Vater im Prozess um die NSU-Morde. Bernd Auerbach verschlang den Artikel Buchstabe für Buchstabe. Der Vater des NSU-Mitglieds beschimpfte das Gericht und die Staatsanwälte, stand dort zu lesen.

Er sei nicht nur Zeuge, sagte er, sondern auch ein Verletzter, und bezeichnete sich und seine Familie als Opfer der Medien, der Polizei und der Staatsanwaltschaft. Darüber, was damals geschehen war, wolle er eigentlich gar nicht sprechen. Er nannte den Vorsitzenden Richter einen »kleinen Klugsch...« und betitelte ihn als »arrogant«.

Dann berichtete der Zeuge schließlich doch über das, was er von damals über die drei vom NSU wusste. Aber er kämpfte auch für seinen toten Sohn, kämpfte um seinen Ruf, nach all den Erkenntnissen, Aussagen und Beweisen, die vorlagen.

»Toller Mann!«, entfuhr es Bernd Auerbach, dann las er weiter, wie der Vater des NSU-Mannes heute die Situation sah. Sein Sohn sei nicht derjenige gewesen, der sich mit Schuld beladen habe, wies er die Vorwürfe des Gerichts zurück. Nein, die wahren Schuldigen säßen in den Kreisen der Behörden, beim Verfassungsschutz und dessen V-Leuten. Sie seien dafür verantwortlich, dass sein Sohn immer tiefer in die rechte Szene abgedriftet sei. Der Staat habe über seine V-Männer dem Jungen erst die Fahrten zu den rechten Konzerten und zu den Neonazi-Demonstrationen ermöglicht. Der Staat habe sich wie ein Dealer verhalten, der seine Opfer erst anfixt, um sie später auszunehmen.

»Wie recht er hat«, gab Bernd Auerbach seinen Kommentar dazu ab. »Die V-Leute sind viel aktiver als eigentlich zulässig. Wer im Westen weiß denn schon, welche sozialen Verwerfungen es damals, während der Wendezeit, bei uns gab. So manche Familien wurden richtig durchgeschüttelt. Da haben doch viele die politische Orientierung verloren.« Dann las er wieder weiter.

Als »naiv und ehrlich« bezeichnete Vater Mundlos seinen Sohn Uwe, mit einem »hohen sozialen Bewusstsein«. Dann ging er auf den wirklich Bösen ein. Auf Uwe Böhnhardt und dessen Familie. Es hätte ihn gestört, dass viele Eltern seiner Freunde arbeitslos seien, berichtete Uwe Mundlos' Vater dem Richter. Doch den Richter interessierte das nicht. Er wollte nur Fakten hören, wollte wissen, wie das System des NSU funktioniert hatte. Vater Mundlos ging nicht darauf ein. Offensichtlich kratzte diese Frage an dem Verteidigungswall, den er sich aufgebaut hatte. Er erzählte weiter von dem bösen Uwe Bönhardt. »Der war brandgefährlich, der konnte dich abstechen.« Dann plötzlich entschuldigte er sich bei den Angehörigen der Opfer. Er könne sich gut vorstellen, wie das sei, »wenn ein Angehöriger so heimtückisch zu Tode kommt.« Aber Vater Mundlos meinte nicht die

Verbrechen des NSU. Er meinte die andere Seite, den Staat, die Verfassungsschützer, die Polizei, das Gericht, die Staatsanwälte, die gesamte Staatsmacht. »Ich kann erst ruhig weiterleben, wenn ich weiß, was hinter dieser Sauerei steckt. Es ist traurig, es sind zehn Tote zu beklagen. Das heißt, eigentlich sind es zwölf Tote«, sagte er. Er zählte die beiden Uwes zu den Opfern.

»Ein starker Mann«, meinte Bernd Auerbach bewundernd. »Schatz, den Artikel musst du unbedingt lesen«, forderte er seine Freundin Anna Wollschläger auf, die gerade das Abendessen auftrug, »der Mann hat so recht!« Dem Richter, dem kleinen Klugscheißer, hatte Vater Mundlos ganz schön die Zähne gezeigt.

24

Auch Ahmet Özkan las die Berichte über den NSU-Prozess mit regelmäßigem Interesse. Als die Zeitungen tagelang über den Bombenanschlag auf das Türkische Generalkonsulat berichteten, war er regelrecht schockiert. Kurz darauf erfolgte das Attentat auf die Aufnahmeeinrichtung für Asylbewerber. Obwohl in Zirndorf keine Türken ums Leben kamen, setzte der Angriff mit Handgranaten dem »i« das Tüpfelchen auf, und Vater Özkan kamen erneut Zweifel, ob es die richtige Entscheidung war, nach Deutschland zu kommen.

Die Situation innerhalb der Familie hatte sich etwas entspannt. Er hatte das Gefühl, dass seine Tochter Akgül seine Ratschläge und die ihres Bruders angenommen hatte. Jedenfalls schien es, als ob Akgül keine Kontakte zu diesem jungen deutschen Mann mehr pflegte, obwohl ihr Hausarrest schon seit drei Wochen aufgehoben war. Auch ihr Bruder Kemal hatte keine Kritik mehr über sie geäußert. Er überwachte die Kontakte seiner Schwester zur Außenwelt und kontrollierte ihr Tun und Handeln so gut er eben konnte. Müselüm Yilmaz hatte sich in letzter Zeit nicht mehr gemeldet. Er hatte angeblich eine Neue beziehungsweise bemühte er sich um eine neue Freundin. Eine Deutsche. Er war hochgradig verliebt, aber, was Kemal über seine Informanten so mitbekam, war das Feuer bei der Dame noch nicht so richtig entfacht.

★

Doris Kunstmann hätte sich am liebsten selbst in den Arsch gebissen. Wie konnte sie nur so blöd gewesen sein, diesen Müselüm Yilmaz anzurufen? Und dann noch ihr eigener Vorschlag, sich mit ihm im Bogart's zu treffen. Zum Kotzen. Am meisten stank ihr, dass sie sich so daneben benahm, nachdem sie Walters SMS gelesen hatte. Sie hatte sich regelrecht besoffen, vor lauter Wut und Eifersucht, schüttete einen Whiskey nach dem anderen in sich hinein. Sie hatte Schwäche gezeigt und sich völlig daneben benommen. Mann, war ihr das im Nachhinein peinlich. Am nächsten Tag wachte sie in einer fremden Wohnung auf. Es war nahezu Mittagszeit, als es ihr erstmals gelang, das rechte Auge zu öffnen. Ein bisschen nur. In ihrem Kopf tobte ein Presslufthammer, und ihre Kehle war ausgetrocknet wie ein Stück Schmirgelpapier in der Wüste Gobi. Aber das war nicht ihr eigentliches Problem. Sie wusste nicht, wo sie war. »Erinnere dich, Doris!«, befahl sie sich selbst. Dann, ganz langsam, begann ihr Gehirn wieder zu funktionieren und Erinnerungsfetzen flogen vorüber. Da war das Bogart's und ein Türke mit einer überdimensional großen Nase. Müselüm Yilmaz. Dann hatte sich ihr Smartphone gemeldet und den Eingang einer SMS verkündet. Von Walter. Es war eine gemeine Nachricht gewesen. Sie war stinksauer und hatte sich den ersten Whiskey bestellt.

Von draußen dröhnte das Mittagsläuten einer nahen Kirche an die schmutzigen Fensterscheiben. Doris Kunstmann geriet in helle Aufregung und war mit einem Schlag nüchtern und glockenwach. Sie zog die bunte, schmuddelige Patchwork-Decke beiseite, in welche sie noch immer eingehüllt war, und sah an sich hinunter. Mein Gott, wo war ihre Oberbekleidung? Gott sei Dank trug sie wenigstens noch ihre Unterwäsche. Auf einem Tischchen neben der Couch, auf der sie lag, entdeckte sie einen kleinen Zettel: *Liebe Doris, schlaf so lange wie du willst, und ruh' dich aus. Koche für uns, wenn ich komme nach Hause, Kebab mit frische Knoblauch und Joghurt-Soße. Freue mich. Müssen unbedingt unser Gespräch von gestern fortsetzen. Freue mich auf dich. Müselüm.* Hinter seinem Vornamen hatte der türkische Hornochse ein kleines, rotes Herz gemalt. Mein Gott! Doris Kunstmann konnte nicht mehr an sich halten. Sie riss die stinkende Decke von ihrem Oberkörper und schnellte in die Höhe. Auf dem Sessel nebenan lag ihre Kleidung. Ohne das Bad aufzusuchen, zog sie sich in Windeseile an, strich sich mit den Fingern kurz durch die Haare und stürzte nach fünf Minuten auf die Straße. *Hofmannstraße* stand auf dem Straßenschild. Damit konnte sie im Moment nichts anfangen. Ein Taxi bog zufälligerweise um die Ecke. Sie winkte es heran. Es war frei. Sie ließ sich erleichtert und dankbar auf den Rücksitz plumpsen. »Röttenbach bitte. Ich sage Ihnen später genau, wo Sie hin müssen«, wies sie den Fahrer an. Es war ein Türke. Milder Knoblauchduft drang an ihre empfindliche Nase. Sie musste sich gewaltig anstrengen, um das Würgen in ihrem Hals zu unterbinden, und öffnete das Seitenfenster eine Handbreit.

Seitdem hatte sie vor Müselüm keine Ruhe mehr. Er führte sich auf wie ein Pfau bei der Balz. Ihre ursprüngliche Idee, Walter und Akgül für ihre Untreue einen Denkzettel zu verpassen, hatte sich bei dem Türken aufgelöst wie eine Fata Morgana im Wüstennebel. Er hatte nur noch Augen für sie. Akgül interessierte ihn nicht mehr im Geringsten. Seine Rachegefühle waren dahingeflogen wie ein laues Lüftchen im Sommerwind. Ständig versuchte er sie auf ihrem Mobiltelefon zu erreichen. Sie nahm seine Anrufe längst nicht mehr entgegen.

★

Doris Kunstmann lief über den Röttenbacher Weihnachtsmarkt, den die Freien Wähler nun bereits zum vierten Mal veranstalteten. Sie musste raus aus der Enge ihres Zimmers, die kalte Abendluft genießen und über die neue Situation in ihrem Leben nachdenken. Morgen stand der zweite

Advent vor der Tür, und es regnete in Strömen. Sie lief über den Markt, vor dem Rathaus spielte die Röttenbacher Blaskapelle »Stille Nacht«, und die Kinder vom Katholischen Kindergarten waren auch schon ganz aufgeregt. Gleich durften sie ihr Krippenspiel vortragen. Die kleine Eva-Maria stand zähneklappernd unter dem riesigen Regenschirm ihres Vaters. Sie durfte die Maria spielen und hatte sich einen golden glitzernden Schal umgelegt. Josef, ihr Verlobter – der kleine Max Müller – mit einem viel zu großen Filzhut, der ihm bis zu den Ohren reichte, sprach nochmals leise seine Rolle vor sich hin. Er wollte keinen Fehler machen. Auf der anderen Seite des Weihnachtsmarktes stand der Gemeinderat und Bauunternehmer Ploner unter einem Zelt, in welchem fränkische Bratwürste gegrillt und verkauft wurden. Aus einer großen, gelben Plastikflasche spritzte er Senf auf die *Zwaa im Weggla* seiner Kundschaft. Der würzig duftende Rauch, der über dem Grill aufstieg, sammelte sich wirbelnd unter dem spitz zulaufenden Zeltdach, bevor er vom Westwind in die Dunkelheit über den Rathausvorplatz getrieben wurde. Nur wenige Besucher flanierten vor den festlich beleuchteten Verkaufsbuden auf und ab. Das Glitzern der Sterne und der Weihnachtsketten spiegelte sich in den Regenpfützen, die sich auf dem asphaltierten Platz angesammelt hatten.

Doris Kunstmann lief auf den zentral gelegenen Stand der Brauerei Sauer zu. Sie hatte Lust auf einen Glühwein. Sie erkannte Norbert Amon, der neben anderen jungen Leuten im Innenraum der Schänke stand und an einem riesigen, dampfenden Topf herumhantierte. Das Verkaufsangebot klang verlockend: *Lady Killer, ein süffiger Heidelbeerglühwein, mit einem kräftigen Schuss extra*. Sie musste an den Whiskey im Bogart's denken. Ach, scheiß drauf. »Norbert, machst du mir einen Lady Killer?« Der Angesprochene drehte sich um.

»Hi, Doris, hab dich gar net gsehn. Einen Lady Killer willst? Is fei saustark. Mit Baileys und Rum drin.«

»Gerade richtig«, antwortete sie lächelnd.

»Wie gehts dir denn?«, wollte er wissen, als er ihr die heiße Tasse reichte.

»Macht zwei fünfzig.«

»Geht schon«, antwortete sie. »Hast du den Walter in letzter Zeit mal wieder gesehen?«

»Na, scho lang nimmer. Weiß auch net, wo der sich die ganze Zeit rumtreibt. Hat ja gscheiten Stunk bei ihm daheim geben. Wegen der Akgül.«

»Erzähl!«

»Da gibts net viel zu Erzähln. Seine Eltern sind stinksauer, dass der mit einer Türkin rummacht. Sein Vater hat ihm schon angedroht, dass er ihn rausschmeißt, wenn des so weitergeht. Na ja, und die Akgül hat auch ihr Fett abkriegt, daham. Hat sogar ein paar Wochn Hausarrest kriegt. Der Kemal, ihr Bruder, passt etz auf sie auf. Mit dem Müselüm scheints auch aus zu sein. Die Akgül will von dem nichts mehr wissen. Na ja, der Schönste is er ja auch net. Der hat vielleicht a Nasn, sag ich dir, a mittelgroße Zucchini is a Dreck dagegen.«

Doris Kunstmann hatte aufmerksam zugehört und ständig an ihrem Lady Killer genippt. »Ganz schön stark«, meinte sie, »und so süffig.«

»Magst noch einen?«

»Warum nicht?«, antwortete sie.

»Bernd, machst für die Doris noch einen Lady Killer? Ich kassier schon mal ab. Gell, den Bernd kennst du noch net? Wohnt erst seit August in Röttenbach. Ein netter Zeitgenosse. Immer hilfsbereit und nett. Kommt ausm Osten.«

»Hallo, ich bin der Bernd, Bernd Auerbach. Freut mich dich kennenzulernen.« Ein junger, gut aussehender Mann um die dreißig stellte ihr eine neue, dampfende und gut gefüllte Tasse auf die schmale Abstellfläche und lächelte sie freundlich an. »Wohl bekomms.«

»Danke, sehr freundlich«, gab sie zurück. »Und woher kommst du, wenn man fragen darf?«

»Aus Hoyerswerda, in Sachsen.«

»Und was hat dich hierher nach Röttenbach verschlagen?«

»Ich habe mich selbstständig gemacht und berate beziehungsweise betreue Asylbewerber. Du weißt schon, Flüchtlinge, die nach Deutschland kommen und hier bei uns politisches Asyl beantragen wollen. Die in ihren

Heimatländern verfolgt werden, bei uns Schutz und eine neue Heimat suchen und denen möglicherweise die erneute Abschiebung droht. Ein Drama sondergleichen.«

»Du meinst die armen Leute, die in überfüllten und seeuntüchtigen Booten übers Mittelmeer kommen und dabei ihr Leben aufs Spiel setzen, um in Lampedusa in ein Flüchtlingslager gepfercht zu werden?«

»Genau. Die auch.«

»Und was machst du da genau?«

»Also ich, ich meine Anna, meine Freundin, und ich helfen den armen Teufeln ihr Asylverfahren erfolgreich durchzustehen. Wer von denen kennt denn das Asylverfahren und die Gesetze, die zur Anwendung kommen? Ein falsches Wort, und du bist draußen. Eine Schande, was die deutschen Behörden mit denen veranstalten. Wer kennt denn die Präzedenzfälle, die im Netz nachlesbar sind? Mit den Aufenthaltsbedingungen, mit dem allgemeinen Ausländerrecht, mit den gerichtlichen Verfahren, mit den Möglichkeiten des Herkunftsländer-Rechts kennt sich von denen doch keiner aus. Was glaubst du, wie viele von den armen Kerlen wieder in ihre Heimat abgeschoben werden? Manche müssen dort um ihr Leben bangen. Ich frage dich, ist das gerecht? Ist es das, was wir wollen? Unsere Augen vor dem menschlichen Leid verschließen? Uns in Deutschland geht es vergleichsweise so gut. Ist es da nicht unsere Pflicht, auch anderen zu helfen? Können wir da unsere Herzen verschließen? Also, ich kann das nicht!«

»Bewundernswert, wirklich bewundernswert.« Doris Kunstmann war begeistert. Da grübelte sie über ihr Problem nach – nur weil sie sich in ihrer Eitelkeit verletzt fühlte –, wie sie dieser treulosen Tomate Walter und seiner Türkin eins auswischen konnte, und hier vor ihr stand ein junger, sympathischer Mann, der gemeinsam mit seiner Freundin wirkliche Probleme der Menschheit anpackte. Sie schämte sich.

»Das interessiert mich«, sprach sie, »ist deine Freundin auch hier? Kann ich über eure Arbeit mehr erfahren?«

»Selbstverständlich, jederzeit! Anna …, kommst du mal?«, rief er nach hinten, »Anna, ich möchte dir, … äh, …«

»Doris, Doris Kunstmann. Ihr könnt Doris zu mir sagen.«

»… äh, Doris Kunstmann vorstellen«, vollendete Bernd Auerbach seinen Satz. »Doris und ich haben uns auch eben erst durch Norbert kennengelernt. Doris interessiert sich für unsere Arbeit. Du weißt schon, … die Unterstützung für die Asylbewerber.«

»Hallo Doris, ich bin die Anna, freut mich dich kennenzulernen.« Eine freundliche Blondine, Mitte, Ende zwanzig, mit kurzgeschnittenem Haar und einem kleinen Stupsnäschen reichte Doris Kunstmann die zierliche Hand.

»Willst du noch einen?«

»Huch, schon wieder leer. Gerne, gib mir noch einen von diesen Lady Killern«, lachte die Röttenbacherin keckernd und hielt sich mit der linken Hand an der Holztheke fest. Gott sei Dank stand sie unterm Dach, denn noch immer fiel der Regen aus der Dunkelheit herab. Und Gott sei Dank hatte Doris etwas zum Festhalten. Auf ihren High Heels stand sie jedenfalls nicht mehr so ganz sicher. Sie schwankte etwas hin und her. Aber da gab es mehrere rund um den Glühweinstand. Die Röttenbacher Blaskapelle stimmte unterdessen die ersten Töne von »Oh du Fröhliche« an.

★

»Schau bloß hin«, meinte Kunigunde Holzmann und stieß ihre Freundin Margarethe Bauer am Ellenbogen, »das ist doch die junge Kunstmann. Mit wem redn die da? Den Kerl hab ich ja bei uns noch nie gsehn.«

»Der ist doch aus der ehemalign DDR zuzogn«, klärte sie die Retta auf, »wohnt erst seit Ende August bei uns in Röttenbach. Die Blonde neben ihm ist seine Freundin.«

»Die mit der Stupsnasn?«

»Genau.«

»Und was macht der bei uns?«

»Keine Ahnung. Man sagt der berät Leute. Aber wen der berät und worüber der wen berät, des weiß ich auch net.«

»Der scheint sich ja mit der Kunstmann recht gut zu verstehn«, wunderte sich die Kunni, »wie die miteinander schäkern.«

»Die hat ja auch scho ihrn dritten Glühwein. Lady Killer! Schau, die kann scho nimmer grad stehn. Ich mein, die torkelt und schwankt scho hin und her.«

»Meine Tassn ist auch leer.« Die Kunni schaute in ihre leere Porzellantasse. »Vielleicht sollten wir auch so einen Lady Killer probiern?«

»Na dann. Norbert! Norbert, gib uns auch nochmal zwei Glühwein«, rief die Retta in den Stand hinein, wo Norbert Amon gerade dabei war, drei Tassen Glühwein einzuschenken, »aber dieses Mal zwei Lady Killer, extra stark.«

»Bin schon dabei«, rief Norbert Amon zurück, »eine Sekunde.«

»Gell, das is ein Preuß?«, wollte Kunigunde Holzmann kurz darauf von Norbert Amon wissen und reckte ihr Kinn in Richtung von Bernd Auerbach.

»Macht an Fünfer«, erklärte der geschäftstüchtig, und als Kunni in ihrem Portemonnaie wühlte, fuhr er fort: »Der Bernd und die Anna«, wobei er mit dem rechten Zeigefinger auf die beiden deutete, »kommen aus Hoyerswerda und Zwickau. Sind nette Leute und wohnen direkt neben der Brauerei Sauer. Die haben sich bereit erklärt, hier etwas auszuhelfen.«

»So aus Hoyerswerda kommen die«, merkte die Kunni an, »ist des net eine Neonazihochburg?«

»Keine Ahnung«, entgegnete Norbert Amon, »ich muss noch ein paar Glühwein einschenken. Wohl bekomms.«

★

Bereits am nächsten Tag saß Doris Kunstmann im Wohnzimmer von Bernd Auerbach und Anna Wollschläger. Die Wohnung war schlicht und modern eingerichtet. Ohne unnötige Schnörkel. Einem schwarzen Eckledersofa mit klaren, kantigen Formen standen zwei identisch dazu passende Sessel gegenüber. Dazwischen, auf dem quadratischen Couchtisch mit der dunklen Glasplatte, verströmten zwei brennende Kerzen eines Adventgesteckes weihnachtliche Stimmung. Entlang der langen Seitenwand stand eine Kombination eines halbhohen Sideboards mit viel Glas und flachen Schubläden. Ein schwarzer Flachbildfernseher stand auf einem Fuß, geschickt in die Möbel integriert. Doris saß in einem der kühlen Ledersessel. Seit zwei Stunden waren die drei in Diskussionen um das Schicksal von Asylbewerbern vertieft, und Doris Kunstmanns Bewunderung für die Arbeit der beiden Ostdeutschen wuchs von Minute zu Minute. »Wo kriegt ihr denn die Asylbewerber her, denen ihr helft?«, war eine ihrer Fragen.

»Die werden uns von caritativen Einrichtungen zugewiesen«, erklärte Anna Wollschläger.

»Und die kommen alle zu euch nach Röttenbach?«

»Nein, das geht natürlich nicht. Wir besuchen sie. Wir sind häufig in ganz Deutschland unterwegs.«

Dann schlug die Hausfrau vor, dass es nun doch langsam an der Zeit wäre, an einen Kaffee zu denken. »Ich habe extra Christstollen besorgt«, meinte sie.

»Kann ich etwas helfen?«

»Nein, Doris, du bist unser Gast. Bleib ruhig sitzen oder schau dich in unserer Wohnung um. Wenn du auf die Toilette musst, den Gang entlang, die letzte Türe links.«

Als Doris Kunstmann von der Toilette zurückkam, erfüllte frischer Kaffeeduft das Wohnzimmer.

Bernd Auerbach und Anna Wollschläger hatten wieder auf dem Sofa Platz genommen und kuschelten sich aneinander. »Greif zu«, meinte Anna und deutete auf den aufgeschnittenen Christstollen.

»Danke, ich bin so frei und nehm mir ein Stück. Wisst ihr, was mich an eurer Arbeit auch interessiert?«

»Leg los!«

»Also, wir haben da in unserer Oberstufe in der Schule, ein Projekt gestartet, ein humanitäres Hilfsprojekt. Äthiopien ist, wie ihr sicherlich besser wisst als ich, ja auch so ein Land, das immer wieder von Katastrophen heimgesucht wird. Hungersnöte sind an der Tagesordnung. In manchen Jahren verwüsten riesige Heuschreckenschwärme die gesamten kärglichen Ernteerträge. Ein Land, das jahrelang vom Bürgerkrieg heimgesucht wurde. Ärztliche Versorgung und Vorsorge gibt es in vielen Landesteilen so gut wie nicht. Einige Lehrer unserer Schule und wir Schüler aus der Oberstufe haben uns vorgenommen zu helfen. Natürlich können wir das nur punktuell und sehr bescheiden. Wir werden das äthiopische Problem sowieso nicht in Gänze lösen können, aber wenn mehrere so denken und handeln wie wir … Ein chinesisches Sprichwort sagt: Viele Körnlein geben einen Haufen. Es wäre schön, wenn ich bei diesem Projekt gelegentlich auf eure Erfahrung zurückkommen könnte. Ich meine, wenn ich Fragen habe. Das wäre wirklich hilfreich.« Dann erzählte Doris Kunstmann im Detail von dem Hilfsprojekt, für das sie sich engagierte, erzählte von ihrer persönlichen Situation, von ihrem (wahrscheinlich) ehemaligen Freund Walter Fuchs, von Akgül Özkan und das Wenige, das sie über die Familie Özkan wusste. Sie berichtete von Müselüm Yilmaz, Akgüls ehemaligem Freund, und wie sehr sie derzeit unter seiner Bekanntschaft und seinen Bemühungen um sie litt. »Er ist so lästig. Ständig versucht er mich anzurufen oder schickt mir SMS. Ich mag ihn nicht. Der müsste doch merken, dass ich nicht auf ihn abfahre. Und dieser Knoblauchgeruch an ihm … Einfach grässlich. Ich fühle mich schon regelrecht verfolgt.«

Doris Kunstmann fühlte sich bei Bernd und Anna richtig wohl, so, als ob sie die beiden schon jahrelang kannte. Es waren richtig nette Leute. Sie hörten aufmerksam zu, stellten zwischendurch kluge Fragen und gaben ihr so ein Gefühl des Interesses, der Aufmerksamkeit und der Gastfreundschaft. Die beiden sahen sympathisch und attraktiv aus. Insgeheim beneidete Doris Kunstmann Anna Wollschläger um diesen attraktiven und höflich zuvorkommenden Mann. Ein ideales Paar, die beiden.

25

Margarethe Bauer und Kunnigunde Holzmann frönten mal wieder einer ihrer Lieblingsbeschäftigungen: dem Essen. Jede hatte einen knusprig gebackenen Aischgründer Spiegelkarpfen vor sich auf dem Teller. Rettas Teller zierte ein eher kleineres Exemplar dieser Fischspezialität. »Des ist fei der größte, den wir ghabt ham«, raunte dagegen die Bedienung der Gaststätte Fuchs der Kunni ins Ohr, als sie ein regelrechtes Karpfenmonster auf den Tisch wuchtete.

»Passt scho«, kommentierte die Kunni. Der Fisch beanspruchte fast die gesamte Tellerfläche.

»Den Bodaggnsalat hab ich dir auf an extra Teller angricht«, entschuldigte sich die Bedienung, »auf dem Teller mit dem Fisch is ja ka Platz mehr.«

»Bestens«, kommentierte die Kunni.

»Und der Endiviensalat is mit Breggerli angmacht, gell!«

»Hervorragend«, schwärmte die Kunni weiter. Sie liebte es, wenn der Endiviensalat mit ausgebratenen Speckwürfeln zubereitet wurde. Das gab erst den richtigen Geschmack.

Die Bedienung war mit ihren Ausführungen noch nicht zu Ende: »A Inkreisch hab ich dir a aufn Teller legn lassen, gell. Werst scho gsehn ham? Nu zwa Seidli?

»Ja, bring uns no zwa Kitzmann-Weihnachtsbier, die Karpfn solln ja schwimma.«

»Des soch ich a immer«, antwortete die emsige Bedienung und entfernte sich keckernd in Richtung Tresen.

»Was hastn mit dera gmacht?«, wollte die Retta wissen.

»Nix. Bin halt immer freundlich zu die Leut. So wie mer in den Wald nei ruft, so kummts zurück. Wenn ich mir dei schwindsüchtigs Kärpfla anschau, na, dann weiß ich schon, wie du die Leut behandelst.

»Ich hab mir extra an klan Fisch bestellt«, protestierte die Retta. »Bin ja net so verfressn wie du! Der Fisch passt ja kaum aufn Teller. Den schaffst du alla?«

»Etz geh aber zu, so groß, wie du tust, is des Kärpfla a net. Des größte is sowieso der Kopf, und den ess ich ja net. Vo die vielen Gräten und dem Rückgrat will ich goar net redn«, rechtfertigte sich die Kunni.

»Biegst dir wieder alles so zurecht, wies des grad brauchst. Schau dich doch bloß an. Gehst ja allmählich auf wie a Hefeküchla. Was wieg mer denn zurzeit? Willst mers goar net sogn, gell?«

Kunni Holzmann kaute längst genüsslich auf der mächtigen Schwanzflosse ihres gebackenen Karpfens herum und ließ ein genüssliches »Mhmm« hören. »Ein Gedicht«, lobte sie den Koch, und genoss geräuschvoll das knusprige Fischteil.

Erneut trat die Bedienung an den Tisch. »So, die zwa Bierli sen a ferti. A Prösterla, gell«, ließ sie noch vermerken und stellte zwei Steinkrüge mit appetitlichen Schaumhauben auf den Tisch.

Der Langhaardackel am Nebentisch hatte sich brav unter die Rückbank verkrochen. Vor ihm stand ein mit Wasser gefüllter, verbeulter Blechnapf mit der Aufschrift *All you can drink*. Mit treuen, neidvollen Hundeaugen sah er unter der Bank hervor und blickte Kunni sehnsüchtig an, die sich gerade den Bierschaum von der Oberlippe wischte.

»In zwei Wochn is schon wieder Weihnachten«, stellte die Retta kauend fest, »wie die Zeit verrast. Hast du die Weihnachtsgans scho bstellt?«

»Ende Oktober scho«, merkte die Kunni an und schob sich eine gehörige Portion Kartoffelsalat in den Mund.

★

»… da sollen ja angeblich der syrische Geheimdienst und dieser Berliner Palästinenser, dieser Ali Dingsbums – ich kann mir den Namen einfach nicht merken – dahinterstecken. Sagt man«, hörten sie am Nebentisch einen Mann mit dem Brustton der Überzeugung sprechen. Es handelte sich zweifelsfrei um einen Homo Sapiens aus den nordischen Gefilden der Republik.

»A Preiß«, raunte die Retta der Kunni zu.

»Habbi scho ghört. Und was für aner. Bestimmt aus Wolfenbüttel oder Paderborn«, gab die zurück.

»Glaubst du das denn auch, Jens?«, wollte seine Frau wissen, eine Wasserstoffblondine mit hellrot lackierten Fingernägeln und einem Pfund Rouge im Gesicht, welches ihre Blässe in mehreren Schichten überdeckte. Die Piepsstimme seines Frauchens hatte Xerxes, den Langhaardackel geweckt, der zwischenzeitlich unter seiner Bank eingedöst war. Ottokar und Jaqueline, die beiden pummeligen Kinder, schaufelten ihre Pommes frites in sich hinein, während ihre Eltern sich an ihren Kalbsrahmbraten labten.

»Mit Sicherheit, Mausi-Bärchen. Der Chef unserer Landesgesellschaft in Ankara glaubt das jedenfalls, was ich durchaus nachvollziehen kann. Weißt du, wir von Siemens haben in der Türkei ein sehr gutes politisches Netzwerk. Ich habe erst letzte Woche mit Tayfun Gül gesprochen. Er sagt, dass es an der gemeinsamen türkisch-syrischen Grenze erhebliche Spannungen zwischen den beiden Ländern gibt, weil der Geheimdienst der Syrer auch auf türkischem Gebiet aktiv ist. Die verfolgen die oppositionellen Flüchtlinge in ganz Europa. Steht ja auch in der Zeitung.«

»Oh je, a Siemensler auch noch!«, stöhnte die Retta.

»Die ham die Weisheit sowieso mitm Löffel gfressen.« Kunni Holzmann verdrehte die Augen.

»Na ja, der Mann könnt doch durchaus recht haben, auch wenn er a Siemensler is«, bezweifelte die Retta. »Jedenfalls hört man gar nichts mehr von den beiden Anschlägen. Nur ab und zu steht noch was in der Zeitung, ganz klein.«

»A Preuß hat niemals recht und a preußischer Siemensler schon gleich drei Mal net. Alles nur Spekulationen«, wehrte die Kunni verächtlich ab. »Was ham denn die Ermittler in der Hand? Gar nix. Eine Schand ists. Da werden Dutzende von Leut einfach hingemetzelt, und unser Staat schaut tatenlos zu und verfolgt die falschen Spuren. Wenns überhaupt welche ham.«

»Aber was haben denn die toten Münchner Rentner in Nürnberg mit der syrisch-türkischen Politik zu tun, Jens? Das versteh ich nicht«, hörten sie die blasse Wasserstoffblondine am Nebentisch argumentieren.

»Gar net so blöd, die Frau«, flüsterte Kunni ihrer Freundin zu.

»Ja, das passt auf den ersten Blick gar nicht so recht ins Bild, Mausi-Bärchen. Aber wer weiß? Die CSU von diesem Seehofer ist ja auch sehr konservativ, sehr kritisch gegenüber dem syrischen System eingestellt. Vor allem was die Giftgasangriffe auf die eigenen Landsleute anbelangt. Vielleicht ein Denkzettel an die Bayern?«

»Mei is der doof«, stöhnte Kunigunde Holzmann, als sie ihr Bierglas absetzte, »an solchen Beispielen merkst du erst amol was bei Siemens so alles ärwert.«

»Und wie man dort denkt«, ergänzte die Retta. »Wenn die lauter solche Deppen ham, sollten wir unsere Siemens-Aktien vielleicht doch bald verkaufn?«

»Vielleicht waren es ja Neonazis, die die beiden Anschläge verübt haben, Papi?«, würgte Ottokar zwischen seinem Pommes-frites-Brei im Mund hervor und klatsche sich eine weitere Portion Ketchup auf den Teller.

»Also, Ottokar! Was soll denn das! Neonazis? Hier in Franken! Wo sollen denn die plötzlich herkommen? Denk doch mal nach, bevor du solche Vermutungen von dir gibst! Die Zschäpe steht noch immer vor Gericht. Glaubst du, der Verfassungsschutz und das BKA wollen sich nochmals so eine Blöße geben? Nie und nimmer!«

»Aber Jens, vielleicht hat der Bub gar nicht so unrecht?«, verteidigte die Mutter ihr Söhnchen.

»Quatsch! Fängst du auch noch an, Geister zu sehen? Von dir hätte ich das eigentlich nicht erwartet. Gewöhnt euch doch endlich mal an, erst euren Verstand einzuschalten, bevor ihr solchen Unsinn daherredet. Du meine Güte, wenn ich im Geschäft auch so einen Stuss daherreden würde …«

»Und?«, wollte die Retta wissen und sah Kunigunde Holzmann mit großen Augen an.

»Was *und*? Kannst auch keinen ganzen Satz mehr formulirn? Redst auch scho wie der Preuß am Nebentisch? Ich sag dir eines: Der Intelligenteste von der Preußenbagage ist der kleine Dicke. Dem Vadder hams ins Hirn nei gschissen. Der is noch bleder als sei Hund. Der Ali Dingsbums hat mit der Sach gar nix zu tun. Dass der mit dem syrischen Geheimdienst zusammenarbeitet, will ich gar net abstreitn, und dass die Münchner Rentnerband eher zufällig Opfer von der Autobombn worn ist, kann auch sein, aber dieser palästinesische Großmotz in Berlin steckt bestimmt net hinter den Attentaten. So wahr ich die Kunni Holzmann bin.«

»Und nun Schluss mit diesem Thema!«, forderte der preußische Siemensler am Nebentisch seine Familie auf.

»Aber du hast doch damit angefangen, Papa«, muckste nun die Tochter auf.

»Jaque-li-ne!«, ermahnte sie die Mutter.

»Was haltet ihr davon, wenn wir uns heute noch einen ausgiebigen Nachtisch gönnen?«, schlug der Familienvater vor und blickte erwartungsvoll in die Runde. »»Po-widl-tat-scherln mit Vanilleeis«, las er aus der Speisekarte vor.

»Po-widl-was?«, wollte die wasserstoffblonde Piepsstimme wissen.

»Eine einheimische Spezialität«, stellte der Familienvorstand knapp und bestimmt fest.

»Du Papa, diese Po-widl-dings, woraus …«

»Ruhig jetzt!«, bestimmte der preußische Siemensianer gereizt, »war ja nur ein Vorschlag.«

Am Nebentisch sahen sich Kunni und Retta mit großen Augen an. »Du, die wolln noch länger bleiben«, stellte die Retta fest.

»Wolln wir uns dene ihr Gwaaf noch länger anhören?«, wollte die Kunni wissen.

»Na, des wolln wir net.«

»Hautausschlag oder offenes Bein?«

»Offenes Bein«, antwortete die Retta. »Fang an!«

Der Siemensler hielt die Speisekarte in der Hand und begann sämtliche Nachtische zu rezitieren, welche darin angeboten wurden, als am Nebentisch zwei ältere Damen eine lautstarke Unterhaltung begannen.

»Sag mal, Retta, wie gehts denn deinem offenen Bein? Immer noch so schlimm? Immer noch die vielen Eiterbatzen?«

»Schlimm, schlimm, sag ich dir«, antwortete die andere Dame, »es wird und wird einfach net besser. Ich hab scho sämtliche Doktor durchprobiert. Der letzte hat gsacht, des muss von einem ansteckenden Virus kommen.«

»Ansteckend? Virus?«

»Ja. Ich verstehs ja auch net. Ich kann nur wiederholen, was der Doktor gsagt hat. Weils halt gar net zuheilt. Und ständig is da so eine offene Stell mit einem schmierigen Sekret drauf. Und jucken tut des. Jucken. Ich könnt den ganzen Tag bloß kratzen.«

»Das darfst fei net«, riet ihr die Dame, die offensichtlich Kunni hieß.

»Das sagst du so leicht«, entgegnete ihr die Kranke, griff sich unter ihr langes Kleid und hantierte dort herum.

»Kratzt scho widder!«, warf ihr die andere vor.

»Igitt!« Ottokar war es, dem das Wort zwischen seinen feisten Backen hervorkam und wie ein klebriger Fleck über dem Tisch waberte. Auch Mausi-Bärchen interessierte längst nicht mehr, was ihr Gatte aus der Speisekarte vorlas. Ihr stand das blanke Entsetzen ins Gesicht geschrieben. Ihrem Gatten hatte es aber die Sprache bereits verschlagen. Bei *Vanilleeis mit heißen Schattenmo...* schien ihm ein Kloß in die Kehle gefahren zu sein.

»Is des Sekret blutig oder mehr eitrig?«, wollte nun die eine der Alten wissen.

»Mehr eitrig«, antwortete ihr Gegenüber, »und des stinkt so ranzig. Außen rum sind lauter rote Blasen mit weiße Köpfli drauf. Wenn ich die aufdrück, spritzt lauter weißes Zeug raus. Willst du des mal sehn?«

Dem Mann am Nebentisch war zwischenzeitlich sämtliche Gesichtsfarbe entwichen, und schon wieder hantierte die rechte Hand der Alten unter ihrem Kleid herum. Plötzlich stoppte die Infizierte ihre Aktivitäten unter ihrem Kleidungsstück und ihre rechte Hand kroch wie in Zeitlupe hoch zum Tisch und legte sich kalt und knöchern vertrauensvoll auf seinen Handrücken. Dann spürte er ein dreimaliges, kurzes Tätscheln, und eine brüchige Stimme drang an sein Ohr, die ihm mitteilte: »Gell junger Mann, solche Sorgen haben Sie noch nicht? Seien Sie froh, dass Sie gesund sind und net a ein offenes Bein ham. Die Apfelküchle sind übrigens sehr zu empfehlen.«

Nach weiteren drei Wimpernschlägen gellte ein Ruf des blanken Entsetzens durch die Gaststätte Fuchs. Ein hagerer Mann mit tiefen Geheimratsecken, dunkler Hornbrille und roter Seidenkrawatte sprang wie von der Tarantel gestochen von seinem Platz auf der Eckbank auf und flüchtete in Richtung Toiletten. Eine stark geschminkte Wasserstoffblondine folgte ihm in ihren roten High Heels auf dem Fuß und zwei elf- bis dreizehnjährige Kinder, ein Junge und ein Mädchen, stürmten wortlos hinterher. Xerxes, der Langhaardackel, der die Szene verschlafen hatte, wunderte sich, wo sein Frauchen abgeblieben war, und machte sich schwanzwedelnd auf die Suche nach ihr.

»Was ham die denn auf einmal?«, wollte Kunni von ihrer Freundin Retta wissen. »Hats denen net gschmeckt?«

»Keine Ahnung«, antwortete die mit einem heftigen Schulterzucken. »Preißn halt! Wern doch hoffentlich keine Zechpreller net sei?«

★

Auch im Haus von Gerta und Moritz Fuchs wurden die beiden Terroranschläge heftig diskutiert. »In einer gewissn Art und Weise kann ich diese Übergriffe auf die Ausländer sogar verstehn«, meinte Vater Moritz, »da brauchst doch bloß auf die Straßn geh und schaua, was da bei uns so alles rumläuft. Lauter Türkn und Kanaken.«

»Moritz!«, ermahnte ihn seine Frau, »das sind auch Menschen.«

»Ja, aber was für welche!«

»Was hastn du gegen die Ausländer?«, wollte sein Sohn Walter wissen.

»Na, schau dich doch selber an! Du mit deiner Türkin! Wie sie dich um ihre Finger gewickelt hat, die Schlanga!«

»Fängst schon wieder an!? Die Akgül ist eine ganze Liebe. Die ist gar keine richtige Türkin mehr.«

»Aus Frankn kommts aber auch net und deitsch reds immer noch wie eine Ausländerin. Hab ich jedenfalls ghört. Na ja, seis wies mag. Es gibt Schlimmeres als Türken. Die Neger zum Beispiel. Da kriegst ja schon Angst, wenn du die bloß anschaust. Oder die ganzen Moslems. Iraner, Syrer, Palästinenser, Iraker. Schau dir doch an, wie die sich in Ägypten selber umbringa. Solch ein fanatisches Gschwerdl brauchen wir bei uns in Deutschland net. Am schlimmsten aber denk ich, sen die Taliban und die Al-Quaida. Alles Terroristen. Und wie viele von dene Terroristen, als Asylanten getarnt, zu uns nach Deutschland kumma, möchte ich gar net erst wissen. Da sag ich bloß: Raus mit dem Ausländergschwerdl! Geht wieder ham, da wo ihr herkumma seid. Ich denk, dass die Leut, die wo da die Autobombn gezündet und die Handgranaten gschmissn ham, genauso denkn.«

»Ich halts ja nimmer aus«, brauste Walter auf, »du bist ja ein verkappter Nazi.«

»Bu«, ging nun Gerta Fuchs dazwischen, »fang mit deim Vadder net scho wieder des Streitn an. Da, wo er recht hat, hat er schon recht. Es kommen ja immer mehr Ausländer zu uns nach Deutschland. Wo sollen die denn alle hin?«

»Genau«, hakte Moritz Fuchs, durch seine Frau in seinen Ansichten bestärkt, wieder ein. »Schau doch nach Lampedusa!«, forderte er seinen Sohn auf, »kaum sens da, fangen die schon das Streiken an, weil sie sich ungerecht behandelt fühlen. Was ham denn die für Rechte, frag ich dich? Daheim nix zum Fressen, und kaum hams europäischen Boden betreten, führn die sich auf wie die Großmuftis. Wenn du die Fernsehbilder siehst, dann lungerns nur den ganzen Tag in ihrem Lager rum und ham die Zigaretten in der Schleppern. Mein Lieber, die tät ich schön arbeitn lassen. Die könnten doch Straßn baun, den Bauern bei der Ernte helfen und den ganzen Plastikmüll einsammeln, der wo da bei den Itakern überall rumliegt – net bloß streiken und auf der faulen Haut rumliegn. Das täts bei mir net geben. Wer was zu Essen ham will, muss auch ärwern. Wer nix ärwert, wird wieder zurückgeschickt. Aus basta. Mit denen tät ich schnell fertig wern!«

»Da hast scho recht Moritz«, pflichtete ihm seine Frau Gerta bei. »Wo kämen wir denn da hin, wenn jeder machen tät, was er will und wo er grad Lust dazu hat? Jedenfalls auf keinen grünen Zweig. Es macht gar nix, wenns da bei uns ein paar weniger von dene Ausländer geben tät, ... und auf ein gemeinsames Europa kann ich auch verzichten. Ich tät sowieso am liebsten die Mark wieder zurückham wolln. Ich hab den Euro net gwollt.«

»Genau, da hast recht Mutter«, unterstützte nun Moritz Fuchs seine Frau, »an die Mark hab ich schon gar nicht mehr denkt. Zu was brauchn wir denn den Euro? Seitdem wir den ham, ist alles doppelt so teuer worn. Scheiß-EU. Überall mischt sich des Parlament in Straßburg ein. Ich versteh net, dass die Merkel des überhaupt zulässt. Die Deppen kosten uns bloß jede Menge Geld. Alles wollns regulieren. Na ja, schlau daherreden kann a jeder, besonders dieser Portugiese. Der meint, der ist der Allerschlaueste. So ein Arsch mit Ohrn.«

26

Thomas Keller saß am Couchtisch in der Leipziger Zentrale der NEL. Um ihn herum lag ein Berg an älteren und neueren Ausgaben verschiedener Tageszeitungen. Er hatte sie alle gesammelt und wieder und wieder gelesen. Es gab nicht den geringsten Hinweis auf eine rechtsextreme Terrorzelle, welche mit den beiden Anschlägen in Mittelfranken in Zusammenhang gebracht wurde. Dafür hagelte es Negativkritiken für die ermittelnden Organe des Verfassungsschutzes und des BKA. *Nichts gelernt. Schon wieder eine Blamage. Ermittler verschleudern nur Steuergelder* – so lauteten die Kommentare in der BILD, der Süddeutschen Zeitung und in der FAZ. Thomas Keller war äußerst zufrieden. Dann nahm er sich eine tagesaktuelle Zeitung aus Hamburg zur Hand. Vor zwei Tagen hatte die von Hartmut Eisen geführte Zelle in der Hansestadt das erste Mal zugeschlagen. Uzay Bulut, ein türkischer Importeur wertvoller Orientteppiche, und seine Frau Ayla waren in ihrer Luxusvilla in Hamburg-Blankenese erschossen worden. Die Kriminalpolizei tippte auf Raubmord. Thomas Keller nahm die Tageszeitung zur Hand. Das Foto auf der Titelseite zeigte das Straßenschild »Strandweg«, dahinter war die marmorweiße Villa des türkischen Ehepaares zu sehen, welche auf einem weitläufigen Gelände halbversteckt hinter riesigen Goldulmen stand.

Er las den Artikel der Hamburger Tageszeitung zum zweiten Mal: *Vorgestern, gegen 18:30 Uhr, als das türkische Geschäftsleute-Ehepaar aus seinem Innenstadt-Büro zu seinem eleganten Wohnsitz zurückkehrte, um den verdienten Feierabend zu genießen, mussten der oder die Täter bereits in die Villa eingedrungen gewesen sein. Vermutlich warteten sie bereits auf die Ankunft des Ehepaares. Uzay B. war einer der reichsten Bürger der Stadt und in der Branche als erfolgreicher Importeur türkischer Orientteppiche bestens bekannt. Kein Wunder, er besaß in der türkischen Provinz und der gleichnamigen Stadt Kayseri eine der größten Teppichknüpfereien des Landes. Dort ließ er vorwiegend edle Teppiche herstellen, welche er von Hamburg aus in alle Welt verkaufte.*

Vor zwei Tagen warteten seine Mörder auf ihn, als er und seine Frau die Villa betraten. Die komplizierte Sicherheitsanlage des Hauses war ausgeschaltet. »Die Täter waren Experten«, bestätigte Kriminalhauptkommissar Hajo Burmester von der Hamburger Kripo. »Soweit wir den Tathergang bisher rekonstruieren können, haben sie im Wohnzimmer auf die beiden Geschäftsleute gewartet und diese mit Schussfeuerwaffen bedroht. Sie müssen die Hauseigentümer gezwungen haben, den in die Wand eingelassenen Safe zu öffnen. Nach Angaben der Tochter, die mit einem Schweizer verheiratet ist und in Zürich lebt, fehlen circa fünfzigtausend Euro und achtzigtausend US-Dollar an Bargeld. Den wertvollen Schmuck, wie Armbänder, Colliers, Broschen und andere wertvolle Stücke haben die Täter seltsamerweise nicht angerührt. Ihnen ging es offensichtlich nur um das Barvermögen.

Thomas Keller musste schmunzeln. Dass die Leute von Hartmut Eisen mehr als eine Million Euro in bar und Rohdiamanten im Schätzwert von über zwei Millionen entwendet hatten, stand nicht in der Zeitung. Sehr gut. Das deutete eindeutig darauf hin, dass es sich nur um Schwarzgeld und unversteuertes Vermögen handeln konnte. Die »Kriegskasse« der NEL war wieder ordentlich gefüllt. Dann las er weiter: *»Jedenfalls stand die Tür zum Safe offen, als wir am Tatort eintrafen«, berichtete der Kriminalhauptkommissar. »Die beiden türkischen Mitbürger hatten nicht den Hauch einer Chance. Sie wurden regelrecht hingerichtet. Über Details kann ich, wegen der laufenden Ermittlungen, an dieser Stelle allerdings nicht berichten.«*

Auf die Frage, ob es bereits Hinweise zur Tatwaffe gäbe, antwortete der Kommissar, dass es sich eventuell um eine österreichische Pistole, Marke Glock 17, handeln könnte, eine halbautomatische Waffe, die zu vierzig Prozent aus Kunststoff besteht und deshalb sehr leicht ist. Die Glock 17 ist auch bei der GSG 9 im Einsatz. Jedenfalls schossen die Täter mit einem Neun-Millimeter-Kaliber, ohne Patronenhülsen am Tatort zu hinterlassen. Darauf, dass es sich um mehrere Täter handelt, weisen zwei verschiedene Schuhabdrücke mit Übergröße hin. Nach Aussage von Kommissar Burmester hat man es mit Profis aus dem Milieu der Organisierten Kriminalität zu tun. Ganz offensichtlich hätten die Täter Herrn B. und seine Frau vor der Tat ausgiebig ausspioniert.

Wieder kein Hinweis auf rechtsextremistische Aktivitäten. Hartmut Eisens Leute hatten ihre Sache sehr gut gemacht. Bis hin zu den Stiefeln der Schuhgrößen 45 und 46, welche sie sich überstreiften, um eine falsche Spur zu legen. Ein perfekter Coup. Die Bullen stocherten mit der Stange im Nebel herum. In einem hatte der Hamburger Kommissar allerdings doch recht: Die beiden Türken wurden tatsächlich über einen Zeitraum von zwei Monaten ausgekundschaftet. Dass sie Figuren in einem Korruptionsskandal waren, der die ganze politische Szene in der Türkei erschüttern sollte, wusste nur noch niemand – bis auf die Tochter, die in Zürich lebte.

Thomas Keller sammelte die verstreut herumliegenden Zeitungen ein und legte den Stapel in den offenen Kamin. Dann entzündete er ein Streichholz und hielt es ans Papier. Sofort leckten die Flammen gierig an dem Zeitungsstoß, der innerhalb weniger Sekunden lichterloh brannte. »Auf zu frischen Taten«, murmelte er vor sich hin und setzte sich wieder auf das Sofa. Auf dem Couchtisch lag eine blaue Mappe mit äußerst brisantem Inhalt. Sein zukünftiges Meisterwerk. Aber das würde noch dauern. Noch viele Überlegungen, Planungen, logistische Probleme und andere Dinge waren zu lösen, bevor es so weit war. Immer wieder, wenn er alleine war und Zeit hatte, öffnete er die Mappe und besah sich den Inhalt, dessen Volumen langsam anwuchs. Pläne, Fotos, Wegbeschreibungen, Zeitungsberichte – alles, was mit der Moschee im oberbayerischen Penzberg zu tun hatte und wertvoll für ihn erschien, sammelte er in den Fächern zwischen den beiden dicken, blauen Pappdeckeln. Er griff in das Fach *Fotos* und zog ein DIN-A4-Blatt heraus. Die Seite zeigte eine Großaufnahme eines seltsamen Gebäudes: Rechteckig, ohne irgendwelche Schnörkel, eine moderne Bauform mit großer Glasfront, wie eine überdimensionale Schuhschachtel. Im ersten Augenblick hätte man es für eine Art Mini-Kaufhaus halten können, wenn da nicht dieser schlanke, quadratische Turm gestanden wäre, der wie ein Finger in den weiß-blauen Himmel ragte und ein Minarett symbolisieren sollte. Das Gebäude war erst im Jahr 2005 fertiggestellt worden und stand weit außerhalb der fränkischen Grenzen, an der südöstlichen Ausfallstraße von Penzberg. Circa fünfzig Kilometer sind es von dort bis nach München. Benediktbeuern liegt ganz in der Nähe. In dem oberbayerischen, katholischen Städtchen, südöstlich vom Starnberger See, leben ungefähr 16.000 Menschen. Der islamischen Gemeinde aus dem näheren Umfeld gehörten circa eintausend Muslime an. Der Bau der Moschee, und die Integration der islamischen Glaubensgemeinschaft wurden in Deutschland als das erfolgreiche Musterbeispiel für ein gelungenes Zusammenleben zwischen Christen und Muslimen angesehen, obwohl die islamische Gemeinde und ihre Aktivitäten noch immer unter der Beobachtung des Verfassungsschutzes standen. Aber was hieß das schon? Der eintausendsechshundert Quadratmeter große Komplex, mit einer integrierten, religiösen Bibliothek, war das Zentrum aller Muslime weit und breit. Drei Millionen Euro wurden in den Bau verschwendet, finanziert vom Emir von Schardscha in den Vereinigten Arabischen Emiraten und gegründet mit Hilfe der Islamischen Gemeinschaft von Milli Görüs.

Thomas Keller war die Moschee ein gewaltiger Dorn im Auge, und er hatte sich bereits am Tag, an dem dieses protzige Bauwerk eröffnet wurde, geschworen, diese Moschee irgendwann in Schutt und Asche zu legen. Bis heute lag der Verdacht nahe, dass der Imam Kontakte zu muslimischen Extremisten pflegt. Das war die andere Seite der Medaille. Wohl wahr, dass es dafür keine Beweise gab, aber es konnte und durfte nicht sein, dass Deutsche – und das in Deutschland – mit diesem muslimischen Pack, diesen fanatischen Fantasten auf engem Raum zusammenleben und deren Launen erdulden mussten. Das war ein Ding der Unmöglichkeit. Der Anfang vom Ende deutscher Kultur, deutscher Werte, der Anfang vom Untergang Deutschlands. Er war nicht dazu bereit, diese Situation tatenlos hinzunehmen. Wehret den Anfängen. Diese Moschee musste in Rauch aufgehen. Deutschland brauchte keine solchen sogenannten Musterbeispiele. Das weckte nur weitere Begehrlichkeiten. Der Führer hatte damals auch gehandelt, als die Juden zu mächtig wurden. Die Reichskristallnacht und die Bücherverbrennungen waren die richtigen Antworten. Aber heute, was passiert heute? Nichts! Im Gegenteil, die Turbanträger werden noch dazu animiert sich in Deutschland niederzulassen, sich zu radikalisieren, öffentlich den Koran zu verteilen und die sogenannte wahre Religion zu lehren. Was die wollen, liegt doch auf der Hand: Die wollen die westliche Ordnung eliminieren und langfristig durch ein islamisches Gemeinwesen ersetzen.

»Und unsere Politiker sehen das nicht«, stöhnte Thomas Keller verzweifelt. »Es ist doch immer wieder das Gleiche, es ist ein Teufelskreis, der sich ständig wiederholt: Da hören diese bärtigen Weißkittel in ihren Heimatländern etwas vom Goldenen Westen – zuhause schlagen sie sich gegenseitig die Schädel ein, weil sie untereinander rivalisierenden Minderheiten angehören – hören von den staatlichen Sozialsystemen in Europa, dem liberalen Asylrecht und, schwuppdiwupp, sitzen sie schon in einem alten Seelenverkäufer und tuckern übers Mittelmeer nach Europa.«

Thomas Keller geriet allmählich in Rage. »Und was macht dieser Franziskus in Rom? Der stellt sich hin, schwafelt – von Prunk und Reichtum umgeben – von Demut und Hinwendung, und schon schreien diese hirnlosen EU-Politiker nach großzügigeren Asylverfahren und höheren Aufnahmequoten. Nur hereinspaziert, nach Deutschland! Und wenn sie dann da sind, diese Affen und verkappten Taliban, und in ihren überfüllten Aufnahmelagern herumsitzen – in Wirklichkeit will sie ja keiner haben – warten sie auf das Wunder von Milch und Honig, das so nicht eintritt.« Thomas Keller musste sich beruhigen, und goss sich einen *Chivas Regal* zweifingerbreit in ein Whiskeyglas.

Er spann seine Worte in seinen Gedanken fort: »Okay, bei uns gibt es keine Kriege, aber diese Menschen gehören trotzdem nicht hierher, sie sind weder Teil unserer Gesellschaft, noch unseres Kulturkreises. Die meisten finden keine Arbeit. Ihre heranwachsenden Kinder langweilen und kriminalisieren sich. Viele gehen den radikalen, islamistischen Gruppierungen auf den Leim und strömen in die Moscheen. Nach kurzer Zeit reden sie vom Dschihad und von der Scharia, lassen sich Fuselbärte wachsen und zwingen ihre Frauen sich zu verschleiern. Dann passiert es: Nach intensiven Gehirnwäschen fanatisiert, gehen sie nach Afghanistan und schießen dort auf deutsche Soldaten, während die verblendeten deutschen Politiker in dem Land am Hindukusch noch immer über einen gelungenen Demokratisierungsprozess schwelgen. Abartig. Wie gesagt, ein Teufelskreis.«

Thomas Keller steckte das Foto zurück in die Mappe und griff in die Lasche *Grundriss*. Das nächste Blatt, welches er herauszog, hatte er sich schon sehr oft angesehen. Immer wieder platzierte er in Gedanken die Bomben an anderen Stellen. Er hatte sich fest vorgenommen, die Moschee auf einen Schlag dem Erdboden gleichzumachen. Doch mit seinen bisherigen Plänen war er noch immer unzufrieden. Es musste eine andere, eine bessere Lösung geben, dieses Teufelswerk bis auf seine Grundmauern zu zerstören. Bomben in das Gebäude zu bringen, war zu riskant. Sie konnten zu früh entdeckt werden, und wie sollten seine Leute die Sprengkörper da überhaupt hineinbringen? Es musste eine Möglichkeit geben, die Moschee von außen zu attackieren. Ein Leopard-Kampfpanzer wäre da gerade das richtige Mittel. Doch er verwarf diesen Gedanken sofort wieder. Panzer? In ihm reifte plötzlich eine andere Idee. Panzer – das war's. Panzerfäuste, mit Zieloptik und einer Reichweite von mindestens fünfhundert Metern! »Splitter und Brandstoffe«, murmelte er. Klar, die Moschee lag zu offen da.

Warum in dem Gebäude oder aus unmittelbarer Nähe angreifen? Zu riskant. Klar, die ganze Angelegenheit musste eine bis ins kleinste Detail konzertierte Aktion werden. Das sowieso, aber er wollte seine Männer wieder sicher aus der Sache heraushaben. Der sichere Fluchtweg war ein weiterer kritischer Punkt, für den er noch eine Lösung brauchte. »Fünf sollten genügen«, überlegte er laut. »drei russische RPG-7V110 und zwei PG-7PGI.« Sein Puls geriet in Wallung. Er fühlte, nein, er wusste, dass er auf dem richtigen Weg war. Er hatte die Lösung vor Augen. Er sah den Feuersturm, der aus verschiedenen Richtungen auf das verhasste Gebäude zufauchen würde. Er hörte das Bersten von Glas und das Brechen der Stahlträger. Er spürte die Panik und die grausame Angst, welche während des traditionellen Freitagsgebetes in die Gläubigen fahren würden. Er roch das verbrannte Fleisch der schreienden, brennenden Menschen. Die Apokalypse, sie würde wie ein Höllenfeuer zwischen diese Sandalentreter hierniederstürzen und alles vernichten.

Thomas Keller griff nochmals in seine Mappe und holte verschiedene Satellitenaufnahmen von Google Earth hervor. Er betrachtete die Fotos und die Gebäude eingehend. »Eine Ladung von nebenan vom Getränkemarkt«, überlegte er, »eine aus dem Firmengebäude dieser Firma, die sich mit Formtechnologie beschäftigt, quasi aus dem Hinterhalt. Eine weitere Ladung aus dem Gebäude, gegenüber der Staatsstraße 2063 und eine aus der Richtung der Oskar-Miller-Straße. Bleibt immer noch ein Treibsatz als Reserve. Das müsste gehen.« Er nahm einen gelben Markierstift zur Hand und positionierte die Panzerfaustschützen an den benannten Stellen. Zufrieden betrachtete er die Google-Earth-Aufnahme. Dann markierte er noch zwei Stellen, an denen die beiden Fluchtfahrzeuge warten konnten. »Über Mittenwald, die B 11 und B 2 sind es höchstens fünfzig Kilometer bis zur österreichischen Grenze. Ein Katzensprung.« Bevor das Inferno überhaupt übersehbar wäre, wären seine Leute raus aus Deutschland. Über den weiteren Fluchtweg konnte er sich zu einem späteren Zeitpunkt Gedanken machen. Vielleicht über den Flughafen Innsbruck? Ebenso über die Beschaffung der Fluchtfahrzeuge. Sie hatten noch Zeit. In der Ruhe liegt die Kraft. Noch war die NEL zu schwach, um so eine Aktion durchzuführen. Er brauchte noch ein paar tüchtige, verlässliche Leute. Eines stand für Thomas Keller aber fest: Er konnte sich über die Beschaffung der Panzerfäuste schon mal Gedanken machen. Und er hatte da schon eine Idee. Geld spielte glücklicherweise keine Rolle. Die Kriegskasse der NEL war prall gefüllt. Der Countdown lief.

27

Bernd Auerbach hatte von Thomas Kellers Plänen keine Ahnung. Immer wieder gingen ihm die Worte von Doris Kunstmann durch den Kopf. Er hatte gar nicht gewusst, dass in Röttenbach auch Türken lebten. Dieses Pack war doch überall. Die nette Doris schien äußerst verzweifelt zu sein. Erst ließ sich ihr deutscher Freund mit so einer anatolischen Tussi ein und nun umwarb und belästigte sie auch noch ein aufdringlicher Kümmeltürke, von dem sie nichts wissen wollte. Dem Mädchen musste geholfen werden. Das stand außer Zweifel. Sie tat ihm echt leid. Anna war auch seiner Meinung. Er beschloss, sich der Sache anzunehmen und dem Scheiß-Türken ordentlich in die Fresse zu schlagen – wenn er aus Prag zurück war. Im Moment war er am Kofferpacken. Eine kurze Dienstreise stand an. Thomas Keller hatte ihn gebeten, in die goldene Stadt an der Moldau zu kommen. Er wollte mit ihm eine familiäre Angelegenheit besprechen. Mehr stand nicht auf der Weihnachtskarte, die gestern per Post kam und die er zwischenzeitlich längst vernichtet hatte. *Treffpunkt Prag, am 17. Dezember im Hotel Sheraton. Wir müssen darüber reden, was wir Onkel Herrmann zu Weihnachten schenken. Gruß Thomas, und Gruß an Anna* – das war's. Kurz und knapp.

★

Zum gleichen Zeitpunkt, als Bernd Auerbach am Nürnberger Hauptbahnhof den IC-Bus nach Prag bestieg, traf sich im Hotel Maritim – nur fünfzehn Minuten Fußweg vom Bahnhof entfernt – eine Mammut-Runde im Konferenzraum I. Vertreter des Bundeskriminalamtes aus Wiesbaden, des Bundesamtes für Verfassungsschutz, des Gemeinsamen Terrorismusabwehrzentrums in Berlin, des Bayerischen Landesamtes für Verfassungsschutz in München, des Landeskriminalamtes Bayern und des Bundesnachrichtendienstes waren am Vorabend angereist. Das Bundesamt für Migration und Flüchtlinge hatte zu dem »Elefantentreffen« eingeladen. Die fünfzehn Beamten der verschiedenen Ressorts machten sich untereinander bekannt, versorgten sich mit Kaffee und Tee, rückten Stühle, sicherten sich rechtzeitig die Teller mit den besten Weihnachtsplätzchen und Lebkuchen, packten ihre Laptops aus und putzten sich ihre Brillen. Mit fünfzehnminütiger Verspätung eröffnete der Leiter des Bundesamtes für Migration und Flüchtlinge die Sitzung. Vierzehn Augenpaare waren auf ihn gerichtet.

»Meine Herren, eine Dame kann ich heute Morgen leider nicht begrüßen, liebe Kollegen, ich freue mich außerordentlich, Sie heute hier bei uns in Nürnberg begrüßen zu dürfen. Ich würde mir allerdings wünschen, dass der Anlass, weswegen ich Sie alle nach Nürnberg gebeten habe, ein etwas erfreulicherer wäre. Wie Sie alle wissen, wurde vor wenigen Wochen ein Anschlag auf unsere Aufnahmeeinrichtung für Asylbewerber verübt, bei dem siebenundzwanzig ausländische Asylsuchende zu Tode kamen. Sie kennen die bundesweite Situation. Die Grenzen unserer Aufnahmekapazitäten in den Asylbewerberunterkünften sind längst überschritten. Es herrschen unzumutbare Zustände. Nicht nur bei uns in Bayern. Ganz Deutschland ist dieses Jahr von mehr als 100.000 ausländischen Flüchtlingen überrollt worden.«

Die beiden Vertreter des BKA sahen gelangweilt zur Decke und räusperten sich gleichzeitig.

»Aber darüber will ich gar nicht sprechen«, fuhr der Redner fort. »Ich möchte eine Diskussion anregen, wie wir zukünftig solche Anschläge auf unsere Einrichtungen präventiv verhindern und – möglichst im Vorfeld – schnellere Fahndungserfolge erzielen können.«

»Wie meinen Sie das, mit den schnelleren Fahndungserfolgen?«, wurde er vom Delegationsleiter des Bundesamts für Verfassungsschutz unterbrochen.

»Nun ja, ich möchte mich mal so ausdrücken: Ich habe, ganz ehrlich gesagt, nicht immer das Gefühl, dass unsere Organisationen in ihrer Ermittlungsarbeit optimal zusammenarbeiten.«

»Also wir arbeiten äußerst transparent«, warf der Beamte des Bayerischen Landesamtes für Verfassungsschutz ein, »wir informieren immer sofort alle, was wir allerdings von anderen Bundesländern nicht immer sagen können.«

»Wen meinen Sie denn da?«, wollte ein Teilnehmer vom Bundesamt für Verfassungsschutz wissen.

»Na ja«, murmelte der Gefragte aus München, »wenn ich da an den Raubmord in Hamburg-Blankenese denke, dann ...«

Ein Mann des Bundeskriminalamtes sah sich genötigt, sofort zu intervenieren, um die Diskusssion nicht in eine falsche Richtung zu lenken. »Sie sagten es ja schon richtigerweise: *Raubmord*. Von Raubmord ist in diesem Fall die Rede, und nicht von Asylbewerbern. Sie scheinen da etwas zu verwechseln, lieber Herr Kollege.«

»Aber die Ermordeten waren Türken«, ließ der Münchner nicht locker.

»Richtig, aber keine Flüchtlinge, sondern angesehene Bürger der Stadt Hamburg.«

»Und was ist an diesen Gerüchten dran, dass der Ermordete Schmiergelder an türkische Minister gezahlt haben soll? Da kommen wir doch gleich ins Politische.«

»Gerüchte, Gerüchte. Sie sagen es ja selbst.«

Nun meldeten sich auch die Vertreter des Bundesnachrichtendienstes, welche bisher überhaupt noch nicht zu Wort gekommen waren: »Meine Herren, uns scheint, die Diskussion läuft etwas, gelinde gesagt, aus dem Ruder. Quasi am Thema vorbei. Und genau das ist der Punkt. Wir reden hier über Probleme mit ausländischen Asylbewerbern und wie wir zukünftig weitere Anschläge auf Aufnahmestellen frühzeitig erkennen und verhindern können. Da sage ich, das sind keine Probleme, welche die Aufgaben des BND tangieren. Ich frage mich deshalb, warum wir eigentlich hier mit am Tisch sitzen?«

»Das sehe ich durchaus etwas anders«, rief der Repräsentant des Bundesamtes für Verfassungsschutz. »Wir haben es bei dem Anschlag in Zirndorf doch vermutlich mit einem Motiv zu tun, welches seinen Ausgangspunkt im Spannungsverhältnis des syrisch-türkischen Grenzgebietes hat. Lassen Sie mich erklären: Unsere bisherigen Ermittlungen deuten darauf hin, dass möglicherweise der syrische Geheimdienst, unterstützt von einer palästinensischen Großfamilie mit Sitz in Berlin, hinter dem Attentat steckt. Auch der Bombenterror vor dem Türkischen Generalkonsulat steht möglicherweise damit im Zusammenhang. Es geht um die Verfolgung syrischer Oppositioneller im Ausland, sowie um den politischen Konflikt zwischen der Türkei und Syrien im Allgemeinen. Und nun stelle ich die Frage: Wem obliegt denn die Aufgabe der Auslandsaufklärung?. Ich meine, wie können wir denn schnell und gezielt ermitteln, wenn wir vom BND so gut wie keine Informationen dazu erhalten?« Ein wüstes Gemurmel an den hufeisenförmig arrangierten Tischen setzte ein.

»Eine berechtigte Frage«, kam es aus der Ecke, an der die Beamten vom Landeskriminalamt saßen.

»So nicht, meine Herren, so nicht! So lassen wir uns den Schwarzen Peter nicht zuschieben«, wehrte der Mann vom BND heftig ab. »Nur weil der Verfassungsschutz und das Bundeskriminalamt – genau wie in der NSU-Affäre – mal wieder versagen, lassen wir uns nicht mit ins Boot ziehen. Ich frage Sie, wo stehen Ihre Ermittlungen denn? Wie belastbar sind diese? Bilden Sie sich das alles nur ein, was Sie da von sich geben, oder gibt es handfeste Tatsachen? Ich meine, dass Sie nur in Spekulationen schwelgen und uns unsere kostbare Zeit stehlen. Wie Sie schon sagen, Sie v e r m u t e n. Vermutungen sind wertlos.«

»Ruhig, ruhig, meine Herren«, versuchte der Sprecher des Bundesamtes für Migration und Flüchtlinge zaghaft einzugreifen, »bitte keine persönlichen Animositäten. Das bringt nichts. Bleiben wir bei den Fakten …«

Die Diskussionen zogen sich, ohne erkennbaren Fortschritt und Übereinstimmung in der Sache, bis um die Mittagszeit hin. Irgendwann warf der BND die Frage auf, ob man sich schon mal in der Neonaziszene umgetan hätte. »Neonazis? Lächerlich!«, war der übereinstimmende Tenor der anderen Beteiligten. Der NSU, war – wenn auch spät – zerschlagen worden. Eine der Hauptverantwortlichen stand gerade vor Gericht. Alle anderen rechtsradikalen Organisationen würden streng überwacht. Die Vorbereitungen des NPD-Verbots liefen auf Hochtouren. Es waren im Moment keinerlei außergewöhnliche Aktivitäten zu beobachten. Die bekannte Neonaziszene verhielt sich ruhig. Das Gleiche gelte für die diversen radikalen islamistischen Interessengruppen. Ja, man wisse, dass die Verfassung der Muslime, der Koran, vom Grundsatz keine politischen Parteien zulasse und demokratische Verhältnisse ablehne. Niemand könne gleichzeitig ein Muslim und ein Demokrat sein. Insofern müsse man grundsätzlich allen gläubigen Muslimen mit Skepsis begegnen. Aber, wie gesagt, im Moment sei auch an dieser Front alles ruhig. Ergo, um dies nochmals zu verdeutlichen, sei es nur logisch, dass die beiden Anschläge politisch motiviert seien. Wer sonst als die Syrer solle denn bitteschön dahinterstecken? Der BND wurde nochmals ausdrücklich darum gebeten, die Angelegenheit unter diesem Blickwinkel zu betrachten und ebenfalls aktiver zu werden.

Der Einladende vom Bundesamt für Migration und Flüchtlinge sah auf seine Uhr. »Meine Herren, wir müssen! Ich habe im Bratwurstglöcklein, quasi schräg gegenüber im Handwerkerhof, für zwölf Uhr dreißig einen Tisch für uns reserviert. Hitzige Diskussionen machen hungrig, nehme ich an. Als regionale Spezialitäten kann ich Ihnen die Nürnberger Rostbratwürste auf Buchenholz gegrillt oder ein knusprig gebratenes Schäuferla empfehlen. Das Bratwurstglöcklein wurde übrigens urkundlich erstmals im Jahr 1313 erwähnt und zählt damit zu den ältesten Gastwirtschaften Nürnbergs. Sie können hier alles stehen und liegen lassen, das Besprechungszimmer wird abgesperrt, während wir beim Essen sind.«

Das Mittagessen zog sich bis fünfzehn Uhr hin. Der Nachmittag brachte keine neuen Erkenntnisse, und um sechzehn Uhr dreißig löste sich die

Besprechungsrunde schlagartig auf. Die angereisten Beamten machten sich auf den Weg zum nahen Hauptbahnhof beziehungsweise bestiegen ihre Pkws in der Tiefgarage des Hotels. Ein weiterer, anstrengender Arbeitstag war vorbei.

★

Um siebzehn Uhr teilte der Pressesprecher des Bundesamtes für Migration und Flüchtlinge im Konferenzraum I des Maritim Hotels den anwesenden Medienvertretern Folgendes mit:

»Die Vertreter der ermittelnden Behörden bekräftigten allerseits, dass das heutige Abstimmungsgespräch in Sachen *Ermittlungen zu dem Attentat auf das Türkische Generalkonsulat und die Zentrale Aufnahmeeinrichtung für Asylbewerber in Zirndorf* äußerst aufschlussreich war und in einer sehr fruchtbaren, harmonischen Atmosphäre stattgefunden hat. Insbesondere die Transparenz und offene Abstimmung unter den ermittelnden Stellen wurde lobenswert hervorgehoben. Der Gedankenaustausch der Ermittler untereinander war in jeder Hinsicht wertvoll und zielgerichtet, so dass schon in allernächster Zeit erste Ermittlungserfolge erwartet werden dürfen. Die angereisten Vertreter ihrer Behörden bekräftigten, dass solche Abstimmungsgespräche des Öfteren geführt werden sollten. Derartige Gespräche seien immer eine gute Basis für einen gemeinsamen und schnellen Ermittlungserfolg. Die Vertreter des Bundesnachrichtendienstes bekräftigten ihre weitere wertvolle Mitarbeit und sprachen von zusätzlichen personellen Resourcen, welche sie zur Verfügung stellen wollen.«

»Gibt es neue Erkenntnisse, was den Täterkreis anbelangt?«, wollte der Reporter der Nordbayerischen Nachrichten wissen.

»Die Herren waren sich in der Einschätzung des Täterkreises einig. Aus ermittlungstechnischen Gründen bitte ich aber um Nachsicht, dass ich mich hierzu nicht näher äußern möchte.«

»Es gibt also bald die ersten Verhaftungen?«, hakte der Pressemensch nach.

»Auch darüber möchte ich mich im Moment noch nicht auslassen«, wehrte der Pressesprecher ab.

»Rücken Neonazis auch in das mögliche Täterumfeld?«, rief eine Reporterin der BILD dazwischen.

»Ausgeschlossen, dafür gibt es im Moment nicht den geringsten Hinweis!«

28

Walter Fuchs und seine türkische Freundin Akgül durchlebten eine schwierige Zeit. Ständig wurde die junge Türkin von ihrem Bruder Kemal mit Argusaugen beobachtet. Ständig folgte er ihr, belauschte ihre Telefonate und wollte immer wieder wissen, ob sie sich zwischenzeitlich von ihrem deutschen Verehrer losgesagt habe. Lediglich ihr Zimmer und die Toilette waren Kemal-freie Rückzugsräume für sie.

Eines Tages, als er wieder die gleiche Frage stellte, sagte sie Ja. »In der Zwischenzeit ich glaube, dass Vater hat recht. Ich bin noch zu jung für Männer. Besser noch warten bis ich bin einundzwanzig. Besser mehr lernen in Schule. Besser in deutsche Sprache werden. Kannst du fragen Vater, ob ich kann nehmen Nachhilfe in Deutsch? In Hemhofen wohnen zwei Lehrer von Gymnasium in Höchstadt. Ein Mann und eine Frau. Geben angeblich Nachhilfe in deutsche Sprache, sagt unser Lehrer an Schule, und sollen nicht sein teuer.«

Kemal glaubte seinen Ohren nicht zu trauen. Er glotzte seine Schwester an, als ob sie von einem anderen Stern wäre. Dann drehte er sich auf dem Absatz um und rannte zu seinem Vater. Zehn Minuten später stand er wieder vor Akgül. »Vater sagen, nix Nachhilfe von Mann. Nachhilfe von Frau. Wie heißen Frau in Hemhofen?«

»Franzi Mayer«, antwortete seine Schwester wie aus der Maschinenpistole geschossen, »wohnt in Gartenweg 12«.

Kemal griff sich das örtliche Telefonbuch und fing zu blättern an. »Ich rufe an, ob noch etwas frei. ... hier viele Maier, mit a, e, y, i und ohne y oder ohne i, ... was ist richtig?«

»Mit ay.«

»Okay, habe Nummer gefunden. Ist besetzt. Ruf ich später nochmal an. Vater sagt, ich dich soll bringen mit Auto zu Nachhilfe und wieder abholen. Sagt, dass du sollst halten dein Versprechen und nicht mehr interessieren für deutsche Mann. Dann wieder alles wird gut, und Vater und Mutter sind glücklich.«

★

Walter Fuchs strahlte wie ein Honigkuchenpferd. Er saß auf dem Sofa, welches im Gästezimmer von Franzi Mayer stand. Seine Akgül hatte auf seinen Oberschenkeln Platz genommen und ihre Arme um seinen Hals geschlungen. »Du so schlau, Walter«, gurrte sie, »und deine Cousine so lieb, dass wir uns treffen können in ihre Wohnung. Wie du hast gewusst, dass Vater nicht erlauben wird Nachhilfe von Mann, aber von Frau?«

»Das war doch vorhersehbar«, lächelte Walter Fuchs verschmitzt, »aber dass du so eine gute Schauspielerin bist, des hätt ich fei net denkt. *Ich bin noch zu jung für Männer. Besser noch warten, bis ich bin einundzwanzig* – dafür hättest du einen Oscar verdient.«

»Und gelernt von wem?«, kicherte Akgül und knabberte an Walters Ohrläppchen, »alles gelernt von dir.« Franzi Mayer klopfte an den Türstock und trat ins Zimmer. »Na, ihr zwei Turteltauben, wieder glücklich vereint?«

»Danke, Franzi«, jauchzte die junge Türkin, »dass du hast mitgemacht bei Walters Idee. Ich bin so glücklich.«

»Keine Ursache, Akgül. Ich konnte Walter auch nicht mehr leiden sehen. Aber die Sache muss streng geheim bleiben. Zu niemandem ein Wort. Versprochen?«

»Versprochen!«, stimmten die beiden Verliebten zu.

»Und du, Walter, bist immer zehn Minuten vor Akgül hier und gehst erst, nachdem Akgüls Bruder sie abgeholt hat. Wir wollen doch nicht, dass du ihm vielleicht über den Weg läufst.«

»Okay, kein Problem. Bin doch net blöd!«

»Gibst du auch Doppelstunden, Franzi?«, wollte Akgül wissen und lächelte ihre Deutsch-Nachhilfelehrerin verschmitzt an.

29

Der Bundesnachrichtendienst hatte die Information sofort an den Verfassungsschutz und an das BKA weitergeleitet.

Als Ali Abusharekh Stunden später davon erfuhr, hätte er sich am liebsten sämtliche Haare ausgerauft. Mit einem hohen logistischen Aufwand und erheblichen Bestechungsgeldern hatte er die Waffen sicher vom Iran aus durch Armenien und Georgien transportieren lassen, um sie schließlich im georgischen Haupthafen Batumi, am Schwarzen Meer aufs Schiff zu bringen. Die kürzere, aber risikoreichere Route über die Türkei hatte er von vornherein ausgeschlossen. Er wollte sichergehen. Dann kam diese scheiß griechische Küstenwache daher. Er las die Nachricht von Reuters zum dritten Mal: *Heute Nachmittag, um 15:40 Uhr Ortszeit, ist der griechischen Küstenwache ein »großer Fisch« ins Netz gegangen. Eine Spezialeinheit entdeckte und stoppte einen Frachter, der unter der Flagge Liberias fuhr, in der Nähe der griechischen Insel Kos. Im Laderaum fand die Küstenwache eine große Menge an Waffen und Munition. Rund 10.000 Kalaschnikows, 1.000 Panzerfäuste und jede Menge Plastiksprengstoff konnten sichergestellt werden. Der Frachter »Dark Lady« kam aus dem Schwarzen Meer und hatte den syrischen Hafen Tartus zum Ziel. Der palästinensische Kapitän und acht Besatzungsmitglieder wurden verhaftet und auf die Insel Rhodos gebracht. Die gefährliche Fracht war in mehr als dreißig Containern versteckt, deren Verladepapiere Pistazien als Ladegut auswiesen. Nach unbestätigten Meldungen soll die »Dark Lady« bei früheren Fahrten, bereits zum Schmuggel von Drogen benutzt worden sein. Die Waffen waren für das syrische Regime von Präsident Assad bestimmt. Drahtzieher des*

Waffentransports soll ein Palästinenser sein, der in Mitteleuropa lebt, das Regime in Bagdad unterstützt und gute Beziehungen in den Iran hat. Der israelische Geheimdienst Mossad hatte den Griechen den entscheidenden Tipp gegeben.

★

Müselüm Yilmaz hatte einen fünften Sinn für bedrohliche Situationen. Er wusste nicht, warum und wieso, aber immer wenn es brenzlig und bedrohlich wurde, lief sein Näschen. Das Einzige, was er allerdings im Moment als bedrohlich empfand, war die Tatsache, dass er bei Doris Kunstmann – trotz aller Bemühungen – immer noch keinen Stich gemacht hatte. Immer wenn er sie anrief, hatte sie schon etwas vor. In der letzten Zeit hatte sie seine Anrufe gar nicht mehr entgegengenommen. Was hatte er bloß falsch gemacht? Die Frau war eine Wucht. Jede Sekunde musste er an sie denken, seit er sie im Bogart's kennengelernt hatte. Was hatte er schon alles in seiner Gedankenwelt mit ihr erlebt. Wahnsinn! Der absolute Hammer! Er hielt es nicht mehr aus, er wollte diese Frau besitzen. Er musste diese Brüste in der Realität umklammert halten, nicht nur in seinen Tag- und Nachtträumereien. Schon oft hatte er daran gedacht, sich einfach auf den Weg nach Röttenbach zu machen. Aber ohne Vorankündigung? Wie würde sie reagieren? Er hatte sich doch vorgenommen, diese Frau im Sturm zu erobern, nach allen Regeln der Kunst zu verführen, die Leidenschaft und Ekstase in ihr zu entfachen. Aber wie sollte er das anstellen, wenn sie ihm nicht einmal die kleinste Chance dazu gab? Seine Nase lief schon wieder. Nein, sie sprudelte regelrecht, wie ein Gebirgsbach während der Schneeschmelze. Er holte ein Päckchen Papiertaschentücher aus seiner Jackentasche und verließ das Bogart's. Acht Minuten nach Mitternacht. Jetzt würde sie nicht mehr kommen, da war er sich sicher. Tag für Tag hatte er gehofft, dass sie hierher zurückkehren würde. Fehlanzeige. Draußen vor dem Lokal lungerten ein paar Jugendliche herum und ließen die Wodkaflasche kreisen. Ein Streifenwagen fuhr langsam und unbeteiligt vorüber. Müselüm Yilmaz hatte beschlossen, sich auf den Heimweg zu machen. Spät genug. Er hatte es nicht weit. Schnell überquerte er die Hauptstraße und bog in die Henkestraße ein. Nur noch wenige Nachtschwärmer waren unterwegs. Der Wind pfiff kalt und aggressiv durch die nächtlichen Straßen. Müselüm stellte seinen Jackenkragen hoch. Im Nacken war er immer sehr empfindlich. Als die Fußgängerampel am Langemarckplatz für ihn grün anzeigte, richtete er seine Schritte in Richtung Hofmannstraße und nahm den geschotterten Fußgängerweg an der Mensa vorbei. Keine Menschenseele war hier unterwegs. Doch waren da nicht vorsichtige, zaghafte Schritte hinter ihm? Er drehte sich um. Fehlanzeige. Er setzte seinen Weg fort. Ein leises Knacken? Im Gebüsch, links von ihm? Er blieb stehen. Die Augen der grauen Katze funkelten in der Dunkelheit. Sie miaute leise und machte sich eiligst davon. In ihrem Maul trug sie eine tote Maus. Armes Mäuslein. Hatte ihm die Sehnsucht nach Doris Kunstmann schon so sehr den Geist vernebelt, dass er nur noch Schatten sah und glaubte, Geräusche zu vernehmen? Er ging weiter. »Müselüm, Müselüm«, sprach er leise zu sich selbst, »du bist hoffnungslos verliebt.« Urplötzlich, mit brutaler Gewalt und wie aus heiterem Himmel, kam der Überfall. Müselüm Yilmaz reagierte zu spät, als die dunkle Gestalt, die sich hinter einem mächtigen Baumstamm versteckt gehalten hatte, wie ein Tornado auf ihn zustürzte. Müselüm verspürte einen heißen Schmerz im Nacken, der sich wie die Flamme eines Schweißbrenners durch seinen Körper fraß. Dann folgte ein zweiter, noch heftigerer Schlag aus dem Nichts und explodierte an seiner rechten Schläfe. Sein Schädel schien zu bersten. Müselüm taumelte, knickte in den Knien ein, hielt sich am nächsten Baumstamm fest und versuchte sich wieder hochzuziehen. Er hatte auf einmal Sehstörungen und auf seiner rechten Gesichtshälfte fühlte er etwas flüssiges Warmes. Heftige Übelkeit überkam ihn. Ein dritter Schlag folgte. Sein Hinterkopf schien zu explodieren. Halb bei Bewusstsein, halb im Unterbewusstsein registrierte er das Platzen seiner Kopfhaut. Ein heißer Schwall Blut pulsierte nun aus der Platzwunde auf seinem Schädel. Dann wurden ihm die Füße weggezogen und er stürzte, Kinn voran, gegen den rauen Stamm des Baumes. Die Rinde des Kastanienbaumes schürfte ihm im Fallen über Gesicht und Nase. Aus den

Schürfwunden sickerte Blut. Müselüm Yilmaz registriere einen letzten Schlag in die Eingeweide, dann wurde ihm schwarz vor Augen. Er sackte endgültig zusammen und blieb in gekrümmter Haltung auf dem feuchten, dünnen Rasen liegen. Der schwarze Schatten über ihm packte ihn am Hosengürtel und in den Haaren. Er hob ihn ohne Anstrengung problemlos hoch. Dann wuchtete er Müselüm über den schmalen Fußgängerweg hinweg und ließ ihn achtlos ins kahle Gebüsch fallen, welches dicht entlang einer Mauer wuchs. Bevor der Angreifer ohne jegliche Hast den Tatort verließ, steckte er dem Türken einen Zettel in die Jackentasche: HÄNDE WEG VON DEUTSCHEN FRAUEN. DAS NÄCHSTE MAL BIST DU TOT.

30

Endlich kam Bewegung in die Angelegenheit. Die Beamten vom Verfassungsschutz und vom BKA waren überzeugt, dass Ali Abusharekh hinter dem mysteriösen Waffentransport steckte. Das Dreiecksverhältnis Ali-Syrien-Iran, deckte sich mit den Ergebnissen ihrer bisherigen Recherchen. Eine Achse des Bösen. Alles passte zusammen. Ab sofort wurde der Palästinenser rund um die Uhr beobachtet – vierundzwanzig Stunden lang. Irgendwann würde er einen Fehler begehen. Die Besatzungsmitglieder der Dark Lady hatten offensichtlich keine Ahnung, was das Schiff geladen hatte, aber der Kapitän hatte sich in den Vernehmungen bereits in diverse Widersprüche verstrickt. Er wusste genau, wer die Hintermänner waren. Davon gingen die Ermittler mit hoher Wahrscheinlichkeit aus. »Kennen Sie einen Ali Abusharekh, wohnhaft in Berlin?«, hatten ihn die griechischen Verhörspezialisten gefragt. Seine linke Augenbraue zuckte verräterisch.

»Nie gehört«, versuchte er die Flucht nach vorne.

»Er hat Killer auf Sie angesetzt, haben wir erfahren. Sie wissen zu viel. Die sollen schon nach hierher unterwegs sein«, logen ihm die Beamten vor.

»Die Sau«, entfuhr es dem Kapitän der Dark Lady.

»Wen meinen Sie denn mit Sau?«, wollten die Beamten wissen.

»Ich sage gar nichts mehr.«

Der C4-Plastiksprengstoff an Bord des Schiffes war der gleiche, wie er bei dem Anschlag auf das Generalkonsulat in Nürnberg verwendet wurde. Die Kalaschnikows und die Panzerfäuste waren russischen Ursprungs. Das Gehalt des Kapitäns und der Mannschaft wurde von einer Bank im Gaza-Streifen überwiesen. Mehrheitsaktionär der Bank war Ali Abusharekh. Der Ring zog sich immer enger um den Hals des Palästinensers, aber noch gab es keine konkreten Beweise. Doch das sollte sich bald ändern, hatten sich die deutschen Ermittlungsbeamten vorgenommen und über den BND bei befreundeten Diensten nachfragen lassen, ob dort etwas über den aufgeflogenen Waffentransport aktenkundig geworden sei. Einzig und allein der Mossad konnte etwas zum Sachverhalt beitragen. Der Plastiksprengstoff stamme aus NVA-Beständen der ehemaligen DDR, hieß es, und sei in der Wendezeit von damaligen Mitarbeitern des Ministeriums für Staatssicherheit zu horrenden Preisen in den Iran verscherbelt worden. Ob es dazu auch Namen gäbe, wollte der BND wissen. Dem Mossad sei in diesem Zusammenhang nur der Name Hans-Peter Wallner bekannt, war die lapidare Antwort, ehemaliger Mitarbeiter des Ministeriums für Staatssicherheit und in vielen Fällen Organisator solcher Waffendeals. Die Nachforschungen verliefen im Sand. Zwar gab es eine Spur zu Hans-Peter Wallner vom MfS, der als »harter Hund« und »systemtreu« bezeichnet wurde, aber in den Wirren der Wendezeit löste er sich regelrecht in Luft auf. Es gab keinen Hans-Peter Wallner, der während oder nach der Wende einen Reisepass der Bundesrepublik Deutschland beantragt hatte und auf den die existierenden Beschreibungen passten. Weder der Verfassungsschutz noch das BKA hatten Zeit und Lust dem Geist eines imaginären Hans-Peter Wallner nachzujagen. Der Kerl hatte sich wahrscheinlich längst ins Ausland abgesetzt. Tatsache hier und heute war, dass der Plastiksprengstoff wieder aus den Waffenarsenalen des iranischen Regimes aufgetaucht war und über einen obskuren Palästinenser nach Syrien geliefert werden sollte. Tatsache war auch, dass exakt mit so einem C4-Plastisprengstoff in

Nürnberg ein Anschlag auf das Türkische Konsulat ausgeführt wurde. Wie viele solcher Transporte hatte es in jüngster Zeit bereits gegeben? Das BKA ließ über das Innenministerium anordnen, dass auf allen deutschen Flug- und Seehäfen verstärkt nach Sprengstoffen gefahndet werden sollte.

★

Bernd Auerbach hätte das nicht gestört. Er benutzte kein Flugzeug – bisher nicht – fuhr lieber mit der Bahn oder nahm auch mal gelegentlich den Bus. Nur selten benutzte er den eigenen Pkw. Er saß gemeinsam mit Anna im Wohnzimmer und studierte den Regionalteil der Nordbayerischen Nachrichten. *Überfall aus Eifersucht?* lautete eine der Schlagzeilen. *Ein in Erlangen wohnhafter Türke wurde vorgestern Nacht in der Erlanger Innenstadt von einem oder mehreren Unbekannten überfallen und lebensgefährlich verletzt. »Wir vermuten, dass Eifersucht hinter der Tat steht«, wird ein Polizeihauptwachtmeister zitiert. »Die Tat ist sehr mysteriös«, erklärte der Beamte. In der Nacht von Donnerstag auf Freitag wurde der türkischstämmige Müselüm Y. in der kleinen Parkanlage am Langemarckplatz heimtückisch überfallen und brutal niedergeschlagen. Erst am nächsten Morgen um sechs Uhr wurde der immer noch bewusstlose Mann von einem Fußgänger gefunden, der seinen Hund Gassi führte. Der seit vielen Jahren in Erlangen lebende Türke wurde sofort in die Chirurgische Uni-Klinik gebracht. »Ein Zettel, der in seiner Jackentasche gefunden wurde, gibt uns Rätsel auf«, so Polizeihauptwachtmeister Kurt Liebermann. Wie die Nordbayerischen Nachrichten erfahren haben, steht auf dem Zettel eine Botschaft, wonach der Überfallene seine Hände von deutschen Frauen lassen soll, sonst ... Wie der türkische Mann den vernehmenden Beamten versichert haben soll, habe er derzeit weder ein Verhältnis mit einer deutschen noch mit einer ausländischen Frau. Er meinte, er müsse möglicherweise mit einem Landsmann verwechselt worden sein. Ob der Überfallene vielleicht Opfer einer rechtsextremistischen Tat geworden sei, wollte unsere Zeitung wissen. Hier in Erlangen sei das ausgeschlossen, entgegnete uns der Pressesprecher der Erlanger Polizei, wir würden doch hier nicht in Jena, Zwickau oder Chemnitz leben. Nein, die Umstände der Tat sprächen eine andere Sprache. Man gehe fest davon aus, dass das Motiv der Tat im persönlichen Umfeld liegt, sprich durch Eifersucht ausgelöst wurde. Vielleicht liegt ja tatsächlich eine bedauernswerte Verwechslung vor.*

Der Scheiß-Türke hatte Angst, das registrierte Bernd Auerbach mit äußerster Zufriedenheit. Von wegen Verwechslung! Geschicktes Argument. Der würde seine dreckigen Hände ein für allemal von Doris Kunstmann lassen. In nächster Zeit würde der nicht mal im Entferntesten an Frauen denken, dieser Kanake. Bernd Auerbach machte sich um den halb totgeschlagenen Türken keine weiteren Gedanken. Der würde schon wieder werden, oder auch nicht. Er sah aber ein neues Problem, und wieder ging es um Doris Kunstmann beziehungsweise um ihren ehemaligen Freund.

Kurz nachdem sie nach Röttenbach gezogen waren, stellte er mit Zufriedenheit fest, dass Anna über das sportliche Angebot, welches die Gemeinde Röttenbach bot, und die Vielzahl der ortsansässigen aktiven Vereine sehr angetan war. Vor einigen Wochen besuchte sie erstmals den Yoga-Abend in der Sporthalle der Grundschule und kam ganz begeistert zurück. »Das sind wirklich nette Leute, diese Franken«, schwärmte sie ihm vor, »ganz besonders die Franzi Mayer«.

»Wer ist Franzi Mayer?«, wollte er wissen.

»Eine sehr nette Frau. Sie ist Gymnasiallehrerin in Höchstadt an der Aisch und lehrt Deutsch und Geschichte. Ist in meinem Alter und Single. Die würde dir bestimmt auch gefallen.«

In der Folgezeit besuchte Anna regelmäßig die Yoga-Abende und freundete sich mit Franzi Mayer an. Einmal in der Woche trafen sich die beiden zum Nachmittagskaffee beim Café Beck, unterhielten sich und tratschten über Gott und die Welt. »Stell dir vor, was mir Franzi heute erzählt hat«, berichtete Anna ihm vor zwei Tagen.

»Lass mich raten«, spielte er das Spiel mit. »Sie ist schwanger.«

»Falsch!«

»Sie ist lesbisch.«

»Franzi doch nicht.«

»Sie hat im Lotto gewonnen.«

»Auch falsch. Sie ist eine Kupplerin.« Dann erzählte ihm Anna die Geschichte von Walter Fuchs, Franzi Mayers Cousin, und Akgül Özkan, und wie sie den beiden verliebten Jugendlichen half, sich in ihrer Wohnung zu treffen, ohne dass ihre Eltern, die gegen diese Verbindung waren, je davon erfahren würden. Anna hatte ein schlechtes Namensgedächtnis, und ihr war offensichtlich nicht bewusst, dass es sich bei Walter Fuchs um Doris Kunstmanns ehemaligen Freund handelte.

»Ach du liebe Scheiße«, dachte Bernd Auerbach, »und nun?« Sollte er schon wieder den Racheengel für Doris spielen? Er würde die Möglichkeit im Hinterkopf behalten. Im Moment hatte er keine Zeit. Thomas Keller hatte ihm in Prag eine neue Aufgabe gestellt. »Nicht so spektakulär wie die beiden bisherigen Anschläge«, ging es ihm durch den Kopf, »aber dennoch heikel und schlagzeilenträchtig.« Er musste mal wieder höllisch aufpassen, keine Spuren zu hinterlassen.

31

Anna Wollschläger hatte zwei Tage vor dem Heiligen Abend einen weiteren Spähauftrag von Bernd erhalten. Sie nahm die S-Bahn. Am Nürnberger Hauptbahnhof herrschte Weihnachtshektik. Menschen mit vollen Einkaufstaschen hasteten an ihr vorbei, belagerten die Bahnsteige und warteten ungeduldig auf ihre Züge. Andere liefen in Richtung Innenstadt, um ihr Geld erst noch loszuwerden. Die typischen Späteinkäufer eben. Wahrscheinlich würden sie sich auch noch in den Trubel des Nürnberger Christkindlesmarktes stürzen, sich »drei im Weggla« kaufen, und ihre Hände an einer heißen Tasse Glühwein wärmen. Anna hatte nicht vor, sich in das Einkaufsgewühl zu stürzen. Das war nicht ihr Ding. Sie passierte die Haupthalle des Bahnhofs, nahm die Rolltreppe zur U-Bahn und orientierte sich nach der Abfahrt der Züge in Richtung Fürth. Es dauerte keine drei Minuten, bis ein roter Zug der U11 in die Station donnerte. Die Bremsen quietschten, die Türen öffneten sich automatisch und eine unübersichtliche

Menschenmenge strömte aus den Wägen. Anna stieg ein. Es waren nur wenige Haltestellen bis zur Station Bärenschanze. Sie verließ den Zug. Als sie die Rolltreppe nach oben genommen hatte, orientierte sie sich mit dem Navi ihres Mobiltelefons. Dann stülpte sie sich ihre Pudelmütze auf den Kopf, zog den Reißverschluss ihres Anoraks bis oben zu und setzte ihren Weg zielgerichtet fort. Es dauerte nicht lange, bis sie vor dem Vitanas Senioren Centrum Patricia stand. Ohne zu zögern, betrat sie das L-förmige, vierstöckige Gebäude. Eine Schwester im weißen Kittel hastete an ihr vorüber und grüßte freundlich. Anna Wollschläger nahm den langen Gang an das westliche Ende des großen Hauses und betrat die verglaste Außentreppe. Stufe für Stufe, Schritt für Schritt stieg sie hinauf in den dritten Stock. Sie war allein. Dann nahm sie ihr Mobiltelefon zur Hand und stellte die Kamerafunktion ein. Unter ihr, zwischen der Bärenschanzstraße und der Reutersbrunnenstraße, erstreckte sich der schmale, langgezogene Alte Jüdische Friedhof, einhundertsiebenundneunzig Meter lang und dreiunddreißig Meter breit. Ein richtiger Schlauch. Von hier oben hatte sie einen guten Überblick über das Areal. Von 1864 bis 1922 fanden hier jüdische Nürnberger Bürger ihre letzte Ruhe. Heutzutage wird dieser Friedhof nicht mehr genutzt, sagte ihr Bernd, ist auch nicht mehr zugänglich, sondern nur noch einsehbar. Eine Gedenkstätte aus ehemaligen Zeiten – durch Kameras überwacht. Sie sah die Metallpfähle, aufgereiht entlang der beiden Längsseiten des Friedhofs, an denen die beweglichen, ferngesteuerten Kameras hingen und jeden erfassten, der in das Innere der Gedenkstätte eindringen wollte. Sie nahm aber auch die hohen, dichten Büsche und Laubbäume wahr, welche inmitten des Friedhofs standen und sich über die gesamte Länge hinzogen. Sie boten ein gutes Versteck, auch wenn sie zu dieser Jahreszeit keine Blätter mehr trugen. Innerhalb kürzester Zeit hatte sie das gesamte Gelände von ihrem Aussichtspunkt aus fotografiert und gefilmt. Dann machte sie sich wieder an den Abstieg und hatte drei Minuten später das Seniorenheim wieder verlassen. Für ihren Rückweg hatte sie etwas mehr Zeit eingeplant. Sie nahm die Route zur S-Bahnstation Rothenburger Straße. Dort angekommen studierte sie den Fahrplan. Fünf

Minuten später stieg sie in den Zug zurück nach Erlangen. Sie hatte genug gesehen und konnte zuhause genau berichten.

★

Am 24. Dezember – die Familiengottesdienste waren längst vorbei, die Kinderaugen glänzten ob der vielen Geschenke, welche das Christkind gebracht hatte – stieg ein gutaussehender, kräftig gebauter Mann an der Haltestelle Rothenburger Straße aus der S-Bahn. Nur wenige Passagiere waren im Zug. Er war der einzige, der an dieser Haltestelle ausstieg. Nachdem er seinen Parka bis obenhin zugeknöpft und seine Baseballmütze tief in die Stirn gezogen hatte, machte er sich von der Plattform auf den Weg in die Rothenburger Straße. Das Auffälligste an ihm war die große Plastiktüte von Lidl, welche er in der rechten Hand trug. Der Mann lief nach Norden in Richtung Fürther Straße. Später bog er in die Willstraße ein, überquerte die Bärenschanzstraße und lief bis zur Reutersbrunnenstraße. Aus der Ferne riefen Kirchenglocken zur Christmette. Die Straßen lagen verödet da, nur wenige Pkws waren zu dieser Zeit noch unterwegs. Der Mann wartete, bis weit und breit kein Fahrzeug zu sehen war, dann hastete er über die Reutersbrunnenstraße und schlug sich drüben auf der anderen Straßenseite in das dichte Gestrüpp.

Zehn Minuten später tauchte aus dem Gebüsch ein Nikolaus auf und wechselte auf die andere Seite der Straße. Seine rote Pudelmütze wippte hin und her, als er über die Straße spurtete. Er trug zudem einen knöchellangen roten Mantel, der an Ärmeln und Saum mit einer weißen Pelzimitation besetzt war. Aus dem Gesicht des Nikolaus' ragte lediglich seine Nase, ansonsten war es über und über durch einen weißen Vollbart bedeckt. Zwei rege Augen musterten die nähere Umgebung. Der Sack, den er trug, enthielt allerdings keine Spielsachen, keine Geschenke. Zuunterst lagen ein zusammengefalteter Parka, eine Baseballmütze und eine Lidl-Plastiktüte. Obenauf ruhten zwei große Spraydosen, voll mit weißer Farbe. Der Nikolaus nahm den Weg zum nahe gelegenen Alten Jüdischen Friedhof. Bevor er das Friedhofsgelände erreichte, passierte er ein achtstöckiges Wohngebäude. Er sah sich um und lief schnell in den weiten Innenhof, der zur Wohnanlage gehörte. Dreizehn markierte Parkplätze erstreckten sich entlang des Zaunes, der das Friedhofsgelände umgab, gefolgt von einer Reihe von zwölf Fertiggaragen. Gegenüber standen spiegelbildlich zwölf weitere Garagen. Zwei Straßenlaternen verstreuten ein düsteres Licht auf dem langgezogenen Innenhof. Gerade mal drei Pkws standen auf den markierten Parkflächen. In Sekundenbruchteilen checkte der Nikolaus die Situation, stieg auf die Motorhaube eines schwarzen BMW X1, lief über das Dach des Pkw und sprang von dort über die niedrige Umgrenzung auf das Friedhofgelände. An den Kameras blinkten rote Lämpchen. Nach einem kurzen Spurt, vorbei an diversen Grabsteinen, verdrückte sich der Weihnachtsmann in die Schatten der hohen Bäume in der Mitte des Friedhofs. Er öffnete seinen Rucksack und holte die zwei Spraydosen heraus. Still und dunkel lagen die Grabsteine vor ihm, jeweils fünf hintereinander angeordnete Reihen auf jeder Längsseite des Areals. Die erste Spraydose zischte leise und versprühte ein Hakenkreuz auf den nächststehenden Grabstein. »Mosche und Golda Rosenkranz« stand darauf. Beide waren 1921 gestorben. Auf den nächsten Gedenkstein sprühte der Nikolaus eine große »88«, welche für »Heil Hitler« stehen sollte. Es folgten SS-Symbole, Juden-raus-Sprüche und immer wieder Hakenkreuze. Als die beiden Spraydosen schließlich leer waren, hatte der Nikolaus siebenundneunzig Grabsteine geschändet. Doch damit nicht genug. Er suchte sich gezielt kleinere, weniger massige Gedenksteine aus, rüttelte mit aller Kraft daran und brachte sie zu Fall. Eine halbe Stunde wütete er auf dem Gelände, dann rannte er Richtung Reutersbrunnenstraße, überstieg die niedrige Umzäunung und entfernte sich in Richtung Nord-Westen. Als es die Situation zuließ, überquerte er zum dritten Mal in dieser Nacht die Reutersbrunnentraße und verschwand erneut in dem gegenüberliegenden Unterholz. Er tauchte nicht mehr auf. Fünfzehn Minuten später überquerte ein junger, gutaussehender Mann, in einen Parka gekleidet und eine Baseballmütze auf dem Kopf, den Lederersteg, der über die Pegnitz führt. In der großen Lidl-

Plastiktüte steckten ein Nikolaus-Kostüm mit Bart und Sack. Darunter lagen zwei leere Spraydosen. Kurz darauf erreichte er den Parkplatz am Freibad West. Nur ein einziger Pkw stand dort, ein VW Golf mit einem Kennzeichen aus dem Landkreis Erlangen-Höchstadt. Der ehemalige Nikolaus öffnete die Beifahrertür, nahm Platz und warf seine Lidl-Plastiktüte achtlos auf den Rücksitz. Eine attraktive junge Frau mit blondem Kurzhaarschnitt und einem Stupsnäschen begrüßte ihn mit einem kurzen Kuss. »Alles klar gegangen?«, wollte sie wissen.

»Alles okay«, antwortete er. »Lass uns von hier verschwinden.«

★

Der Zentralrat der Juden in Deutschland reagierte als Erster: »Gestern wurden wir Zeuge, wie blanker Judenhass sich offen Bahn gebrochen hat. Die unfassbaren und schockierenden Hass-Parolen auf den geschändeten jüdischen Gräbern in Nürnberg, der zunehmende Antisemitismus, haben in der jüdischen Gemeinschaft große Sorgen ausgelöst. Auch in unseren Nachbarländern kommt es gehäuft zu antisemitischen Ausschreitungen. Dennoch lässt sich die jüdische Gemeinschaft nicht einschüchtern, sondern setzt weiter auf die Gestaltung eines selbstbewussten jüdischen Lebens in Deutschland. Auch aus diesem Grunde wollen wir zeigen: Wir sind da! Und wir bleiben da! Und wir werden allen Anfeindungen entschlossen entgegentreten, gemeinsam mit allen unseren Freunden in der deutschen Gesellschaft. Der Zentralrat erhofft sich eine breite Unterstützung aus Politik, Kirchen und Zivilgesellschaft. Angriffe auf jüdische Einrichtungen und jüdische Menschen sind Angriffe auf uns alle, auf unsere demokratischen Grundwerte von Toleranz und Freiheit. So etwas dürfen wir in Deutschland keinesfalls akzeptieren. Wir laden alle herzlich ein, mit uns ein entschlossenes Zeichen gegen Hass und Hetze zu setzen. Es ist höchste Zeit, nun gemeinsam aufzustehen. Steht auf! Nie wieder Judenhass!«

★

Neonazis am Werk?, verkündeten die Nordbayerischen Nachrichten am 27. Dezember. Auch das Bayerische Landesamt für Verfassungsschutz wurde zitiert: »Es sieht tatsächlich nach einer von Hass getriebenen Tat von Neonazis aus. Mit Sicherheit können wir das allerdings noch nicht sagen. Es gibt kein Bekennerschreiben. Was ebenfalls atypisch ist, ist der Tatumstand, dass auf einigen geschändeten Grabsteinen auch der Schriftzug *Ausländer raus* gesprüht war, das heißt, dass die Tat nicht nur allein gegen Juden gerichtet ist, sondern gegen ausländische Mitbürger im Allgemeinen.«

»Dass so ein Anschlag in der Heiligen Nacht verübt wurde«, wusste die Kripo Nürnberg zu berichten, »schlägt dem Fass den Boden aus. Das war kein Amateur. Die Tat war von langer Hand vorbereitet. Die Filmaufnahmen geben kaum etwas her. Es war stockfinstere Nacht und der Täter hatte sich als Nikolaus verkleidet. Außer einem roten Nikolauskostüm, einem weißen Rauschebart und einem Sack ist auf den Bändern nichts zu erkennen. Wir sind auf die Unterstützung der Bevölkerung angewiesen.«

»Steht die Tat möglicherweise im Zusammenhang mit den beiden Sprengstoffanschlägen in Zirndorf und Nürnberg?«, wollte ein Pressevertreter wissen.

»Ich bitte Sie«, reagierte der Sprecher des Landesamtes für Verfassungsschutz konsterniert, »es ist wohl ein Unterschied, ob jemand einen jüdischen Friedhof schändet oder massenweise Menschen umbringt, wenn Sie mir diesen Vergleich gestatten.«

»Wollen Sie damit zum Ausdruck bringen, dass die Schändung des jüdischen Friedhofs ein vergleichsweise harmloses Delikt darstellt?«, hakte der Reporter nach.

»Um Gottes Willen, in keinster Weise. Ich wollte damit nur verdeutlichen, dass es sich um zwei völlig unterschiedliche Täterkreise handeln muss. Wer einen Friedhof schändet, muss nicht zwangsweise auch Menschen brutal in die Luft jagen. Letzteres liegt deutlich um einige Eskalationsstufen höher.«

Der Zentralrat der Juden Deutschlands reagierte empört auf diese Äußerung. »Die Ermittlungsbehörden verniedlichen die Schändung jüdischer Gräber«, erhoben die Verantwortlichen schwere Vorwürfe.

Der bayerische Innenminister versuchte zurückzurudern und entschuldigte sich. »Es werde alles Menschenmögliche getan, um den Täter zu fassen.« Die politischen Oppositionsparteien auf Bundesebene schalteten sich ebenfalls ein. »Die bayerische Innenpolitik der CSU verharmlost die Verwüstung jüdischer Gräber«, ließen sie verlauten. »Verhältnisse wie im Dritten Reich.«

Nur das Bundeskanzleramt enthielt sich jeglicher Stellungnahme.

32

Daniel Rosenkranz lebt seit dem Jahr 1950 in Röttenbach. Damals kehrte er nach vier Jahren Aufenthalt in New York nach Deutschland zurück. Der gebürtige Nürnberger Jude überlebte den Holocaust im Konzentrationslager Auschwitz-Birkenau. Seine Frau Martha hatte weniger Glück. Mit fünfundzwanzig Jahren starb sie, wie viele andere, in den unterirdischen Gaskammern. Daniel überlebte, weil er neben Deutsch ein perfektes Polnisch und ein akzeptables Russisch sprach. Tagsüber arbeitete er als Dolmetscher in den Büros der Lagerleitung. Am 27. Januar 1945 befreite die Rote Armee das Lager, und Daniel Rosenkranz war einer der wenigen überlebenden Lagerinsassen.

Auch Daniels Eltern – sein Vater leitete bis zum Jahr 1936 eine renommierte Anwaltskanzlei – waren in Nürnberg geboren und fühlten sich in der Frankenmetropole zu Hause, obwohl die Stadt ihren jüdischen Bürgern gegenüber traditionell nie besonders positiv zugeneigt war. Bereits im späten Mittelalter waren Juden hier nie gut gelitten. Sie wurden geächtet und vertrieben. Man warf ihnen vor, die Brunnen der Stadt zu vergiften und die Pest zu verbreiten. Erst im 19. Jahrhundert wurden sie als gleichberechtigte Bürger anerkannt, aber auch nur bis zum September 1935. In diesem Monat sanktionierte der Nürnberger Reichstag mit den Nürnberger Gesetzen die Diskriminierung seiner jüdischen Bürger. Der Wahnsinn der nationalsozialistischen Rassenideologie zeigte auch in Nürnberg seine Auswirkungen. Mit einundzwanzig Jahren erlebte Daniel Rosenkranz, wie in der Reichspogromnacht die Synagogen der Stadt in Flammen aufgingen. Am Weihnachtsabend 1941 wurden sie von der Waffen-SS abgeholt, er, seine Frau, sein Bruder Benjamin und seine Eltern. Martha und er wurden direkt nach Auschwitz-Birkenau verfrachtet. Seine Eltern und seinen Bruder sah er nie wieder. Die einzigen Vorfahren, von denen Daniel Rosenkranz noch wusste, waren seine Großeltern Mosche und Golda Rosenkranz. Sie waren auf dem Alten Jüdischen Friedhof in Nürnberg begraben. Er konnte sich nicht mehr an sie erinnern. Sie waren von einer Geschäftsreise nach Afrika zurückgekehrt und ein halbes Jahr später in jungen Jahren an einer heimtückischen Infektionskrankheit verstorben. Aber selbst ihre letzte Ruhe war ihnen nicht vergönnt. Jemand hatte ihren Grabstein geschändet.

★

Am 4. Januar 2014 feierte Professor Dr. Daniel Rosenkranz seinen siebenundneunzigsten Geburtstag. Damit war er der älteste Bürger Röttenbachs. Er hatte ein erfahrungsreiches Leben hinter sich, einer der wenigen, noch lebenden Zeitzeugen, die die Entstehung und den Untergang des Dritten Reiches miterlebt hatten. In jungen Jahren, von 1935 bis 1940, studierte er an der Universität in Warschau Polnisch und Russisch. Er hatte es nicht so mit der Paragrafenreiterei wie sein Vater. Die Sprachen lagen ihm eindeutig mehr. Nach seiner Leidenszeit im Konzentrationslager Auschwitz-Birkenau erlernte und studierte er in New York noch die englische Sprache, lebte bescheiden in einer kleinen Einzimmerwohnung und verdingte sich als Barkeeper in einer Kneipe in der Bronx. Zusätzlich übernahm er Übersetzungsarbeiten ins Russische. Mit dreiunddreißig Jahren kehrte er nach Deutschland zurück. In das zerbombte Nürnberg wollte er nicht mehr.

Selbst fünf Jahre nach Beendigung des Krieges erinnerten ihn die vielen Bombenruinen an die bitterste Zeit seines Lebens. Er zog aufs Land, in das kleine, beschauliche und versehrt gebliebene Kaff Röttenbach. Bei einem Teichwirt fand er Unterkunft, half im landwirtschaftlichen Betrieb und setzte nebenbei seine Studien an der Universität Erlangen-Nürnberg fort. Jeden Wochentag fuhr er mit dem Fahrrad, einem Uraltvehikel, das er im modrigen Schlamm eines Karpfenweihers fand und sich liebevoll herrichtete, nach Erlangen und besuchte die Vorlesungen. Er war ehrgeizig und wissensdurstig. Mit seiner in englischer Sprache geschriebenen Arbeit »Die polnischen Entlehnungen aus der deutschen Sprache im Dritten Reich« wurde er habilitiert. An der Philosophischen Fakultät in Erlangen nahm er eine Professur und einen Lehrstuhl für Vergleichende Sprachwissenschaft an. Zehn Jahre später erstand er in Röttenbach ein Häuschen in der Dechsendorfer Straße, mit Blick auf drei Fischweiher, die jenseits seiner Grundstücksgrenze im Wiesengrund lagen. Daniel Rosenkranz blieb weiterhin allein, lebte bescheiden, schloss sich diversen Vereinen an, unternahm viele Studienreisen und war im Dorf allseits als »der Professor« bekannt und beliebt. Nun, mit siebenundneunzig, war er natürlich nicht mehr der fitteste. Sein Haar war schlohweiß, aber immer noch voll. Von einer Glatze war nichts zu sehen. Sein Rücken allerdings war tief gebeugt, sein Gesicht von Falten runzelig, und der Gehstock musste immer in seiner Nähe stehen. Mit dem Laufen ging es schon seit Jahren nicht mehr so recht, aber seinen Haushalt versorgte er immer noch alleine. Natürlich hatte er eine Zugehfrau, die Betty Schmidt, die für ihn die Einkäufe erledigte, die Staubschichten entfernte, welche seine Augen nicht mehr so richtig wahrnahmen, und seine Wäsche wusch und bügelte. Seine Lieblingsspeisen, Krustenbraten mit Serviettenknödel und Sauerkraut, Rahmgulasch mit Kartoffelbrei und fränkischer Sauerbraten, bereitete sich der Professor aber immer noch alleine zu. Eine weitere fränkische Spezialität, die Nürnberger Rostbratwürste, missachtete er allerdings aus Prinzip. Er hatte aus seiner Jugendzeit nur schlechte Erinnerungen an diese Würste, was nichts mit deren Geschmack, sondern eher mit seinen Erinnerungen an die Nazizeit in Nürnberg zu tun hatte. Kochen war eine seiner Leidenschaften geworden. Dazu genoss er gerne ein Sauer-Kellerbier, wenn's sein musste, auch mal zwei. Wenn auch sein Körper dem Alter einen hohen Tribut zollte, geistig war er fit wie ein Turnschuh. Seine Lebenserfahrung und seine messerscharfe Analysefähigkeit führten dazu, dass ihn viele Leute, Nachbarn wie Freunde, immer wieder gerne um seinen Rat fragten.

Zu seinem siebenundneunzigsten Geburtstag waren sie alle gekommen, die lokalen Politpromis, allen voran Bürgermeister Ludwig Gast. Auch Landrat Eberhard Bierlinger ließ sich die Ehre nicht nehmen. Die Gemeinderäte Ploner, Norbert Eisenmann, Eva-Maria Holterbauer und der Rest der Bande kamen schon kurz nach dem Frühstück, und jeder hatte zwischenzeitlich schon sein drittes Glas Weizenbier intus. Die Häute ihrer Weißwürste türmten sich auf den Tellern. Betty Schmidt hatte alle Hände voll zu tun. Die Geschenkkörbe, Weinflaschen und Bücher nahmen bereits das halbe Wohnzimmer in Beschlag. Draußen vor der Haustüre marschierte gerade die Röttenbacher Blasmusik auf. Die Show-Tanz-Truppe des Karneval Clubs Röttenbach hatte gerade ihren Tanz »Deine Welt« vollendet, mit der sie 2013 deutscher Meister geworden war, als auch schon der Löschzug der Freiwilligen Feuerwehr mit eingeschaltetem Martinshorn und Blaulicht um die Ecke bog.

»Wie haben Sie es denn geschafft, so rüstig und voller geistiger Leistungsfähigkeit die Siebenundneunzig zu erreichen?«, wollte Landrat Bierlinger von dem Jubilar wissen. »Verraten Sie uns doch Ihr Geheimnis!«

»Da gibt es kein Geheimnis«, antwortete das Geburtstagskind, »außer …«

»Außer?«, ließ der Landrat nicht locker.

»Jeden Tag ein Viertel Frankenwein aus Klingenberg und von Zeit zu Zeit eine gute Zigarre.«

»Gibt es da auch einen näheren Tipp, Herr Professor?«

»Also ich rauche immer handgerollte Zigarren aus der Dominikanischen Republik, *Forty Creak*. Die sind mit einem mindestens sieben Jahre alten kanadischen Whisky, der eben Forty Creak heißt, getränkt. Unter elf Dollar das Stück kriegen Sie die nicht.«

»Und jetzt erzähln Sie uns doch mal, Herr Professor, warum Sie damals, vor fast vierundsechzig Jahren, ausgerechnet nach Röttenbach gezogen sind«, wollte Bürgermeister Gast wissen, »warum nicht nach Nürnberg, wo Sie doch das Licht der Welt erblickt haben?«

»Wollen Sie das wirklich so genau wissen, Herr Bürgermeister?«

»Schon!«

»Meine Geburtsstadt Nürnberg habe ich leider nicht in guter Erinnerung. Sie wissen, was ich meine. Wir Juden hatten damals in Deutschland eine sehr schwierige Zeit durchzustehen, und Nürnberg war eindeutig eine Nazistadt, … die ganzen Reichsparteitage, die Hitler und seine braune Brut dort abhielten … Meine Frau, meine ganze Familie fielen den Nazis zum Opfer. Ich habe überlebt, aber darüber gefreut habe ich mich lange Jahre nicht. Als ich aus den USA nach Deutschland zurückkam, habe ich kurze Zeit darüber nachgedacht, mich wieder in Nürnberg anzusiedeln, aber ich wollte nicht an die Zeit erinnert werden. Auch heute noch nicht. Das Reichsparteitagsgelände gibt es heute noch immer. Auch wenn Nürnberg neu aufgebaut wurde, einige Straßenzüge sind doch erhalten geblieben. Nein, da lebe ich lieber in dem immer noch beschaulichen Röttenbach. Ich wollte damals einfach mitten hinein in das fränkische Karpfengebiet, nicht weit zur fränkischen Schweiz, nicht weit in das mainfränkische Weinland, kurzum ein schönes Fleckchen Erde, fernab von der großen Politik, fernab von so manchen neuen politischen Strömungen, welche sich anderswo wieder auftun.«

»Was meinen Sie damit, Herr Professor?«

»Nun, ich spreche ganz konkret von den Neonazis, welche sich allerorts wieder formieren und meines Erachtens gerade in eine neue, gewaltbereitere Phase treten. Sehen Sie sich doch die Entwicklung dieser Leute in der früheren DDR, den neuen Bundesländern, an. Rechtsradikale waren dort schon immer existent, genau wie bei uns im Westen. Dort wurden sie aber totgeschwiegen, es gab sie praktisch nicht. Dem damaligen Regime um Ulbricht und Honecker passten Nationalsozialisten nicht in das politische Konzept. Dann kam die Wende. Der Osten Deutschlands war ein Investitionsgrab, überall marode Infrastruktur. Die »blühenden Landschaften« mussten finanziert werden. Noch heute klagen die Arbeitnehmer hier über den sogenannten Solidaritätsbeitrag, der ihnen immer noch von ihrem Bruttogehalt abgezogen wird. Zwangsabgabe zur Restrukturierung der DDR-Infrastruktur wäre damals die richtigere Bezeichnung gewesen. Viele Bürger der ehemaligen BRD wollten sich ja gar nicht solidarisch erklären. Aber genauso, wie die westdeutsche Industrie und internationale Firmen gegen Osten zogen – es gab da ja einen neuen, verlockenden Konsumentenmarkt, der entdeckt werden wollte –, genauso kamen auch die ausländischen Billiglohnkräfte in den Osten Deutschlands. Viele ostdeutsche Arbeitnehmer verloren ihre Arbeitsplätze. Türken, Albaner, Afrikaner und andere waren mit weitaus niedrigeren Stundenlöhnen hoch zufrieden. Unter den ostdeutschen Jugendlichen herrschte bald eine hohe Arbeitslosigkeit. Die ersten Begeisterungsstürme der Wiedervereinigung waren bald verflogen. Viele Ostdeutsche wünschten sich gar das alte System zurück. Die Realität kehrte ein, und das eh vorhandene rechte Gewaltpotential wurde von der Kette gelassen. Die Glatzköpfe in den Bomberjacken formierten und organisierten sich, und sie traten mit ihren Springerstiefeln zu. Immer häufiger und immer heftiger. Plötzlich, zwischen 2000 und 2007, gab es einen neuen Typ von Fremdenhassern: Denken Sie an die Zwickauer Terrorbande des NSU mit ihren Sympathisanten, Helfern und Unterstützern, die über Jahre ein riesiges Gewaltpotenzial entwickelt und es auch angewandt haben. Zehn Menschen haben sie umgebracht, zahllose Banken überfallen und Sprengstoffanschläge verübt. Niemand hat dies damals für möglich gehalten, sonst wären die drei viel früher gefasst worden. Und jetzt kommt es: Ich stelle mir in der letzten Zeit immer häufiger die Frage, ob das nur der Anfang war? Wie gesagt, sie haben mit äußerster Brutalität zehn Menschen umgebracht. Still und heimlich, ohne Skrupel, ohne Bekennerschreiben. Eine einzige, kleine Terrorzelle, bestehend aus einer Frau und zwei Mördern. Ausbaufähig, sozusagen, nicht wahr? Perfektionierbar, wiederholbar. Was, wenn das die zukünftige Art des Naziterrors wird? Und dann lese ich die Zeitungen, schau mir die Tagesschau und die

Heute-Nachrichten an, schließe die Augen und mach mir so meine Gedanken.«

»Worüber?«, wollte Ludwig Gast interessiert wissen.

»Dass sie schon längst wieder da sind.«

»Wer?«

»Die braune Brut.«

»Verstehe ich nicht.«

»Haben Sie die Zeitungen nicht gelesen? Haben Sie die Anschläge von Zirndorf und Nürnberg nicht verfolgt? Von Hamburg-Blankenese und Salzgitter-Watenstedt? Das waren keine Palästinenser oder Syrer, Herr Bürgermeister, keine Raubüberfälle oder sonstige Verbrechen. Das waren sie. Der Alte Jüdische Friedhof in Nürnberg war ihre bisher letzte Tat, und weitere werden sehr bald folgen. Es werden weitere Menschen sterben. Vorwiegend Ausländer. Das Grab meiner Großeltern haben sie auch geschändet. Es geht wieder los. Sie haben sich eine neue Strategie angeeignet: Es sind nicht mehr nur die primitiven Glatzköpfe und Stiefelträger in ihren Bomberjacken. Die wird es weiterhin geben, aber die sind kontrollierbar, weil sie auffallen. Ich denke die neuen Neonazis sehen aus wie du und ich. Nach außen fallen sie nicht auf, sind freundlich, nett und hilfsbereit. Beate Zschäpe hat es ja schon vorgemacht. Sie war beliebt in der Nachbarschaft, immer hilfsbereit und fürsorglich. In Wirklichkeit aber planen sie ihre Schandtaten generalstabsmäßig, schlagen ohne Skrupel zu und verschwinden unerkannt. Es gibt keine und es wird keine Bekennerschreiben mehr geben.«

»Und was soll ihr Tun bezwecken?«, schaltete sich nun auch Landrat Bierlinger in die Unterhaltung ein.

»Töten, verunsichern, und vor allem Angst unter den ausländischen Bürgern verbreiten. Das ist ihr Ziel. *Ausländer raus aus Deutschland.* ›*Sonst bringen wir euch um,* das ist ihre Botschaft. Aktuelle politische Debatten, wie *Wer betrügt fliegt*, sehen sie als Bestätigung ihres Handelns und Denkens. Andere reden und diskutieren, sie machen und handeln. Brutal, rücksichtslos, ohne Skrupel. Sie glauben sogar, dass sie Deutschland durch ihr Tun wieder auf einen besseren Weg bringen. Ich sage Ihnen, da kommt noch etwas auf uns zu. Ich werde es hoffentlich nicht mehr erleben.«

»Langsam verkalkt er halt doch, unser Professor«, merkte Landrat Eberhard Bierlinger an, als er und Bürgermeister Ludwig Gast nach dem Ende der Geburtstagsfeier dorfeinwärts in Richtung Rathaus liefen. »Heut hat er seinen Fantasien mal wieder freien Lauf gelassen.«

»Ist auch verständlich, wenn man weiß, welchen Alptraum er in jungen Jahren erlitten hat, er als Jude, damals im Dritten Reich.«

»Genau!«, bestätigte der Landrat, »da ist es ja zwangsläufig, dass man hinter jedem ungeklärten Bombenanschlag gleich die Tat von Neonazis sehen muss. Das ist in solchen Menschen einfach drin, das kriegst du aus denen nicht mehr raus. Also, ich glaub das nicht, das mit den Neonazis. Hier bei uns in Franken, wo die Welt noch in Ordnung ist?«

★

Natürlich war auch die Presse zu der Geburtstagsfeier von Professor Rosenkranz geladen. Genauer gesagt der »fliegende Reporter« der Nordbayerischen Nachrichten, Beppo Brenner, aus Herzogenaurach. Als sich der Jubilar mit dem Röttenbacher Bürgermeister und dem Landrat über Neonazis unterhielt und den beiden seine Thesen erklärte, hörte Beppo Brenner genau hin. Er stand ja nur einen Meter davon entfernt, als er seine Bratwurst im Schlafrock verzehrte.

Die Attentate von Zirndorf und Nürnberg – stecken Neonazis dahinter?, lautete die Schlagzeile im Regionalteil der Nordbayerischen Nachrichten vom 7. Januar 2014.

Röttenbach - Professor Daniel Rosenkranz liest Kommunalpolitikern die Leviten und raucht dabei Forty Creak.

Das hätten sich Ludwig Gast, der Bürgermeister von Röttenbach, und Landrat Eberhard Bierlinger nicht träumen lassen, dass sie von dem angesehenen Professor im Ruhestand, Dr. Daniel Rosenkranz, der am vergangenen Samstag seinen siebenundneunzigsten Geburtstag feierte, über die möglicherweise neuesten Verbrechen von Neonazis in der

Region aufgeklärt werden würden. »*Das sind eindeutig Taten der neuen braunen Brut*«, *so der Professor.* »*Sie sind wieder da, und wir werden uns noch wundern*«, *orakelte er. Brutaler, generalstabsmäßig organisiert und äußerst gewaltbereit sollen sie sein, die Terrorzellen der Neonazis, viel gefährlicher, als die primitiven, glatzköpfigen Schläger in ihren Springerstiefeln und Bomberjacken.* »*Sie führen einen Guerillakrieg gegen Ausländer und täuschen die Ermittlungsorgane*«, *meinte er. Das Hauptmotiv der neuen Terrorzellen sei grenzenloser Hass. Angst und Schrecken wollten sie unter den ausländischen Mitbürgern verbreiten. Asylbewerber sollten sich erst gar nicht darum bemühen, in Deutschland Fuß fassen zu wollen. Deutschland solle für sie als Einwanderungsland außer Frage stehen. Dabei würden die Neonazis vor nichts zurückschrecken. Tote Ausländer nähmen sie bei ihren Anschlägen billigend in Kauf.*

Ein erschreckendes Szenario, welches Professor Rosenkranz den beiden Kommunalpolitikern an die Wand zeichnete. Schlimmer noch: Was ist dran an seinen Thesen? Entsprechen sie wirklich der Realität? Liegen die Ermittler schon wieder falsch? Haben wir bereits einen zweiten NSU? Brutaler und tödlicher als je zuvor? Was weiß Beate Zschäpe? Was tun unsere Politiker?

Und noch ein Geheimnis verriet der Professor: Täglich einen Schoppen Frankenwein aus Klingenberg und von Zeit zu Zeit eine handgerollte Zigarre Forty Creak aus der Dominikanischen Republik, und du wirst siebenundneunzig.

★

Bernd Auerbach glaubte seinen Augen nicht zu trauen, als er den Regionalteil der Nordbayerischen Nachrichten aufschlug. Dieser alte Tattergreis, über den er da gerade las, eine Juden-Sau zudem, hatte tatsächlich mitten ins Schwarze getroffen. Der Alte konnte gefährlich werden, wenn man seine Aussagen für bare Münze nehmen sollte. Er musste unbedingt Thomas Keller informieren und mit ihm beraten, was zu tun sei. Am liebsten hätte er sich gleich auf den Weg in die Dechsendorfer Straße gemacht und diesem Zionisten persönlich den Hals umgedreht. Warum durfte so ein Mensch siebenundneunzig Jahre alt werden? Hätten ihn damals die Kameraden von Auschwitz gleich in die Gaskammer gesteckt, könnte er heute nicht so einen Blödsinn daherreden.

Der Ostdeutsche hatte heute nicht gerade seinen besten Tag. Die Debatte um den Zuzug und die Unterstützung von Armutsmigranten aus Rumänien und Bulgarien regte ihn zusätzlich sichtlich auf. »Da warnt die CSU nur vor den möglichen Folgen, und alle anderen politischen Parteien regen sich auf. Ich versteh das nicht. Ich würde überhaupt nicht daran denken, diese Karpaten-Heinis ins Land zu lassen. Was meinst du, Anna?«, rief er seiner Freundin zu, die gerade in der Küche einen Einkaufszettel schrieb.

»Ich kapier das auch nicht. Da siehst du mal wieder, was von den Politikern zu halten ist.«

»Genau. Das Schärfste ist ja, dass die Rumänen seit Neuestem gegen Bezahlung einer Gebühr ihre Nachbarn, die noch ärmeren Moldawier, ins Land lassen. Da merkt doch gleich der Blödeste, was Sache ist. Die lassen sich doch nicht im Dracula-Staat nieder, die reisen doch gleich weiter, und ich kann dir auch sagen, wohin.«

»Wart erst mal ab, wie der Europäische Gerichtshof zum Fall dieser Rumänin entscheidet, die auf Hartz IV klagt«, rief Anna aus der Küche.

»Hab ich gar nicht mitgekriegt.«

»Das ist der Hammer.« Sie kam ins Wohnzimmer, einen halb beschriebenen Einkaufszettel und einen Kugelschreiber in der Hand. Draußen trieb der Wind dunkle Wolkenfetzen vor die tiefstehende Wintersonne, und die kahlen Äste des Kirschbaums schaukelten hin und her und schwatzten mit der blätterlosen Trauerweide. Der alte Backofen im Hof, der sich von der langen Sommersaison ausruhte und dahin döste, hörte ihnen zu. »Seit 2010 lebt eine Rumänin bei ihrer Schwester in Berlin. Der Staat zahlt ihr Kindergeld für ihren Sohn und Unterhaltsvorschuss kriegt sie auch. Arbeiten will die faule Schlampe natürlich nicht, das sagt sie ganz offen, aber Hartz IV will sie schon. Die staatlichen Stellen haben ihren Antrag zurückgewiesen. Nichts gibt's, sagen sie. Was macht das faule Luder? Sie verklagt den Staat vor dem Europäischen Gerichtshof. Ist das nicht eine Unverschämtheit?«

»Und?«, wollte ihr Lebensgefährte wissen. »Der gehört eine Kugel in den Kopf.«

»Das Urteil ist zwar noch nicht gesprochen, aber ein paar oberschlaue EU-Politiker unken schon, dass in Einzelfällen die Sachlage genau geprüft werden müsse. Jedenfalls sagen sie, dass Ausländern der Zugang zu Sozialleistungen erleichtert werden muss, auch wenn sie keinen Arbeitsplatz suchen, und verweisen dabei auf europäisches Recht. Benachteiligungen im Sozialrecht wegen anderer Staatsangehörigkeit sei verfassungswidrig, sagen sie. Da frag ich dich, wo leben wir denn? Müssen wir uns so etwas gefallen lassen?«

»Die in Brüssel und Straßburg gehören genauso abgefackelt wie das Ausländerpack selbst, sag ich dir«, antwortete ihr Freund. »Ich versteh nicht, dass sich die einzelnen europäischen Staaten so etwas gefallen lassen. Diese Deppen sind doch nur noch realitätsfremd. Wenn solche Politik gemacht wird, scheiß ich doch auf dieses ganze Europa-Getue. Was soll denn das?«

33

Ali Abusharekh hatte keine Ahnung, dass sich sein Lieblingsneffe, Hakim Al-Wahid, von Zeit zu Zeit eine Edelnutte in der Fasanenstraße leistete. Meggy Mercedes war rothaarig wie der Prophet – nicht nur obenrum – und geldgierig wie Dagobert Duck. Mit ihren zweiundzwanzig Jahren war sie bereits seit vier Jahren im Geschäft und kannte alle Tricks. Sie offerierte nahezu alle Dienstleistungen, die im horizontalen Gewerbe gang und gäbe waren. Von ihrem Schützling Hakim wusste sie, dass er es liebte, von seiner Mutter streng bestraft zu werden, wenn er mal wieder etwas verbrochen hatte. Ganz besonders liebte er Rollenspiele, und es gefiel ihm, wenn seine strenge Mutter herausfinden sollte, was er gerade wieder angestellt hatte. Geduldig und demütig wartete er dann auf seine Strafe.

Meggy Mercedes hatte die fünfhundert Euro bereits kassiert und umrundete mit strengem Blick das runde Bett, welches mitten im Raum stand. In der rechten Hand hielt sie eine Plastik-Fliegenklatsche, mit welcher sie von Zeit zu Zeit nicht nur auf die Innenfläche ihrer linken Hand schlug. Der 30-jährige Hakim Al-Wahid lag bäuchlings und nackt auf dem Bett und hatte sein Gesicht in das weiche Daunenkissen vergraben. An beiden Armen war er mit Handschellen an das Bettgestänge fixiert. Sein feister, ausladender Arsch glänzte bereits in einem dunklen Rot wie der eines Pavian-Männchens. Meggy Mercedes war nicht zimperlich, wenn sie mit der Fliegenklatsche zuschlug. Hakim liebte dieses Spiel und stöhnte bei jedem Schlag lustvoll auf. Die zweiundzwanzigjährige Nutte trug halterlose Netzstrümpfe, welche ihr fast bis an das Ende ihrer langen Beine reichten. Ihr feuerroter String-Tanga war in einem transparenten Nichts gehalten und im Schritt offen. Oben herum kam nur ihre Haut zutage. Ihr silikongestützter Busen hatte die Form zweier Honigmelonen. Der Palästinenser wartete voller Inbrunst, bis seine geile Mutter endlich zu den kritischen Fragen kam.

»… und nachdem du den Schiffstransport für deinen Onkel Ali organisiert hattest, hast du dir die Ladung unter den Nagel gerissen, und dein Onkel ging leer aus? Ist es das, was du vor mir verbirgst?« Die Gitterfläche der Fliegenklatsche sauste auf das feiste Hinterteil und hinterließ ein neues Muster.

Hakim stöhnte auf. »Mm.«

Meggy Mercedes wusste, dass »Mm« »Nein« hieß, und »Hm« »Ja«. Ihr Delinquent war sprachlich etwas behindert. Sein Gesicht steckte in dem dicken Daunenkissen.

»Du hast also alles ordnungsgemäß für deinen Onkel abgewickelt?«

»Hm, Mm.«

Wieder sauste die Fliegenklatsche auf Hakims Hintern. »Hm, Mm, willst du kleiner Wichser mich verarschen?«

»Mm.«

»Okay, lass mich überlegen.« Die Nutte kratzte sich am Kopf und marschierte um das runde Bett. »Du hast dir etwas genommen, was eigentlich deinem Onkel gehört?«

»Hm.«

»Du hast nebenbei in deine eigene Kasse gewirtschaftet und glaubst, dass dein Onkel das nicht merkt?«

»Hm.«

»Du Betrüger.« Ein Klatsch, ein lustvolles Stöhnen, und ein neues, gitterartiges Muster zeichnete sich auf dem Hinterteil des Palästinensers ab.

»Du hast Gold, Diamanten geklaut?«

»Mm.«

»Etwas Verbotenes?«

»Hm.«

Die junge Prostituierte wurde langsam ungeduldig und fragte ins Blaue hinein: »Rauschgift, Waffen, Bauteile für Atomkraftwerke?«

»Hm.«

»Was *Hm*?

Das Spiel ging noch circa dreißig Minuten so weiter, bis Meggy Mercedes herausfand, dass Hakim Al-Wahid für seinen Onkel einen Waffentransport vom Iran nach Syrien mitorganisiert und in der Meerenge der Dardanellen, welche das Marmarameer mit dem Ägäischen Meer verbindet, fünf Panzerfäuste für private Kunden ausgeladen hatte.

»… und dann bist du mit den Panzerfäusten und der zugehörigen Munition von Bord der Dark Lady gegangen und mit dem Motorschiff Acheron, das von der griechischen Insel Samothraki herübergetuckert kam, abgehauen, um dein Privatgeschäftchen abzuwickeln?«

»Hm.«

»Wie oft hat dir Mama schon verboten krumme Geschäfte zu machen? Du bist ein böser Hakim. Tz, tz, tz, … was soll ich bloß mit dir machen? Strafe muss sein! Da geht kein Weg dran vorbei. Ich werde dich reiten.« Sie löste die beiden Handschellen. »Los dreh dich um!«

Meggy Mercedes ging das Rollenspiel mit Hakim Al-Wahid nicht aus dem Kopf. Sie hatte erst kürzlich von einem aufgebrachten Waffentransport zur See gelesen. Aber wo? War das nicht in der Nähe der griechischen Insel Kos? Sie googelte »Waffentransport-Kos-Panzerfäuste«. Der Bildschirm ihres Laptops war voll mit Berichten. Dann klickte sie und las: *Kapitän und Mannschaft verhaftet – Spur führt nach Deutschland – C4 Sprengstoff – Verbindung zu Sprengstoffattentaten – 10.000 Euro Belohnung für sachdienliche Hinweise.* Meggy Mercedes, mit bürgerlichem Namen Fanny Moosbauer, bemühte erneut ihren Computer und gab »BKA Wiesbaden« ein. Dann tippte sie die gefundene Telefonnummer in ihr Mobiltelefon und drückte die grüne Taste. Es dauerte eine Weile, bis sie sich durchgefragt hatte. »Hier spricht Fanny Moosbauer. Ich rufe aus Berlin an und möchte eine Zeugenaussage zu dem Waffentransport nach Syrien machen. Sie wissen schon, das Schiff, welches in der Nähe von Kos aufgebracht wurde. Gibt es die 10.000 Euro Belohnung noch?«

34

»Die Röttenbacher Senioren planen vom 19. bis 24. Mai schon wieder einen Ausflug.« Margarethe Bauer las aus dem Röttenbacher Gemeindeblatt vor.

»So, wo fahrns denn scho widder hin? Widder nach Waldtritt?«

»Doch net schon widder. Nach Mittenwald fahrns, und mit der Gondl hoch auf das Karwendelgebirge. Außerdem gehts zum Walchen- und zum Kochelsee und zum Kloster nach Benediktbeuern. Horch zu, was da steht: *Wir fahren mit dem komfortablen Reisebus in die Geigenbauerstadt Mittenwald, mitten hinein in das wunderschöne Karwendelgebirge, nahe der österreichischen Grenze. Mit der Gondel schweben wir dem Karwendelgebirge entgegen und genießen die herrliche Aussicht auf das Alpenpanorama. Nachdem wir uns mit einer deftigen Hüttenjause gestärkt haben, besuchen wir den romantischen Walchen- und Kochelsee. Ausflüge in das malerische Oberammergau sowie nach Schloss Linderhof können vor Ort gebucht werden. Ein Besuch des Klosters Bendiktbeuern hingegen steht auf unserem festen Programm. Am Samstag, den 24. Mai stärken wir uns noch mit einem kräftigen Frühstück, bevor wir wieder die Heimreise antreten. Unsere Leistungen enthalten: Fahrt mit dem Reisebus, 5 x Übernachtung, inklusive Halbpension, in einem typisch oberbayerischem Alpengast-*

hof, ein Mittagessen auf dem Karwendelgebirge, eine Schifffahrt auf dem Kochelsee und Eintritt ins Kloster Benediktbeuern. Für nur 290 Euro. Da könnt mer doch mitfahrn?«

»Und dann regnts widder, wie in Waldtritt«, merkte Kunigunde Holzmann skeptisch an und blätterte im Regionalteil der Nordbayerischen Nachrichten. »Außerdem wirds mir, glaub ich, schwindlig in der Gondl. Bis wann muss mer sich für die Fahrt anmelden?«

»Spätestens bis Ende März, steht da.«

»Dann wartn wir noch«, schlug die Kunni vor, »des können wir uns ja noch überlegen. Der Professor ist siebenundneunzig worn, steht da in der Zeitung. Ein stolzes Alter. Der ist noch ganz schee hell auf der Pfanna. Ein Foto mitn Landrat ist auch widder drin.«

»Na, das kannst dir denken«, kommentierte die Retta, »der hält doch sein Quadratschädel auch vor jede Kameralinsn.«

»Der Professor ist ein gscheiter Mann«, fuhr die Kunni in ihren Ausführungen fort, »der hat genau die gleiche Meinung wie ich.«

»So, warum soll der dann gscheit sei?«

»Weil der auch sagt, dass hinter den Anschlägen auf das Konsulat und das Asylantenheim net der Palästinenser in Berlin steckt, sondern die Neonazis.«

»Aber diesen Ali Sowieso und seinen Neffen hams doch deswegen verhaftet. Steht doch großmächtig auf der erstn Seitn«, kommentierte Margarethe Bauer sichtlich verwirrt.

»Weils blöd sind, die vom Verfassungsschutz«, antwortete die Kunni sichtlich aufgeregt, »denen hat man schon in frühester Kindheit ihr Hirn rausblasn.« Verärgert klappte Kunni die Zeitung zusammen und las die Schlagzeile auf der ersten Seite: *Terroranschläge geklärt – BKA und Verfassungsschutz nehmen Helfer von Terroristen fest.* »So ein Quatsch! Und was is mit dem Nikolaus, der wo da in Nürnberg die Grabsteine von dene Juden angeschmiert hat?«

»Das war halt ein anderer«, warf die Retta ein, »kein Terrorist. Außerdem hat man diesen Ali doch beim Waffenschmuggel erwischt, und eine Bettlergang soll er doch auch gehabt ham?«

»Den ham die Deppen vom BKA doch bloß erwischt, weil sein Neffe so brunzdumm ist. Erzählt einer Berliner Nuttn von dem Waffenschmuggel. Ja wo gibts denn so was? Und dann verkauft der auch noch auf eigene Rechnung fünf Panzerfäust und weiß angeblich net mal, an wen. Na Retta, mit den Anschlägen in Nürnberg und Zirndorf haben die Palästinenser nix zu tun. Glaub mir des.«

Die Retta war noch nicht überzeugt. »Und was ist mit den Telefonnummern, die die Polizei am Zaun in Zirndorf gfundn hat?«, wollte sie wissen. »Und die Gschicht von diesem Adem Gökhan?«

»Keine Ahnung.«

»So, keine Ahnung sagst du, aber dass da Neonazis im Spiel sein sollen, willst du angeblich wissen?«

»Das sagt mir mein Gefühl und mein gesunder Menschenverstand.«

»Gesunder Menschenverstand!«, rief Margarethe Bauer schnippisch, »du und dein gesunder Menschenverstand. Da lach ich ja wie eine Gummihex!«

Kunigunde Holzmann gab noch nicht auf. »Denk doch nach, Retta, und lass dir mal auf der Zunge zergehn, was der Professor Rosenkranz gsagt hat. Das sind eindeutig Taten der neuen braunen Brut, hat er gsagt, und dass sich die Neonazis neu formieren. Noch viel brutaler als die Glatzköpf solln die sein, voller Fremdenhass.«

»Ich merk da nix davon«, hielt die Retta dagegen.

»Und was is mit dem Türken, den man kürzlich halbtot in Erlangen gfunden hat?«, konterte die Kunni.

»Jetzt kommst mit dem auch noch daher. Wenn der deutschn Frauen nachstolziert und die vielleicht auch noch belästigt – na, dann kann ich mir schon vorstellen, dass da jemand was dagegen haben könnt und so einem lästigen Ausländer mal ordentlich aufs Maul haut.«

»Retta, mit dir kann man net diskutiern. Du drehst dir die Worte hin, grad so wie dus brauchst.«

»I e e c h?«, rief die Retta entsetzt.

★

Thomas Keller und Bernd Auerbach waren mit dem Zug nach Wien gereist. Während Keller sich im Hotel Austria einquartierte, machte Auerbach im Hotel Amadeus Station. Er war noch nie in der Stadt an der Donau gewesen. Nachdem er seinen kleinen Rollkoffer ausgepackt und sich etwas frisch gemacht hatte, verließ er sein Zimmer. Am Empfang ließ er sich einen Stadtplan geben und machte sich in Richtung Stephansplatz auf. Es war zu warm für die Jahreszeit. Die Temperaturen lagen bei nahezu zehn Grad Celsius. Die Sonne stand schon tief im Westen, und Schnee war auch für die nächsten Tage nicht angesagt. Um den Dom herum hielten sich viele Ausländer auf. Auch Bettler, Musikanten und wahrscheinlich jede Menge Taschendiebe. Selbst Österreich war von diesen ausländischen Nichtsnutzen verseucht. Überall dunkle Gestalten, Bettlerinnen mit Kopftuch und ausländisches Stimmengewirr. Der junge Ostdeutsche lief die Fußgängerzone, die Kärntner Straße, entlang und blieb hie und da vor einem Schaufenster stehen. Mozart, Mozart über alles. Wenig später lugte er in das Innere des mondänen Café Sacher. Er studierte die Preisliste, welche außen in einem gläsernen Kasten hing. Die Lust auf einen *Braunen*, oder einen *Vierspänner* war ihm schnell vergangen. Auch ein Stück Sachertorte verkniff er sich. Für den Preis bekam er in Röttenbach schon ein ordentliches Stück Schnitzel. Er lief die Straße weiter entlang und stand vor der Wiener Staatsoper. Hier tummelten sich also die Reichen der Alpenrepublik, und die internationale Society, wenn sie ihren alljährlichen Wiener Opernball feierten. Das wäre auch ein interessantes Anschlagsobjekt. Er sah auf die Uhr. Eile war geboten. Er wollte Thomas Keller nicht warten lassen. Bernd Auerbach beschleunigte seine Schritte und bog links in den Kärntner Ring ab. Zum Stadtpark war es nicht mehr so weit.

Er saß auf einer Bank unweit des Johann-Strauß-Denkmals und rauchte eine Zigarette. »Entschuldigung, ist bei Ihnen noch ein Plätzchen frei«, fragte er höflich und laut.

»Aber ja doch, junger Mann, nehmen Sie Platz. Auch eine Zigarette?«

»Nein, danke ich bin Nichtraucher.«

»Ein komischer Winter, nicht wahr?«, setzte Thomas Keller die seltsame Unterhaltung fort, »nicht Fisch, nicht Fleisch.«

Auf der Bank gegenüber, in Hörweite, erhoben sich zwei ältere Damen und strichen ihre Mäntel glatt. »Habe die Ehre, Gnädigste, baba und Grüße an den Herrn Gemahl«, raunte die im roten Lodenmantel mit der Kaiserin-Sissi-Frisur ihrer Gesprächspartnerin im Fuchspelz zu und schüttelte dreimal kräftig deren Hand.

»Auch von mir die besten Grüße an den Kommerzienrat daheim«, antwortete der Fuchspelz, entzog Kaiserin Sissi ihre Hand, grüßte vier Mal herzlich baba, drehte sich um und stiefelte davon. Die beiden Herren auf der Bank nebenan gewannen den Eindruck, dass die Kaiserin noch gerne etwas gesagt hätte, aber nicht die geringste Chance dazu hatte. Mit einem weiteren, freundlichen »baba«, machte auch sie sich davon.

»Hallo Bernd, endlich können wir uns vernünftig unterhalten, ohne dass jemand mithören kann«, nahm Thomas Keller das Gespräch auf, »Wie geht's zuhause? Mit Anna auch alles okay?«

»Danke der Nachfrage, alles paletti, wir fühlen uns in Franken richtig wohl. Ein furchtbarer Dialekt, aber sehr nette Leute.«

»Du warst übrigens Spitze, in deinem Nikolauskostüm. Oscarreif.«

»Danke, die Rolle hat mir auch Spaß gemacht. Was gibt's Neues?«

»Es tut sich einiges. Pass auf, Bernd, du kriegst nächste Woche Besuch von der Spedition Winterkorn. Die Leute bringen dir fünf längliche Kisten und eine große rechteckige. Darin befinden sich fünf russische Panzerfäuste und die dazugehörige Munition. Die Firma Winterkorn weiß nicht, was sich in den Packstücken befindet. Die Kisten sind verplombt und die Frachtpapiere besagen, dass du Spezialwerkzeuge geliefert bekommst. Frag mich nicht, woher ich die Dinger habe.«

»Ich kann's mir denken, schließlich lese ich auch Zeitungen. Ich sage nur: Pistazien. Aber sag mal, der Waffenschmuggel, … also, als die Dark Lady von den Griechen gestoppt wurde, … wie lange ist das schon her, … wo stecken denn die Panzerfäuste im Moment?«

»Die haben den Nürnberger Flughafen nie verlassen«, grinste Thomas Keller. »Die Kisten wurden nur umsigniert und an einen anderen Lagerplatz gebracht.«

»Dann waren die Berichte, die die Medien veröffentlicht haben, ... also ich meine die Abholung der Kisten ...«

»Alles nur Schall und Rauch«, ergänzte Thomas Keller. »Uns war das Risiko, mit einem geklauten Mercedes, der Panzerfäuste geladen hat, erwischt zu werden, einfach zu groß. Also haben wir ein kleines Theaterstück inszeniert.«

»Raffiniert«, staunte Bernd Auerbach. »Aber ...«

»Wir haben am Flughafen Nürnberg zwei Leute unseres Vertrauens, die wir gut bezahlen. Der geklaute, blaue Mercedes vom Typ Sprinter der Firma Hellas-Import hat gar nichts abgeholt. Der Fahrer hat auf den Frachtpapieren lediglich den Erhalt von sechs Kisten Olivenöl bestätigt, welche aus Kavala eingeflogen wurden. Dann ist er direkt in die Nähe von Weiden gefahren und hat das Fahrzeug abgefackelt. Im Moment lagern unsere Kisten, durch eine Plane verdeckt, auf einer Lagerfläche am Nürnberger Flughafen, die eine Hamburger Firma angemietet hat, welche Spezialwerkzeuge herstellt. Demnächst kommt wieder eine neue Lieferung aus Hamburg, und deshalb müssen die Panzerfäuste weg.«

»Ist es nicht auffällig, wenn, ... na ja, die Spezialwerkzeuge so lange nicht abgeholt werden?«, wollte Bernd Auerbach wissen.

»Überhaupt nicht. Der Hamburger Hersteller produziert auf Lager, um die Lieferzeiten zu verkürzen. Wenn ein Kunde im süddeutschen Raum einen Bedarf hat, wird sofort ab Flughafen Nürnberg ausgeliefert. Außerdem können von dort auch einige europäische Kunden bedient werden. Also Bernd, schaff Platz in eurer Scheune und versteck die Dinger gut. Wir brauchen die Feuerspeier zwar nicht aktuell, aber spätestens Mitte des Jahres dürften sie zum Einsatz kommen.«

»Ich kann damit aber nicht umgehen. Was hast du vor? Ich habe so ein Ding noch nie in der Hand gehabt.«

»Das wird sich bald ändern.«

»Wie meinst du das?«

»Wir schicken dich und weitere fünf junge Männer nach Pskow.«

»Wohin?«

»Nach Pskow! Noch nie davon gehört?«

Bernd Auerbach schüttelte neugierig den Kopf.

»Pskow ist eine nordwestrussische Großstadt. Pleskau ist der deutsche Name. Die Stadt liegt circa dreihundert Kilometer südwestlich von St. Petersburg. In der Nähe von Pskow gibt es einen großen russischen Truppenübungsplatz. Dort wirst du mit den anderen fünf lernen, wie man mit den Panzerfäusten umgeht und schießt. Ich kenne in Pskow einen russischen Generaloberst, der mir noch einen kleinen Gefallen schuldig ist. Die ganze Sache ist schon organisiert. Du fliegst am Montag in zwei Wochen. Eine Woche intensives Training genügen – du weißt schon, Waffenlehre und Schießübungen –, dann fliegt ihr wieder zurück.«

»Warum machen wir den Lehrgang nicht später, kurz vor unserem Einsatz, und worum geht es überhaupt?«, wollte Bernd Auerbach wissen.

»Weil dann, mein Freund, Generaloberst Wladimir bereits im Ruhestand sein wird und wir keine Möglichkeit mehr hätten, unser Training zu absolvieren. Ihr werdet völlig abgeschottet sein. Kein Mensch, bis auf euren Trainer und den Oberst, wird mitbekommen, dass ihr da seid. Ihr müsst eure erworbenen Kenntnisse über den Umgang mit den Waffen konservieren, bis wir sie brauchen. Wozu, darüber möchte ich im Moment noch nicht reden. Bitte hab Verständnis dafür, aber es handelt sich um eine ganz große Sache. Wir brauchen noch etwas Zeit. Die Vorbereitungsarbeiten sind gerade erst angelaufen.«

Thomas Keller sah auf seine Uhr. »Was meinst du, sollten wir uns auf den Weg zum Abendessen machen? Gehen wir zum Salm-Bräu?«

»Keine Ahnung, ich kenn mich in Wien überhaupt nicht aus.«

»Laufen wir ein Stück, die Luft tut gut, dann kann ich dir unterwegs erzählen, was deine nächste Aufgabe sein wird.«

Bernd Auerbach hörte aufmerksam zu. »Es reicht nicht, beim Unkraut nur ein paar Blättchen abzuzupfen«, hörte er Thomas Keller philosophieren,

»da muss man schon an der Wurzel anpacken.« Der junge Ostdeutsche sog jedes Wort, jede Betonung seines Auftraggebers in sich auf, doch er fragte nicht nach dem Warum, Wieso und Weshalb. Er wusste, Thomas Keller würde ihn informieren, wenn der rechte Zeitpunkt gekommen war. Dann berichtete er Thomas Keller über Professor Rosenkranz und steckte ihm den ausgeschnittenen Pressebericht zu. Der las ihn während des Gehens.

»Wir müssen die Salesianergasse hinauf bis zum Rennweg« wies Thomas Keller die Richtung an. »Scheint ein kluger Analytiker zu sein, dieser Professor. Behalt ihn im Auge, und sag mir rechtzeitig Bescheid, sollten seine Aussagen gehört werden und die Sache aus dem Ruder laufen. Ich denke aber, dass wir im Moment eher nichts zu befürchten haben. Das BKA und der Verfassungsschutz sind im Moment von sich selbst berauscht, dass sie die Anschläge in Nürnberg und Zirndorf aufgeklärt und zwei Verdächtige verhaftet haben.«

»Das ist übrigens der Georgsaal, in dem wir sitzen«, erklärte er einige Zeit später, nachdem sie das Salm-Bräu betreten hatten. »Das Gebäude hat schon eine lange Geschichte, vor allem seine Keller. Vor dem Jahr 1717 waren an dieser Stelle Weinkeller mit Weingärten, sie gehörten dem damaligen Bürgermeister von Wien. Im selbigen Jahr hat er sein Eigentum an den kaiserlichen Hof verkauft, worauf die damalige Kaiserin hier ein Kloster errichten ließ. Der Saal hier diente früher als Stall für die Wagenpferde der kaiserlichen Hoheiten. Ganz in der Nähe von hier, den Rennweg nur ein kleines Stück runter, liegt nebenbei gesagt, Schloss Belvedere, der ehemalige Wohnsitz von Prinz Eugen von Savoyen. Ja, ja, Wien ist schon eine schöne Stadt, mit reicher Tradition und Geschichte. Leider ist das schöne Wien zwischenzeitlich auch von Ausländern verseucht, wie du unterwegs sicherlich schon festgestellt haben wirst.«

35

Elektroingenieur Tobias Engels, Jahrgang 1950, ist ein alteingesessener Nürnberger, der im Stadtteil Großgründlach das Licht der Welt erblickte. Nach seinem Studienabschluss trat er in die Dienste von Siemens in Erlangen und bereiste bereits als junger Mann die fünf Kontinente dieser Erde. Das Schicksal wollte es, dass ihn seine Dienstreisen in den Jahren 1980 und 1981 sehr häufig nach Istanbul führten. In einer der Kneipen um den Taksim-Platz lernte er die drei Jahre jüngere Nilgün Bastürk kennen. Nilgüns Vater betrieb im großen Bazar einen florierenden Teppichhandel und zog vor allem deutsche Touristen mit überhöhten Preisen gerne über den Tisch. Die beiden jungen Leute trafen sich immer öfter und verliebten sich ineinander. Tobias Engels verehrte seine Nilgün. Er liebte ihre schwarzen, großen Augen, die wie zwei feurige Diamanten funkelten. Ihre Haut schimmerte wie Bronze im untergehenden Licht der Sonne am Bosporus. Tobias Engels' Dienstreisen in die Türkei gingen abrupt zu Ende, da ihn sein Arbeitgeber immer häufiger in Indien einsetzte, doch die Liebe zu Nilgün blieb. So oft er konnte, reiste er privat nach Istanbul, um seine wunderschöne Freundin mit dem langen, kräftigen, nachtschwarzen Haar zu sehen. Eines Tages, Anfang 1983, rief ihn Nilgün an, um ihm mitzuteilen, dass sie schwanger sei und Mitte des nächsten Jahres ein Kind von ihm erwarte. Vorbei war es mit den Dienstreisen nach nah und fern. Tobias Engels war schon immer ein ehrenhafter Mann. Er holte seine schwangere Freundin nach Nürnberg. Noch bevor Ende Juni der gemeinsame Sohn Frederick geboren wurde, stand die Hochzeit an.

Frederick Engels war ein hübsches Baby. Die dunklen Haare und den farbigen Teint hatte er eindeutig von der Mutter, die grünen Augen und den schlanken, großen Körper hatte ihm der Vater vererbt. Im Alter von drei Jahren spielte Frederick lieber mit Puppen als mit Autos oder Bausteinen. Im Kindergarten schloss er sich lieber der Mädchenclique an als den wilden Banden der Jungs. Zuhause zierte er sich liebend gerne mit den farbenprächtigen, seidenen Tüchern seiner Mutter und spielte Prinzessin und Prinz. Mit fortschreitendem Alter wurde ihm bewusst, dass er sich in Frauenkleidern viel attraktiver und wohler fühlte als in Hosen und Jacken. Irgendwann fiel ihm auf, dass er ganz besonders den Jungs gefallen wollte. An der Schule schloss er sich der Schultheatergruppe an, und wann immer eine attraktive, weibliche Hauptrolle zu besetzten war, stand Frederick in der vordersten Reihe der Bewerber. Langsam begannen seine Mitschüler über ihn zu murmeln. Gerüchte entstanden. Bald nannten sie ihn Fredericke. Ihm war das egal, solange sie seine schauspielerischen Fähigkeiten anerkannten. Im heranwachsenden Alter, als seine sexuellen Gefühle erwachten, bewunderte er die Jungs, die einen kräftigen und muskulösen Körper entwickelten. Er sah sie verstohlen an, wenn sie nach dem Sport nackt neben ihm unter der Dusche standen. Sein Körper war im Vergleich dazu sehr zart und feingliedrig. Wo sich bei seinen Schulkameraden kräftige Oberschenkel und Waden bildeten, fehlten bei ihm die Muskelpakete. Seine Beine waren lang gewachsen, mit schlanken Fesseln und hatten so gut wie keine Behaarung. Im Alter von siebzehn Jahren hatte er sein erstes einschneidendes sexuelles Erlebnis. Als er in einer lauen Sommernacht an einer stadtbekannten Schwulenbar in der Altstadt vorbeischlenderte, sprach ihn ein Mann an. Im Nachhinein erinnerte sich Frederick gar nicht mehr daran, ob es wirklich Zufall war, dass er gerade diesen Weg genommen hatte, oder ob ihn eine magische Kraft zu dieser Bar hin zog.

»Hallo, Süßer«, sprach der muskulöse Fremde, der gerade auf den Eingang der Szenen-Kneipe Knackarsch zuschritt, »willst du nicht auch mit reinkommen? Ich geb dir ein Bier aus. Keine Angst, da drinnen sind nur nette Leute. Wir tun niemandem etwas.«

Frederick wusste nicht mehr, wie ihm geschah. Einerseits hatte er ein ungutes Gefühl in diese verrufene Bar einzutreten. Er wusste ja nicht, was da auf ihn zukommen würde. Andererseits war da diese Neugierde, dieses aufregende Gefühl, dieses exotische Etwas. Er folgte seinen Gefühlen. »Ich bin der Frederick«, stellte er sich dem fremden Mann vor.

»Freut mich«, meinte der, »kannst mich Bill nennen. Bist du das erste Mal hier?«

»Hm, ja schon.«

»Komm rein, ich stell dir meine Freunde vor.«

»Hi, ich bin der Hartmut.«

»Grüß dich Frederick, ich bin Max.«

»Nenn mich einfach Dick.«

Es dauerte gar nicht lange, bis er mit den anderen vier Männern in anregende Gespräche vertieft war. Er fühlte sich wohl. Sie sprachen über die CDU-Spendenaffäre, über den neuen Fußball-Europameister Frankreich, sprachen über Sexerfahrungen unter Männern genauso, wie über die Weltausstellung EXPO 2000 in Hannover. Die Zeit verrann im Nu, als ihn Max fragte, ob er schon mal in einem Darkroom gewesen wäre. »Darkroom?« Frederick konnte mit dem Begriff nichts anfangen. »Dunkler Raum?«, wiederholte er auf Deutsch. »Was ist das?«

»Ein sehr aufregender Ort«, erklärte Bill und bekam dabei leuchtende Augen. »Ein Ort, wo du quasi mit anderen anonymen Sex haben kannst, ohne dass du deine Sexpartner kennst. »Es ist, wie der Name schon sagt, ein abgedunkelter Raum, in dem sich mehrere Leute aufhalten. Meist sind die Wände schwarz getüncht, die Glühbirnen schwarz bemalt oder mit roter Farbfolie abgedeckt. Es ist ein Raum, in dem du die anderen nicht siehst. Die Reize, die du normalerweise über deine Augen aufnimmst, gibt es nicht. Du ertastest nur, riechst und schmeckst. Deine Augen müssen sich erst an die Dunkelheit gewöhnen. Es ist wirklich sehr aufregend, sage ich dir. Alles was du in den Taschen hast, musst du gut verstauen. Geht etwas verloren, findest du es kaum wieder.«

»Muss man sich da vorher ausziehen?«, wollte Frederick wissen.

»Nein, du gehst da angezogen rein und auch wieder raus«, kicherte Dick«, aber was da drinnen passieren kann, überlasse ich deiner Fantasie. Kondome solltest du jedenfalls immer in der Tasche haben, wenn du verstehst, was ich meine.«

»Und wo gibt es diese Darkrooms?«

»Hier im Knackarsch gibt es einen. Eine Weltneuheit. Willst du mal rein?«

Frederick spürte den Kloß in seinem Hals. Aber er fühlte auch eine gewisse Spannung im Schritt seiner Hose. Seine Gedanken purzelten durcheinander. Szenen in vollständige Dunkelheit gehüllt liefen in seinem Kopf ab. Er fühlte viele tastende Hände. Er fühlte, wie die fremden Hände von hinten in seinen Hosenbund glitten und immer tiefer wanderten. Der Gürtel seiner Hose wurde gelockert. Jemand zog seinen Reißverschluss auf. Er spürte raue Lippen auf seinem Mund. Sie stanken nach Zigarettenrauch, aber es war aufregend. Eine fremde Hand griff nach seiner Rechten und führte sie an eine ausgebeulte Lederhose. »Hol ihn raus und reib ihn«, forderte ihn eine Flüsterstimme an seinem rechten Ohr auf. Seine Unterhose hing ihm zwischenzeitlich zwischen den Knien und ein eingefetteter Finger spielte an seinem Hinterteil herum. Er schloss die Augen und genoss es.

»Frederick, Frederick, hast du meine Frage verstanden? Ob du mal rein willst, hab ich gefragt? Komm, gib mir deine Hand, ich zeige dir den Weg.«

★

Frederick Engels hatte sein erster Besuch im Knackarsch fürs Leben geprägt. Seitdem bekannte er sich offen zur Homosexualität, und auch der Drang, in Frauenkleider zu schlüpfen, wurde immer stärker. Immer extravaganter wurden seine Verkleidungen, welche er in diversen schwulen Privatclubs trug. Er entwickelte sich zu einer regelrechten Dragqueen. Seine Eltern waren entsetzt und verstanden gar nicht, was sie in der Erziehung ihres Sohnes falsch gemacht hatten.

Nach seinem Abitur verließ Frederick Deutschland für ein paar Jahre und tourte durch Marokko. Dort lernte er den schwulen Industriellensohn Mourad Chalid kennen. Chalid war durchaus kein armer Mann. Er hatte niemals gearbeitet, denn Geld floss reichlich von seinen Eltern. Mourad Chalid und Frederick Engels wurden ein Paar, hatten aber Schwierigkeiten, ihre Homosexualität in Marokko offen auszuleben. Stets mussten sie darauf achten, ihre gegenseitige Zuneigung nicht in der Öffentlichkeit zu zeigen.

Eines Tages fragte Frederick seinen Freund, was er davon hielte, wenn sie nach Deutschland gingen. »Was machen wir dort?«, wollte der wissen.

»Wir eröffnen einen Saunaclub für Schwule«, war die spontane Antwort, »in meiner Heimatstadt Nürnberg.«

»Ich darf als Marokkaner nicht dauerhaft in Deutschland leben, und als Asylant, als politisch Verfolgter, gehe ich nicht durch«, meinte Mourad.

»Doch, du darfst in Deutschland leben – mit mir. Ich bin doch Deutscher. Wir lassen unsere Partnerschaft staatlich registrieren.«

Dann erklärte Frederick seinem Freund von den fortschrittlichen deutschen Gesetzen. »Sieh mal«, erklärte er, »am 1. August 2001 trat in Deutschland das Gesetz zur Eingetragenen Lebenspartnerschaft in Kraft. Das heißt, auch schwule oder lesbische Paare haben die Möglichkeit, ihre Partnerschaft amtlich registrieren zu lassen. Das ist ganz legal. Durch das Gesetz und die gültigen Rechtsänderungen haben Lebenspartnergemeinschaften nahezu die gleichen Rechte wie deutsch-ausländische Ehepaare. Das gilt auch für binationale homosexuelle Partnerschaften. Die früheren Diskriminierungen wegen sexueller Identität wurden damit nahezu vollkommen abgebaut. Das heißt, du hast einen Rechtsanspruch auf einen Aufenthalt in Deutschland und somit auch die Möglichkeit einer zügigen Einbürgerung. Hast du das alles verstanden?«

Natürlich hatte Mourad Chalid noch eine Menge Fragen, aber langsam begriff er, welche Möglichkeiten ihnen in Deutschland offenstanden. Der Beschluss war schnell gefasst: Frederick flog voraus und sollte sich um geeignete Räume für einen Schwulen-Treff kümmern. Sie hatten sich darauf geeinigt, einen exklusiven Club mit hohem Standard und umfangreichen Dienstleistungen zu eröffnen. Eine finnische Sauna sollte das Herzstück bilden und gleich an eine große Bar anschließen, welche als Kommunikationsplattform dienen sollte. Edle Getränke und kleine Gerichte seien ein Muss, das hatten sie ebenfalls beschlossen. »Ein großer Darkroom muss ebenfalls sein«, schwärmte Frederick. »Du wirst begeistert sein. Wir werden ihn thematisieren«, schlug er enthusiastisch vor.

»Was meinst du damit?«, wollte sein marokkanischer Freund wissen.

»Klinik, Schule, Wasser, Erziehungsheim«, warf der Deutsche ein paar Schlagworte in den Raum. »Lass mich darüber nachdenken. Auf jeden Fall brauchen wir auch einen Videoraum, du weißt schon – zur Stimulation.«

»Ein Separee auch«, stimmte Mourad begeistert zu. »Aber ich spreche kein Deutsch«, gab er zu bedenken.

»Macht nichts. Glaub mir, das wird. Wir werden auch internationale Gäste haben. Ich werde mal versuchen, dass wir in Gostenhof geeignete Räumlichkeiten finden.«

»Was ist Gostenhof schon wieder?«

»Ein Nürnberger Stadtteil, der südwestlich an die Altstadt angrenzt. Wir Nürnberger sagen spaßeshalber auch Gostanbul dazu, weil dort sehr viele Muslime leben. Glaub mir, auch die haben, wie alle Muslime, Probleme, ihre Homosexualität offen auszuleben.« Frederick stutzte. »Das ist überhaupt d i e Idee. Wir konzentrieren uns auf die Moslems als unsere Stammkunden. In den deutschen Schwulenlokalen sind die sowieso nicht gelitten. Ja, so machen wir's.«

★

Ein Jahr später eröffnete in Nürnberg-Gostenhof das *Escinsel*, der erste Schwulentreff für Muslime. Frederick Engels war fündig geworden. Gleich hinter der Eisenbahnstrecke Nürnberg-Erlangen-Bamberg, wo jeden Tag die Züge der S1 vorbeidonnern, wo die Hausfassaden der Leonhardstraße, der Bauerngasse und der Petzoltstraße ein fast gleichschenkliges Dreieck bilden und den Petra-Kelly-Platz touchieren, liegt hinter den Häusern ein riesiger Innenhof. Die Häuser, die auf diesem Platz gebaut sind, sind von den Straßenseiten aus gar nicht einsehbar und nur durch die wenigen Zugänge erreichbar. Ein idealer, diskret liegender Ort für einen Schwulentreff. Die homosexuellen Männer unter den fast 100.000 Ausländern, die in Nürnberg lebten, insbesondere die schwulen Türken, die die größte Gruppe stellten, hatten nun eine echte alternative Attraktion.

Mourad Chalid und Frederick Engels waren happy. Die Umbauarbeiten dauerten sechs Monate. Bis die Inneneinrichtungen für die Sauna, die Küche, den Videoraum und die anderen Räume fertig waren, vergingen weitere zweieinhalb Monate. Dann wurde das *Escinsel* mit einem riesigen Brimborium eröffnet. Frederick konnte den ganzen Tag grell geschminkt in seinen extravaganten Frauenkleidern herumstolzieren, während Mourad sich um den Betrieb in der kleinen Küche und an der Bar kümmerte. Der kreativere Part der beiden war Frederick. Er war unter anderem für die Themenabende im Darkroom verantwortlich. »Sesam öffne dich« war an den Wochenenden in kürzester Zeit ein Hit, »Im Harem«, am Dienstag und Freitag, stand dem bald in nichts nach. Frederick arbeitete bereits an zwei neuen Themen: »Schlangen aus dem Sack« und »Flötenspieler«. Als auch der Internetauftritt fertig und on-line geschaltet war, kamen bald die ersten auswärtigen Gäste. Vier Wochen später suchten draußen auf den Straßen bereits Gäste aus Köln, Bremen, Hamburg und Paderborn verzweifelt nach Parkplätzen.

Auch Kemal Özkan hatte schon vom *Escinsel* gehört. Einen schlanken Knabenkörper konnte er sich auch als äußerst interessant vorstellen – trotz der Ausführungen zur Homosexualität im Koran. Leider hatte er als Arbeitsloser nicht das nötige Kleingeld, um einen so exquisiten Club zu besuchen. Er beschloss, sich von seinem eh schon knapp bemessenen Taschengeld einen nennenswerten Betrag zusammenzusparen. Die Alternative, um schneller an Geld zu kommen, über die er ebenso angestrengt nachdachte, war ein kleiner Bruch. Hehler gab es genug, und wie er bei Saturn an teure Spiegelreflexkameras herankam, hatte er schon einmal bewiesen. Er musste einfach mal die Lage sondieren. Seine Schwester Akgül, die faule Sau, sollte das nächste Mal von Hemhofen heimlaufen. Ständig musste er die Dame zum Sprachkurs und zurück chauffieren. Das stank ihm allmählich, und dass sie bereits ein besseres Deutsch sprach, konnte er bisher noch nicht feststellen. Er brauchte das Auto, wollte nach Erlangen fahren und sich bei Saturn umschauen.

36

Ali Abusharekh und sein Neffe Hakim saßen im Untersuchungsgefängnis Moabit ein. Die deutschen Ermittler hatten die beiden wegen Waffenschmuggel ganz schön am Arsch. Wie sie ihm auf die Schliche gekommen waren, wusste der Familienboss noch immer nicht. Ebenso hatte er keine Ahnung, warum auch Hakim Al-Wahid verhaftet worden war. Der war doch längst von Bord gegangen, als die Dark Lady durch die Scheiß-Griechen aufgebracht wurde. Aber warum war Hakim eigentlich von Bord gegangen? Er sollte doch den Transport bis nach Syrien begleiten? Und was sollte das ständige Gefasel dieser blöden deutschen Ermittler von einem Bombenattentat in Nürnberg und einem Handgranatenangriff in einem anderen beschissenen bayerischen Kaff, dessen Namen er noch nicht einmal kannte? Dass die Waffen ausschließlich für die syrische Armee in ihrem Verteidigungskampf gegen die aufständischen Rebellen bestimmt waren, hatte er diesen Arschlöchern doch schon etliche Male erklärt. Sie glaubten ihm anscheinend nicht. Warum sollte er Waffen nach Deutschland liefern, oder hatte er da etwas falsch verstanden? In seinem Kopf ging im Moment alles durcheinander. Er hatte noch kein festes Bild. Wie sollte er da den Deutschen die passenden Antworten geben können, wenn er selbst die Zusammenhänge nicht verstand? War er zu unvorsichtig gewesen? Das konnte er sich nicht vorstellen. Wurde er verraten? Aber von wem? Steckten da schon wieder die beschissenen Israelis dahinter? Er hatte doch den sichereren, umständlicheren Transportweg über das Schwarze Meer gewählt, nicht durch die Türkei. Er zermarterte sich das Gehirn, kam aber auf keinen grünen Zweig. Er saß am Tisch im Vernehmungszimmer und wartete wieder einmal auf diese blöden Wichser vom BKA und dem deutschen Verfassungsschutz. Bestimmt saßen sie bereits hinter der breiten Spiegelwand im Nebenzimmer und beobachteten ihn. Jede seiner Bewegungen, jedes Minenspiel würden sie aufzeichnen, damit sich ihre Psychologen etwas daraus zusammenreimen konnten. Er würde ihnen was husten. Er ließ sich nicht provozieren, selbst wenn sie ihn bis zum Eintritt ins

Paradies verhören würden. Wenn er nur mit Hakim Al-Wahid reden könnte, der konnte ihm vielleicht einiges erklären. »Nur ruhig bleiben«, beschwichtigte ihn seine innere Stimme, »es wird alles gut. Allahu akbar.«

»Guten Morgen, Herr Abusharekh, geht es Ihnen heute gut? Sind Sie schon in sich gegangen, und können Sie uns heute mehr erzählen als die Tage vorher?«

Das war der kleine Dicke mit dem Mundgeruch. Der vom BKA. Einen Scheiß würde er ihnen erzählen.

»Oder wollen Sie immer noch schweigen wie der Fisch im Wasser, obwohl die Beweislage erdrückend ist? Sehr erdrückend«, meinte das andere Arschloch vom Verfassungsschutz, dieser Maximilian Hochleitner, den er kannte und den er schon etliche Male verarscht hatte und der beim Sprechen manchmal lispelte. »Herr Abusharekh«. Nicht mal seinen Namen konnte der Doofian richtig aussprechen.

»Also setzen wir unser Spielchen heute fort«, stellte der Dicke arrogant fest und rückte an seiner Brille herum, bevor er das Aufzeichnungsgerät einschaltete. »Sie haben also noch immer keine Ahnung, wer die beiden Anschläge in Nürnberg und Zirndorf ausgeführt haben könnte?«

»Nein!«

»Sie wollten also rein zufällig den gleichen C4-Sprengstoff aus dem Iran nach Syrien transportieren, wie er auch bei dem Attentat in Nürnberg verwendet wurde. Dass der Sprengstoff – der in Nürnberg und Ihrer – aus ehemaligen NVA-Beständen stammt, ist Ihnen auch nicht geläufig?«

»Nein!«

»Was *Nein*?«

»Ich sagte *Nein*, weil ich weiß, wo mein Sprengstoff herkommt. Wo Ihrer herkommt, weiß ich nicht, denn mein Sprengstoff wurde durch die Griechen abgefangen. Der kann also gar nicht Ihrer sein, weil er gar nicht bis Deutschland gekommen ist.

»Jetzt werden Sie nicht frech, Herr Abusharekh«, lispelte der Verfassungsschützer, »sonst fahren wir mit Ihnen noch gewaltig Schlitten.«

»Vielleicht haben Sie ja schon des Öfteren Panzerfäuste nach Deutschland geschmuggelt und den Sprengstoff darin versteckt?«, versuchte es der BKAler erneut. »Bei der Gelegenheit können Sie uns auch gleich erzählen, wo diese Waffen abgeblieben sind.«

»Nun verstand der Palästinenser nur noch Bahnhof. »In welchen Panzerfäusten denn? Was soll denn der Quatsch?«

»Was soll denn der Quatsch?«, wiederholte dieser hundsblöde Maximilian Hochleitner. »Wir sprechen von den fünf Ofenrohren, die Ihr Neffe mit der MS Acheron im griechischen Kavala an Land gebracht hat, und wovon er Meggy Mercedes in aller Breite erzählt hat.«

Ali Abusharekh war nahe am Ausflippen. »Ich weiß nicht, was in Kavala an Land gebracht worden sein soll, und wer verdammt ist Meggy Mercedes?«

»Meggy Mercedes?«, meinte der kleine Dicke, »Sie haben noch nie etwas von Meggy Mercedes gehört? Hat Ihnen Ihr Neffe nichts von ihr erzählt, von den roten Strapsen und den beiden Melonen? Und jetzt wollen Sie uns auch noch weismachen, dass Sie nicht wissen, was nach Kavala gebracht wurde? Machen Sie sich doch nicht lächerlich, Herr Abusharekh!«

»Scheiß drauf!«, fing der Palästinenser nun zu schreien an, »ich versteh überhaupt nicht, wovon Sie sprechen. Kann mir das mal jemand erklären? Griechenland, Panzerfäuste, Meggy Mercedes, Ofenrohre? Worum geht's überhaupt?«

Die beiden Beamten sahen sich an. »Wollen Sie uns erzählen, dass Sie nichts davon wissen, dass sich ihr Neffe, Hakim Al-Wahid, nahe der griechischen Küste mit einem Motorschiff und fünf Panzerfäusten aus dem Staub gemacht hat? Und dass er diese Geschichte Meggy Mercedes mit der Fliegenklatsche brühwarm erzählt hat, wissen sie wohl auch nicht? Der Name Fanny Moosbauer sagt Ihnen sicherlich auch nichts? Also, Herr Abusharekh, jetzt machen Sie mal halblang!«

Ali Abusharekh sah die beiden abwechselnd mit großen Augen entgeistert an. Dann raufte er sich die Haare, und es folgte ein verzweifelter, markerschütternder Schrei, ein langgezogenes: »N-e-i-i-i-n« ich weiß es nicht!«

Der Polizeipsychologe hinter der Beobachtungsscheibe kritzelte mit fliegendem Kugelschreiber über das vor ihm liegende Papier.

★

Hakim Al-Wahid ging es nicht viel besser als seinem Onkel. Auf die Fragen der vernehmenden Beamten erklärte er monoton: »Ich weiß nichts von Panzerfäusten. Ich weiß auch nichts von einem Waffentransport. Mein Onkel hat mir darüber nichts erzählt. Es war von vornherein geplant, dass ich nahe der türkischen Halbinsel Gallipoli von Bord gehe. Dass mich ein griechisches Motorschiff abholt, war schon lange ausgemacht. Man muss ja auch mal Urlaub machen, aber das verstehen Sie sicher nicht!«

»Doch, das verstehen wir schon. Wie hieß denn das Motorschiff«, wollte der vom Verfassungsschutz wissen.

Der Neffe von Ali Abusharekh lehnte sich mit einem süffisanten Grinsen zurück. »Wer achtet denn schon auf solche Kleinigkeiten, meine Herren?«

»Und wo hat Sie das Motorschiff hingebracht, wo haben Sie denn Ihren Urlaub genossen? Oder wissen Sie das auch nicht mehr?«

Hakim Al-Wahid glotzte zur Decke und grübelte in seinem Gedächtnis. »Mein Gott, diese griechischen Städtenamen sind aber auch schwirig zu merken, … Kakerlakos oder so ähnlich?«

Der Mann vom BKA lächelte. »Kakerlakos? Kommt mir irgendwie bekannt vor. Habe ich bestimmt schon mal gehört. Erzählen Sie doch weiter von Ihrem Urlaub«, forderte er Hakim auf. Sind Sie denn längere Zeit in Kakerlakos geblieben? Was gibt es denn da Interessantes zu sehen?«

»Ach, so interessant ist die Stadt nun auch wieder nicht, aber die Umgebung ist traumhaft.«

»Ach ja?«

»Hm. Und eine Kultur haben diese Griechen. Eine Kultur sag' ich Ihnen.«

»Wie lange sind Sie denn da geblieben, in Kakerlakos? Bis Sie die Kisten mit den Panzerfäusten aufs Flugzeug gebracht haben?«

»Sie mit Ihren komischen Panzerfäusten! Ich weiß nichts von Panzerfäusten. Ich habe Urlaub gemacht!«

»Komisch, dass wir uns da nicht getroffen haben«, wunderte sich der BKA-Beamte, wir waren nämlich auch da, in Kakerlakos. Wir haben wunderschöne Urlaubsfotos geschossen. Wollen Sie mal sehen?«

Der Beamte griff in seine Jackentasche, zog einen Packen Fotos heraus und warf sie klatschend auf den blanken Vernehmungstisch. »Schauen Sie ruhig!«, forderte er den Palästinenser auf.

Der griff danach und wurde sichtlich bleicher.

»Die MS Acheron«, erklärte der kleine Dicke der beiden Ermittler zu den Fotos. »Achilleas Sideropoulos, Eigentümer und Kapitän des Schiffes. Erkennen Sie ihn wieder? Jannis Kazanzakis, sein Angestellter.«

Hakim Al-Wahid betrachtete das nächste Foto.

»Eine Lagerhalle am Flughafen von Kakerlakos, oder genauer gesagt am internationalen Flughafen Megas Alexandros, nahe der Stadt Kavala«, erklärte der BKA-Fahnder. »Dorthin haben die beiden Griechen die sechs Packstücke gebracht, die angeblich voller Flaschen frisch gepressten Olivenöls gewesen sein sollen. Noch am gleichen Tag wurden sie an Bord eines Touristenbombers geladen, der Urlauber, die auf der Insel Thassos ihren Weihnachts- und Neujahrsurlaub verbracht hatten, zurück nach Nürnberg flog. Gleich nach Ankunft der Maschine wurden die Kisten von einer Firma Hellas-Import abgeholt. Wir haben die Sache überprüft: Es gibt keine Firma Hellas-Import. Der Kleintransporter, der die Kisten in Nürnberg abgeholt hat, war geklaut. Einen Tag später wurde er abgefackelt in einem Waldstück nahe der Stadt Weiden, in der Oberpfalz gefunden. Die Holzkisten mit den Panzerfäusten haben unsere Experten nicht gefunden. Und wissen Sie, wer uns das alles verraten hat? Ich sag's Ihnen: Unsere Kollegen in Kavala. Die haben nämlich die beiden fleißigen Schiffer auf der MS Acheron hoppgenommen und verhört. Gesungen haben die, wie die Kanarienvögel. Als unsere Kollegen in Kavala – oder soll ich besser sagen: in Kakerlakos? – den beiden Ihr Bild gezeigt haben, welches wir nach Griechenland geschickt hatten, haben die zwei gerufen: Das ist der

Mann! Und nun, verdammt noch mal, möchten wir wissen, wo die Kisten abgeblieben sind?« Der kleine Dicke vom BKA bekam vor lauter Schreien einen Kopf, so rot wie eine Tomate. Er stank furchtbar aus dem Mund.

Hakim Al-Wahid hatte längst gemerkt, dass ihm die Felle davonschwammen. Zusammengesunken saß er auf seinem Stuhl. Um das Strafmaß einigermaßen erträglich zu halten, hatte er nur noch eine Chance: Er musste kooperieren. Das war ihm zwischenzeitlich klar geworden. Er musste versuchen, seinem Onkel die Hauptschuld in die Schuhe zu schieben. »Ich weiß nicht, wo die Panzerfäuste abgeblieben sind«, erklärte er kleinlaut, »ich habe die Abnehmer nie persönlich kennengelernt. Alles ging nur telefonisch. Das Geld für die Waffen habe ich in meinem Briekasten gefunden.« Hakim Al-Wahid hakte für die nächsten Monate jeglichen Besuch bei Meggy Mercedes geistig ab. Wie konnte ihn Allah nur auf diese Art und Weise bestrafen? Die Fliegenklatsche wäre ihm lieber gewesen. Und diese Möpse, … beim Bart des Propheten, diese Möpse!

37

Dem Erlanger Kommissar Gerald Fuchs lag der Überfall auf den türkischen Mitbürger, kurz vor Weihnachten, schwer im Magen. Sein Chef, Hauptkommissar Joerg Kraemer, drängte auf die baldige Aufklärung des Falls. Doch bis jetzt hatte Oberarzt Dr. Hufinger noch kein grünes Licht für die Vernehmung des Opfers gegeben. Zu diffizil waren die Verletzungen des Überfallenen. »Rhinobasale Schädelbasisfraktur«, hatte er ihm am Telefon erklärt. Als ob er damit etwas anfangen hätte können. »Die Nase und die Schädelbasis sind schwer in Mitleidenschaft gezogen worden«, hatte ihm der Arzt auf Nachfrage erklärt. »Der Bruchspalt zieht sich bis in die Nasennebenhöhlen. Blut und Gehirnflüssigkeit waren aus Nase und Ohren ausgetreten. Wir mussten sofort operieren, obwohl der Patient eigentlich in die Kopfklinik gehört hätte. Aber an eine Verlegung war aufgrund der schweren Verletzungen nicht zu denken.«

»Ich verstehe, Sie müssen natürlich in erster Linie an das Wohlbefinden des Patienten denken, … aber, Sie verstehen … wir stecken in der Angelegenheit fest … Wir suchen fieberhaft nach dem Täter … ohne die Aussage von Herrn Yilmaz kommen wir nicht voran … also, wenn sich eine Besserung abzeichnet, rufen Sie mich bitte an.«

»Es geht ihm besser«, hatte der Arzt heute Vormittag am Telefon erklärt, »Sie können kommen, aber nicht länger als fünfzehn Minuten. Störungen von Hör- und Gleichgewichtsvermögen werden ihm wahrscheinlich dauerhaft bleiben. Es war ein sehr brutaler Überfall.«

Kommissar Fuchs und seine attraktive Assistentin, Sandra Millberger, waren von der Neuen Straße gekommen und hatten ihren Opel Omega nahe der Herz-Jesu-Kirche geparkt. Den zehnminütigen Fußweg zur Klinik nahmen sie gerne in Kauf. Erlangen ist eine grässliche Stadt, was Parkplätze angeht. Die beiden Beamten bogen in die Östliche Stadtmauerstraße ein und betraten eine Minute später den modernen Eingangsbereich des Klinikums. Dr. Hufinger erwartete sie bereits und streckte ihnen die rechte Hand entgegen. Kommissar Fuchs stellte seine Assistentin vor, dann folgten sie dem Arzt. »Wir müssen nur eine Treppe hoch, dann links, immer gerade den Gang entlang, zum Zimmer 242«, erklärte er, während er zwei Stufen auf einmal nahm.

Das Krankenzimmer war freundlich hell und lichtdurchflutet. Die Strahlen der hellen Wintersonne klopften an die Fensterscheiben und baten um Einlass. Müselüm Yilmaz lag auf seinem Bett und starrte gegen die Decke. Sein Kopf war immer noch dick bandagiert und aus seinem Gesicht ragte eine riesige Nase, wie ein Fels in der Brandung.

»Herr Yilmaz, wie geht es Ihnen?«, wollte der Kommissar ohne Umschweife wissen, und ohne eine Antwort abzuwarten, erklärte er dem Bandagierten: »Meine Kollegin, Frau Millberger und ich«, dabei hielt er kurz seinen Dienstausweis vor das Gesicht des Türken, »sind von der Kripo Erlangen, und wir wollen herausfinden, wer Sie so übel zugerichtet hat. Das können wir aber nur, wenn Sie uns dabei helfen. Haben Sie mich verstanden, Herr Yilmaz?«

Ein angedeutetes Kopfnicken war die Antwort.

»Können Sie sprechen?«

»Geht schon.« Ein schwaches Krächzen. Eher ein lautes Geflüster.

»Also, Herr Yilmaz, ich stelle Ihnen nun ein paar Fragen, auf welche Sie hoffentlich nur mit einem Nicken oder einer kurzen Antwort reagieren müssen. Ich versuche Ihre Stimmbänder zu schonen. Aber es ist wichtig, dass Sie mir eine ehrliche Antwort geben. Okay?«

Ein Nicken.

»Es geht um den Zettel, den unsere Kollegen in Ihrer Jacke gefunden haben. HÄNDE WEG VON DEUTSCHEN FRAUEN! DAS NÄCHSTE MAL BIST DU TOT! Haben Sie eigentlich noch immer Angst?«

Wieder ein kurzes Nicken.

»Das wundert mich, ehrlich gesagt, nicht, Herr Yilmaz. Habe ich recht, wenn ich behaupte, dass Sie eine Beziehung zu einer deutschen Frau hatten oder dabei waren, eine solche Beziehung aufzubauen? Bevor Sie antworten, Herr Yilmaz, lassen Sie mich erklären: Um den Täter hinter Schloss und Riegel zu bringen, müssen wir das wahre Motiv für den brutalen Überfall kennen. Nur so haben wir eine echte Chance, den Angreifer zu ermitteln, zu verhaften und seiner gerechten Strafe zuzuführen. Es nützt uns nichts, wenn Sie uns nur Halbwahrheiten erzählen. Unseren Kollegen, die Sie nach dem Überfall befragt haben, haben Sie glaubhaft machen wollen, dass Sie Opfer einer Verwechslung geworden sind. Ich glaube nicht an eine Verwechslung. Der Überfall war zielgerichtet. Ich denke, Sie schützen den Täter, weil Sie Angst haben, dass er erneut zuschlägt. Ist es so?«

»Ja.

»Sehr gut. Also, zurück zu meiner Frage. Hatten Sie eine Beziehung zu einer deutschen Frau?«

Kopfschütteln.

»Waren Sie gerade dabei, sich um eine deutsche Frau zu bemühen?«

»Ja.«

»Wollen Sie uns den Namen verraten?«

»Doris Kunstmann, Weiherstraße, in Röttenbach.« Müselüms Stimme klang zaghaft und bruchstückhaft. Er hielt die Augen geschlossen, als er den Namen und die Adresse unter äußerster Anstrengung aus sich herauspresste.

»Frau Millberger, Herr Fuchs, es sind zwar noch keine fünfzehn Minuten vorbei, aber im Interesse des Patienten muss ich die Vernehmung an dieser Stelle abbrechen. Sie strengt Herrn Yilmaz zu sehr an. Ich muss Sie bitten, dass Krankenzimmer sofort zu verlassen. Kommen Sie.« Dr. Hufinger schritt energisch ein, breitete beide Arme aus und drängte die beiden Kriminalbeamten zur Tür.

»Ist das die Doris, deren Telefonnummer auf Ihrem Mobiltelefon abgespeichert ist?« Ein letzter Blick zu Müselüm Yilmaz.

»Herr Kommissar, ich bitte Sie!«, beklagte sich der Arzt.

Ein schwaches Ja begleitete die beiden Beamten, als sie das Krankenzimmer verließen.

»Wir kommen wieder, Herr Yilmaz. Vielen Dank und gute Besserung«, rief Sandra Millberger dem Patienten zu, bevor Dr. Hufinger die Tür hinter ihnen schloss.

»Was hältst du von der Sache, Sandra«, wollte der Kommissar wissen, als sie aus dem Klinikum traten. Die Sonne war verschwunden. Ein kühler Wind zupfte an den Zweigen der Bäume, und blies eine weggeworfene Aldi-Tüte auf die andere Seite der Östlichen Stadtmauerstraße. Als sie um die Ecke bogen, türmte sich im Westen eine hohe, dunkle Wolkenfront über der Silhouette der Häuser auf. Die Sonne war verschwunden. Sie legten beide einen Zahn zu.

»Scheint eindeutig zu sein«, gab die Polizistin ihr Urteil ab. »Der Yilmaz – mei hat der vielleicht eine Rübe im Gesicht – war gerade dabei, diese Doris Kunstmann anzubaggern. Wer auch immer muss da etwas dagegen gehabt haben. Ich denke, wir werden die Dame aufsuchen müssen. Vielleicht sehen wir dann klarer.«

»Eifersüchtiger, deutscher Freund?«, rätselte Gerald Fuchs.

»Vielleicht, schon möglich. Vielleicht kennt ja auch deine Tante die Dame?«

»Die Kunni? Nein, Sandra, das kannst du mir nicht antun. Wir werden sie nicht fragen. Wir werden sie nicht zu Rate ziehen. Wir werden sie nicht kontaktieren. Nur über meine Leiche!«

»Wieso nicht? Vielleicht könnten wir uns eine Menge Zeit ersparen?«

»Nein, bitte nicht. Nicht schon wieder!«

38

Doris Kunstmann war sehr verwundert, als sie einen Anruf von der Kripo Erlangen erhielt. »Es geht um Müselüm Yilmaz, Sie kennen ihn doch?«, wollte eine sehr freundliche Polizistin von ihr wissen.

»Ja, flüchtig«, hatte sie geantwortet und sich bereit erklärt, um dreizehn Uhr in der Polizeiinspektion, in der Schornbaumstraße, vorbeizukommen. Sie wollte sowieso nach Erlangen zum Friseur, ihre Haarspitzen waren schon wieder gespalten. Seit fast zwei Wochen hatte sie nichts mehr von dem Türken gehört und gehofft, dass er seine Bemühungen um sie aufgegeben hatte. Nun kam dieser Anruf von der Kripo. Von der Kripo! Man stelle sich mal vor! Bei Müselüm hatte sie von Anfang an ein ungutes Gefühl. Sie war neugierig, was er angestellt hatte. Helfen würde sie ihm jedenfalls nicht. Ob sie ihn identifizieren musste? Hoffentlich nicht als Leiche. Gab es in Erlangen eine türkische Mafia? Bandenkrieg? Na egal, sie würde sehen.

»Ich mag ihn zwar nicht, diesen Yilmaz«, erklärte sie später den beiden Polizeibeamten, »er ist so aufdringlich. Ständig will er mich anbaggern, dabei will ich gar nichts von ihm, aber dass man ihn überfallen und so schwer verletzt hat, das hat er nicht verdient. Ich hab das gar nicht mitbekommen«, versicherte Doris Kunstmann gegenüber Gerald Fuchs und Sandra Millberger.

»So könnte der Täter auch argumentieren«, stellte der Kommissar in den Raum.

»Glauben Sie, dass ich den Müselüm so verdroschen habe?«, lachte die junge Röttenbacherin amüsiert.

»Das nicht gerade, das würde uns schon sehr wundern«, antwortete die Polizistin, »aber der Yilmaz könnte Ihnen mit seiner Gockelei so sehr auf den Wecker gegangen sein, dass Sie ein, zwei Freunde gebeten haben, Ihnen einen kleinen Gefallen zu tun.«

In Sekundenschnelle gefror der jungen Frau das Lachen auf den Lippen. Dann nahm sie einen etwas dümmlichen Gesichtsausdruck an, und als sie die Ernsthaftigkeit der Frage tief genug inhaliert hatte, traten ihr kleine, kalte Schweißperlen auf die Stirn. »Das ist doch nicht Ihr Ernst?«, widersprach sie, und sah die beiden Beamten verzweifelt an.

»Beruhigen Sie sich, wir gehen nicht davon aus, dass Sie in den Fall verwickelt sind, aber Sie sind ganz sicherlich der Auslöser. Sehen Sie sich die Botschaft an, die auf diesem Zettel steht, und dann sagen Sie uns, ob Ihnen dazu etwas einfällt«. Gerald Fuchs reichte ihr einen kleinen, weißen Zettel.

»Hände weg von deutschen Frauen! Das nächste Mal bist du tot!«, las Doris Kunstmann laut vor. »Von wem stammt das?«, wollte sie wissen.

»Vom Täter«, klärte sie der Kommissar kurz und knapp auf. »Und nun zurück zu meiner Frage.«

»Nicht die Bohne. Dazu fällt mir überhaupt nichts ein. Wo haben Sie das her?«

»Aus der Jackentasche von Müselüm Yilmaz. Wir denken, das ist ein kleiner Liebesbrief vom Täter. Eine eindeutige Warnung«, erklärte Sandra Millberger.

Die blonde junge Frau stierte vor sich hin. »Mit anderen Worten« sprach sie mehr zu sich selbst, »wenn du das nochmals machst, bring ich dich um!«

»Das haben Sie genau richtig interpretiert«, bestätigte der Kommissar, »und deshalb möchten wir noch gerne wissen, wer von Ihren Freunden, Bekannten, Nachbarn und so weiter wusste, dass Müselüm Yilmaz sie so aufdringlich umwirbt?«

Die Schülerin dachte angestrengt nach. »Kein Mensch. Ich hab's ja selbst auch nicht gleich gemerkt. Erst als er nicht nachgelassen hat, mich ständig anzurufen, in der Hoffnung ein Treffen mit mir vereinbaren zu können, ist bei mir der Groschen gefallen.«

»Wie kam er eigentlich auf Sie?«

»Oh, das ist eine eigene Geschichte. Also, das war so: Bis circa vier Monate vor Weihnachten hatte ich noch einen Freund. Walter Fuchs. In Röttenbach gibt es so viele Füchse. Ich meine natürlich, dass der Familienname Fuchs sehr häufig vorkommt.«

»Ich weiß.« Der Kommissar lächelte gequält.

»Bis zu diesem Zeitpunkt«, fuhr Doris Kunstmann in ihren Ausführungen fort, »hatte Müselüm Yilmaz auch eine Freundin, die Akgül Özkan. Die wohnt auch in Röttenbach. Na ja, wie soll ich sagen, … jedenfalls haben sich der Walter und die Akgül, Sie wissen schon …«

Die junge Frau erzählte den beiden Beamten die ganze Geschichte und wie und warum sie Müselüm Yilmaz kontaktiert hatte.

»So, das war's, mehr ist nicht dahinter. Der Müselüm hatte seine frühere Freundin, die Akgül, schnell vergessen und wollte mit mir anbandeln, aber ich wollte nicht.«

★

Am frühen Nachmittag des 31. Januars saß Doris Kunstmann das letzte Mal in ihrem Leben beim Friseur und ließ sich die gespaltenen Haarspitzen schneiden. Während die Friseuse ihr beim Haarewaschen das Shampoo einmassierte, fiel ihr ein, dass sie Bernd Auerbach und Anna Wollschläger ja auch von Müselüm Yilmaz erzählt hatte und wie unangenehm sie sein Werben um sie empfand. Wie sehr sie es bereut hatte, ihn überhaupt kontaktiert zu haben. Die beiden hatten ihre Nöte verstanden, hatten ihr sogar noch gute Ratschläge gegeben, wie sie sich den Aufdringlichkeiten dieses Türken entziehen konnte. Dass sich das Problem zwischenzeitlich quasi von selbst erledigt hatte, würde die beiden sicherlich auch interessieren. Dann fiel Doris Kunstmann wieder dieser Zettel ein, den die Polizei bei Müselüm gefunden hatte. Hatte der Türke versucht, sich an ein anderes deutsches Mädchen heranzumachen, nachdem er bemerkt hatte, dass er bei ihr nicht landen konnte? Wahrscheinlich. So muss es gewesen sein. Aber wenn nicht? Wer außer Bernd und Anna wusste, dass sie unter den Aufdringlichkeiten des Türken so sehr litt? Dass er ihr dermaßen auf die Nerven ging? Hatte sie Norbert Amon auch davon erzählt? Sie konnte sich nicht mehr genau daran erinnern. Es ging alles etwas durcheinander, damals. Walters Untreue, die Schule, diese Türkin Akgül und dann Müselüm. Mmh, die Massage ihrer Kopfhaut tat gut. Sie fühlte sich richtiggehend entspannt. Was hatte Bernd damals scherzhaft gesagt? »Solchen Leuten gehört der Hintern versohlt.« Hatte er das ernst gemeint? Die Schülerin erschrak über ihre eigenen Gedanken. Sie spürte, wie ihr Blutdruck wieder einmal durcheinander geriet. »Alles okay mit Ihnen?«, wollte die Friseuse wissen, als sie ihr das Shampoo aus den Haaren spülte.

»Ja, ja, alles in Ordnung«, antwortete Doris. Dabei war nichts in Ordnung. Ihre Gedanken kreisten weiter. Was hatten Anna und Bernd sonst noch gesagt, als sie sich mit den beiden unterhielt? So lange war das doch gar noch nicht her? Sie hatte die beiden doch erst am 14. Dezember kennengelernt. Richtig, das war beim Weihnachtsmarkt der Freien Wähler. *Lady Killer* fiel ihr ein. Norbert Amon hatte ihr Bernd Auerbach vorgestellt. Zweiter Advent. Es war Sonntag, der zweite Advent, als sie Bernd und Anna zuhause besuchte. Als sie den beiden über Müselüm Yilmaz berichtete. Wann hatte der Kommissar gesagt, dass der Türke mit der riesigen Nase überfallen wurde? Das musste circa eine Woche später gewesen sein. Sie zermarterte sich ihr Gehirn. »Wie viel soll ich denn abschneiden?«, wollte die Friseuse wissen. »Schaun Sie mal in den Spiegel?«

»Ein bisschen weniger«, wies Doris Kunstmann sie an. Die Schere wich etwas zurück. »Ja, so passt das.« Ihre Gedanken wanderten wieder zurück zu Bernd und Anna. Konnte es sein, dass diese beiden wunderbaren, sympathischen Menschen etwas mit dem Überfall auf Müselüm zu tun hatten? Aber warum? Welche Gründe sollten sie haben? Sie kannten den

Türken ja gar nicht. Die junge Frau verwarf diesen Gedanken sofort wieder. Unmöglich. Aber dennoch, sie wollte, musste ihr Gewissen beruhigen. Sie würde mit dem netten Pärchen darüber sprechen. Schnellstmöglich. Das hatte sie soeben beschlossen. Sie ahnte nicht, dass sie damit ihr Todesurteil gefällt hatte.

Manchmal gibt es eigenartige Zufälle. Als Doris Kunstmann in ihrem VW Lupo saß und gerade vom Großparkplatz hinter dem Bahnhof rollte, fiel ihr ein, dass sie vergessen hatte, Zahnpasta einzukaufen. »Egal«, dachte sie, »halte ich eben in Röttenbach noch kurz bei der NORMA.«

Zwanzig Minuten später parkte sie ihren Kleinwagen vor dem Supermarkt. Als sie auf den Eingang zulief, wäre sie fast mit Bernd Auerbach zusammengestoßen, der mit einem vollgepackten Einkaufswagen auf sie zukam. »Bernd!«

»Doris! So ein Zufall. Schön dich zu sehen. Wie geht es dir?«

Sie war innerlich noch immer aufgewühlt und fiel mit der Tür sofort ins Haus. »… und deshalb hab ich mir sofort vorgenommen, mit euch darüber zu reden«, beendete sie den Satz.

»Das ist auch richtig«, bestätigte ihr der Ostdeutsche. »Wann hast du denn Zeit? Wir haben von dem Überfall auch nichts mitbekommen. Stand das denn in der Zeitung?«

»Keine Ahnung«, gab sie zurück, »anscheinend.«

»Also uns liegt auch an dem Gespräch. Vor allem möchten wir, dass bei dir nicht die geringsten Zweifel hängenbleiben. Das wäre ja fatal. Wie du weißt, setzen wir uns ja gerade für unsere ausländischen Mitbürger ein.«

Doris Kunstmann war die Erleichterung sichtlich anzumerken. »Bernd, ich hoffe du verstehst mich nicht falsch …?«

»Papperlapapp, komm doch heute Abend einfach auf ein Gläschen Wein vorbei, dann können wir ganz belanglos mal wieder über alles Mögliche quatschen. Wir machen uns, nebenbei gesagt, auch große Sorgen über das ausländerfeindliche Deutschland. Also wenn ich da an diese beiden Anschläge in Nürnberg und Zirndorf denke, da bekommt man es richtig mit der Angst zu tun, wo das alles noch hinführen kann. Was macht denn dein Äthiopien-Projekt?«

Die Schülerin strahlte Bernd Auerbach wie ein Marienkäfer an. »Ich will noch fünf Kilometer auf meiner Hausstrecke joggen, dann duschen, dann könnte ich um zwanzig Uhr easy bei euch sein? Dann kann ich euch auch über unser Äthiopien-Projekt berichten.«

»Wunderbar, das passt. Also, dann bis später.«

»Grüß Anna zwischenzeitlich von mir. Wir sehen uns«, rief sie dem davoneilenden Bernd Auerbach nach und stürmte in den Supermarkt.

39

Doris Kunstmanns Leiche wurde zwei Tage später gefunden, nachdem sie ihre Eltern als vermisst gemeldet hatten. Sie hatten der Polizei berichtet, dass Doris zum Joggen gegangen war, hatten den Polizisten beschrieben, welchen Weg sie dabei normalerweise nahm und dass sie nach ihrer Rückkehr nochmals weg wollte. »Wissen Sie wohin?«, wollte Kommissar Fuchs wissen.

»Nein, wir haben unsere Tochter nie kontrolliert. Dazu bestand zu keinem Zeitpunkt irgendein Anlass. Doris war eine sehr selbstständige und verantwortungsbewusste, junge Frau. Sie hatte ihr Leben schon längst selbst in die Hand genommen. Sie wusste ganz genau, was sie wollte. Wir hatten nie Grund zu irgendwelcher Klage«, erklärte ihre Mutter heulend und schlug ihre Hände vors Gesicht.

Am zweiten Tag der Suche durch eine Hundertschaft der Bereitschaftspolizei wurde Doris Kunstmann tot im Schilf des Soosweihers gefunden. Der Weg, den sie genommen hatte, war nach den Schilderungen der Eltern leicht rekonstruierbar. Wie immer lief sie erst die Weiherstraße hinab bis zur Dechsendorferstraße und bog links ab, durch den Wald in Richtung Dechsendorf. So musste es auch dieses Mal gewesen sein. Den Hauptweg lief sie dann bis zu einem kleinen, fast dreieckigen Weiher, der links des

Weges lag und an zwei Seiten von Wald umsäumt war. Hier verließ sie den Weg und lief auf einem kleinen, weichen Waldpfad weiter, der direkt zum Soosweiher mitten in den Wald führte, bevor sie im Wald eine Schleife zurück in Richtung Röttenbach drehte.

Am Soosweiher musste ihr Mörder auf sie gewartet haben. Das ergaben die Rechercheergebnisse der Polizeiexperten, die den Todeszeitpunkt zwischen sechzehn und siebzehn Uhr bestimmten. Zu diesem Zeitpunkt hatte bereits die Dämmerung eingesetzt. Doris Kunstmann war nicht ertrunken. Sie wurde durch einen gezielten, mit Wucht geführten Schlag auf den Solarplexus getötet. »Können Sie mir das etwas näher erläutern?«, wollte Gerald Fuchs von Dr. Niethammer, dem Pathologen wissen.

»Das ist relativ einfach erklärt«, räusperte sich der Mediziner. »Der Solarplexus ist ein Geflecht sogenannter sympathischer und parasympathischer Nervenfasern, am Übergang vom Brustkorb zur Magengrube. Wenn Sie es genau wissen wollen: zwischen dem zwölften Brust- und dem ersten Lendenwirbel, an der Hauptschlagader. Ein heftiger Schlag auf den Solarplexus kann zu Schwindel und Bewusstlosigkeit führen. Sie müssen wissen, im Bauchraum befinden sich erweiterte Gefäße. So ein Schlag kann zur Folge haben, dass der Blutdruck und der venöse Rückstrom zum Herzen ausfallen. Dadurch steht nicht mehr genug Blut zur Versorgung des Gehirns zur Verfügung. Das ist der eigentliche Grund für den Schwindel und die Bewusstlosigkeit. So ein Schlag ist normalerweise nicht tödlich, aber bei Menschen, die unter Erkrankungen des vegetativen Nervensystems leiden, kann sich das ganz anders auswirken. Bei solchen Menschen kann ein Schlag auf den Solarplexus zum Reflextod führen. Ich habe mit dem Hausarzt von Frau Kunstmann gesprochen. Er hat mir bestätigt, dass die Ermordete Probleme mit der Atmung, dem Blutdruck sowie mit der Verdauung und dem Stoffwechsel hatte. Das sind typische Anzeichen für eine Erkrankung des vegetativen Nervensystems. Aber seien Sie nicht zu voreilig. Meine Vermutungen müssen sich erst noch durch die Ergebnisse der Autopsie bestätigen.«

»Angenommen, Ihre Vermutungen bestätigen sich«, folgerte Sandra Millberger, die den Ausführungen von Dr. Niethammer sehr interessiert gefolgt war, »könnte das bedeuten, dass der Täter im unmittelbaren Umfeld der Toten zu suchen ist? Möglicherweise hatte er sogar Kenntnis von Frau Kunstmanns Problemen mit ihrem vegetativen Nervensystem.«

»Das könnte durchaus so sein, meine Liebe. Aber, wie gesagt, noch ist es nur eine Vermutung …, und außerdem …, das herauszufinden wäre dann Ihre Aufgabe.«

★

Bernd Auerbach bedauerte zutiefst, dass er Doris Kunstmann getötet hatte, töten musste. Sie war ihm zu gefährlich geworden. Die Dinge entwickelten sich anders als vorhergesehen. Wie war die Polizei eigentlich auf Doris gekommen? Das konnte nur bedeuten, dass dieser Scheiß-Türke geredet hatte. Er hätte ihm gleich den Garaus machen sollen. Nicht lange fackeln. Exitus. Schwamm drüber. Jetzt war die Kacke am Dampfen. Aber es war ja nochmals gutgegangen.

Doris genoss den Lauf durch den Wald. Dass sie Bernd vor der NORMA zufälligerweise getroffen hatte und er ihr so schnell seine Bereitschaft zum Gespräch und seine positive Einstellung zu dem Ausländerthema gezeigt hatte, erleichterte ihr Herz. Wie auf Engelsflügeln hastete sie dahin. Der aufkommende, kalte Wind, der durch die Baumwipfel wehte und ihr wie mit kleinen, kalten Nadelstichen ins Gesicht fuhr, störte sie nicht. Im Gegenteil, sie genoss das Rauschen der Baumkronen hoch über ihr, und sie legte voller Enthusiasmus noch einen Zahn zu. Ihr T-Shirt, völlig durchgeschwitzt, klebte kalt an ihrem Oberkörper. Dann bog sie zum Soosweiher ab. Plötzlich erschrak sie, als Bernd sie aus dem trockenen Schilf heraus beim Namen rief. Zuerst dachte sie, dass sie sich schon wieder per Zufall begegneten, dass er auch beim Joggen war. Aber dann sah sie seine Augen, die Ernsthaftigkeit, die ihnen anlastete. »Was ist los Bernd?«, fragte sie voller Vorahnungen. Sie registrierte das leichte Zucken um seine Mundwinkel und fühlte, warum er hier war. »Du hast auf mich gewartet, nicht wahr?«, sprach sie. »Du hast Müselüm Yilmaz so übel zugerichtet«, flüsterte sie.

»Doris, ich hab das alles nur für dich getan.« Ihr liefen die Tränen über die Wangen. Sie heulte, ohne einen Ton von sich zu geben. »Versteh doch. Ich wollte, dass er dich endlich in Ruhe lässt, darum habe ich ihm einen Denkzettel verpasst«, stammelte er. Sie stand vor ihm, mit hängendem Kopf und zuckenden Schultern. Über ihnen rauschten die Wipfel der Lärchen, und der Wind sang sein Lied in ihren Ästen. Ab und zu, wenn sich die filigranen Wolken teilten, blickte der abnehmende Halbmond auf sie herab und klagte über seine verloren gegangene Hälfte. Doris Kunstmann stand immer noch da und sammelte ihre Gedanken so gut und so schnell sie konnte. Sie sah ihn mit ausdruckslosem Gesicht an, ihre Stimme zitterte, als sie zu ihm sprach: »Du bist ein Menschentäuscher, Bernd, und ein skrupelloser Mörder zugleich. Du nimmst in Kauf, dass ein Mensch stirbt, den du verprügelst. Auch wenn du Müselüm nicht getötet hast, es kommt auf das Gleiche heraus. Du hast keine Skrupel, kennst keine Grenzen der Gewalt. Es ist dir immer noch egal, wie es Müselüm geht.« Sie stieß die Worte nun zischend zwischen ihren Zähnen hervor. »Ich habe dir vertraut ...«

Er unterbrach sie und versuchte einen zweiten Anlauf. »Doris, so hör mir doch zu, ich ...«

»Vergiss es!«, fuhr sie dazwischen, »egal, was du sagst, egal, wie du es sagst, du gehörst ins Gefängnis. Du bist gemeingefährlich. Norbert Amon hat das erkannt, aber ich habe ihm nicht geglaubt. Ich habe dich verteidigt.«

»Was hat Norbert erzählt?«

»Dass du eine gefährliche Ader hast. Er schätzt dich richtig ein. Aufbrausend bist du, hat er mir gesagt, jähzornig, und dass er dir eine hohe Gewaltbereitschaft zutraut. Er beobachtet dich, und er hat recht. Ich habe das mit Müselüm nicht gewollt. Das weißt du ganz genau. Also hör auf mit dem Quatsch, dass du das für mich getan hast. Ich laufe jetzt nach Hause und rufe die Polizei an. Wenn du verschwinden willst, dann verschwinde lieber jetzt gleich. Ich kann dich leider nicht aufhalten. Geh! Geh, aber sie werden dich finden.«

Bernd Auerbach war wie vor den Kopf gestoßen. Die Adern an seinen Schläfen traten hervor, seine Kaumuskeln malmten und sein Gesicht nahm ein teuflisches Grinsen an. »Du wirst überhaupt nirgends hinlaufen, du Schlampe«, keuchte er erregt. »An die Polizei willst du mich verraten? Das könnte dir so passen. Aber das lasse ich nicht zu. Ich Idiot setze mich für dich ein, poliere diesem Scheiß-Türken die Fresse, und was ist der Dank dafür? Hm? Nichts, außer dass ich mir dein vorwurfsvolles Gesülze anhören kann und dass du mich an die Bullen verpfeifen willst. So wird das nichts, liebe Doris. Das kann ich dir leider nicht erlauben. Ich habe noch viel größere Aufgaben zu erledigen, da zählt dieser Scheiß-Türke überhaupt nicht.« Er trat einen Schritt auf sie zu. Doris Kunstmann trat zurück. Sie sah in seine lodernden, wütenden Augen. Sie hatte keine Chance mehr zu reagieren. Seine Faust traf sie wie ein Blitz, schnell und hammerhart. Der Schlag nahm ihr den Atem und sie glaubte, ihr Körper explodiere innerlich. Dann ging sie wie eine gefällte Eiche zu Boden.

Bernd Auerbach wartete fünf Minuten. Es war schon fast dunkel im Wald. Die Sonne war längst über die Hügel im Westen davongekrochen. Immer mehr Wolkenfetzen jagten heran, und die Kälte griff mit gierigen Fingern zwischen den Baumstämmen hindurch. »He du Schlampe, steh auf!« Er stieß mit seinen Sportschuhen gegen den Rücken seines Opfers. Keine Reaktion. Er schlug ihr ins Gesicht. »Doris?« Nichts. Dann fühlte er mit dem Zeigefinger an ihrer Halsschlagader. Wieder nichts. Er fühlte keinen Pulsschlag. Er legte sein rechtes Ohr an ihre Brust. Es war kein Leben mehr in ihr. Vor ihm lag die tote Doris Kunstmann. »Vielleicht besser so«, murmelte er vor sich hin. »Selbst schuld.« Er überlegte nicht lange, packte die Tote an beiden Knöcheln und schleifte sie in das trockene Schilf des Sooseweihers. Dann zog er ihr ihre Jogginghose herunter und zerfetzte ihren roten Slip sowie ihr T-Shirt, welches sie unter der leichten Jogging-Jacke trug. Den transparenten BH riss er einfach auseinander und warf die Textilfetzen in die Blaubeerbüsche des Waldes. Er sah ein letztes Mal auf die junge, hübsche Frau herab, seufzte tief und lief davon.

Er lief leichtfüßig auf dem dunklen Waldweg dahin. Seine Stirnlampe spendete genug Licht, um den raffiniert ausgelegten Baumwurzeln zu entgehen, die in Schlingen nach seinen Füßen griffen, um ihn zu Fall zu bringen. Über ihm schimpfte ein Kauz. Sein langgezogener Schrei verlor sich in der Dunkelheit des Waldes. Selbst die Wipfel der Bäume, welche der Wind hin und her trieb, schienen ihn anzuklagen. Er konzentrierte sich auf seinen Atem – und auf Norbert Amon. Konnte der kleine Scheißer ihm gefährlich werden? Was wusste er? »Er beobachtet dich«, hatte die Schlampe gesagt.

Bernd Auerbach war vor seiner Anna zuhause. Sie war bei ihrem Yogaabend. Danach schwofte sie bestimmt wieder mit dieser Franzi Mayer, dieser Kupplerin, die der Türkin und dem jungen Deutschen ihre Wohnung zur Verfügung stellte, damit die beiden sich ihre Gehirne aus dem Leib bumsen konnten. Sollten sie doch. Er würde die zwei in Ruhe lassen. Die Erfahrung mit dem Türken und Doris Kunstmann reichte ihm. Er hatte die Nase voll von seiner selbst auferlegten Gutmütigkeit und Hilfsbereitschaft. Im Moment hatte er Wichtigeres zu tun. Die neue Aufgabe, die ihm Thomas Keller ans Herz gelegt hatte, musste erledigt werden, danach ging es sofort ab nach Pskow. Er würde diesen schwulen Turbanträgern ordentlich Feuer unterm Hintern machen. Er grinste, als er sich unter die Dusche stellte und das heiße Wasser sämtliche Körperanspannungen aus ihm herausspülte.

40

Die Nachricht vom Tod Doris Kunstmanns verbreitete sich im Dorf wie ein Lauffeuer. Die Menschen waren zutiefst betroffen, viele in ihren Aktivitäten wie gelähmt. »Ein Sexualmord soll das gwesen sein«, klärte Margarethe Bauer ihre Freundin Kunigunde Holzmann auf, als die beiden ein Schäuferle in den Ofen schoben.

»Fei net mehr als hundertsiebzig Grad, Retta, gell? Sonst is außen verbrannt und innen roh.«

»Das brauchst du mir net immer wieder zu sagen. Das weiß ich selber. Habs ja auch schon öfter gemacht. Kümmer du dich lieber um dein Kloßteig.«

»Wer hat gsagt, dass es sich um einen Sexualmord handeln soll?«, wollte die Kunni wissen.

»Na, steht doch in jeder Zeitung. Außerdem ist dein Neffe auch zitiert.«

»Der Depp«, knurrte die Kunni verachtungsvoll, »wenn der so was sagt, werd ich von vorneherein schon misstrauisch, weil das meistens nicht stimmt, was der sagt. Das war bis jetzt schon immer der Fall.«

»Dieses Mal kannstn scho glauben. Die Doris Kunstmann hat man ja mehr oder weniger naggert gfundn. Im Schilf vom Soosweiher. Auch net der schönste Platz zum Sterben, und so jung. Joggen wars, da hat er sie erwischt, der Mörder!«

»Sport is Mord. Sag ich scho mein Lebtag«, erwiderte die Kunni.

»Ach, tun mir die Eltern leid. So ein schöns Madla auf so tragische Art und Weise zu verlieren. Da kommst dein ganzes Leben nicht mehr drüber weg«, jammerte die Retta. »Ich bin mal gspannt, ob der Walter, du weißt schon, ihr früherer Freund, zur Beerdigung kommt.«

»Warum soll der net kommen?«

»Na, die zwei haben sich doch den Arsch rauf und runter gheißen, seit der mit der Türkin zamm is. Gstritten hams, die zwei, dass die Funken nur so gflogen sind.«

»Warst du wohl mit dabei, weil dus so genau weißt?«

»Da brauch ich nicht mit dabei gwesen zu sein. Das erzählt sich doch das ganze Dorf.«

»So, so, schau lieber auf dein Braten. Hast du auch a Wasser angegossen?«

»Allmächt, da muss ich etz aber nochmal schaua.«

»Vor lauter waafn«, kommentierte die Kunni. »Ich werd mal den Gerald anrufen und mich erkundigen, was in der Mordsache Kunstmann eigentlich genau passiert ist.«

»Dein Neffe sagt dir das nicht, weil für den bist du ein rotes Tuch«, gab sich die Retta überzeugt.

»Dann ruf ich halt die Sandra an, die sagt mir das bestimmt.«

»Da kannst schon eher recht haben.«

★

Sandra Millberger, über die in Röttenbach gerade gesprochen wurde, und ihr Chef Gerald Fuchs debattierten über den Mordfall Doris Kunstmann. Auf dem Schreibtisch des Kommissars lagen die ausgewerteten Ergebnisse, welche das Mobiltelefon des Opfers hergab, sortiert nach Facebook, WhatsApp, SMS, Twitter, Google-Suche und gesendete und empfangene E-Mails. »Also, was die jungen Leute heutzutage alles für Kommunikationsmöglichkeiten nutzen und welchen Scheiß die miteinander austauschen, da kannst du bloß abschnallen.« Gerald Fuchs wurde wieder einmal bewusst, dass er nicht mehr zu der jüngeren Generation gehörte.

»Mir geht es auch nicht anders«, bestätigte Sandra Millberger, »aber du siehst, uns hilft es, wir haben dadurch eine Menge an Informationen.«

»Ich weiß nicht, ob ich darüber froh sein soll. Stell dir doch nur die vielen Spuren vor, denen wir nachgehen müssen. Da kommt eine Heidenarbeit auf uns zu, aber ich denke wir werden uns sowieso auf den ehemaligen Freund der Toten konzentrieren. Der hat ein echtes Motiv. Für mich ist der der Hauptverdächtige.«

»Und was sind deine Gründe, gerade ihn zu verdächtigen?«

Der Kommissar holte tief Luft, sortierte innerhalb weniger Sekunden seine Gedanken und legte dann los: »Also liebe Sandra, maßgeblich sind für mich die SMS- und WhatsApp-Nachrichten, die wir auf dem iPhone der Toten gefunden haben. Erinnere dich, dass da etliche Male vom Tod die Rede ist und von klaren Drohungen. Indirekt zwar, aber immerhin. Solche Aussagen, wie zum Beispiel *Ich wünsch Dir die Hölle auf Erden*, lassen doch eindeutig erkennen, dass sich zwischen der Ermordeten und ihrem ehemaligen Freund ein hohes Aggressivitätspotential aufgebaut hat.«

»Aber das ist doch noch kein Grund für einen kaltblütigen Mord?«

»Wart's ab Sandra, lass mich erst zu Ende erklären. Es muss sich übrigens auch gar nicht um einen vorsätzlich geplanten Mord handeln. Wie wir von Dr. Niethammer gehört haben, kann ein Schlag auf den Solarplexus zum Tode führen – unter gewissen Gegebenheiten – muss aber nicht. Vielleicht war der Täter vom Tod des Opfers selbst überrascht. Zurück zu Walter Fuchs. Also ich behaupte, dass sich dieser junge Mann von seiner Ex-Freundin verhöhnt gefühlt hat. Insbesondere was die verbalen Attacken von Doris Kunstmann gegenüber seiner neuen türkischen Freundin angehen. Er hat ihr unter anderem ja auch ganz offen gedroht.« Gerald Fuchs griff zu dem Stapel Papier, welcher auf dem Tisch lag. »Hier, ich zitiere wörtlich«, fuhr er fort, »hier steht's: *Diese Welt braucht Dich nicht. Du bist dem Tod näher als dem Leben*. Willst du noch mehr hören? Seine Ex aber ließ sich nicht einschüchtern, hat weitergemacht, hat ihn und seine neue Freundin weiter verhöhnt, sogar öffentlich über Facebook und Twitter. Da sind ihm die Sicherungen durchgebrannt und er hat sie zur Rede gestellt. Ein Wort gibt das andere, und dann hat er vor lauter Wut zugeschlagen …«

»Und das mitten im Wald?«, zweifelte Sandra Millberger seine Ausführungen an. »Walter Fuchs hatte ja keinen direkten, persönlichen Kontakt mehr zu Doris Kunstmann. Wie sollte er dann wissen, dass sie gerade beim Joggen unterwegs war und um diese Uhrzeit beim Soosweiher vorbeikam?«

»Genau das müssen wir eben herausfinden«, wiegelte ihr Vorgesetzter unwirsch ab. »Zuerst werden wir nochmals mit Doris Eltern sprechen. Vielleicht wissen die mehr, als sie uns erzählt haben. Und dann schnappen wir uns dieses Bürschchen. Vielleicht bricht er unter dem Druck einer Vernehmung zusammen. Recht stabil scheint er mir nicht zu sein.« Sandra Millberger gab einen tiefen Seufzer von sich. Die Argumente ihres Chefs schienen sie nicht gerade zu überzeugen.

★

Auch Norbert Amon traf der Mord an Doris Kunstmann wie eine hammerharte Keule. Er hatte keine besonders gute persönliche Beziehung zu ihr. Schon damals nicht, als sein Freund Walter und sie noch zusammen waren. Doris war ihm zu oberflächlich. Dauernd sprach sie nur von sich. Andere Menschen interessierten sie nicht wirklich. Im Nachhinein konnte er gut verstehen, dass sich Walter von ihr getrennt hatte. Obwohl er Akgül nicht wirklich kannte, wirkte sie auf ihn viel weiblicher, netter, sympathischer. Okay, sie war Türkin, aber das muss ja nicht zwangsläufig etwas Negatives bedeuten. Da ging ihm dieser Bernd Auerbach zwischenzeitlich viel mehr am Arsch vorbei, obwohl er Deutscher ist. Na ja, Ostdeutscher eben, kein Franke. Irgendwo und irgendwie musste man den Unterschied ja merken. Er hatte den Kontakt zu ihm abgebrochen, auslaufen lassen, wie man so schön sagt. Auerbach war ihm nicht mehr ganz geheuer. Einerseits fand er es schade, denn seine Freundin, die Anna, war eine supernette Frau, aber ihren Freund ritt ab und an der Teufel. Von einer Sekunde auf die andere konnte seine Stimmung wegen Belanglosigkeiten, wirklichen Nichtigkeiten, von gut drauf auf aggressiv und jähzornig umschlagen. Vor etwas über einer Woche hatte er mit Bernd dummerweise eine politische Diskussion angefangen. Es ging um die Anmache dieser Christlich-Sozialen aus München gegen Bulgaren und Rumänen. »Das sind doch nur primitive Stammtisch-Thesen um Hartz IV«, hatte er argumentiert, »alles nur Gedöns vor der Europa-Wahl.« Er hatte seine Meinung noch nicht zu Ende geführt, da brach der Ostdeutsche in einen wahren Wutanfall aus.

»Was haben diese Scheiß-Kanaken hier bei uns zu suchen?«, brach es aus ihm heraus. Sein Gesicht lief rot an und Speichel lief ihm aus dem Mund. »Da werde ich aber fuchsteufelswild, wenn ich diese Blödmänner im Europa-Parlament höre, die sagen, dass Deutschland diesem Pack die Stütze leichter zugänglich machen soll. So etwas kotzt mich regelrecht an.«

Nur mit Schwierigkeiten konnte er Bernd Auerbach wieder beruhigen und das Gespräch auf ein anderes Thema lenken. Es war nicht das erste Mal, dass Bernd so ausflippte. Vor zwei Wochen waren sie gemeinsam in Erlangen unterwegs. Vor der Buchhandlung Thalia saß ein Bettler mit seinem

Hund und bat um ein Almosen. Es war ein Mann aus Bosnien-Herzegowina. Das stand jedenfalls auf einem Pappdeckel, den er beschriftet hatte und worauf er den vorbeieilenden Passanten mitteilte, dass er hungrig sei. Plötzlich ging Bernd Auerbach wie eine Furie auf den Bettler los und schrie ihn an: »Siehst du nicht, dass du hier mitten im Weg sitzt und die Fußgänger störst? Verpiss dich von hier, aber schnell, sonst mache ich dir Beine!«

Entscheidend aber war die Debatte vor ein paar Tagen. »Sag mal, Bernd, was machst du eigentlich beruflich? Geldnöte scheinst du ja nicht gerade zu haben, aber ich hab noch nie mitbekommen, dass du einer geregelten Arbeit nachgehst.«

»Ich bin Berater«, war die kurze, knappe Antwort.

»Aha, wen berätst du denn?«

»Das braucht dich nicht zu interessieren.«

»Verdient man da gutes Geld, als Berater, obwohl man anscheinend wenig arbeiten muss? Ich frage nur, weil ich arbeite beim OBI, in Höchstadt an der Aisch. Vierzig Stunden die Woche. Ich krieg nicht viel. Meine Kollegen auch nicht. Ich weiß auch, was die verdienen. Es ist eh so wenig, dass keiner dem andern wirklich neidisch ist. Aber als Berater? Klingt interessant.«

»Das kannst du überhaupt nicht vergleichen, geschweige denn beurteilen«, kam die aggressiv hervorgestoßene Antwort. »Ich arbeite hauptsächlich an ausgewählten Großprojekten. Du hast keine Ahnung, unter welch psychischen und physischen Stress du da stehst. Der Weg ist das Ziel, und den musst du selbstständig erarbeiten und ausführen. Also halt die Klappe, wenn du keine Ahnung hast, und wenn du meinst, dass du meine Arbeit weiter verunglimpfen musst, hau ich dir eine in die Fresse.«

Das war's. Norbert Amon hatte daraufhin beschlossen, den Kontakt zu Bernd Auerbach einschlafen zu lassen. Gestern hatte Bernd angerufen und sich für seine Entgleisung entschuldigt. »Ist schon okay«, hatte Norbert gesagt und das Telefonat unter einem Vorwand schnell beendet. Er war ratlos, was in den Ostdeutschen gefahren war. Irgendetwas passte da nicht mehr zusammen. Es schien, als ob Bernd Auerbach eine Last mit sich herumtrug, über die er nicht reden wollte oder durfte. Norbert schwor sich, die Augen und Ohren offen zu halten. Er nahm ein leeres DIN-A5-Schreibheft, wie man es in der Schule verwendet, aus der Schublade eines Sideboards und schrieb sorgfältig mit Großbuchstaben BERND AUERBACH auf das aufgedruckte Etikett. Für die ersten Einträge in kleiner, gut lesbarer Schrift nahm er sich zwanzig Minuten Zeit. Seine Dokumentation endete mit ... *bin ich zwischenzeitlich zu der Meinung gekommen, es ist besser B. A. mit Vorsicht zu begegnen. Hohes Gewaltpotential erkennbar.* Dann schloss er das Heft, öffnete seinen alten Biedermeier-Sekretär, den er von seiner Großmutter geerbt hatte, betätigte den versteckten Riegel in einer Seitenwand und öffnete das drehbare Geheimfach. Schließlich nahm er das neu angelegte Heft und legte es auf die anderen, welche mit DORIS KUNSTMANN, WALTER FUCHS, AKGÜL ÖZKAN und HANNELORE ADAM bezeichnet waren. Insgesamt lagen elf Hefte fein säuberlich aufeinander geschichtet in dem Geheimfach. Norbert Amon war ein aufmerksamer Beobachter seines persönlichen Umfeldes. Dinge, die ihn interessierten oder die ihm besonders auffielen, notierte er sich regelmäßig, bevor er sie wieder vergaß. Dabei spielte es keine Rolle, um welche Themen es sich handelte. Es gab so viele interessante Dinge. Sein einschneidendes Erlebnis mit Hannelore Adam hatte er ebenso dokumentiert, wie die Festtagsprogramme der letzten fünf Röttenbacher Kirchweihen.

★

Am 6. Februar gab die Kripo Erlangen Doris Kunstmanns Leichnam zur Bestattung frei. Am 12. Februar, nachmittags um vierzehn Uhr, hatten Doris' Eltern die Beerdigung angesetzt. Es schien so, als wäre das ganze Dorf zum Friedhof gekommen. Doris Eltern standen mit gebrochenen Herzen am offenen Grab. Viele Mitschüler und Mitschülerinnen vom Gymnasium Höchstadt hatten sich zu einer großen Gruppe zusammengetan und hatten einen stattlichen Kranz mit weißer Schleife mitgebracht.

»Wir werden dich vermissen«, stand in goldenen Lettern darauf. Norbert Amon und Walter Fuchs standen mit gesenkten Köpfen etwas abseits. Unweit davon murmelten Kunigunde Holzmann und Margarethe Bauer miteinander. Bürgermeister Ludwig Gast und fünf seiner Gemeinderäte standen in unmittelbarer Nähe der trauernden Eltern. Gerald Fuchs und Sandra Millberger beobachteten die Szene aus weiterer Entfernung. Begleitet vom Röttenbacher Blasorchester stimmte der katholische Kirchenchor ein Lied an:

De Sonn steigt hinterm Wald drüben nei,
Besaamt de Wolken rut,
A jeder legt sei Warkzeig hi
Un schwenkt zem Gruß sann Hut.
's is Feieromd, 's is Feieromd,
Es Togwerk is vollbracht,
's gieht alles seiner Haamit zu,
Ganz sachte schleicht de Nacht.

Anna Wollschläger hatte sich inmitten der großen Trauergemeinde versteckt. Leise kullerten ihr ein paar Tränen über die Wangen, als der katholische Geistliche das Wort ergriff:

»Obgleich der Tod zum Leben dazu gehört, ist er immer wieder ein Schock und ein schwerer Schicksalsschlag für die Hinterbliebenen des Verstorbenen. Der Verlust eines geliebten Menschen bedeutet stets großen Schmerz und tiefe Trauer, insbesondere wenn der Tod einen jungen Menschen, wie unsere Doris Kunstmann, mitten aus dem Leben reißt. Wir sind unsagbar traurig. Sie fehlt uns so sehr. Nichts mehr wird sein wie früher. Da wird immer eine Lücke bleiben, die sie bisher ausfüllte. Mit ihr sind wir wunderbare Wege gegangen. Wir haben gelacht, gefeiert, gehofft. Mit ihr sind wir auch durch dunkle Gassen gegangen, haben gebangt, geweint und doch wieder gehofft. Wir weinen um sie und werden unsere Wege weiter gehen. Sie ist nicht mehr da und doch ganz nah bei uns. Denn sie wird ewig ...«

Zwanzig Minuten dauerte die Beerdigungszeremonie noch, dann löste sich die Trauergemeinschaft langsam auf. »Der Mörder war jedenfalls nicht anwesend«, gab sich Kunigunde Holzmann überzeugt.

»Woher willst du des wissen?«, meinte die Retta. »Sieht mer des an Menschen an? Steht des auf seiner Stirn gschrieben: Ich bin der Mörder?«

»Des net, aber mei Gfühl sagt mir das.«

»Du und dei Gfühl.«

41

Der Mörder von Doris Kunstmann hatte den Vorfall, wie er ihn nannte, geistig längst abgehakt. Er arbeitete mit Elan an seiner nächsten großen Aufgabe. Das Wie und Wann hatte er längst bis ins kleinste Detail geplant. In einem Erlanger Internetcafé hatte er sich zwei Tage vorher auf der Homepage des *Escinsel* eingeloggt. Eine neue Inszenierung wurde für den kommenden Samstag versprochen, eine heiße Nummer, und darauf hingewiesen, dass jede Menge Gäste erwartet werden. »Für die heiße Nummer werde schon ich sorgen, da braucht ihr euch gar keine Gedanken zu machen, die wird heißer als euch lieb sein wird«, murmelte er vor sich hin. Dann verließ er die Homepage und gab *welt.de* ein. Die aktuellen Online-Nachrichten berichteten von einem gemeinen Attentat auf den rumänischen Botschafter in Berlin. Ein unbekannter Gewehrschütze hatte auf den Diplomaten geschossen, als er am frühen Morgen seinen Wohnsitz verließ, um in die Botschaft zu fahren. Sein Fahrer, der ihn abholen sollte, berichtete, dass er seinen Chef, nachdem die Schüsse gefallen waren, sofort in den Wagen zog und in das nächste Krankenhaus fuhr. Dort erfuhren die Pressevertreter wenig später, dass der Botschafter lebensgefährlich verletzt sei und mit dem Tod ringe. Die Ermittlungsbehörden hatten für den Nachmittag eine Pressekonferenz anberaumt. Die Journalisten vermuteten einen Zusammenhang mit der Diskussion um die Armutsmigration.

★

Frederick Engels und Mourad Chalid hatten sich wirklich etwas Neues einfallen lassen. »Verführung im Serail« lautete das neue Thema, mit welchem sie ihre Gäste überraschen wollten. Sie hatten sich große Mühe gegeben und im Vorfeld einigen Aufwand betrieben. Gott sei Dank erklärten sich einige Stammgäste bereit, bei den Vorbereitungen mitzuhelfen. Das Serail, der sonst etwas nackte Darkroom, stand im Mittelpunkt ihrer Inszenierung. Während Mourad sich in der Küche um die Bevorratung der Getränke und die Vorbereitung des Kebabs kümmerte, das er heute anlässlich der Premiere kredenzen wollte, führte Frederick im jetzt hell erleuchteten Darkroom Regie. Er hatte drei Helfer: Leder-Ibrahimi, Lack-Yusuf und Ömer den Kastrator. Während die drei schwulen Stammgäste Fredericks Anweisungen folgten, wechselte Mourad Chalid in der Küche noch die leere Propangasflasche aus und ersetzte sie durch eine volle. Die vier im Serail betrachteten ihre Arbeit und waren sichtlich zufrieden. Der Boden war nahezu komplett mit wertvollen Orientteppichen ausgelegt. Auch an den Wänden hingen feine Seidenteppiche. Der Darkroom war durch mobile, im orientalischen Stil gehaltene Trennwände in mehrere Nischen unterteilt, in deren Mitte jeweils ein breiter Diwan stand. Dicke Kissen thronten darauf. »Unsere Lustwiesen«, kommentierte Frederick. Die ansonsten kahle Betondecke war mit vielen farbigen Nylontüchern geschmückt, welche bauchig, dicht an dicht, von oben herabhingen. Die vielen roten, gelben, grünen, blauen und orangefarbenen Tücher verliehen dem Raum einen Hauch von Haremsatmosphäre. »Wie in 1001 Nacht! Nun probieren wir noch die abgedunkelte Beleuchtung aus«, wies Frederick die drei an. »Ömer schaltest du bitte den Scheinwerfer aus? Nimm den später bitte mit raus, wenn wir hier fertig sind, und leg ihn in eines der Regale im Lagerraum. Den brauchen wir heute Abend nicht.« Ömer schaltete die Originalbeleuchtung des Serails ein und zog das Scheinwerferkabel aus der Kabeltrommel. »Ah, toll!«, gaben die vier von sich. »Ein Traum«, jubelte Lack-Yusuf, »ich werd jetzt schon ganz spitz. Ich darf gar nicht an heute Abend denken.«

»Gefällt's euch?«, fragte Frederick ganz stolz in das dämmrige Ambiente hinein.

»Super«, gab Leder-Ibrahimi aus einer Ecke zurück und starrte fasziniert in die gedämpften, bunten Lichtschatten.

»Warten wir noch einen Augenblick, bis sich unsere Augen an die Lichtverhältnisse gewöhnt haben.« Frederick wollte nichts dem Zufall überlassen.

»Ja, warten wir noch eine Weile«, bestätigte Ömer der Kastrator.

Von der Decke schimmerte das Licht der wenigen, schwachen, kaum wahrnehmbaren Lichtquellen durch die bunten Tücher und verbreitete eine verheißungsvolle Stimmung. Die vier Schwulen nahmen gegenseitig nur ihre dunklen Konturen wahr. Ihre Silhouetten zeichneten sich schwach gegen die mit grüner Leuchtfarbe angemalten Holzfassaden der kuscheligen Nischen ab. Die vier Glühbirnen an den Wänden waren mit roter Farbe bemalt und zauberten kleine rote Kleckse auf die daneben hängenden Wandteppiche. Von der Küche her war ein heftiges Pochen gegen die Wand zu hören. »Wie schaut's aus?«, hörten sie Mourad Chalid rufen.

»Super, komm rüber und sieh es dir an.«

Wenige Sekunden später öffnete sich die feuerhemmende Stahltür und für einen kurzen Moment strömte helles Licht vom Gang herein. Mourad schlich ins Serail und schloss die Tür wieder hinter sich. Es dauerte ein paar Sekunden, dann spendierte er ein großes Lob: »Super, echt geil. Das habt ihr toll gemacht.«

»Das Licht draußen im Gang«, stellte Frederick, der Perfektionist fest, »das stört. Es ist zu hell. Wir brauchen einen dezenten Übergang. Ömer kannst du das nachher noch abdunkeln?«

»Klar, mach ich gleich.«

»Liebe schwule Gäste, ihr könnt kommen«, verkündete Frederick stolz, »in genau drei Stunden.«

★

Sie mussten seinen Ruf gehört haben, denn sie kamen in Scharen – nicht nur Muslime. Das *Escinsel* hatte sich, seit seinem Bestehen, in Nürnberg einen Namen in der Schwulenszene gemacht. Es war immer etwas los, und an den Wochenenden war es meist brechend voll. Frederick und Mourad hatten längst mit der Planung eines zweiten Szenelokals begonnen. Doch das war noch ihr Geheimnis. Sogar zwei Lesben hatten sich mittlerweile bei ihnen gemeldet, und zusammen hatten sie, sozusagen von Kollegen zu Kolleginnen, darüber diskutiert, ob ein ähnliches Etablissement auch für die holde Weiblichkeit Sinn machen würde.

Frederick Engels schwitzte unter seiner dicken Gesichtsschminke, seiner blonden Perücke und dem Federboa-Hütchen auf dem Kopf. Dafür war er unten herum etwas luftiger gekleidet. Seine langen, schlanken Beine steckten in halterlosen Netzstrümpfen und die wiederum in schwarzen High Heels. Die Backen seines kleinen Hinterns teilte ein roter String-Tanga und seinen schmächtigen Oberkörper zierte ein ebenso rotes Korsett. Der Initiator, Planer und Macher von »Verführung im Serail« hatte beide Hände voll zu tun. Er begrüßte die eintrudelnden Gäste, ganz besonders herzlich natürlich die Stammkunden, informierte über das Thema des Abends, die Einrichtungen und Entertain-Möglichkeiten des Etablissements, verwies auf die Bar und lobte das Kebab, welches heute auf Kosten des Hauses angeboten wurde. Er wies dezent auf die Spielregeln des Hauses hin. Alles sei freiwillig, es gebe kein Muss, (fast) alles sei erlaubt. Wer seine Kondome vergessen habe, kein Problem, an mehreren Stellen des Hauses lägen sie kostenlos in kleinen Glasschälchen aus. Ja, die kleinen Tuben enthielten Gleitcreme. Ebenfalls kostenlos. Na dann, viel Spaß und viel Vergnügen.

Mourad Chalid stand in der kleinen Küche am Drehspieß und schwitzte. Was für eine Hitze. Das Kebab ging weg wie warme Semmeln, und Ömer der Kastrator half an der Bar aus. Lack-Yusuf und Leder-Ibrahimi hatten sich längst ins Serail verdrückt. Einer der beiden knetete einer schmächtigen, dunklen Silhouette gerade genussvoll die Eier, während ihr eine Hand, irgendwo aus der Finsternis kommend, am Arsch rumfingerte. Das Serail war brechend voll. Überall herrschte ein betriebsames Gewusel. Körper stieß an Körper. Auf den Diwanen in den Nischen räkelten sich Halbnackte auf-, neben- und untereinander. Ein wildes und lustvolles Gestöhne erfüllte den Raum. »Fester«, forderte der Eigentümer der Eier, die Lack-Yusuf gerade wieder in die Mangel nahm. »Ist das dein Arsch, Lack-Yusuf?«, raunzte Leder-Ibrahimi ganz in der Nähe und zog seine Hand wieder zurück. »Ich dachte, der gehört dem Kleinen in der roten Unterhose, der vorhin an der Bar saß. Weißt du, wo der sich gerade rumtreibt?«

»Ich hab im Moment seine Eier in der Hand. Willst du auch einmal? An seinem Arsch ist übrigens im Moment niemand dran. Komm doch mal her. Wo steckst du denn?«

In diese bizarre Lasterhöhle, namens *Escinsel,* voller Lustschreie und Gestöhne trat ein später einsamer Gast. Er war noch nie hier gewesen. Das sah man ihm auch an. Er war sehr nervös, trug eine ganz normale Jeans und schwarze Slipper. Seine dunkelblaue Sportjacke mit dem roten türkischen Halbmond auf dem Rücken war von oben bis unten zugeknöpft. Lediglich der karierte Kragen eines Baumwollhemdes lugte aus dem Revers hervor. Besonders attraktiv war der Mann nicht. Zumindest nicht, was seine Figur anging. Eher etwas unförmig gebaut. Korpulent wäre vielleicht ein passenderer Begriff gewesen. Von seinem Gesicht war nicht viel zu sehen. Auf der Nase saß eine dicke Hornbrille mit ebenso dicken Gläsern, und auf seinem Kopf thronte eine gestreifte Schiebermütze. Insgesamt wirkte er eher schüchtern.

Frederick gab ihm keine sehr große Chance, heute an den Mann zu kommen, aber er begrüßte ihn dennoch freundlich und zuvorkommend wie jeden Gast an diesem Abend. Vielleicht fand der Neue ja doch einen passenden Deckel. Die Geschmäcker sind Gott sei Dank sehr unterschiedlich. Na ja, und im Serail erkannte man ja auch nicht, mit wem man es gerade zu tun hatte. Der schwule Gesellschafter des *Escinsels* erklärte dem Fremden die Örtlichkeiten und empfahl ihm ganz besonders das geheimnisvolle Serail. »Weißt du, da drin wird viel Wert auf Anonymität gelegt. Das kann sehr aufregend sein.« Der neue Gast wollte erst an die Bar, bestellte einen Gin Tonic und bedankte sich überaus freundlich für die detaillierten Erklärungen. Wenige Minuten später stand sein Gin Tonic einsam und unberührt auf dem Tresen. Der Gast mit der Schiebermütze war verschwunden.

★

Kemal Özkan hatte die beiden beim Saturn geklauten Spiegelreflexkameras der Marke Sony sofort zu Geld gemacht. Er hatte sie weit unter Wert an einen Hehler verschleudert. Aber das war ihm egal, er fieberte ausschließlich der »Verführung im Serail« entgegen. Seit einer Woche träumte er nur noch von schlanken, nackten Männerkörpern. Sein Krankenbesuch bei Müselüm Yilmaz hatte ihm allerdings etwas zugesetzt. Armer Kerl. Er tat ihm leid. Wenn er wüsste, welches Schwein hinter diesem Anschlag steckte und Müselüm so zugerichtet hatte, er würde diese Sau mit eigenen Händen erwürgen. Müselüm erzählte ihm nicht viel. Er hatte den Eindruck, dass der Ex-Freund seiner Schwester immer noch Angst hatte. Aber vor wem? Im Krankenhaus war er jedenfalls sicher. Oder doch nicht? Vor dem Krankenzimmer saß jedenfalls kein Bulle, wie man es in Kriminalfilmen immer sah. Personenschutz nannte man das. Er hatte noch immer nicht ganz verstanden, warum Müselüm überhaupt überfallen wurde. Na ja, Schwamm drüber, es war ja auch nicht seine Sache und ging ihm im Grunde auch nichts an. Wenn der andere nicht darüber reden wollte, dann eben nicht. Er wünschte ihm aufrichtig eine schnelle Genesung, und als er auf die Straße trat, war er gedanklich schon wieder im *Escinsel*. Schwul. Schwul heißt auf Türkisch *eşcinsel*. Er war sich immer noch nicht im Klaren, ob er auch zum Schwulsein tendierte. Er glaubte eher nicht. Andererseits, er hatte sich schon des Öfteren vorgestellt, mit einem Mann Sex zu haben.

Wobei ihn aber wirklich nur ein hübscher, schlanker männlicher Körper reizte. Jedenfalls in seiner Phantasie. Feingliedrig musste er sein. Fast wie der grazile Körper einer heranreifenden jungen Frau. Nur eben ohne Brüste. Zum Ausgleich durfte dafür unten schon etwas dran sein. War er schwul, wenn er an so etwas dachte? Oder vielleicht doch bi? Er wusste es nicht. Sein Vater hatte ihn streng erzogen, und er hatte noch nie etwas mit einer Frau gehabt. Er hörte auf die Anweisungen seines Vaters, im Gegensatz zu seiner Schwester. Was sollte er machen? Sein Sexualtrieb war schon vor vielen Jahren erwacht. Nun hatte er beschlossen, sich nicht mehr dagegen zu stemmen. Vielleicht fand er ja bei der »Verführung im Serail« tatsächlich den schlanken, grazilen Männerkörper, von dem er so oft träumte. Danach konnte er jedenfalls mitreden, und beurteilen, ob er Gefallen an der Sache fand, oder doch nicht. Männer waren sicher unkomplizierter als diese eingebildeten, jungen Frauen. Selbst in der Türkei stellten die Weiber zwischenzeitlich immer mehr Ansprüche. Liberalisierung, Gleichberechtigung! Pah! Davon hielt er gar nichts. Die Frau sei dem Manne untertan. So war es schon immer, und so sollte es auch bleiben.

Er wollte den ganzen Abend ausgiebig genießen, deshalb war er sehr frühzeitig gekommen. Zuerst ließ er sich an der Bar nieder und genoss das Kebab. Wirklich lecker, mit ausreichend frischen Zwiebeln. So liebte er es. Danach sah er sich im Videoraum um. Das war nicht so sein Geschmack. Schwule Pärchen lagen halb entblößt in den bequemen Sesseln und stimulierten sich gegenseitig. Auch den Saunabereich besuchte er. Da ging es doch etwas moderater zu. Das lag sicherlich an der Hitze. Jeder schwitzte wie ein Schwein, wie sollten da noch Gefühle aufkommen? Den feingliedrigen, zarten Körper hatte er bisher noch nicht entdeckt. Er setzte seine ganzen Hoffnungen auf das Serail. Das schien wirklich der Höhepunkt des heutigen Abends zu sein. Aber es war ja noch früh am Abend, wer weiß, welcher Adonis noch auftauchte.

Seit zwei Stunden hielt er sich nun im Darkroom auf und tastete sich von einem Schatten zum anderen. Zwei Körper entsprachen tatsächlich seinen Vorstellungen. Er hatte sie ertastet, gefühlt, gerochen und hatte ihr leises, lustvolles Stöhnen vernommen, als er sie hart berührte. Aber sie waren ihm wieder entglitten. Andere Schatten hatten sich dazwischengedrängt. Er war auf der Suche nach ihnen, was sich schwieriger gestaltete, als er gedacht hatte. Zu viele Leiber tummelten sich in dem abgedunkelten Raum. Schon zwei Mal war er an den unbekannten, schwabbeligen Typ geraten, dessen Arsch größer als der eines Elefanten sein musste und der behaart war wie eine kapitale Wildsau. Entsetzlich abstoßend. Im Moment hatte man allerdings ihn in der Mangel, und er kam nicht so richtig voran bei seiner Suche. Ein Lack-Yusuf und ein Leder-Ibrahimi unterhielten sich ganz in seiner Nähe. Die beiden schienen sich zu kennen, und einer von ihnen hielt ihn an den Eiern fest und ließ ihn nicht entkommen. Nun fühlte er auch noch eine schwitzende Hand auf seinem Arsch. Irgendjemand hatte ihm seine rote Unterhose bis zu den Knien heruntergezogen.

★

Bernd Auerbach, der Mann mit der Schiebermütze, brauchte exakt neunzig Sekunden, um sich in der Lasterhöhle zu orientieren. Danach wusste er, wo der Saunabereich, der Videoraum und die Separees lagen. Den Eingangsbereich, die Bar und den Küchenzugang kannte er ja schon. Fehlten noch die Toiletten und der Darkroom oder das Serail, wie es heute genannt wurde. Die Bude schien proppenvoll zu sein. Bevor er sich auf den Weg in das Serail machte, suchte er noch die Toiletten auf und verschloss die Kabine von innen. Er überprüfte seine Ausrüstung. Mann, war das heiß, in diesem Männerpuff. Er zog seine Jacke aus und ordnete die drei Plastikschwimmreifen, welche ihm unterhalb seiner Achselhöhlen um den Körper hingen. Er hatte lange darüber getüftelt, wie er diesen Ort des Ekels abfackeln konnte, ohne dass es zu schnell auffiel oder ihn jemand daran hinderte. Schließlich konnte er ja nicht mit einem Benzinkanister in der Hand hier hereinspazieren. Dann kam er auf die Idee mit den Schwimmreifen und hatte zwei Tage in seiner Scheune herumexperimentiert. Nun hingen sie halbschlaff, halb bis drei Viertel gefüllt an seinem Körper, fein säuberlich unter seiner Jacke versteckt, und gaben ihm ein korpulentes Aussehen. Aber das war ihm egal, kam ihm sogar entgegen. Das Gewicht des Ethanols darin zog die Plastikwände der Schwimmreifen nach unten. Auch die drei Ventile, an denen dünne Plastikkanülen angeschlossen waren, zeigten nach unten. Sie verschwanden in Bernd Auerbachs Jeans. Wer genau hinsah, aber das hätte bei dieser schummrigen Beleuchtung eh nichts genützt, hätte bemerkt, dass sie am Ende der Hosenbeine, knapp über den Schuhsohlen, wieder zum Vorschein kamen. Der Mann mit der Schiebermütze kontrollierte die Funktion der Ventile. Wenn er sie drückte, gaben sie das Ethanol frei, welches dann durch die Plastikkanülen nach unten lief, und knapp über den Schuhsohlen austreten konnte. Ganz kurz versicherte er sich, dass alles funktionsfähig war. Dann zog er seine Jacke wieder an. Auch die beiden kleinen Holzkeile in seiner rechten Hosentasche befanden sich an ihrem Platz. Bernd Auerbach verließ die Toilettenanlagen und machte sich auf den kurzen Weg zum Darkroom. In einem kleinen Lagerraum, gleich neben dem Serail, standen vier Propangasflaschen. Er hob sie kurz an. Drei volle und eine leere. Ihm kam eine Idee. Wenige Sekunden später öffnete er die Tür und trat in die schummrige Finsternis des Serails ein. Sofort brach ihm der Schweiß aus. Die Raumtemperaturen mussten mindestens bei fünfundzwanzig Grad liegen. Ekelhaft riechende Ausdünstungen drangen ihm in die Nase, eine Mischung aus Schweiß, Knoblauch und dem Geruch von männlicher Samenflüssigkeit. Ihm graute. Schnell drückte er sich in die nächste Ecke und wartete ab, bis sich seine Augen an die Dunkelheit gewöhnt hatten.

★

Der junge Özkan konnte sich endlich von seinen beiden Peinigern befreien. Seine Hoden brannten wie Feuer und sein Hintern glühte wie ein Sack Eierbriketts auf einem Holzkohlengrill. Er suchte noch immer nach den schlanken männlichen Körpern. Er vernahm, wie seine beiden Verfolger hinter ihm sich ebenfalls neu formierten und sich auf die Suche nach ihm machten.

»Wo ist er jetzt hin?«, flüsterte Lack-Yusuf?

»Keine Ahnung. Warum hast du seine Eier losgelassen?«

»Weil ich mich selber am Sack kratzen musste.«

»Los, hinterher. Den finden wir schon wieder.«

Aber Kemal Özkan pfiff ihnen etwas. Kaum entkommen, schlug er kriechend einen neunzig Grad Winkel ein und versteckte sich unter einem zwei Meter fünfzig langen Diwan. Über ihm röhrte und knarzte die Sitzfläche im gleichmäßigen Rhythmus. Ein langer, tiefer Brunftschrei drang von oben an seine Ohren, dann ein lang anhaltendes Stöhnen. Ein frisch benutztes Kondom landete in seinem Gesicht, und als er endlich begriff, worum es sich handelte, musste er gegen den Brechreiz ankämpfen. So hatte er sich den Abend nicht vorgestellt. Es wäre wohl besser, zu gehen und den Abend als Fehlinvestition geistig abzuhaken. Er hörte, wie sich Lack-Yusuf und Leder-Ibrahimi ganz in der Nähe flüsternd unterhielten. Sie waren ihm schon wieder auf der Spur. Er beschloss, sich fluchtartig davon zu machen und den Abend im *Escinsel* zu beenden. Eine gute Entscheidung, doch sie kam zu spät. Der junge Türke sollte keine Chance mehr haben, dem Inferno zu entkommen.

★

Bernd Auerbach stand noch immer in der Ecke, in der Nähe der Eingangstür. Er kämpfte mit dem Gedanken abzuhauen. Das war unzumutbar. Nie wieder würde er so einen Auftrag annehmen, oder er würde gleich ein paar Molotow-Cocktails von außen durch die Fenster schmeißen. Schließlich appellierte er an seine Berufsehre und beschloss, trotz aller Widrigkeiten den Auftrag erfolgreich zu Ende zu führen. Langsam setzte er sich in Bewegung. Immer mit dem Rücken an der Wand entlang. Ein leichtes Klopfen an die Wand verriet ihm, dass es sich um eine Holzkonstruktion handeln musste. Eine Beton- oder eine gemauerte Wand war es jedenfalls nicht. Sofort kam ihm der kleine Lagerraum mit den Propangasflaschen in den Sinn. Ein glücklicher Zufall, den er ganz sicherlich nutzen würde. Super, einfach ideal. In den Schwimmreifen unter seiner Jacke gluckerte es. An seinen Beinen fühlte er, wie das Ethanol durch die Plastikkanülen floss. Ein feiner, süßlicher Geruch stieg vom Fußboden auf. Man hätte ihn auch einem dezenten Männerparfüm zurechnen können, einem Schwulenparfüm. Langsam tastete er sich weiter vorwärts, immer an der Wand entlang. Als er die nächste Ecke erreichte, griff eine Hand nach seinem Hosengürtel und versuchte ihn zu öffnen. Er stieß sie brutal weg.

Kemal Özkan spürte den schmerzhaften Schlag. Auf seinem Weg zum Ausgang hatte er plötzlich und überraschend ganz in seiner Nähe wieder die Stimmen von Lack-Yusuf und Leder-Ibrahimi vernommen. Die beiden machten immer noch Jagd auf ihn. Sie gingen ihm langsam wirklich auf den Sack. Nun roch es auch noch so komisch. Eben war er durch eine Lache Flüssigkeit gekrochen. Seine Hosenbeine fühlten sich feucht an, und das Zeug stank vielleicht. Intuitiv hatte er sich in die entgegengesetzte Richtung auf und davon gemacht. Dann sah er eine Silhouette vor sich, die sich an die Wand gedrückt hielt. War er fündig geworden? Hoffnung keimte in ihm auf. Er sah nichts, er griff einfach zu. Vielleicht hatte er doch noch einen der beiden begehrenswerten Körper gefunden. Dann kam dieser heftige Schlag auf den Handrücken, der seine Hand nach unten stieß und ihm fast die Sinne raubte.

Bernd Auerbach drängte es zum Ausgang. Er hatte genug, wollte raus aus dieser überhitzten, stinkenden Lasterhöhle. Er konnte das Gestöhne und die Abartigkeiten des Geschehens nicht mehr länger ertragen. Es fehlte nicht mehr viel und er würde sich übergeben. Die Schwimmreifen um seinen Körper fühlten sich deutlich leichter und der Fußboden unter seinen Schuhen sehr glitschig an. Er beschleunigte seine Bewegungen. Gleich musste er die letzte Ecke des Raumes erreicht haben, dann war der Ausgang nicht mehr weit. Gott sei Dank. Mit Händen und Armen drückte er auf die Schwimmreifen unter seiner Jacke, um die Reste an Flüssigkeit herauszudrücken. Dann endlich spürte er die Tür, durch die er den Raum betreten hatte, mit seinem rechten Arm. Er öffnete sie einen kleinen Spalt und verharrte in Ruhe. Die Schachtel Streichhölzer in seiner Hosentasche fand er sofort. Er rieb das Schwefelköpfchen eines Zündholzes an der Reibfläche der Schachtel. Mit dem Handrücken der anderen Hand deckte er die kleine Flamme, die lustig blau-rot-orange-gelb aufflackerte, ab. Er wartete noch einige Sekunden, dann ließ Bernd Auerbach den Tod, ein brennendes, kleines dünnes Zündholz, in die Dunkelheit fallen und verließ blitzschnell den Raum. Geschwind schloss er die Tür von außen, griff in seine Hosentasche und holte die beiden kleinen Holzkeile heraus. Er ließ sie auf den Boden fallen und schob sie mit den Schuhen fest zwischen Türblatt und Fußboden. Er rüttelte und zog an der Tür. Sie bewegte sich keinen Millimeter. Dann stürzte er in den kleinen Lagerraum nebenan und öffnete die Ventile der drei vollen Propangasflaschen. Ein leises Zischen verriet, dass das Gas ausströmte. Am liebsten hätte er das *Escinsel* nun im Laufschritt verlassen, aber er zügelte sich selbst, um kein Aufsehen zu erregen, und bewegte sich ruhig und langsam in Richtung Ausgang. Frederick Engels registrierte aufmerksam, wie er das Etablissement verließ. Irgendwie erschien ihm der Mann mit der Schiebermütze und der dicken Hornbrille auf einmal viel schlanker als vorhin. Schade, dass der Gast schon ging, aber das war ja fast vorhersehbar. Attraktiv sah der ja nicht gerade aus, er hätte sich den Fremden auch nicht gerade als Sexpartner vorstellen können. Ein etwas komischer Kerl. Fredericks Gedanken wanderten in die Gegenwart zurück. Bald würde das Bingo-Spiel beginnen. Als ersten Preis gab es heute ein Romantikdinner mit einem Schwulen-Promi.

★

Im ersten Moment, als die Flammen des entzündeten Ethanols wie umkippende Dominosteine die vier Wände entlang liefen, glaubten die meisten Gäste im Darkroom noch an einen Showeffekt. Einige »Ahs« und »Ohs« erklangen entzückt aus der Raummitte. Diejenigen, welche sich in der Nähe der Wände aufhielten und deren Kleidung bereits Feuer gefangen hatte, versuchten entsetzt, die Flammen mit ihren bloßen Händen zu löschen. Andere, welche auf dem Boden gekrochen oder herumgelegen waren, sich hemmungslos ihrem Liebesspiel hingegeben, und deren Hosen, Unterhosen und Hemden sich mit dem Ethanol vollgesogen hatten, standen Sekunden später in hellen Flammen. Dann ging alles sehr schnell. An den hölzernen Wandverkleidungen, vollgehangen mit edlen Seidenteppichen, wuchsen die Flammen und fraßen sich rasch nach oben. Die Polsterung eines Diwans brannte ebenfalls lichterloh. Ein Gast, der sich brennend auf dem Liegemöbel wälzte, hatte sie in Brand gesteckt. Flammen, die sich an den hölzernen Abtrennungen der Liebesnischen emporgefressen hatten, setzten die Deckendekoration in Brand. Im Nu verwandelten sich die bunten Tücher in ein flammendes Inferno und glühende Stoffteile regneten auf die Menschen herab. Die Teppiche auf dem Boden hatten das flüssige Ethanol aufgesogen und brannten lichterloh. Die Gäste, die sich nahe der Tür aufhielten, hatten längst versucht, nach draußen zu flüchten, doch die Tür ließ sich nicht öffnen. Sie rüttelten voller Todesangst am Türgriff und stießen gegen das metallene Türblatt. Vergeblich. Längst war Panik unter den Eingeschlossenen ausgebrochen. Jeder versuchte, in Richtung Tür zu drängen. Männer waren zu Boden gestürzt. Die Menge trampelte über sie hinweg und versuchte sich zu retten. Die Hitze im Raum war rapide angestiegen. Auf der Haut der wenigen Gäste, die bisher noch verschont geblieben waren, bildeten sich die ersten Hitzeblasen. Überall im Raum stiegen Verbrennungs- und Pyrolysegase auf, doch der Rauch konnte nirgendwo entweichen. Der Hitzestau an der Decke nahm schlagartig zu. Die Menschen riefen verzweifelt um Hilfe. Die meisten von ihnen hatten sich bereits in lebende Fackeln verwandelt. Das Feuer knisterte und fraß sich immer weiter voran.

Die wenigen Männer, die draußen an der Bar saßen, waren in romantische Gespräche vertieft und tauschten Zärtlichkeiten aus. Aus den Stereoboxen stöhnte es *Je t'aime*. Auf der kleinen Tanzfläche räkelte sich ein schlanker Jüngling an einer raumhohen Stange aus Edelstahl und rieb sein Geschlechtsteil an dem glänzenden, kühlen Metall. Seine Zuschauer feuerten ihn lautstark an und gaben ihre aufgeilenden Kommentare dazu ab. Auch in der finnischen Sauna hatten die Nackten noch keine Ahnung, welches Drama sich gerade im Serail abspielte. Im DVD-Raum liefen unentwegt Schwulen-Pornos, und kaum jemand konnte unterscheiden, welches Gestöhne aus den Lautsprechern und welches von den Pärchen kam.

Unterdessen spielten sich im Darkroom unbeschreibliche Szenen ab. Männer brannten lichterloh. Die Rauchschicht bewirkte eine immense Hitzestrahlung. Die Oberflächen sämtlicher brennbarer Materialien pyrolysierten aus und zündeten schlagartig durch die hohen Rauchgastemperaturen. Der Flashover war nicht mehr zu vermeiden. Wenige Sekunden später war es soweit: Ein heißes, orkanartiges Fauchen schoss mit Blitzgeschwindigkeit durch den Raum und hüllte die Decke in ein einziges Flammenmeer. Nebenan im Lagerraum zischten immer noch die Propangasflaschen vor sich hin. Frederick Engels war der Erste, der bemerkte, dass etwas nicht stimmte. Verzweifelte Hilferufe und grässliche Schreie drangen an seine Ohren Er stürzte zum Serail und wollte die Tür aufreißen. Er heulte auf vor Schmerzen und betrachtete erstaunt seine Handinnenflächen, auf welchen sich in Sekundenschnelle Brandblasen bildeten. Das ganze Türblatt strahlte eine unerklärliche Hitze ab. Er geriet in Panik. Dann barst die Holzkonstruktion zwischen Darkroom und Lagerraum, und ein Feuerschwall fuhr auf die immer noch ausströmenden Gasflaschen herab. Fredrick Engels starb als Erster außerhalb des Serails. Eine gewaltige Explosion, eine wahre Feuerwalze fegte durch die Räume und Gänge des *Escinsel*. Die Propangasflaschen detonierten und ihre stählernen Wände, die in Hunderte scharfkantiger Metallsplitter zerrissen, bohrten sich in die Leiber der brennenden Menschen innerhalb und außerhalb des Darkrooms. Brennende Holzsplitter und Pressspanplatten flogen durch das Etablissement. Kurz darauf explodierte auch die Propangasflasche in der Küche. Fenster barsten, und schon loderten aus ihnen die ersten Flammen in die kühle Nacht. Das *Escinsel* hatte sich in eine einzige Flammenhölle verwandelt, ein Ort der Verwüstung und des Todes. Ein Ort der sechsundsechzig homosexuellen Männern den Tod brachte. Es war ein Wunder, dass fünf überlebten.

Drei standen gerade unter der Dusche. Sie hatten dennoch Verbrennungen dritten Grades abbekommen. Zwei befanden sich gerade im Wasserbecken des Saunabereiches und konnten gerade noch rechtzeitig untertauchen, als eine Feuerwalze über sie hinwegfegte. Kemal Özkan oder besser gesagt die verkohlten Reste, die von ihm noch übrig blieben, kokelten im ehemaligen Darkroom vor sich hin.

42

Der Brandanschlag auf das *Escinsel* beherrschte alle internationalen Schlagzeilen. Das zerstörte Etablissement war noch nicht ganz ausgeglüht, schon kursierten die ersten Gerüchte. *Konkurrierende Banden in der Schwulenszene*, mutmaßte ein Teil der Journalisten. *Religionskrieg, Fremdenhasser am Werk, War es doch menschliches Versagen?*, spekulierten die anderen. Die Schlagzeile der größten deutschen Tageszeitung lautete: *Mossad am Werk – Stecken die Juden dahinter?*

Während die Brandexperten immer noch in den verkohlten und verglühten Trümmern des *Escinsel* herumwühlten und knietief im Löschschaum wateten, saß Bernd Auerbach in der Lufthansamaschine von Frankfurt nach Moskau. Der LH-Flug 1444, ein Airbus A 319-100, war pünktlich um neun Uhr morgens in Frankfurt von der Startbahn West gestartet und immer noch im Steigflug. Die stumpfe Nase des Flugzeugs legte sich in einem weiten Bogen in eine sachte Linkskurve, während das Dröhnen der beiden Turbinen bis in die Passagierkabine zu hören war. Bernd Auerbach saß auf einem Fensterplatz. Sie hatten gerade die dunkle Wolkendecke durchstoßen, und das Sonnenlicht durchflutete schlagartig das Innere des Flugzeugs. Über ihnen erstrahlte der wolkenlose Himmel in einem hellen Blau, welches, je weiter es nach oben ging, immer dunkler wurde. Die beiden Tragflächen vollführten leichte Schwingungen und der Pilot teilte den Passagieren über den Bordlautsprecher mit, dass sie etwas früher am Zielflughafen Domodedovo ankommen würden. Bernd Auerbach lehnte sich in seinen Sessel zurück und dachte an den vorgestrigen Abend. Er hatte sechsundsechzig Menschen getötet. Sechsundsechzig Schwule, die meisten davon Ausländer. Als er am Samstag, am 22. Februar, spät in der Nacht nach Hause gekommen war, liefen die Nachrichtenkanäle der Fernsehanstalten auf Hochtouren. Er sah die Bilder der Zerstörung, die er hinterlassen hatte. Das *Escinsel* war vollkommen ausgebrannt. Feuerwehrfahrzeuge, Kranken- und Notarztwägen, sowie jede Menge Polizeifahrzeuge standen in den Straßen, und die vielen Blaulichter warfen rotierende Schatten auf die Außenfassaden der umstehenden Häuser. Aus den geborstenen Fenstern strömte immer noch grau-dunkler Rauch ins Freie und kringelte sich im Scheinwerferlicht der Feuerwehrfahrzeuge. Hinter den Absperrbändern hatte sich eine riesige Meute von Neugierigen versammelt. Reporter wedelten mit Mikrofonen, verfolgt von Kameraleuten, geil nach jeder Information, welche sie von Nachbarn und sonstigen Passanten ergattern konnten. Die Interviewten berichteten von mehreren Explosionen, die sie vernommen hatten, beziehungsweise vom lodernden Flammeninferno, welches ihnen beim Eintreffen am Unglücksort entgegenschlug. Ihre Gesichter zeigten das blanke Entsetzen, als sie von der Anzahl der Toten erfuhren. Manche stellten spontan Kerzen auf. Andere brachten die ersten Blumen und legten sie am Straßenrand nieder. Ein paar wenige übten allerdings auch verhaltene Kritik. Ihnen war das *Escinsel* schon lange ein Dorn im Auge, meinten sie. Ein Schandfleck, mitten in der Stadt, ständig im Blickpunkt ihrer Kinder. Die weggeworfenen, gebrauchten Kondome waren ein weiteres Ärgernis. Der Umstand, dass das Etablissement so viele Ausländer anzog, wurde ebenfalls kritisiert. »Dass do so was mal passiern hat müssn, war ja absehbar«, sprach eine ältere Frau ins Mikrophon und nickte dabei heftig mit dem Kopf. »Eine Sünd, was die da drin triebn ham. Da hat der Herrgott nimmer länger mit zuschaun gekonnt.«

»Genau«, pflichtete ihr ihre Nachbarin bei, »ein Sodom und Gomorrah. Der Herrgott siehcht alles.«

Bernd Auerbach nahm die Tageszeitung zur Hand, die ihm die freundliche Stewardess beim Einsteigen gereicht hatte. *Es war ein BRANDAN-*

SCHLAG!, sprang ihm die Überschrift auf der Titelseite entgegen. Er begann zu lesen. Das meiste verstand er nicht. Zu viele technische Begriffe wurden in dem Artikel verwendet, von denen er noch nie etwas gehört hatte. Technisches Kauderwelsch. Von Iionisierungstechnik, Isotopenmuster, Massenzahlen des Molepeaks und Quadrupol-Analysatoren war da die Rede. Das Ganze war für ihn nicht verständlich, und gipfelte in dem Satz: *Gaschromatographie mit Massenspektrometrie-Kopplung brachte den Beweis.* »Sei's drum«, dachte er, »jetzt wissen sie, dass jemand nachgeholfen hat. Aber wer?«

Über ihm erloschen die Anschnallzeichen und der Co-Pilot meldete sich. »Meine Damen und Herren, sehr verehrte Passagiere, wir haben soeben unsere Reiseflughöhe erreicht und befinden uns im Luftraum über Nürnberg. Wie Ihnen unser Pilot, Herr Heinz Junker, bereits mitgeteilt hat, werden wir heute überpünktlich in Moskau landen. Vor uns liegen noch knappe drei Stunden Flugzeit, und das Wetter unterwegs könnte besser nicht sein. Starke Winde treiben uns vor sich her. Sie sind für unseren heutigen, kürzeren Flug verantwortlich. Unser Bordpersonal wird Ihnen in Kürze Erfrischungsgetränke anbieten. Danach gibt es noch ein ausgiebiges Frühstück. Bevor wir um circa 15:00 Ortszeit in Moskau landen, melde ich mich nochmals bei Ihnen. Ich wünsche Ihnen noch einen angenehmen Aufenthalt bei uns an Bord, und genießen Sie den Flug mit Lufthansa.«

Bernd Auerbach kam in den Sinn, ob die sogenannten Brandexperten, die zurzeit sicherlich noch unter ihm in Nürnberg im verwüsteten *Escinsel* tätig waren, schon neuere Erkenntnisse gewonnen hatten. Er konnte sich das nicht vorstellen. Bei dieser Hitze musste einfach alles verbrannt sein. Allein bis diese Idioten alle Opfer identifiziert hatten, würde einige Zeit vergehen. Das ging sowieso nur mittels DNA-Abgleichen. Es war besser gelaufen, als er gedacht hatte. Die drei vollen Propangasflaschen waren ein Geschenk des Himmels. Glück muss der Mensch haben. Dass nun bekannt wurde, dass es sich um einen Anschlag handelte, war gar nicht so schlecht. Nun würden sich diese Homos dreimal überlegen, ob sie weiterhin bedenkenlos solche Orte besuchen. In diesem Darkroom ging es ekelhaft zu. Richtiggehend schweinisch. Mehr als sechzig dieser moslemischen Motherfucker hatte er erledigt, und drei Deutsche. Darunter diese Tunte Frederick. Um die war es wirklich nicht schade. Der Passagier auf dem Fensterplatz 14A löste sich von seinen Gedanken. In die Zukunft blicken hieß es. Es standen noch so viele Aufgaben an. Penzberg war das Ziel, hatte ihm Thomas Keller doch noch anvertraut. Sie würden diese Moschee pulverisieren, dafür würde er schon sorgen. Er war gespannt auf Pskow, den Truppenübungsplatz und vor allem auf diesen geheimnisvollen Generaloberst Wladimir. Er hatte sich vorgenommen, die Waffensysteme genau zu studieren. Sie hinterlassen eine riesige zerstörerische Wirkung, das wusste er. In diese Moschee mussten Hunderte dieser Allah-Jünger hineinpassen. Päng – Feuerball – tot. In Syrien vernichteten sie sich derzeit ja gegenseitig. Gut so. Hier in Deutschland muss man eben etwas nachhelfen. Dann fiel ihm plötzlich Norbert Amon wieder ein. Um den würde er sich kümmern, wenn er aus Russland zurück war. Irgendetwas stimmte mit dem nicht. Der Einheimische hatte den Kontakt zu ihm völlig abgebrochen, obwohl er sich bei ihm entschuldigt hatte. Ganz kurz angebunden war er am Telefon. Da brodelte etwas unter der Oberfläche. Sein Gefühl sagte ihm, dass der Franke gefährlich werden konnte. Das musste er noch herausfinden. So einen Fehlschlag, wie mit Doris Kunstmann konnte er sich nicht mehr leisten. Anna würde zwischenzeitlich ein Auge auf den Burschen haben. Bernd Auerbach gefielen die Aufgaben, mit denen ihn Thomas Keller betraut hatte. Endlich konnte er etwas dazu beitragen, dass Deutschland wieder zu sich selbst fand. Deutschland den Deutschen. Scheiß auf Europa. Raus mit dem Ausländerpack! Rache für Uwe Mundlos, Rache für Uwe Bönhardt! Noch zwei Stunden bis Moskau.

★

Ahmet Özkan machte sich ernsthaft Sorgen um seinen Sohn Kemal. Vor drei Tagen wollte er Müselüm Yilmaz im Krankenhaus besuchen und sich anschließend abends mit türkischen Freunden in Nürnberg treffen. Seitdem war er nicht mehr nach Hause gekommen und hatte sich auch nicht gemeldet. Es musste etwas passiert sein. Auf Kemal war immer Verlass. Wenn ihm etwas dazwischenkam, rief er immer an, dass er sich verspätete. Vater Özkan hatte bestimmt schon hundert Mal versucht, ihn auf seinem Mobiltelefon zu erreichen. Es war ausgeschaltet. Unmöglich. Kemal ist ein Handy-Freak. Er war immer erreichbar. Kamuran heulte schon den ganzen Tag und drängte ihren Mann ständig, endlich bei der Polizei anzurufen. Bei der deutschen Polizei! Was konnten die schon ausrichten? Sie würden ihn auslachen, diese Ungläubigen. Kemal war mit dem Skoda Yeti unterwegs. Ein weiteres Ärgernis, weil Ahmet keinen fahrbaren Untersatz mehr hatte, um nach Herzogenaurach zu seinem Arbeitsplatz zu kommen. Die Busverbindungen waren grottenschlecht. Er wusste nicht, was er tun sollte. Doch die Polizei anrufen? Er sah keinen anderen Ausweg mehr. Er beschloss den Tag noch abzuwarten. Sollte sich Kemal nicht melden, würde er morgen seinen Sohn als vermisst melden.

Der Anruf kam um siebzehn Uhr zweiundzwanzig. »Ahmet Özkan?«

»Guten Tag, Herr Özkan, hier spricht Kommissar Werner Mikulaschek von der Kripo Nürnberg. Entschuldigen Sie die Störung, aber ich habe nur eine ganz einfache Frage. Sie sind doch der Halter des blauen Skoda Yeti ERH-AR-543?«

»Ja, gehört Auto mir, aber warum Sie fragen?« Ahmet Özkans Körper durchlief ein Gefühl, als hätte er soeben einen Stromschlag erhalten.

»Weil«, fuhr Kommissar Mikulaschek fort, »Ihr Wagen seit Tagen in der Leonhardstraße in Nürnberg geparkt ist, unweit des Etablissements *Escinsel*, auf welches letzten Samstag ein Brandanschlag verübt wurde.«

Ahmet Özkan war wie vor den Kopf gestoßen. Kalter Schweiß stand auf seiner Stirn. »Mein Sohn Kemal ist mit Wagen weggefahren am Samstag und noch nicht wieder zurück.« Eine Pause trat ein, dann meldete sich der Kommissar erneut.

»Herr Özkan, verstehen Sie mich bitte nicht falsch, aber ich muss Sie fragen, ob Ihr Sohn sich in homosexuellen Kreisen bewegt?«

Vater Özkan schrie ins Telefon. »Nein, Kemal nix ist schwul. Ist mein Sohn, ich wissen.«

»Herr Özkan, das behauptet auch niemand, aber wir müssen trotzdem mit Ihnen sprechen. Kommen Sie doch bitte morgen Vormittag um zehn Uhr zu uns, zum Jakobsplatz 5, nach Nürnberg. Mein Name ist Werner Mikulaschek. Sie finden mich im zweiten Stockwerk, im Zimmer zweihundertzwölf.« Bitte bringen Sie einen persönlichen Gegenstand Ihres Sohnes mit. Eine Zahnbürste, einen Kamm oder eine ungewaschene Unterhose.«

43

Er wollte endlich runter von seinen vierundachtzig Kilogramm, mindestens zehn bis achtzehn Kilo weniger wären ideal. Vor zwei Wochen hatte er mit dem Laufen begonnen. Zunächst jeden zweiten Tag. Übertreiben wollte er auch nicht gleich. Es fiel ihm sowieso extrem schwer. Nach einhundert Metern rang er bereits nach Luft und musste verschnaufen, aber nach wenigen Tagen zeichneten sich schon die ersten Erfolge ab: Das Seitenstechen setzte später ein. Es würde sicherlich noch lange dauern, bis er fünf Kilometer durchlaufen konnte. Aber das war ihm egal, er hatte sich ein festes Ziel gesetzt und wollte es erreichen, egal wie lange es dauern würde. Wie immer war er in der Schulstraße gestartet, wo es bis zum Ortsende gleichmäßig bergaufwärts ging. Die Tortur setzte sich auf dem Feldweg zwischen der Schelmenleite und der Vogelleite fort, bis ihn sein Weg in den Wald Richtung Neuhaus führte. Noch tat er sich unheimlich schwer. Noch quälte er seine überflüssigen Pfunde den Hohlweg hinauf. Links und rechts stand blätterloses, dichtes Gestrüpp. Stachelige Schlehenbüsche, Hagebuttensträucher, hie und da ein wilder Kirschbaum und sonstiges Zeugs, das er nicht kannte. Er trottete gedankenversunken vor sich hin und freute sich bereits auf die warme Dusche zuhause. Doch die war noch weit entfernt, er war ja erst vor zehn Minuten gestartet. Die größten Qualen standen ihm noch bevor. Durch die häufigen Regenfälle der letzten Wochen war der

Weg aufgeweicht und schmierig. Er musste aufpassen, dass er nicht auf die Schnauze fiel. Zudem hatte es vor ein paar Tagen noch leicht geschneit. Die Tagestemperaturen lagen aber bereits bei um die acht Grad, und kleine Rinnsale flossen ihm überall entgegen. Über dem Neuhauser Wald türmten sich schon wieder dunkle Wolkengebirge auf, schoben sich ineinander und kündigten neuen Regen an. Die Luft war rau und unangenehm. Die Wipfel der Lärchen schwangen hin und her und schienen ebenfalls über den erneuten Wetterumschwung zu klagen. Der Waldboden, in den sie über die Jahre ihre Wurzeln getrieben hatten, war schwer und wasserdurchtränkt. Hie und da stand das Wasser in kleinen Mulden und Gräben und konnte nicht mehr abfließen. Wenn ihm nur dieser blöde kalte Wind nicht so ins Gesicht blasen würde, er fuhr ihm sogar in die nass geschwitzte Trainingsjacke. Sein Unterhemd klebte pitschnass an seinem Oberkörper. Richtig unangenehm. Die aggressiven Luftwirbel griffen wie mit kalten Fingern nach ihm, umklammerten ihn regelrecht. Er hatte das Gefühl, überhaupt nicht mehr voranzukommen, obwohl sich seine Beine wie die Nadel einer Nähmaschine bewegten. Auf ab, auf ab. Mit schmerzender Lunge und nach Atem ringend legte er noch einen Zahn zu. Er wollte vorankommen, tiefer hinein in den Wald, dem Wind entfliehen, der plötzlich immer stärker aufkam. Links und rechts vor ihm tanzten zwei kleine Windhosen auf dem Weg hin und her, wirbelten vertrocknetes Herbstlaub durcheinander, liefen aufeinander zu und vereinigten sich. »Gleich bin ich groß«, hörte er die Windhose flüstern. Er blieb stehen und betrachtete das Naturereignis, welches sich plötzlich mächtig aufblähte, immer dicker wurde und tanzend hoch in den Himmel wuchs. Schon gerieten die ersten Kieselsteine auf dem Weg in ihren Sog. »Soll ich dich auf eine Reise mitnehmen?«, hörte er den rotierenden Wirbelsturm fragen.

»Nein!«, schrie er gegen die Naturgewalt an, »ich muss weiterlaufen.« Doch es half nichts. Zwei kräftige Arme griffen urplötzlich aus der Windhose nach ihm und zogen ihn mitten in die rotierende Masse hinein. Er verlor den Halt unter den Füßen, wurde wie eine Feder hochgehoben und wirbelte um die eigene Körperachse. Er sah nach unten. Der Hohlweg, auf dem er vor wenigen Minuten noch gelaufen war, drehte sich in schnellen Rotationen und wurde immer kleiner. Schon sauste er über freie Ackerflächen dahin. Dann sah er Häuser unter sich tanzen. Er erkannte die Schulstraße, auf der langsam ein Betonmischer dahinfuhr. Sekunden später überquerte er, sich um sich drehend, die Röttenbacher Hauptstraße und blickte auf den Friedhof und die katholische Kirche St. Mauritius hinab. Die Fahrt wurde immer schneller, und er verließ sein heiss geliebtes Röttenbach. Wald. So weit er sehen konnte, tanzten nun Baumwipfel hoher Nadelbäume unter ihm Ringelreihen. »Ich habe keine Lust mehr«, flüsterte die Windhose, »immer nur im Kreis herum. Dir scheint es ja auch keinen Spaß zu machen.« Von einer auf die andere Sekunde fiel sie in sich zusammen. Es herrschte absolute Windstille. Erschrocken sah er auf die Erde hinab, die still und friedlich unter ihm lag, und dann begann er zu stürzen. Er fiel der Erde entgegen. Immer schneller. Die Baumwipfel wurden größer und größer, kamen immer näher und näher und streckten ihm bedrohlich ihre Spitzen entgegen. Doch er flog nicht auf die Bäume zu. Ein kleines Gewässer lag direkt unter ihm. Er erkannte den Soosweiher, der ihm quasi entgegen flog. Zwei Beine ragten aus dem trockenen Schilf. Daneben stand ein Schild, auf welchem in schwarzer Farbe geschrieben stand: *Hier wurde Doris Kunstmann ermordet.* »Nein!«, schrie er in Todesangst …, dann erwachte Norbert Amon schweißgebadet und schwer atmend in seinem Bett. Er richtete sich in der Dunkelheit auf. Wo war er? Er benötigte einige Sekunden, um festzustellen, dass er gerade einem Alptraum entronnen war, und war froh darüber, dass er in seinem Bett saß. Schon wieder dieser Traum, aber dieses Mal so intensiv. Er sah auf das Zifferblatt seines Weckers. Fünf Uhr morgens. Er war glockenwach. Er wollte nicht mehr weiterschlafen, wollte den absurden Traum hinter sich lassen, einfach abschütteln und möglichst schnell vergessen. Mit Schwung schlug er die Bettdecke zurück und begab sich in die Küche seiner Zweizimmerwohnung. Ein starker Kaffee war jetzt genau das Richtige.

★

Morgens fünf Uhr in Röttenbach bedeutete acht Uhr Ortszeit in Pskow. Es war sein dritter Tag nahe der russischen Stadt. Bernd Auerbach erinnerte sich. Er war am Montagnachmittag, wie es der Lufthansa-Pilot angekündigt hatte, überpünktlich in Moskau gelandet und froh, seine dicke Winterjacke mitgenommen zu haben. Der Airbus war auf einer Außenposition des Flughafens zum Stillstand gekommen. Schneeflocken tanzten durch die Luft, als er die Gangway hinunterlief, und die Außentemperaturen lagen bei gefühlten minus acht Grad. Vor der Passkontrolle wurde er von einem Hauptmann der russischen Armee abgefangen, der sich auf Deutsch als Pjotr Petrokow vorstellte. Petrokow nahm ihn unter seine persönlichen Fittiche und geleitete ihn in einen VIP-Ankunftsraum, wo es duftenden Kaffee und süßes Gebäck gab. Nachdem Bernd Auerbach dem Hauptmann seinen Reisepass überlassen hatte, bedeutete der ihm, dass er sich setzen und warten solle, bis er seine Einreiseformalitäten für ihn erledigt habe. Bernd Auerbach war allein in dem VIP-Raum und hatte genügend Zeit, über die nächsten Tage seiner Reise nachzudenken. Thomas Keller hatte ihm aufgetragen, das Pseudonym Manfred zu verwenden, solange er in Russland mit den anderen fünf NEL-Mitgliedern zusammen war. Auf jeden Fall sollten sie nicht über Privates sprechen. Auch die anderen, Peter, Franz, Helmut, Siegfried und Johannes, würden die gleichen Anweisungen erhalten, so Thomas Keller. Die Leiter der NEL wollten nicht, dass sich die Mitglieder von Terrorzellen untereinander über ihre Arbeiten austauschten. Dies diene dem persönlichen Schutz untereinander, hatte ihm sein Boss erklärt. Wer nichts weiß, kann nichts erzählen. Bernd Auerbach hatte volles Verständnis dafür. Er war nicht zum Quatschen hierhergekommen. Er würde sich an die Anweisungen halten. Nach zwanzig Minuten holte ihn Hauptmann Petrokow aus seiner Gedankenwelt zurück. »Wir fahren nun zum nationalen Abflugbereich des Flughafens«, erklärte er ihm. »Dort warten eine Militärmaschine und fünf andere Deutsche auf Sie. Ihr Gepäck wird zum Flugzeug gebracht. Dann fliegen Sie und die anderen sofort nach Pskow weiter. In Pskow werden Sie von Generaloberst Wladimir Sacharow empfangen, der Sie in den Ablauf der nächsten fünf Tage einweisen wird.

Bitte folgen Sie mir.« Hauptmann Petrokow hielt ihm die Tür des VIP-Raums auf und gab ihm seinen Reisepass zurück. Draußen vor dem Rollfeld stand ein Militär-Jeep mit laufendem Motor.

Das Auffälligste an Generaloberst Wladimir Sacharow war der gewaltige Schnurrbart, den er unter seiner roten, grobporigen Nase trug, die von vielen blauen Äderchen durchzogen war. Der Oberst schien ein Verehrer des russischen Nationalgetränks Wodka zu sein. Die anschließende Fahrt vom Flughafen führte an Pskow vorbei, und sie überquerten das Flüsschen Pskowa. Es war kalt, und die Türdichtungen des alten Mini-Busses, in dem sie dahinrumpelten, konnten die Kälte nicht wirklich abhalten, welche sich allmählich im Innenraum ausbreitete. Dem Fahrer schien dies nichts auszumachen. Er war in eine dicke Felljacke gehüllt. Darunter trug er zwei Pullover und ein dickes Flanellhemd. »Arschkalt hier«, kommentierte Johannes, der junge Mann mit der rotblonden Wuschelmähne.

»Nix Heizung«, grinste der Fahrer auf Deutsch, drehte sich zu seinen Fahrgästen um und zeigte drei gelbe Zahnstummel, »Heizung kaputt.« Dann griff er unter seinen Sitz und zauberte eine volle Flasche Wodka hervor. »Wenn kalt, dann trinken«, meinte er, und reichte Johannes die Flasche.

»Dankeschön«, lehnte dieser höflich ab.

Der Fahrer zuckte mit den Schultern und öffnete mit einem tiefen Plopp die Flasche. Dann schielte er mit dem linken Auge auf die Straße vor sich, drehte den Kopf etwas zur Seite und ließ den Schnaps in seine Kehle laufen. Nach einem ordentlichen Rülpser reichte er die Flasche an Generaloberst Sacharow weiter. Der wischte mit dem Ärmel seines Armeemantels über den Flaschenhals und steckte ihn in das Gestrüpp seines gewaltigen Schnauzbartes. Als sie am Truppenübungsplatz angekommen waren und vor ihrer Unterkunft aus dem Bus stiegen, war die Flasche leer. Der Himmel über dem Truppenübungsplatz war in ein dunkles Grau gehüllt, und als die sechs Deutschen ihre einfach ausgestatteten Zimmer betraten, taumelten die ersten dicken Schneeflocken zur Erde.

Bernd Auerbach lag gefechtsmäßig getarnt in einer Erdmulde. Obwohl er auf einer wasserundurchlässigen Plane lag, kroch die Kälte in seinen Körper. Er ignorierte sie. Zweihundertfünfzig Meter vor ihm stand das Wrack eines alten T-54-Kampfpanzers aus dem Jahr 1947. Dicke Schneehauben hatten sich auf dem Turm und der Kanone des stählernen Kolosses gebildet und nahmen ihm sein bedrohliches Aussehen. Auf diese Entfernung, mit den Schneemassen auf seinem Rumpf, wirkte das massige Kampfungetüm gar nicht mehr so bedrohlich. Sechsunddreißig Tonnen Stahl standen dort im offenen Feld, verteilt auf eine Länge von neun Metern. Man sah dem Kettenfahrzeug an, dass seine besten Zeiten längst vorbei waren. Generationen von Panzerfaustschützen mussten sich bereits an ihm ausgetobt haben. Die breiten Ketten waren an mehreren Stellen gebrochen und hingen herab. Das Rohr, welches sonst todbringende Granaten verschoss, neigte sich traurig nach unten und streifte fast die festgefrorene Erde, und auch der Turm mit seiner 200-Millimeter-Panzerung hatte schon etliche Treffer abbekommen. Der Ostdeutsche hatte genau den Turm des Ungetüms, von dem seinerzeit mehr als 40.000 Stück gebaut wurden, im Zielvisier.

Nachdem die sechs NEL-Terroristen die beiden ersten Tage in Waffenkunde gedrillt und mit allem theoretischen Wissen über die Panzerfäuste vom Typ RPG-7V110 und PG-7PGI überhäuft wurden, stand heute die erste praktische Schießübung an. Bernd Auerbach hatte sich freiwillig gemeldet. Er wollte den ersten Schuss abgeben, bevor die anderen dem alten T-54 den Rest gaben. Der russische Ausbilder und seine fünf Kumpane standen in ausreichendem Sicherheitsabstand von ihm entfernt. Er sah zu ihnen hinüber und kontrollierte nochmals seine Körperposition. Auch hinter ihm war alles in Ordnung. Kein Hindernis stand im Weg herum. Er hob seine Hand und signalisierte damit seine Bereitschaft für den ersten Schuss. Der Russe sah zu ihm herüber, und nach wenigen Sekunden signalisierte er mit der grünen Fahne seine Freigabe. Bernd Auerbach nahm mit ruhiger Hand die vor ihm liegende, hülsenförmige Treibladung und schraubte sie an die zwei Kilogramm schwere Granate.

Dann führte er das Projektil von vorn in das Rohr der Panzerfaust ein. Nachdem er sich die einen Meter lange Waffe auf die rechte Schulter gelegt hatte, spannte er den Hahn der RPG-7V110 und sah durch die Zieloptik. Er atmete ruhig und flach ein und aus, nahm sich ausreichend Zeit und löste dann den Schuss aus. Bernd Auerbach hatte das Gefühl, die Uhr blieb stehen, und es war ihm, als liefe alles in Zeitlupe ab. In seinem Kopf schlug der Hahn auf den Schlagbolzen und der wiederum auf die Zündkapsel, welche in der Starttreibladung integriert war. Er meinte die Abbrandgase riechen zu können, welche die Granate aus dem Rohr trieben. Gleich darauf zündete die Selbstzerlegeeinrichtung und die vier Stabilisatoren klappten aus. Nachdem die Granate das Rohr einen Meter weit verlassen hatte, erreichte sie bereits eine Geschwindigkeit von einhundertzwanzig Meter pro Sekunde. Doch damit nicht genug: Nach zehn Metern Flugstrecke startete der Feststoffraketenmotor und die Granate wurde scharf gemacht. Nun beschleunigte sie auf dreihundert Meter pro Sekunde, was einer Geschwindigkeit von 1080 Stundenkilometer gleichkam, und jagte ihrem Ziel entgegen. Der junge Ostdeutsche war wie im Rausch, als der Gefechtskopf auf dem Turm des Panzers aufschlug und die Hohlladung die Panzerung durchschlug. In seiner Phantasie sah er allerdings nicht den T-54 vor sich, sondern die Moschee im oberbayerischen Penzberg, deren Glasfassade und Stahlkonstruktion sich in einem gigantischen Feuerball auflösten. Für diese Aufgabe würde er Thomas Keller allerdings einen anderen Gefechtskopf vorschlagen, den TBG-7V. Der erzeugt mit einer kleineren Ladung zuerst ein feinverteiltes Brennstoff-Luft-Gemisch, welches anschließend entzündet werden konnte. In Gebäuden entsteht dadurch eine enorme Hitzeentwicklung. Er dachte an das *Escinsel*. Es gab nur einen kleinen Unterschied: Beim Freitagsgebet werden weitaus mehr Menschen anwesend sein, als im *Escinsel*.

44

Nachdem der Anschlag auf das *Escinsel* von den zuständigen Ermittlungsbehörden in den Medien als ein Denkzettel an die Schwulenszene dargestellt wurde, konnte Daniel Rosenkranz wutentbrannt nicht mehr an sich halten. Er war außer sich vor Zorn und schimpfte wie ein Rohrspatz über das Unvermögen und die Blindheit des BKA und des Verfassungsschutzes. Es dauerte etwas, bis er sich wieder einigermaßen beruhigt hatte. Dann setzte er sich mit seinen siebenundneunzig Jahren an seinen Sony-Computer, rief sein Word-Programm auf und rückte seine Brille zurecht. Dieses Mal hatte er sich vorgenommen Klartext zu reden. Es dauerte eine Weile, bis er alle Adressaten beisammen hatte. Sie füllten fast die ganze erste Seite aus. Da standen die Redaktionen vom *Stern*, vom *Focus* und vom *Spiegel*, gefolgt von den Verantwortlichen bei der *Frankfurter Allgemeinen Zeitung*, der *Süddeutschen Zeitung*, der *Bild*, und der *Welt*. Auch die regionalen Tageszeitungen, wie die *Nordbayerischen Nachrichten* und den *Fränkischen Tag* schrieb er an. Er hatte sich vorgenommen, nicht nur den Ermittlungsbehörden den Spiegel vorzuhalten. Ganz Deutschland musste wachgerüttelt werden, denn offensichtlich wollte niemand wahrhaben – oder waren die Menschen schon so verbohrt und voreingenommen, dass sie es gar nicht mehr merkten? – dass sich das braune Krebsgeschwür wie rasend in Deutschland ausbreitete und längst zu einer neuen, gefährlichen Art mutiert war. Daniel Rosenkranz seufzte, dann schaltete er auf die zweite Seite um und begann mit seinem eigentlichen Bericht.

Es war lang nach Mitternacht, und Daniel Rosenkranz war sowohl körperlich als auch emotional sichtlich mitgenommen, als er mit seinem Bericht fertig war. Obwohl müde und bettreif, zwang er sich selbst sein Werk nochmals Korrektur zu lesen. Erst nach dem zweiten Anlauf war er zufrieden. Hoffnungsvoll, dass seine Worte Gehör finden mögen, speicherte er seine Datei ab und fügte sie als Anlage der bereits vorbereiteten E-Mail an. Dann klickte er auf den Sende-Knopf.

★

»Jetzt hab ich mir vom Doktor zehn Massagen mit Wärmeanwendung verschreiben lassen«, erzählte Kunni Holzmann ihrer Freundin Retta. »Mal schaua, obs was hilft.«

Die zwei saßen wieder einmal in Kunnis Küche, vor sich zwei vollbeladene Teller mit Lebkuchen, Weihnachtsplätzchen und Christstollen, die vom Fest übrig geblieben waren. Die Kaffemaschine blubberte und spotzte und kündigte damit an, dass die *Neue Milde* von Tchibo gleich einen herrlich duftenden Kaffee ergeben würde.

»Allmächd, etz hätt ich fast die Sahne vergessen«, merkte die Kunni erschrocken an, öffnete den Kühlschrank und zog eine riesige Glasschüssel mit geschlagener Sahne daraus hervor.

»Und wogegen solln die Massagen helfen?«, wollte die Retta wissen, die sich gerade zwei dicke Scheiben Christstollen auf ihren Teller lud.

»'s Kreuz«, gab die Kunni von sich. »Etz ziehts scho bis in die linke Leiste und von dort ins Knie. Ich mein, des is scho ganz pelzig.«

»F.d.H.«, würgte die Retta zwischen dem Christstollen-Brei in ihrem Mund hervor.

»Häh?«

»Friss die Hälfte. Schau dich doch an, Kunni! Deine Rettungsringe wern immer größer, und dei Oarsch tät, verglichen mit dem vo an Elefanten, den ersten Preis gwinna. Wenns um die Größe geh tät.«

»Du, etz werd fei net so unverschämt. Ich ess doch auch net mehr als du, und du bist ja bloß a Krisperla, ein rachitischer Vorgartenzwerg, sozusagen. Also kanns am Essen net liegen.«

»Kunni, Kunni, du und deine Logik! Du biegst dir scho immer alles so zurecht wies des halt grad brauchst. Genau wie mit deiner Theorie zu den Neonazis. Mich täts ja net wundern, wenn du den neuen Anschlag auf den Schwulenclub von denen Großmuftis auch den Neonazis zuschreiben tätst.«

»So wahr wie ich Kunni heiß«, kam die klare Ansage. »Wer solls denn sonst gwesen sei? Schau, Retta, diese ganzen Attentate der letzten Zeit haben doch einen gemeinsamen Nenner. Ist dir des überhaupt scho aufgfalln?«

»So! Na, ist mir noch net aufgefallen. Und des wär?«

»Ausländer«, verriet die Kunni mit einem geheimnisvollen Flüstern. »Früher warns die Juden, heute sinds hauptsächlich die ganzen Flüchtlinge, die nach Deutschland strömen. Syrer, Afghanen, Tunesier, Libyer, Rumänen, Bosnier, Tschetschenen und wie sie alle heißen. Und die ganzn Türkn, die bei uns leben. Alle saugen sie am deutschen Sozialsystem. Und wer zahlt des Ganze?«, wollte die Kunni wissen.

»Wir«, antwortete die Retta.

»Und wem fehlt am Ende des ganze Geld?«

»Uns«, kommentierte die Retta erneut.

»Und wem gefällt des überhaupt net?«, trieb die Kunni das Spielchen weiter.

»Mir«, gestand die Retta.

»Aber du gehst net hin, legst Bomben, schmeißt Handgranaten oder marschierst in eine muslimische Schwulenbar, um dort drin die warmen Brüder abzufackeln. Oder machst du des?«

»Na.«

»Und etz frag ich dich nochmals: Welchen Leuten wär des zuzutrauen?«

»Den Neonazis.«

★

Für Ahmet Özkan war es wie der Weltuntergang. Kemals Zahnbürste, welche er Tage vorher bei Kommissar Mikulaschek vorbeibrachte, lieferte den Beweis. Die DNA-Analyse war eindeutig: Kemal Özkan befand sich unter den sechsundsechzig Toten des *Escinsel*.

Der Vater des verbrannten türkischen Jugendlichen fühlte zwei schwere Lasten in sich: Erstens, sein Junge, sein Stammhalter und ganzer Stolz, war tot. Zweitens, er war in einem stadtbekannten Schwulentreff zu Tode gekommen. Wie er gerade mit dieser Tatsache umgehen sollte, war Ahmet

Özkan noch nicht klar. Allah hatte ihn verdammt schwer bestraft. Erst verstieß die Tochter gegen die Prinzipien des Islam und der türkischen Kultur, und dann besuchte der Sohn einen ekelerregenden, widernatürlichen Männer-Sex-Club. Was hatte er nur getan, dass Allah so sehr mit ihm zürnte? Er betete doch mehrmals täglich innbrünstig sein *la-ilaha-ill-allah – es gibt keinen Gott außer Allah*. Am liebsten wäre Ahmet Özkan, genau wie sein Sohn, vor das Angesicht Allahs getreten. Allah würde zu ihm sagen: »Du hast Gutes getan, dir soll das Beste zuteilwerden und noch mehr. Weder Betrübnis noch Schmach soll dein Gesicht bedecken. Du bist ein wahrer Bewohner des Paradieses; darin sollst du auf ewig verweilen.« Doch Allah war nicht gnädig zu ihm. Er ließ ihn am Leben, einem Leben in einem fremden Land, belastet mit Schmach und Schande.

Immer wieder musste er an die siebte Sure des Koran denken. Dort, in den Versen achtzig und einundachtzig, gab es eindeutige Hinweise auf den unordentlichen Sex zwischen Männern. Er rief sich die Sure ins Gedächtnis zurück. »Gott hat Lot als seinen Boten gesandt. Damals sagte er zu seinen Leuten: Wollt ihr denn etwas Abscheuliches begehen, wie es noch kein anderer von den Menschen in der Welt vor euch begangen hat? Ihr gebt euch in eurer Sinneslust wahrhaftig mit Männern ab, statt mit Frauen. Nein, ihr seid ein Volk, das nicht maßhält.« Ahmet Özkan vergegenwärtigte sich die Strafe Gottes, als er die beiden Städte Sodom und Gomorrha durch einen einzigen Feuerregen vernichtete, genau wie seinen Sohn Kemal, der auch in einer Feuersbrunst sein Leben lassen musste. Dann sprang er geistig zur Sure zweiundfünfzig, in der das Paradies nach dem Tod beschrieben ist. »Nicht nur großäugige Jungfrauen, sondern auch schlanke, unbehaarte Jünglinge, gleich verborgenen Perlen, werden auf die männlichen Wiederauferstandenen warten, und sie als Mundschenk bedienen.« Schlanke Jünglinge? Noch niemals hatte Ahmet über die Bedeutung dieses Satzes nachgedacht. Er musste den Imam fragen, wie dieser Satz zu interpretieren sei. Nichtsdestotrotz, homosexuelle Akte unter Männern betrachtete er als Krankheit. Sein Sohn war krank, und er hatte es nicht bemerkt. Wie sollte er das Ganze nur seiner Frau beibringen?

45

Der Bericht, den Daniel Rosenkranz an die regionalen und überregionalen Medien verschickt hatte, schlug ein wie eine Bombe.
Ermittlungsbehörden schon wieder auf der falschen Spur? – Neonazis im Spiel?
Stecken rechte Terrorzellen hinter den Anschlägen in Mittelfranken?
Steckt doch die braune Brut dahinter?
Der NSU war ein Dreck dagegen – Neuer Naziterror – brutaler, gewaltsamer, tödlicher
Das waren die Schlagzeilen, welche Daniel Rosenkranz' Bericht auslöste. Die verantwortlichen Redakteure kommentierten aus unterschiedlichen Blickwinkeln, doch alle druckten Daniel Rosenkranz' Brief im Originalwortlaut ab:

Sehr geehrte verantwortliche Redakteure,
die Anschläge auf das Türkische Konsulat in Nürnberg, auf die Aufnahmeeinrichtung für Asylbewerber in Zirndorf, das neueste Attentat auf dieses, na ja, ... zweifelhafte Etablissement, ebenfalls in Nürnberg, sowie die Schändung des Alten Jüdischen Friedhofs am 24. Dezember letzten Jahres, veranlassen mich, Ihnen diesen Brief zu schreiben. Doch die besagten Anschläge sind es nicht allein, warum ich mich an den Computer bemüht habe. Vielmehr bin ich über die Arbeitsweise und die vorläufigen Ergebnisse entsetzt, wie sie von den zuständigen, ermittelnden Behörden von Zeit zu Zeit kommuniziert werden. Ich frage mich, sind der Verfassungsschutz, das BKA, der BND und die anderen denn mit Blindheit geschlagen?. Wiederholen die Ermittler die gleichen Fehler, die sie bei der Suche nach den Mitgliedern des NSU gemacht haben? Dass diese palästinensische Großfamilie Dreck am Stecken hat und in kriminelle Geschäfte verwickelt ist, mag ich gerne glauben, aber hinter den Anschlägen in Mittelfranken stecken sie nicht. Es gibt nur eine hassgeleitete Gruppierung, welche genügend Skrupellosigkeit besitzt, Ausländer zu töten: rechtsradikale Neonazis. Doch das sind nicht die Skinheads in ihren Bomberjacken und Springerstiefeln. Nein, das ist eine neue Generation von Neonazis. Unauffällig, brutal, generalstabsmäßig in kleinen Terrorzellen geführt, welche die Arbeit des NSU fortsetzen. Ihr Motiv: Hass. Blanker Hass gegen

alles, was nicht deutsch ist, sich angeblich in Deutschland auf Kosten der Steuerzahler breit macht und die Vorteile des deutschen Sozialsystems beansprucht. Wie hat die CSU gesagt: »Wer betrügt, fliegt!« Die Rechtsradikalen haben diesen Wahlslogan regelrecht in sich aufgesogen. Doch sie warten nicht ab, ob jemand betrügt oder nicht. Sie handeln. Brutal und tödlich. Sie wollen bewusst Angst und Schrecken unter den ausländischen Mitbürgern verbreiten. Sie sehen auch die Flüchtlingsströme, die tagtäglich nach Deutschland kommen, und sich bei uns ein lebenswertes Dasein erhoffen, frei von Angst, Folter und politischer Verfolgung.

Unsere Ermittlungsbehörden haben diese neue Gefahr offensichtlich noch nicht registriert. Noch läuft der Prozess gegen Beate Zschäpe, der NSU ist zerschlagen, die beiden Mörder haben sich gegenseitig umgebracht. Wer denkt denn in so einer Situation daran, dass es bereits weitergeht? Die Verantwortlichen des neuen Terrors haben aus den Fehlern des NSU gelernt. Eigentlich hat der NSU dilettantisch gehandelt. Sie blieben nur deshalb so lange unentdeckt, weil die Ermittlungsbehörden noch dilettantischer vorgingen und in jedes Fehlernäpfchen stiegen, welches aufgestellt war. Und nun? Nun beginnen die Ermittlungsbehörden genau wieder dort, wo sie in ihrer Ermittlungsarbeit gegen den NSU aufgehört haben. Genau dieser Zustand, diese Situation sind es, die mich so verrückt und zornig machen.

Ich fordere den Verfassungsschutz, das BKA, den BND und die anderen zuständigen Behörden auf: Öffnet eure Augen und denkt nach. Lauft nicht wieder mit Scheuklappen durch die Gegend. Wehret der braunen Brut!

★

Ein kleiner dicker Ermittler vom BKA und sein Kollege Maximilian Hochleitner vom Verfassungsschutz ärgerten sich grün und blau, als sie die Dienstagsausgabe der *Bild* zur Seite legten. »So ein alter Tattergreis«, schimpfte der BKA-Mann und putzte aufgeregt seine Brille, »hat von nichts 'ne Ahnung, und davon sehr viel.«

»Völlig daneben«, bestätigte Maximilian Hochleitner. »So eine Scheiße, funkt uns in unsere Arbeit. Was meinst du, was das auslösen kann?«

»Das kann ich dir schon sagen: Rechtfertigungen, Rechtfertigungen und nochmals Rechtfertigungen. Die Presse wird sich auf uns stürzen.«

»Und der Minister?«

»Keine Ahnung, wie der reagiert.«

»Der hat doch selbst keine Ahnung!«

»Darum geht's ja gar nicht. Die Politiker haben selten eine Ahnung, aber der Druck von außen. Von den Medien. Das macht mir Sorge.«

»Meinst du, da kommt was von oben?«, wollte Hochleitner wissen.

»Da kannst du deinen Arsch drauf verwetten«, gab sich der Dicke überzeugt.

»So eine Scheiße!«

»Du sagst es.«

»Ich hasse diesen Beruf.«

»Wir brauchen unbedingt einen Ermittlungserfolg. Wir müssen diese Scheiß-Panzerfäuste finden«, meinte der Dicke.

»Und wir brauchen ein Geständnis von diesem Abusharekh, dass er auch die Handgranaten und den C-Sprengstoff geliefert hat«, ergänzte der Verfassungsschützer.

»Vernehmen wir nochmals diesen Hakim Al-Wahid«, schlug der kleine Dicke vor, »der weiß mehr, als er uns erzählt hat. Und noch etwas, Maximilian!«

»Mmh?«

»Den Anschlag auf den Schwulen-Club in Nürnberg lassen wir uns nicht auch noch ans Bein binden. Da soll sich die Nürnberger Kripo drum kümmern.«

★

Auch der bayerische Landesvater hatte die Thesen des Daniel Rosenkranz gelesen und erkannte sofort die Chance, dass sich das Bayerische Landesamt für Verfassungsschutz in dieser Angelegenheit profilieren konnte. Er ließ sich die Sache durch den Kopf gehen und rief seinen Innenminister an. »Das Bundesamt für Verfassungsschutz und das BKA, das sind doch alles nur Flaschen. Wir nehmen die Sache jetzt selbst in die Hand. Schließlich liegen Nürnberg und Zirndorf ja in Bayern.«

»In Franken«, korrigierte ihn sein Innenminister.

»Hä? Wurscht. Ruf den Präsidenten von unserem Landesamt an und sag ihm, er soll seinen besten Mann auf die Fälle ansetzen. Ich will Fahndungserfolge sehen, und zwar bald. Sonst klappert's im Karton.«

★

Werner Mikulaschek von der Mordkommission Nürnberg war ratlos. Noch waren nicht alle Toten identifiziert, und es gab keinerlei Hinweise, wie sich die Tragödie im *Escinsel* abgespielt haben könnte. Eines war jedenfalls sicher: Der Brand brach im Darkroom aus, und es war ein Brandbeschleuniger im Spiel. Wieder und wieder zermarterte sich der Kripobeamte das Gehirn, wie alles abgelaufen sein könnte, und vor allem, was das Motiv des Täters war. Lebte er überhaupt noch? War er dem Inferno entkommen oder befand sich seine Leiche möglicherweise unter den Verbrannten? War es ein Selbstmordattentäter? Vielleicht, könnte sein. Die drei Kameras, die im *Escinsel* installiert waren, gaben jedenfalls nichts her, sie waren zu hässlichen grauen Plastikklumpen verschmort.

Werner Mikulaschek hatte den Leserbrief dieses Daniel Rosenkranz in den Nordbayerischen Nachrichten gelesen. Er hielt nicht viel von dem vagen Verdacht, dass eine neue Gruppierung von Neonazis dahinterstecken sollte. Auch die Kollegen vom Verfassungsschutz hatten abgewunken. »Altmännerphantasie«, hatte ihm Maximilian Hochleitner am Telefon gesagt. Die stadt- und regionalbekannten rechten Gruppierungen wurden sowieso laufend überwacht. »Derzeit keine außergewöhnlichen Aktivitäten«, wurde ihm gemeldet. Den anderen Grund, den der alte Jude für den Anschlag nannte, Ausländerhass, konnte sich der Kommissar dahingegen schon eher als Motiv vorstellen. Oder sollte er in diesem speziellen Fall eher sagen:Hass auf Türken? Auf schwule Türken? Aber wer könnte etwas gegen Türken im Allgemeinen oder speziell gegen schwule Türken haben? Mikulaschek kam zu dem Ergebnis, dass es da nur eine begrenzte Anzahl von Täterkreisen gab: Entweder die deutsche Schwulenszene, sprich die Verantwortlichen deutscher Schwulen-Clubs, welche immer häufiger von Rockern geleitet wurden, missgönnte den Machern des *Escinsel* den Geschäftserfolg, oder es waren, wenn es sich um einen Anschlag auf Türken im Allgemeinen handelte, religiöse oder vielleicht doch poltische Eiferer. Nachdem Neonazis ausschieden, fielen ihm nur die Israelis oder fanatisch religiöse Islamisten ein. Es half nichts, sie mussten so schnell wie möglich die restlichen Toten identifizieren. Vielleicht befand sich doch ein aktenkundiger Extremist darunter, der in einem religiösen Wahn als Selbstmordattentäter fünfundsechzig andere Menschen mit in den Tod gerissen hatte. »Ist Homosexualität im Koran eigentlich erlaubt?«, überlegte er. Mann, oh Mann, womit er sich alles beschäftigen musste.

Der Kommissar trommelte seine Mitarbeiter zusammen und gab ihnen zwei Hauptschwerpunkte für ihre weitere Ermittlungsarbeit vor: Erstens, Überprüfung der lokalen Schwulenszene auf Verdachtsmomente, zweitens, beschleunigte Identifizierung der noch unbekannten Toten und nochmalige, detaillierte Überprüfung der bekannten Opfer.

★

Der Erlanger Kollege von Werner Mikulaschek, Kommissar Gerald Fuchs, hatte seinen Hauptverdächtigen und Namensverwandten, Walter Fuchs, zum Verhör in die Schornbaumstraße geladen. Der junge Mann war über die Vorladung höchst überrascht und rutschte nervös und aufgeregt auf seinem Stuhl herum, der in dem kleinen Vernehmungsraum stand.

»Der macht sich gleich in die Hose«, meinte Sandra Millberger, die ihn aus dem Nebenraum durch den Einwegspiegel betrachtete.

»Vielleicht hat er allen Grund dazu«, mutmaßte Gerald Fuchs. »Auf geht's, nehmen wir uns dieses Bürschchen vor!«

Der junge Mann zuckte sichtlich zusammen, als die beiden Kripobeamten den Raum betraten, und rutschte mit seinem Hintern auf die vorderste Stuhlkante. Die Finger seiner rechten Hand spielten an den Knöpfen seiner Jeansjacke herum, und sein unruhiger Blick wanderte stets zwischen Sandra Millberger und dem Kommissar hin und her.

»Können Sie sich vorstellen, warum wir Sie vorgeladen haben?«, eröffnete der Kommissar den Dialog.

»Nein, eigentlich nicht«, kam die leise dahingehauchte Antwort. »Außer …«

»Außer?«, die Frage von Gerald Fuchs schwebte im Raum. Dann schwieg er und betrachtete den jungen Mann mit einem stieren Blick.

Es dauerte, bis der eine Antwort gab. »Vielleicht wegen Doris Kunstmann?«, murmelte er vor sich hin und betrachtete dabei seine Schuhspitzen.

»Wie bitte, ich habe Sie nicht verstanden?«, fuhr ihn der Kommissar an, »können Sie etwas lauter sprechen?«

Ein Zögern, dann: »… Doris Kunstmann?«

»Genau, gut geraten. Wie empfinden Sie denn den Tod Ihrer Ex-Freundin?«

»Es tut mir so leid um Doris. Ich weiß nicht, was ich sagen soll.« Tränen traten Walter Fuchs in die Augen, liefen ihm über die Backen und kullerten von dort auf seine Jacke. Schließlich wischte er sich mit dem Jackenärmel übers Gesicht. Die Polizeibeamtin bedauerte den jungen Mann. Sie reichte ihm ein Taschentuch. »Danke!«

»Was genau tut Ihnen denn leid?«, hakte der Kommissar nach.

»Dass Doris tot ist«.

»Das verstehe ich nicht. Habe ich da was versäumt? Haben Sie ihr nicht persönlich per SMS mitgeteilt, dass diese Welt sie eigentlich gar nicht braucht, dass Sie ihr den Arsch aufreißen werden, wenn sie von ihren wüsten Beleidigungen gegenüber Ihrer neuen Freundin nicht Abstand nimmt?« Dann setzte Gerald Fuchs noch eins obendrauf: »Du bist dem

Tod näher als dem Leben, haben Sie ihr geschrieben. Wo waren Sie eigentlich an dem Tag, als Doris Kunstmann umgebracht wurde?«

Erst jetzt wurde dem jungen Mann klar, was die Worte und Fragen des Polizeibeamten bedeuteten. Er begann am ganzen Leib zu zittern und fühlte, wie sein Herz raste. Ihm wurde schlecht. Plötzlich traten kleine schwarze Kreise in seinen Sichthorizont. Sie wurden immer mehr und immer größer. Walter Fuchs bekam keine Luft mehr. Er verdrehte die Augen und sein Körper sackte in sich zusammen. Sandra Millberger konnte gerade noch verhindern, dass der junge Mann auf dem Fußboden aufschlug. »Schnell ruf einen Notarzt!«, rief sie ihrem Boss zu und legte Walter Fuchs in eine stabile Seitenlage.

Während der Kripobeamte die 112 wählte, lächelte er süffisant. »Wir haben ihn«, murmelte er zufrieden. Seine Assistentin, die sich noch immer um den Ohnmächtigen kümmerte, war davon noch lange nicht überzeugt. Egal welches gestörte Verhältnis ihr Chef zu seiner Tante Kunigunde Holzmann hatte, sie würde die Kunni, die ihnen schon so oft aus der Patsche geholfen hatte, demnächst anrufen. Sie hatten zwei ungelöste Fälle auf dem Tisch, den Überfall auf diesen Müselüm Yilmaz und den Mord an Doris Kunstmann, und sie war davon überzeugt, dass sie mal wieder auf der Stelle traten. Tante Kunni, wie sie die alte Dame zwischenzeitlich ebenfalls liebevoll nannte, hatte immer einen guten Rat.

46

Die Tage krochen dahin, und man schrieb den 5. März. Bernd Auerbach war wieder aus Pskow zurück. Es war eine harte Woche. Das Training, die Kälte im Gelände, die widrigen, primitiven Lebensbedingungen und dieser russische Offizier, der sie ständig zum Wodka-Saufen verführen wollte. Dennoch, für den jungen Ostdeutschen war es eine wertvolle Zeit. Er hatte viel über die russischen Waffensysteme gelernt und fieberte schon heute dem Tag entgegen, an dem er sein theoretisches und praktisches Wissen in die Tat umsetzen konnte. Aber zunächst musste er sich um seine Anna kümmern. Sie hatte sich bei einer ihrer Yoga-Übungen eine lädierte Schulter zugezogen und klagte über ständige und heftige Schmerzen.

Er hatte sie zwar immer vor ihrer Euphorie gewarnt, aber, … wer nicht hören will, muss eben fühlen. »Du darfst am Anfang nicht übertreiben«, hatte er zu ihr gesagt. »Die asiatische Körperkunst kann zwar Rückenschmerzen lindern, ist gut gegen Stress und fördert die Durchblutung und Verdauung, aber du musst – bevor du Yoga intensiv betreibst – deine Muskeln und deinen Gleichgewichtssinn trainieren.« Worte, die wie in den Wind gesprochen waren. »Du warst zu übereifrig«, warf er ihr vor. »Falscher Ehrgeiz.« Sie war bei einer Übung auf den anliegenden Arm gefallen. Sie wollte eigentlich nicht zum Arzt, dachte, dass die Schmerzen in ein paar Tagen wieder wie weggeblasen sein würden. Doch das Gegenteil war der Fall. »Schultereckgelenkverletzung«, diagnostizierte der behandelnde Arzt und verschrieb ihr zehn Anwendungen gezielter Krankengymnastik.

Die Physiotherapeutin in der Praxis Rittburg erklärte ihr die Behandlungsmethodik: »Zuerst beginnen wir mit leichten Übungen, wie Schulterkreisen. Strecken Sie die Arme auf Schulterhöhe seitlich nach außen. Dann beginnen wir mit kleinen Kreisen. Und die Kreise werden immer größer«, gab sie vor. »Nun probieren wir den halben Hampelmann. Wieder strecken wir die Arme auf Schulterhöhe aus, dann führen wir die Hände über den Kopf zusammen, bevor wir sie wieder seitlich ausstrecken.« Fünfundvierzig Minuten dauerte die erste Anwendung. Bevor Anna Wollschläger entlassen wurde, bekam sie noch Hausaufgaben mit auf den Weg. »Zuhause machen Sie bitte folgende Übung: Sie führen Ihre Arme zusammen, winkeln diese an, und heben Ihre Hände hoch, so dass sich die Ellenbogen auf Brusthöhe befinden. Nun führen Sie Ihre Unterarme vor dem Oberkörper zusammen. Für die nächste Sitzung besorgen Sie sich bitte ein Theraband, damit wir den Schulterzug, den Armzug und den Hüftzug üben können. Keine Sorge, wir werden Sie schon wieder hinkriegen.«

★

Anna hatte den Leserbrief von Daniel Rosenkranz aus den Nordbayerischen Nachrichten ausgeschnitten. »Verdammt!«, entfuhr es ihrem Freund, als er sich gemütlich auf dem Sofa zurückgelehnt und den Bericht gelesen hatte. Er hatte das Fernsehgerät eingeschaltet, um sich über die aktuelle Nachrichtenlage zu informieren. Der Sprecher der Tagesschau kündigte eine fünfzehnminütige Sondersendung zu den Anschlägen in Mittelfranken an. Nachdem der Wetterbericht wiederum milde Temperaturen für die nächsten Tage versprach, erschien auf dem Bildschirm das Thema der Sondersendung *Brennpunkt:* »Neuer Naziterror? Versagen unsere Ermittlungsdienste (schon wieder)?« Dann ergriff ein klug dreinblickender Moderator das Wort. »Erschreckende Mordanschläge erschütterten in den letzten Wochen Mittelfranken und andere Bundesländer. Der Verfassungsschutz und das BKA ermitteln und haben Mitglieder einer palästinensischen Großfamilie in Berlin als Tatverdächtige vorläufig in U-Haft genommen. Der fachkundige und persönlich betroffene Bürger jüdischer Abstammung, Daniel Rosenkranz, erhebt dagegen schwere Vorwürfe gegen die ermittelnden Behörden. *Alles Quatsch! Eine neue, mörderische Neonazi-Organisation steckt hinter den Anschlägen,* behauptet er. Was ist Fakt? Wir sind der Frage nachgegangen und haben dazu mit dem bayerischen Innenminister der CSU gesprochen.« Die Szene auf dem Bildschirm wechselte.

»Ihr Ministerium ist maßgeblich für die Aufklärung der beiden Attentate in Nürnberg und Zirndorf mitverantwortlich«, stellte die Reporterin vor dem Ambiente des Bayerischen Innenministeriums fest. »Sie kennen die Vorwürfe, welche Daniel Rosenkranz gegenüber den ermittelnden Behörden zu den aktuellen Anschlägen in Mittelfranken erhebt. Teilen Sie die Meinung von Herrn Rosenkranz?«, wollte sie von ihrem Interviewpartner wissen.

Der wand sich wie ein Aal. »Ach Gott, wie soll ich sagen? Natürlich beherrscht das Thema die aktuellen Schlagzeilen, und die Bürger sind auf das Höchste beunruhigt. Befragen Sie zum möglichen Täterkreis fünf sogenannte Experten, dann kriegen Sie fünf unterschiedliche Einschätzungen, fünf unterschiedliche Motive und fünf unterschiedliche Vorschläge, was die

Vorgehensweise zur Täterermittlung anbelangt. Natürlich nehme ich die persönliche Einschätzung von Herrn Daniel Rosenkranz absolut ernst und habe mich diesbezüglich mit unseren Experten intensiv auseinandergesetzt. Ich darf Ihnen versichern, dass, aufgrund der bisher vorliegenden Ermittlungsergebnisse, welche ich hier natürlich nicht im Detail kundtun kann, nichts, aber auch gar nichts auf die Existenz einer neuen Neonaziorganisation hinweist. Insofern scheint mir doch, dass Herr Daniel Rosenkranz – ich schätze ihn wirklich sehr – in dieser Angelegenheit eher einer Fehleinschätzung unterliegt. Sehen Sie, die bayerischen und bundesdeutschen Ermittlungsorgane verfügen über eine Vielzahl von Informationen, welche aus aktuellen Ermittlungsgründen noch nicht publiziert werden können, ohne den Fahndungserfolg zu gefährden. Herr Rosenkranz verfügt natürlich nicht über dieses Wissen. Ich denke, bei ihm spielen doch eher persönliche, emotionale Gefühle eine Rolle, welche ihn zu seiner eigenen Einschätzung der Situation bewegen. Nichtsdestoweniger, ich begrüße solche Bürgeraktionen und verspreche, dass wir das Thema Neonazis nicht aus den Augen verlieren werden. Aber überlassen wir die Ermittlungsarbeiten doch lieber den Experten. Dennoch, die besagten Anschläge haben sich in Franken ereignet, und die Bürger erwarten von uns berechtigterweise baldige Ermittlungsergebnisse. Auch eingedenk der Kritik, die von Herrn Rosenkranz geäußert wurde, habe ich mit unserem Ministerpräsidenten gesprochen. Wir haben gemeinsam beschlossen, die Fahndungsaktivitäten deutlich zu verstärken. Ab sofort wird sich das Bayerische Landesamt für Verfassungsschutz verstärkt um die Angelegenheit kümmern.«

»Was ist der Grund dafür?«, wollte die Reporterin wissen, »Trauen Sie den Fähigkeiten der Bundesbehörden nicht über den Weg?«

Der CSU-Politiker wand sich um eine Antwort. »Beileibe nicht, beileibe nicht, aber wir wollen uns nicht nachsagen lassen, dass sich die bayerischen Behörden nicht ausreichend der Aufklärung der Fälle angenommen hätten. Und wenn ich ganz ehrlich bin ...«, fügte er seinen Worten hinzu, »so ganz zufrieden mit den bisherigen Ermittlungsergebnissen der Bundesbehörden bin ich auch nicht. Das geht mir alles etwas zu langsam.«

»Rechnen Sie denn demnächst mit den ersten Festnahmen?«

»Wie Sie wissen, wurden bereits Tatverdächtige festgesetzt«, erklärte der Politiker mit stolzgeschwellter Brust. »Nun geht es darum, dass konsequenterweise auch die ersten Geständnisse vorliegen sollten.«

»Und wem ordnen Sie das Attentat auf das *Escinsel* zu?«, hakte die Reporterin nach.

»Auch da haben wir bereits erste Ansätze und rechnen mit einem baldigen Ermittlungserfolg«, versprach der Interviewte, »aber, wie gesagt, geben Sie uns noch etwas Zeit, bis wir gesicherte Ermittlungsergebnisse präsentieren können.«

»Vielen Dank für Ihre Einschätzungen«, bedankte sich die Reporterin höflich.

Die Szene auf den Bildschirmen wechselte erneut, und eine prächtige Villa in Berlin-Neukölln erschien im Hintergrund. Ein Reporter mit dunkler Hornbrille, Glatze und dunkelblauem Anzug blickte in die Kamera, hob sein Mikrofon und sprach hinein. »Hier, hinter mir, sehen Sie die prachtvolle Villa der palästinensischen Großfamilie Abusharekh. Der Familienvorstand, Ali Abusharekh und sein Neffe Hakim Al-Wahid befinden sich – so aus gut unterrichteten Quellen –zurzeit in Untersuchungshaft. Ihnen werden verschiedene Vergehen zur Last gelegt, darunter die Leitung einer nicht genehmigten Berliner Bettlerorganisation, die Steuerung einer rechtswidrigen Schlepperorganisation, welche hauptsächlich muslimische Flüchtlinge nach Europa schleust, sowie illegaler Waffenhandel. Die beiden stehen weiterhin unter dem dringenden Verdacht, an den beiden Anschlägen in Mittelfranken – der Bombenattacke auf das Türkische Konsulat, sowie dem Angriff auf die Aufnahmestelle für Asylsuchende in Zirndorf – beteiligt gewesen zu sein. In welchem Ausmaß, ist derzeit noch nicht bekannt, aber die Vernehmungen durch die ermittelnden Behörden dauern an, wie uns versichert wurde. Mit einem letzten Blick auf die luxuriöse Villa der Abusharekhs geben wir wieder zurück ins Studio nach Hamburg.«

Der Moderator im Hamburger Studio ergriff erneut das Wort und teilte dem Fernsehpublikum an den Bildschirmen mit, dass man natürlich nicht nur einseitig recherchiert habe. »Wir zeigen nun ein Interview mit Herrn Professor Daniel Rosenkranz, welches wir bereits heute Nachmittag aufgezeichnet haben. Herr Rosenkranz ist zu den aktuellen Ereignissen durchaus nicht der gleichen Meinung, wie wir sie eben vom bayerischen Innenminister gehört haben. Er ist vielmehr überzeugt davon, dass neue Terrorzellen der Neonazis hinter den Anschlägen stecken. Bevor Sie nun das Interview mit Professor Rosenkranz sehen, stellen wir Ihnen in einem kleinen Filmbeitrag das bewegte Leben des jüdischen Sprachwissenschaftlers vor.«

»Ich bring ihn um!«, entglitt es Bernd Auerbach vor dem Bildschirm. Er kochte vor Wut. »Ich muss unbedingt Verbindung mit Thomas Keller aufnehmen.«

»Dieser Alte wird keine Ruhe geben«, merkte Anna an, die sich auf dem Sofa an ihren Bernd kuschelte. »Mach dieses Schwein kalt!«, gurrte sie in seinen Armen. »Der Kerl ist siebenundneunzig! Ein kleiner Unfall ...«

»Meinst du?«, wollte ihr Freund wissen, und drückte ihr einen Schmatz auf ihr Stupsnäschen.

»Klar! Thomas wird dir auch nichts anderes sagen. Im Gegenteil, sein Dank wird dir ewig nacheilen. Du hast doch immer so gute Ideen. Fällt dir da nichts ein?«

»Kannst du Sauerkraut auf fränkische Art kochen?« wollte Bernd Auerbach wissen.

»Was soll denn das, ich rede darüber, wie wir diesen rebellischen Zionisten unter die Erde bringen, und du redest über Sauerkraut?«

»Darüber rede ich auch«, antwortete ihr Lebenspartner.

»Willst du ihn mit Sauerkraut füttern, bis er platzt?«

»Nein, aber mit Sauerkraut, Nürnberger Rostbratwürsten und zwei guten Zigarren.«

»Du sprichst in Rätseln«, merkte Anna Wollschläger an.

»Wart's ab. Wie geht's denn deiner Schulter?«

»Besser und besser. Morgen Nachmittag habe ich den nächsten Termin in der Praxis Rittburg.«

47

Kunigunde Holzmann hatte bereits ihren fünften Termin in der Physiotherapie-Praxis Rittburg. Nach anfänglichen Zweifeln, ob das Ganze überhaupt etwas bringen würde, war sie zwischenzeitlich hellauf begeistert. »Vor allem des Wärmekissen, des du unter dein Rücken gelegt bekommst, tut so gut«, schwärmte sie ihrer Freundin Retta vor. »Zwanzig Minuten dauert des. Du liegst auf dera Pritschn und lässt die Wärme einwirken. Du denkst an nichts, ruhst dich nur aus. Stell dir na vor, das letzte Mal bin ich dabei eingeschlafen. Nach zwanzig Minuten kommt der Therapeut – gell so hasst des? – und dann wirst du massiert. Der schmiert dir erst eine Salbe auf den Buckel und aufs Rückgrat, und dann beginnt der mit seiner Entspannungsmassage. Da könnt ich stundenlang liegen bleiben.«

»Ham die überhaupt a so a großes Wärmekissen?«, wollte die Retta wissen, »und wie alt isn der Masseur?«

»Anfang, Mitte dreißig vielleicht.«

»Etz versteh ich«, antwortete die Retta.

»Was verstehst du?«, hakte die Kunni nach.

»Warum du so von deinen Anwendungen schwärmst.«

»So, und warum?« Die Kunni ahnte Ungemach und zeigte sich angriffslustig.

»Ruhig, bleib ner ruhig, ich gönns dir ja.«

»Was gönnst du mir?«, forderte die Kunni sie heraus.

»Na den Masseur. Gell da kriegst du plötzlich widder Gefühle?«

»Ich erzähl dir nix mehr, alte Dolln«, belferte die Kunni zurück und blieb fortan stumm wie ein Fisch.

Heute herrschte ein starker Andrang in der Praxis Rittburg. Kunni wurde ein Behandlungszimmer zugewiesen, welches sie noch nicht kannte. Sonst war sie immer im Blauen Salon, wie sie den Raum nannte. Die Wände waren ringsum in einem hellen Blau gestrichen, und an der Wand, gegenüber dem Fenster, klebten metallene Geckos.

Nachdem sie in dem ihr unbekannten Behandlungszimmer auf die Liege geklettert war und der Therapeut ihr das Wärmekissen gebracht hatte, blickte sie sich in dem Raum um. Er war etwas kleiner als der Blaue Salon. Rechterhand verliefen Glaselemente als Abgrenzung zum nächsten Raum. Sie waren durch bewegliche Bastlamellen verhängt, die als Sichtschutz dienten. Erst als sie genau hinsah, bemerkte sie, dass ein Glaselement fehlte. Als sie noch darüber nachdachte, hörte sie, wie sich nebenan die Tür öffnete und zwei Frauen eintraten.

»Wie geht es denn der Schulter?«, wollte die eine wissen.

»Viel besser«, antwortete die andere. »Die Schmerzen haben deutlich nachgelassen.«

Kunni Holzmann kannte die Stimme. Sie hatte sie schon gehört, aber wem gehörte sie? Kunni verhielt sich mucksmäuschenstill und harrte der Dinge.

»Sehr gut«, kommentierte die andere. Offensichtlich die Therapeutin. »Heute machen wir nochmals die Übungen wie vor zwei Tagen. Und wie läuft das Geschäft?«, wollte die Therapeutin wissen.

»Läuft prima«, kam die Antwort.

»Denke ich mir. Asylberatung muss derzeit boomen, bei diesem Flüchtlingsandrang«, kommentierte die andere Stimme. »So, wir kreisen wieder mit den Armen.« *Asylberatung*, ging es Kunni im Nebenraum durch den Kopf.

»Ja, aber die Hauptarbeit liegt bei meinem Lebenspartner. Ich unterstütze ihn nur so gut es eben geht.«

»Da müssen Sie doch bestimmt auch viel mit den Behörden vor Ort zusammenarbeiten? Sind die nicht recht bürokratisch?«

»Ja, ja, das stimmt, und hoffnungslos überlastet. Deswegen erhalten wir ja so viele Anfragen. Wir kennen eben die Belange der Flüchtlinge, sind flexibel, teamfähig und engagieren uns.«

»Tolle Geschäftsidee«, meinte die Therapeutin, »aber jetzt konzentrieren wir uns wieder auf unsere Übungen.«

Kunigunde Holzmann verhielt sich ruhig auf ihrer Liege und ließ sich das Gehörte durch den Kopf gehen. Irgendetwas kam ihr dabei komisch vor. Irgendetwas passte da nicht zusammen. Sie grübelte darüber nach, bis ihr Therapeut das Zimmer betrat, und sie gutgelaunt fragte: »Wolln mer mal wieder?«

★

Noch immer spukte Kunigunde Holzmann das zufälligerweise mitgehörte Gespräch im Kopf herum. »Gell Schulterverletzungen behandelt ihr a?«, wollte sie wissen, als sie sich am Empfang verabschiedete. »Habt ihr damit Erfahrungen? Weil meine Freundin, die Retta, …«

»Auf Schulterverletzungen sind wir sogar spezialisiert«, antwortete die junge Dame am Empfangstresen stolz. »Gerade war die junge Anna Wollschläger wieder bei uns. Die hat sich eine Schultereckgelenkverletzung zugezogen …«

»Anna Wollschläger? Anna Wollschläger?«, unterbrach sie die Kunni, »ist des net die mit der Asylberatung?«

»Genau«, bestätigte die junge Frau. »Eine ganz eine Nette. Ist erst letztes Jahr mit ihrem Freund aus Sachsen nach Röttenbach gezogen.«

»Aus Sachsen, da schau her«, merkte die Kunni an, »na dann, bis morgen, mer sieht sich.«

★

Die Tagesschau und der Wetterbericht waren gerade vorüber. Kunni schimpfte wie ein Rohrspatz über das angebotene Fernsehprogramm, als das Telefon läutete. »Was für ein Depp ruft denn um diese Zeit noch an? Kunni Holzmann«, belferte sie in den Hörer.

»Sandra, Sandra Millberger hier. Hallo Tante Kunni.«

»Ja, die Sandra, des is aber eine Überraschung, dass du dich auch mal wieder meldest. Wie geht's dir denn? Immer noch auf Verbrecherjagd?«

»Danke, Tante Kunni, mir geht es gut.«

»Gelogen!«, gab die Kunni zurück, »sonst tätst du mich nämlich net anrufen.«

»Tante Kunni mit dem messerscharfen Menschenverstand«, stellte Sandra Millberger fest. »Na ja, irgendwie hast du schon recht. Mir persönlich geht es wirklich gut, aber ich denke dein Neffe, der Gerald, braucht deine Hilfe. Er weiß es nur noch nicht.«

»Der alte Depp«, stellte die Kunni fest. »Ruft net an, meldet sich net. Hat er sich schon wieder mal in die falsche Richtung vergaloppiert?«

»Ich befürchte«, bestätigte Sandra Millberger, »aber du weißt, er ist mein Chef, ich mag ihn, und ich will und kann nicht illoyal ihm gegenüber sein. Aber dieses Mal kann ich einfach nicht anders. Ich muss mit dir reden und deinen Rat einholen. Ihm zuliebe.«

»Hats zwischen euch immer noch nicht gschnackelt?«, wollte die Kunni wissen.

»Bei ihm offensichtlich noch nicht«, teilte ihr die Sandra mit einem tiefen Seufzen mit.

»Wie kann man denn bloß mit so viel Dummheit geschlagen sein?«, wunderte sich die Kunni. »Aber jetzt mal das Private auf die Seite, womit kann ich dir denn behilflich sein?«

»Du kennst doch den Fall von dem überfallenen Türken, der in Erlangen zusammengeschlagen wurde? Und der Mord an Doris Kunstmann, die in Röttenbach lebte, dürfte dir auch geläufig sein?«

»Scho«, bestätigte die Kunni. »Red weiter!«

»Also, was den Überfall auf den Türken anbelangt, haben wir überhaupt noch keine Erkenntnisse. Die Mordsache Doris Kunstmann ist natürlich brisanter, und Gerald steht unter einem enormen Druck, den Fall aufzuklären.« Dann erzählte Sandra Millberger, wo sie in den beiden Fällen standen, ohne ein Detail auszulassen. »... und als der Gerald seinen Hauptverdächtigen, Walter Fuchs, verhörte und ihm indirekt zu erkennen gab, dass er unter Mordverdacht an Doris Kunstmann steht, hat der junge Mann einen Kreislaufzusammenbruch erlitten.«

»So ein Arsch. Ich mein den Gerald. Und was soll ich jetzt tun?«, wollte die Kunni wissen.

»Könnt ihr euch, ich mein die Retta und du, in Sachen Doris Kunstmann nicht mal in Röttenbach etwas umtun? Ich glaube nicht, dass der Walter Fuchs etwas mit dem Tod der Ermordeten zu tun hat.«

»Der Walter Fuchs? Nie und nimmer«, bestätigte ihr die Retta. »Der kann keiner Fliege was zuleide tun. Wenn wir, die Retta und ich, uns da einschalten«, überlegte die Kunni laut, »dann aber nur dann, wenn wir über eure Ermittlungsergebnisse informiert werden, und wenn ihr – falls notwendig – uns ein paar Aufgaben abnehmen könnt.

»Zum Beispiel?«, wollte Sandra Millberger wissen.

»Als Erstes brauch ich alle möglichen Informationen über die *Auerbach Asylberatung*. Als Nächstes muss ich alles über den Geschäftsführer Bernd Auerbach und seine Lebensgefährtin Anna Wollschläger wissen. Und ich muss wissen, wer die Kunden von der *Auerbach Asylberatung* sind. Das heißt, ich will wissen wovon der lebt. Könnt ihr auch rauskriegen, wie viele und welche Fremdsprachen der Kerl spricht?«

»Hast du wohl schon einen konkreten Verdacht, Tante Kunni?«

»Des net, aber mir scheint, dass da einiges stinkt. Du weißt schon Sandra, Bauchgefühl!«

»Versteh, aber mit Bauchgefühl brauch ich dem Gerald gar nicht zu kommen.«

»Der bleibt im Moment sowieso außen vor, verstanden?!«

»Verstanden, Tante Kunni. Kein Wort zu ihm. Aber später müssen wir ihn …«

»Später, aber nicht jetzt! Wenn der richtige Zeitpunkt da ist, setzn mir uns alle zam.«

»Danke, Tante Kunni. Ich wusste, dass ich mit deiner Unterstützung rechnen kann. Vergelt's Gott«.

»Scho gut, etz müssen wir erst noch schaua, ob die Retta und ich überhaupt ewas zur Lösung der Fälle beitragen könna.«

48

Werner Mikulaschek war nahe daran, sich die lichten Haare einzeln auszuraufen. »Schiiten, Sunniten, Scharia, Salafisten, Imam, Kalifat, Dschihad«, schimpfte er. »Warum muss ich mir das auf meine alten Tage noch antun?« Doch er war ehrgeizig, wollte den Anschlag auf das *Escinsel* schnell lösen und war zudem davon überzeugt, dass irgendeine radikal-religiöse muslimische Gruppe hinter dem Attentat steckte. Falls er mit seiner Vermutung richtig lag, dann, so war ihm klar geworden, musste er die Beweggründe für das Attentat verstehen. Also, versuchte er, sich in den Tiefen des muslimischen Glaubens etwas zurechtzufinden. Sollte es ihm gelingen, das mögliche Motiv einzugrenzen, kam er den Tätern näher. Was er nicht beziehungsweise noch nicht verstand, war die Tatsache, dass sich die Sunniten und Schiiten seit dem siebten Jahrhundert bekriegten, bloß weil sie sich nicht darauf einigen konnten, wer das politische Oberhaupt aller Muslime stellen durfte. »Das wäre ja genauso, als wenn der Papst den heiligen Krieg gegen die Lutheraner ausrufen würde«, fasste er das Ergebnis seiner Überlegungen zusammen. Dann googelte er *Homosexualität im Islam*. Nach zwei Stunden war er nicht schlauer als vorher. »Das ist vielleicht ein Scheißbuch, dieser Koran«, schimpfte er, »darin ist ja alles interpretationsfähig, wie man es gerade braucht – vergleichbar mit unseren Bauernregeln. Wenn der Hahn kräht auf dem Mist, ändert sich das Wetter oder es bleibt, wie es ist. Na prima!« Nachdem er einige weitere, aktuelle Presseberichte zu der Situation im Irak und in Syrien gelesen hatte, verstand er das Problem zwischen Sunniten und Schiiten etwas besser. »Und an der ganzen heutigen Scheiße sind nur die Amis Schuld«, gab er sich überzeugt. »Hätten die den Saddam Hussein nicht gestürzt, hätten sich die sunnitischen Dschihadisten nicht in die menschenleeren Wüstengegenden des Iraks und Syriens zurückgezogen. Klar, dort gab es keine Staatsgewalt. Es herrschte ein Machtvakuum. Also hatten diese ewig Unzufriedenen, die Verlierer des Konflikts, ehemalige irakische Offiziere, die nicht mehr für die Regierung in Bagdad kämpfen wollten, erzkonservative Dschihadisten dazu, und das übrige

Gesindel genug Zeit, sich in dieser gottverlassenen Gegend neu zu formieren. Die Soldaten brachten schwere Waffen und moderne amerikanische Gewehre mit, und Geld gab es aus dem Königreich Saudi-Arabien, der Schutzmacht der Sunniten, auch genug. Ja, genauso war es. Und dann, als die Amis und die andern Invasoren die Flatter gemacht hatten, ging die eigentliche Scheiße erst richtig los. Jetzt hab ich, glaube ich, die Zusammenhänge endlich begriffen«, fasste der Kommissar seine Gedanken zusammen. »Okay«, fuhr er in seinem Selbstgespräch fort, »und jetzt übertragen wir das Ganze auf die Situation des *Escinsel*: Ein hauptsächlich von Türken besuchter Schwulen-Treff. In der Türkei ist Homosexualität nicht kriminalisiert. Mehr als achtzig Prozent der Bevölkerung sind Sunniten. Lieg ich falsch, wenn wir unsere Fahndung schwerpunktmäßig auf religiös extreme sunnitische Organisationen konzentrieren? Das sind doch die fanatischen Hardliner. Ein Versuch wäre es wert«, überlegte Werner Mikulaschek laut.

★

Ahmet Özkan plante die Bestattung seines Sohnes. Nach türkischer Tradition und den Ausführungen des Korans sollte der Leichnam spätestens einen Tag nach Eintreten des Todes der Erde übergeben werden. Eine längere Aufbewahrung würde zwangsweise zum Unwohlsein des Toten führen. Tagtäglich rief er diesen Nürnberger Kommissar nun schon an und forderte ihn zur Freigabe des Leichnams oder den Resten, die von seinem Sohn noch übrig geblieben waren, auf. Heute endlich erhielt er zumindest eine Aussage von dem Kripobeamten: »Wir überprüfen routinemäßig die Lebensumstände aller bei dem Anschlag Getöteten. Erst danach können wir die Toten zur Bestattung freigeben«, erhielt Ahmet zur Antwort.

»Was Sie sich versprechen davon?«, herrschte der Türke den Kommissar erzürnt und ohne jedes Verständnis an.

»Herr Özkan, bitte beruhigen Sie sich. Ich verstehe Ihren Zorn, aber auch Sie möchten doch sicherlich gerne wissen, warum Ihr Sohn sterben musste. Wir versuchen doch nur den Fall so schnell wie möglich aufzuklären.«

»Okay«, lenkte der Türke ein, »was wir oder Sie müssen noch tun?«

»Ich nehme an, Ihr Sohn hatte bei Ihnen zuhause ein eigenes Zimmer bewohnt?«

»Hat er«, bestätigte Ahmet Özkan.

»Wir möchten uns dieses Zimmer etwas genauer ansehen, damit wir uns über Ihren Sohn ein genaueres Bild machen können.«

»Verstehe ich nicht. Wie können Sie sich Bild machen von meine Sohn, wenn Sie anschauen sein Zimmer? Aber Scheiß drauf. Kommen Sie schnell und gucken Sie. Ich will überführen mein totes Kind in Türkei und bestatten gemäß unserer Tradition. Ich muss planen Flug und Verwandten Bescheid geben. Wann Sie kommen vorbei?«

»Wenn es Ihnen passt, kommen wir morgen um zehn Uhr zu Ihnen.«

»Ja kommen Sie. Ich bin nicht da, muss arbeiten, aber Frau ist da. Zeigt Ihnen Zimmer von Kemal.

★

Am nächsten Tag, pünktlich um zehn Uhr, öffnete Kamuran Özkan mit verweinten Augen Kommissar Mikulaschek und einem Kollegen die Haustür. Wortlos geleitete sie die beiden zum Zimmer ihres toten Sohnes, deutete stumm auf die Zimmertür und verschwand wieder. Die beiden Beamten sahen sich etwas ratlos an. »Kenna wir etz da so einfach reingehn?«, fragte Heino Zimmermann seinen Chef.

»So habe ich das verstanden«, meinte der, drückte die Türklinke und trat ein. Ihnen erschloss sich ein circa fünfundzwanzig Quadratmeter großer, rechteckiger Raum mit einem breiten Fenster gegenüber der Tür. An der schmalen, rechten Wand stand ein normal großes Einzelbett von circa einen Meter mal zwei Meter zwanzig, welches in die hintere Ecke geschoben war. Links daneben stand ein kleines Nachtkästchen mit einer Leselampe darauf.

Unter das Fenster, vor dem Rippenheizkörper, war ein längliches Sideboard mit offenen Fächern und Schubläden gestellt worden. An der schmalen, linken Wand stand ein dreiteiliger, fast raumhoher Kleiderschrank. Rechts neben der Eingangstür war ein Schreibtisch mit Schubladen an die Wand gestellt, auf dem ein zugeklappter Laptop lag. Der Fußboden war mit einem Holzlaminat belegt, und darauf lag ein etwa zwei mal drei Meter großer Orientteppich. Ein rollbarer Bürostuhl, vor dem Schreibtisch, und ein schmales, hohes IKEA-Regal, links neben dem Schreibtisch, waren die beiden letzten Möbelstücke in dem Zimmer, wenn man von dem Flachbildfernseher absah, welcher mitten auf dem Sideboard stand.

»Übersichtlich«, meinte der Kommissar.

»Na, dann fang mer halt mal an«, schlug Heino Zimmermann vor, und zog sich dünne Latexhandschuhe über.

»Du nimmst dir den Kleiderschrank und das Sideboard vor«, bestimmte Werner Mikulaschek. »Ich übernehme den Rest. Den Laptop nehmen wir sowieso mit.« Dann begannen die beiden Beamten schweigend mit ihrer Arbeit. Von Kamuran Özkan war weit und breit nichts zu sehen.

»Des is vielleicht ein Saustall«, bemerkte Heino Zimmermann nach fünf Minuten. »Schau dir bloß diese verschissenen Unterhosen an.« Sprachs und hielt eines der Exemplare mit gespreizten Fingern hoch.

»Von den Löchern darin ganz zu schweigen«, grinste der Kommissar und wandte sich erneut den Schubladen des Schreibtisches zu. »Wozu brauchte der zwölf USB-Sticks?«, wunderte er sich, und steckte alle in eine Plastiktüte.

Mit »Schau dir des mal an!« wurde der Kommissar schon wieder in seiner Arbeit unterbrochen. »Weißt du, was diese Flaggn bedeuten soll?«, wollte sein Kollege wissen und hob einen rechteckigen schwarzen Stoff hoch, mit weißen arabischen Schriftzügen im oberen Bereich sowie einem weißen Kreis darunter, der in sich schwarze arabische Schriftzüge trug.

»Da steht drauf«, antwortete der Kommissar, »wenn du mich noch einmal bei meiner Arbeit störst, kriegst du eine auf die Nuss. Einpacken!«, forderte er Heino Zimmermann auf. Nach fünfundzwanzig schweigsamen Minuten und intensiven Sucharbeiten in allen Schubläden, unter der Bettmatratze und unter dem Teppich hatten die beiden Beamten ihre Arbeit erledigt. Außer der unbekannten, schwarzen Flagge, den USB-Sticks und dem Laptop hatten die beiden nichts Verdächtiges gefunden. Sie bestätigten Frau Özkan schriftlich, welche Teile sie an sich genommen hatten und verließen fünfundvierzig Minuten nach ihrer Ankunft das Haus.

»Net amol a Buch hat der ghabt, keine Notizen, nix«, wunderte sich Heino Zimmermann, »was hat denn der den ganzen Tag gmacht, der war doch arbeitslos?«

»Wart's ab, was wir auf dem Computer finden, ich denk, der hat die meiste Zeit vor seinem Laptop verbracht. Da müsste ich mich arg täuschen, wenn ich da nicht recht hätte. Zwölf Memory Sticks! Wozu braucht jemand zwölf USB-Sticks, und keiner unter einer Speicherkapazität von acht Gigabyte.«

»Dein Wort in Gottes Ohr«, meinte sein Kollege Zimmermann.

Der Kommissar sollte recht behalten, und Ahmet Özkan wusste noch nicht, welche Probleme noch auf ihn zukamen.

49

Norbert Amon machte deutliche Fortschritte, was seine sportlichen Aktivitäten anbelangte. Er fühlte sich körperlich deutlich wohler als noch vor vier Wochen. Zwei Kilometer durchzulaufen, ohne Pause zu machen, hätte er sich vor kurzer Zeit überhaupt nicht vorstellen können. »Norbert, hast du abgenommen?« Solche Fragen, von seinen Freunden gestellt, machten ihn innerlich sichtlich stolz. Und wenn er dann auf »Machst wohl gerade eine Diät?« antworten konnte, dass er sich nur gezielter ernähre und seit einiger Zeit etwas Ausgleichssport betreibe, auch noch die Aussage bekam »Schaust richtig gut aus«, dann war dies für ihn Bestätigung genug, dass er auf dem richtigen Weg war. Selbst das weibliche Geschlecht schien seine körperliche Veränderung zu honorieren, und ließ ihn nicht mehr immer nur links liegen. »Neues T-Shirt? Sieht gut aus.«

Norbert Amon war auf dem richtigen Weg, aber er hatte zwischenzeitlich andere, neue Sorgen und wusste noch nicht so recht, wie er damit umgehen sollte. Nach langer Zeit hatte ihn sein alter Freund, Walter Fuchs, mal wieder angerufen, und die beiden hatten beschlossen, sich kurzfristig zu einer Aussprache zu treffen. »Natürlich bin ich immer noch für dich da, Walter«, hatte er ihm bestätigt. »Wir waren und sind doch immer noch die besten Freunde. Da beißt die Maus doch keinen Faden ab.« Walter tat ihm so leid. Er hatte geheult. Als Walter ihm dann auch noch von dem Verhör durch diesen widerlichen Erlanger Kommissar erzählte, und dass er immer noch unter dem Verdacht stand, seine Ex-Freundin getötet zu haben, war für Norbert Amon eine imaginäre rote Linie überschritten. »Warum hast du ihm denn nicht gesagt, dass du zu dem Zeitpunkt, als die Doris ermordet wurde, mit deiner neuen Freundin bei der Franzi Mayer warst?«, warf er ihm vor.

»Ich wollt einfach net, dass das herauskommt. Was meinst du, was das für die Akgül bedeuten würde? Ihr Vater würde sie sofort in die Türkei zurückschicken. Das wollt ich auf jeden Fall vermeiden.«

»Ich denk, der alte Özkan hat momentan ganz andere Sorgen«, entgegnete Norbert Amon.

»Ja, ich weiß, sein geliebter Sohn war zu Gast in diesem Männer-Puff und ist bei dem Anschlag verbrannt. Die Akgül kann sich das überhaupt nicht erklären. Obwohl ihr Bruder ihr häufig Unrecht getan hat, leidet sie doch sehr unter seinem Tod.«

»Also, Walter, etz pass auf. Du musst aus diesem Schlamassel, was den Mord an der Doris angeht, so schnell wie möglich rauskumma. Ich glaub, da sind wir uns einig. Hab ich recht?«

»Zu hundert Prozent.«

»Okay. Dann schlag ich dir etz Folgendes vor: Wir bitten die Kunni Holzmann, dass sie und ihre Freundin Retta uns helfen.«

»Die Kunni Holzmann und die Retta Bauer? Die zwaa altn, neugierigen Fregatten?«

»Genau die«, bestätigte Norbert Amon.

»Wie solln die mir helfen? Die ane läuft doch meistens mitm Rollator durch die Gegend.«

»Täusch dich net! Die zwei alten Fuchteln ham scho so manchen Kriminalfall gelöst. Damals, vor drei, vier Jahrn, hams den Umweltskandal mit unserem neuen Supermarkt aufdeckt, und net amol zwa Joahr später hams den Zeckenmörder überführt.«

»Des warn die zwa?«, wunderte sich Walter Fuchs.

»Des warn die zwa!«, bestätigte ihm sein Freund Norbert. »Und außerdem is der doofe Erlanger Kriminalkommissar der Kunni ihr Neffe, und mit dem kanns die Kunni scho gleich gor net.«

»Kennst du die zwaa näher?«, wollte Walter Fuchs wissen.

»Wer im Dorf kennt die net?«, kam die philosophische Antwort. »Wir können des net mehr als probieren. Wenn uns beziehungsweise dir jemand helfen kann, dann sinds die beiden Witwen.«

»Okay. Norbert, du weißt, wir ham uns immer gegenseitig vertraut. Ich dank dir für deine Ratschläge, und dass du mich noch nicht abgschrieben hast, nach allem was in den letzten Wochen und Monaten passiert ist, des rechne ich dir hoch an. Daheim bei uns is die Kacke eh am Dampfen, und mei Alter führt sich auf wie die Axt im Wald. Machst du an Termin mit der Kunni und der Retta aus? Muss ich dazu noch was machen?«

»Na, Walter, brauchst net, aber wenn wir mit der Kunni und der Retta reden, dann musst du auch bereit sein, alle Fragen ehrlich zu beantworten. Wenn du was net wasst, dann sagst du des, wenn du was wasst, dann sagst du des auch. Offen und ehrlich, und net bloß Halbwahrheiten. Wenn die zwei merken, dass wir Informationen zurückhalten, ist es aus. Und glaub mir, die Kunni hat einen messerscharfen Verstand. Der machen wir zwaa nix vor. Okay?«

»Okay!«

★

Zirka zweihundert Kilometer südlicher, in der bayerischen Landeshauptstadt, saßen Johann Krausse, Mitarbeiter des Bayerischen Landesamtes für Verfassungsschutz, und ein kleiner, dicker Beamter des BKA in zwei tiefen Besuchersesseln und warteten auf den bayerischen Innenminister. Johann Krausse hatte von seinem Chef die ehrenvolle Aufgabe übertragen bekommen, sich aktiv in die Ermittlungsarbeiten um die Aufklärung der Anschläge auf das Türkische Konsulat und die Aufnahmeeinrichtung für Asylbewerber in Zirndorf einzuschalten. »Wir klären die beiden Fälle auf«, hatte ihm sein Chef gesagt. »Anordnung von ganz oben.«

»Wer ist WIR?«, fragte der Beamte nach.

»Na Sie halt«, bekam er zur Antwort. »Jedenfalls wir Bayern.«

Der kleine Dicke vom BKA wurde Johann Krausse als Wissensträger zur Seite gestellt, da er sich schon von Anbeginn an mit der Aufklärung der beiden Fälle beschäftigt hatte. Er stank aus dem Maul, wie eine rülpsende Kuh. »Was will euer Minister eigentlich von uns?«, fragte der BKAler seinen bayerischen Kollegen und verströmte einen Hauch penetranter Landluft in dem engen Besprechungszimmer. »Warum mischt ihr Bayern euch jetzt auch noch in die Aufklärung dieser Fälle ein?«, regte sich der kleine Dicke auf.

»Der Minister steht unter dem Druck der Presse und der Öffentlichkeit und will Fahndungserfolge vorweisen. Mir schwant nichts Gutes. Ich befürchte …« Weiter kam der Mann vom bayerischen Verfassungsschutz nicht, als die Tür aufging und der bayerische Innenminister den Raum betrat.

»Bleiben Sie sitzen, meine Herren, bleiben Sie sitzen. Buh, … hier stinkt es wie auf einem bayerischen Misthaufen. Sie haben doch nichts dagegen, wenn ich das Fenster öffne?« Dann ließ sich der Minister in einen weiten Sessel plumpsen. »Zur Sache, meine Herren: Ich mag es überhaupt nicht, mich vor der Presse rechtfertigen zu müssen. Aber das allein wäre ja noch zu ertragen. Vielmehr stinkt es mir, wenn mich auch noch unser Parteivorsitzender aus Ingolstadt von der Seite her anmacht. Wie Sie sicherlich in der Presse verfolgt haben, habe ich mich bisher schützend vor alle Ermittler gestellt und habe sie gegen die Behauptungen dieses halbdementen Juden aus Röttenbach in Schutz genommen. Doch mein Gefühl sagt mir, dass dieser Typ nicht lange Ruhe geben wird, wenn nicht endlich handfeste Ermittlungsergebnisse auf dem Tisch liegen.«

»Wir haben bereits …«, versuchte der kleine Dicke zu erklären, hatte aber keine Chance gegen den Monolog des Ministers anzukommen.

»Ich glaube, der Gestank kommt von draußen«, fuhr der Politiker unbeirrt fort, stand auf und schloss das Fenster wieder. »Nägel mit Köpfen, wie der Franke so schön sagt. Ich will endlich Nägel mit Köpfen sehen«, forderte der Minister. »Dieser Abu-Dingsbums aus Berlin und sein Neffe sitzen mir schon viel zu lange in U-Haft, ohne dass dabei etwas Konkretes herausgekommen ist.«

»Aber …«, wollte Johann Krausse einhaken, schwieg aber sofort wieder, als der fränkische Minister seine Rede fortsetzte.

»Wie Sie wissen, komme ich aus Erlangen und bin gegenüber meinen Wählern verpflichtet, mich persönlich um die Aufklärung dieser Anschläge in Mittelfranken zu kümmern.« Der Minister sah auf seine Armbanduhr. »Leider habe ich nur wenig Zeit. Termine, Termine. Dieses Flüchtlingsproblem raubt mir noch den Verstand. Sollen doch die anderen Bundesländer auch mehr Asylbewerber aufnehmen. Warum immer nur wir in Bayern? Aber zurück zum Thema. Meine Herren, ich erwarte konkrete Ergebnisse. Ich möchte wissen, wer für die Anschläge in Nürnberg und Zirndorf verantwortlich zeichnet. Ich möchte, dass die Attentäter ermittelt und in Haft genommen werden. Ich brauche Geständnisse. Konkrete, belastbare Beweise. Also, machen Sie sich intensiv an die Arbeit. Wenn Sie zusätzliche Unterstützung brauchen, dann sagen Sie mir das. Ich gebe Ihnen noch eine Woche, um die beiden Fälle zu lösen.« Wieder sah er auf seine Uhr. »Mist, ich bin schon fünf Minuten zu spät dran. Das mag er gar nicht, dieser Ingolstädter. In spätestens einer Woche höre ich von Ihnen.« Dann sprang er auf wie ein Gummimännchen, rannte zur Tür, rief noch ein »Viel Erfolg« über die Schulter und weg war er.

»Wie stellt der sich das vor?«, grummelte der Mann vom BKA. Sein Kollege vom bayerischen Verfassungsschutz stand auf und öffnete das Fenster, bevor er antwortete.

»So, wie er das gesagt hat. In spätestens einer Woche müssen wir eindeutige Ergebnisse liefern. Morgen nehmen wir uns nochmals Hakim Al-Wahid vor. Den Typ möchte ich gerne auch kennenlernen.«

★

In Nürnberg hatte die Kripo Sonderschichten eingelegt und die »SOKO Warme Brüder« gegründet. Es verdichtete sich der Verdacht, dass der Anschlag auf das *Escinsel* von einem politisch-religiösen Einzeltäter verübt wurde. Die Flagge, die Heino Zimmermann im Kleiderschrank von Kemal Özkan gefunden hatte, entpuppte sich eindeutig als die Flagge des Islamischen Staates im Irak und der Levante, einer neuen, grausamen Terrororganisation, welche noch vor nicht allzu langer Zeit für die Al-Quaida gekämpft hatte. Doch nun erhoben sie den Anspruch, ganz Syrien und den Irak zu beherrschen und ein sunnitisches System zu etablieren, welches sich an dem religiösen Gesetz des Islam, der Scharia, ausrichten sollte. War Kemal Özkan ein Anhänger der neuen Terrororganisation, obwohl die Scharia im April 1924 in der Türkei vom damaligen Staatsgründer, Mustafa Kemal Atatürk, abgeschafft wurde? Die Antwort auf diese Frage glaubten die Beamten auf der Festplatte und den USB-Sticks gefunden zu haben, welche Kommissar Mikulaschek und Heino Zimmermann konfisziert hatten. Kemal Özkan führte eine Art Tagebuch auf seinem Computer und hinterließ eine Vielzahl von Word-Dateien, worin er seine persönliche Meinung zu verschiedenen poltischen und religiösen Entwicklungen in muslimischen Ländern dokumentierte. »Es ist nicht gut«, schrieb er auf Türkisch, »dass mein Heimatland die Scharia vor langer Zeit abgeschafft hat. Die traditionellen Sitten, insbesondere der jungen türkischen Generation, verfallen immer mehr. Da brauche ich nur meine Schwester anzusehen.« Sehr schnell stellten die IT-Experten der Polizei fest, dass er ständiger Gast auf der Homepage von *Islamischer Staat im Irak und der Levante (ISIL)* war und häufigen E-Mail-Kontakt mit der Organisation hatte. Ein breites Feld seiner Internet-Recherchen nahm auch das Thema *Islam und Homosexualität* ein. Die Homepage des *Escinsel* hatte er in den letzten Wochen vor dem Anschlag mehrmals täglich angeklickt. Auch seine Unzufriedenheit über das Leben in Deutschland brachte er in diversen Dateien zum Ausdruck und bemängelte die Verrohung der Sitten. Im Koran, dessen Text er auf seiner Festplatte abgespeichert hatte, schien er täglich gelesen zu haben. Am interessantesten aber fanden die Kripobeamten, dass er sich intensiv mit dem Märtyrertod von Dschihadisten auseinandergesetzt hatte und mehrmals seine Neugierde zum Ausdruck brachte, wie es wohl sei, wenn man nach dem Tod in das Paradies Allahs eintrete. »Wäre ich bereit, die Reise ins Paradies anzutreten?«, hatte er sich wenige Tage vor dem Anschlag selbst gestellt. Je mehr Dateien die Beamten auf Kemal Özkans Laptop öffneten und lasen, desto sicherer wurden sie, dass sie den Attentäter gefunden hatten, der bereit war, den Märtyrertod zu sterben, um in Allahs Paradies einzutreten. Noch hatten sie jede Menge Arbeit vor sich. Bis sie alle Dateien auf der Festplatte und den USB-Sticks gesichtet hatten, würden noch Tage vergehen. Das Ganze war ziemlich zeitaufwendig. Sie hatten nicht genügend Personal, welches der türkischen Sprache mächtig war. Die SOKO hatte eh schon Unterstützung aus Baden-Württemberg, Hessen, und Niedersachsen bekommen. Vier Beamte aus den anderen Bundesländern lasen, bewerteten, priorisierten und übersetzten, was der tote Kemal auf seinem Computer hinterlassen hatte.

Dennoch, Kommissar Mikulaschek war sehr zufrieden. Sie waren auf dem richtigen Weg. Ein Geständnis durch den Täter war ja leider nicht mehr möglich. Doch er war sich sicher, noch den einen oder anderen Hinweis auf Kemal Özkans Computer zu finden, um hoffentlich bald eine unwiderlegbare Indizienkette präsentieren zu können. Das war zu diesem Zeitpunkt einer der vielen Irrtümer, welchen der Nürnberger Kommissar unterlag.

★

Wieder meldete sich das Telefon von Kunigunde Holzmann.

»Kunni Holzmann?«

»Hallo, Tante Kunni, ich bin's, die Sandra.

»Ja grüß dich Gott, Sandra. Was gibt's denn?«

»Ich habe mich nach unserem letzten Telefonat, wie besprochen, mal über diesen Bernd Auerbach und seine Freundin Anna Wollschläger erkundigt. Irgendetwas passt da nicht so richtig zusammen.«

»Hab ich mirs doch denkt«, kommentierte die Kunni. »Erzähl weiter.«

»Also, Eins nach dem anderen, Tante Kunni. Die beiden sind im August letzten Jahres von Hoyerswerda, beziehungsweise von Zwickau nach Röttenbach zugezogen.«

»Hoyerswerda? Is oder war des net so eine Art Hochburg von Neonazis?«, wollte die Kunni wissen.

»Na ja, da gab es schon einige Vorkommnisse in dieser Richtung, aber Hoyerswerda deswegen als Nazihochburg zu bezeichnen, ist sicherlich auch nicht ganz richtig.«

»Dann erzähl erst mal weiter!«, forderte sie die Kunni auf.«

»Jedenfalls«, fuhr Sandra Millberger fort, »hat dieser Bernd Auerbach kurz nach seinem Zuzug bei der Gemeindeverwaltung Röttenbach ein Gewerbe angemeldet, die *Auerbach Asylberatung*, was das eigentlich Seltsame ist.«

»Wieso?«

»Na ja, es gibt eigentlich keine privaten Unternehmen, die Asylanten beraten. Die Sozialbetreuung für Asylbewerber wird ausschließlich von gemeinnützigen Gesellschaften vorgenommen. Da gibt es beispielsweise die DRK-Betreuungsdienste oder den Caritasverband. Dort arbeiten fast ausschließlich ehrenamtliche Mitarbeiter, die Erfahrung im Bereich der Flüchtlingsarbeit haben. Diese Menschen müssen sich durch Flexibilität, Team- und Kommunikationsfähigkeit auszeichnen und sich für die Belange der Flüchtlinge einsetzen. Gute Englischkenntnisse und weitere Sprachkenntnisse sind dazu unbedingt erforderlich. Die hat Herr Auerbach aber gar nicht. Er spricht überhaupt keine Fremdsprache. Die nächste Frage, die sich automatisch stellt, ist, von wem wird Herr Auerbach für seine angeblichen Dienste denn bezahlt? Von den Flüchtlingen sicher nicht, aber von wem dann?«

»Habt ihr sein Bankkonto denn nicht überprüft?«, wollte die Kunni wissen.

»So einfach ist das nicht, Tante Kunni. Du weißt, dass es ein Bankgeheimnis gibt. Um da ranzukommen, brauchen wir einen von der Staatsanwaltschaft unterschriebenen Wisch. Und den gibt es nur bei einem begründeten, schwerwiegenden Verdacht. Zudem dürften sich auf dem Geschäftskonto von *Auerbach Asylberatung* noch keine allzu großen Kontobewegungen abgespielt haben. Die Ein-Mann-Firma ist ja gerade erst ein paar Monate alt. Das ist alles, was ich im Moment habe. Und bei dir? Hat sich bei dir etwas Neues ergeben«?

»Scho«, antwortete die Kunni. »Heit Nachmittag ham sich bei mir der Walter Fuchs und sei Freund, der Norbert Amon, angemeldet. Der Norbert hat den Walter dazu überred, mit mir und der Retta zu reden, bevor er widder von euch vernommen und beschuldigt wird. Wir hörn uns mal an, was die zwei Burschen zu erzähln ham. Was macht euer Fall mit dem überfallenen Türkn?«

»Nichts. Wir sind noch keinen Schritt weitergekommen. Rufst du mich an, wenn sich bei eurem Gespräch etwas Interessantes ergibt?«

»Ich ruf dich auf jeden Fall an, Sandra. Mach's gut.«

»Mach's gut, Tante Kunni.«

★

Norbert Amon und Walter Fuchs konnten Franzi Mayer überreden mitzukommen.

»Etz sind mer ja scho zu fünft«, wunderte sich die Kunni, als sie die Haustür öffnete.

»Ja, wir ham die Franzi Mayer aus Hemhofen mitgebracht, weil sie quasi des Alibi vom Walter is«, erklärte Norbert Amon.

»Alibi? Ich versteh im Moment nur Bahnhof. Aber etz kommt erst mal rein, und dann erzählt ihr der Reihe nach.«

Die fünf, Retta, Kunni und die drei Besucher, saßen in Kunnis Wohnstube. Die Hausherrin hatte frischen Kaffee gebrüht und einen selbstgebackenen Käsekuchen auf dem Wohnzimmertisch platziert. »So, etz fangt mal an. Was habt ihr denn für Probleme?«, wollte sie wissen.

»Also«, druckste Norbert Amon herum, »ich denk, ich fang mal an. Ihr wisst ja, dass der Walter seit dem letzten Jahr eine neue Freundin hat, die Akgül Özkan. Des hat, sowohl beim Walter als auch bei der Akgül, zu einem erheblichen Zoff daheim gführt. Der Vater von der Akgül hat ihr verboten, die Beziehung weiter aufrechtzuerhalten, und sie hat wochenlang Hausarrest gekriegt. Daraufhin is den beiden ein Weg eingefallen, wie sie sich trotzdem treffen könna. Die Akgül hat ihrn Vater gfragt, ob sie privat Unterricht nehma kann, um ihr Deutsch zu verbessern. Nach einigem Hin und Her hat der zugestimmt. Und die Lehrerin, die Franzi Mayer, ham wir heut mitgebracht. Weil, wie ihr euch vielleicht scho denken könnt, war das Ganze natürlich eine abgekartete Sache. Die Franzi is die Cousine vom Walter, und die hat den beiden Verliebten gholfen, derweil die sich bei ihr ham treffen können.«

»Und der Deutschunterricht?«, wollte die Retta wissen.

»Welcher Deutschunterricht?«, antwortete der Norbert und zeigte ein breites Grinsen. »Na ja, nachdem sich die Dinge in einer nicht vorsehbaren Weise entwickelt ham und die Ex vom Walter, die Doris Kunstmann, umbracht wordn ist, is der Walter, fragt mi net warum, in den Verdacht geraten, die Doris ermordet zu haben. Als ihn der oberdoofe Erlanger Kriminalkommissar gfragt hat, was er an dem Tag, als die Doris ermordet worden ist, gemacht hat, hat der Walter Panik kriegt und is zammklappt. Er wollte der Kripo einfach nicht sagen, dass er, zusammen mit der Akgül, bei der Franzi war, weil er Angst ghabt hat, dass dann alles rauskommt und die heimlichen Treffen bald vorbei sein würden. Aus gesundheitlichen Gründen hat ihn die Kripo wieder heimgschickt, aber des nächste Verhör steht schon wieder bevor. Die Franzi ham wir mitbracht, weil die nämlich bestätigen kann, dass der Walter und die Akgül am 31. Januar bei ihr waren. Nachdem wir wissen, dass der Erlanger Kripo-Kommissar mit dir verwandt is, ham wir uns dacht, dass du mit dem amol redn könntest. So von Verwandtschaft zu Verwandtschaft halt, weil der Walter seine Akgül halt noch weiter bei der Franzi treffn möcht.«

»So, so«, unterbrach ihn die Kunni schmunzelnd, »des habt ihr euch aber fein ausdacht. Und wer hat dann die Doris Kunstmann umbracht?«

»Des wissen wir doch net«, entrüstete sich Norbert Amon.

»Und des interessiert euch auch goar net?«, hakte die Retta nach.

»Doch«, insistierte nun Walter Fuchs, nachdem er die ganze Zeit geschwiegen hatte, »wir wollen alle, dass der Doris ihr Mörder zur Rechenschaft gezogen wird.« Norbert Amon und Franzi Mayer nickten heftig.

»Sehr gut«, lobte die Kunni sie. »Des wollen wir nämlich aa, und drum passt des ganz gut, dass ihr hier seid. Aber zunächst für dich, Walter: Ich regel des mit der Erlanger Kripo, und ich geh davon aus, dass du nicht mehr zum Verhör musst. Dazu brauch ich aber von der Franzi ein paar Zeilen, worin sie bestätigt, dass du am Todestag von der Doris bei ihr warst. Am besten sie schreibt da auch rein, von wann bis wann. Nun zum tragischen Tod von der Doris. Da müsst ihr uns helfen, weil wir ihren Mörder finden wolln. Seid ihr bereit, uns ein paar Fragen zu beantworten?« Kunni guckte in die Runde, und ihre drei jungen Gäste nickten eifrig. Man sah ihnen an, dass sie sehr aufgeregt waren. An der Lösung eines Mordfalles mitzuwirken, war für sie keine Alltagsangelegenheit.

»Also«, begann die Kunni, »die Retta und ich sind davon überzeugt, dass die Doris ihren Mörder kannte.«

»Aber so viele Bekannte hatte die Doris auch nicht«, bemerkte Walter Fuchs.

»Umso besser, das macht die Sache einfacher«, spornte sie die Retta an.

»Also fangt doch mal an.«

Die drei sahen sich an. »Die Marlies Uckermann«, begann Walter Fuchs. »Das ist eine Schulkameradin aus Steppach. Die zwei verstehen sich gut. Aber außerhalb der Schulzeit haben die beiden kaum Kontakt. Für Doris war es immer zu umständlich, unter der Woche nach Steppach zu fahren, und die Marlies hat noch keinen Führerschein. Die Busverbindungen kannst du vergessen.«

»Weiter«, forderte die Kunni sie auf. »Wie sieht's mit männlichen Bekannten aus? Denkt nicht nur an gute Freunde. Auch flüchtige oder neue Bekanntschaften kommen in Frage.«

»Müselüm Yilmaz«, warf Norbert Amon in die Runde. »Das ist Akgüls Ex-Freund. Das ist der, der in Erlangen überfallen und so hergerichtet worden is.«

Die beiden Witwen zuckten zusammen. »Doris kannte diesen Türken?«, wollten sie wissen.

»Ja, und ich bin nicht ganz schuldlos daran«, gestand Norbert Amon.

»Jetzt ganz genau, Norbert. Das ist ganz wichtig. Erzähl!«, forderte ihn die Kunni auf.

»Also das war so«, begann er. »Die Doris hat in Erfahrung gebracht, dass Walter und die Akgül ein Paar sind. Sie wusste auch, dass der Walter und ich die besten Freunde waren.« Norbert Amon sah Walter Fuchs durchdringend an, dann verbesserte er sich. »... ich meine sind. Jedenfalls rief sie mich an und löcherte mich, ob ich etwas davon wüsste. Na ja«, zierte sich Norbert Amon, »ich bin ein schlechter Lügner. Irgendwie kamen wir auf Müselüm Yilmaz zu sprechen. Sie wollte von mir wissen, wie der auf Akgüls Untreue reagiert hat. Die Frage konnte ich ihr allerdings nicht beantworten. Alles weiß ich ja auch nicht. Irgendwann später hat sie mir dann erzählt, dass sie sich mit Müselüm Yilmaz getroffen hat und dies ein großer Fehler gewesen sei.«

»Hat sie auch erzählt, warum?«, wollte die Kunni wissen.

»Der wollte ihr offensichtlich an die Wäsche gehen«, antwortete Norbert Amon. Jedenfalls fühlte sie sich bedrängt. Sie wollte von dem Kerl nichts wissen. Na ja, das Problem hat sich zwischenzeitlich ja von selbst erledigt. Weiß man eigentlich schon, wer ihn so übel zugerichtet hat?«

»Nein, die Polizei tritt noch auf der Stelle«, verriet die Kunni. »Okay, habt ihr noch ein paar Namen?

»Hannelore Adam«, warf Norbert Amon mit einer Portion von Selbstzweifeln ins Rennen, »Doris Kunstmanns Intimfeindin.«

»Da glaubst doch selber net dran«, kommentierte die Retta kopfschüttelnd. »Da erzählt man sich ja auch so eine haarsträubende Geschichte zwischen dir und dieser Schlothex.«

»Na ja, ihr habt doch selber gsagt, dass jede Kleinigkeit wichtig ist.«

»Sonst noch jemand?«, forderte die Kunni die drei auf.

Norbert, Franzi und Walter sahen sich gegenseitig an. Nach einer Weile schüttelten sie die Köpfe.

»Das ist ja sehr übersichtlich und bescheiden«, verzweifelte die Kunni.

Dann zuckte Norbert Amon ein Gesprächsfetzen durchs Gedächtnis. »Vielleicht doch …«, murmelte er leise vor sich hin.

»Was, vielleicht doch?«, hakte die Kunni nach. »Raus mit der Sprach!«

»Da müsstet ihr euch eigentlich auch dran erinnern können«, orakelte Norbert Amon.

»Woran? Etz red halt scho!« Die Retta flippte fast aus.

»Erinnert ihr euch an den Samstag vorm zweiten Advent?«, steigerte Norbert Amon die Spannung.

»Etz spann uns halt net auf die Folter«, schritt nun auch die Kunni ein.

»Weihnachtsmarkt vo die Freien Wähler. Na, schnackelts jetzt? Ladykiller«, gab Norbert Amon noch einen Hinweis.

Langsam lichtete sich in Kunigunde Holzmanns Gehirn der Nebel. Erinnerungsfetzen an eine nicht mehr ganz standfeste und nüchterne Doris Kunstmann segelten vorüber. »Sie war auch da«, murmelte sie.

»Und der Bernd Auerbach und seine Freundin Anna Wollschläger«, ergänzte Norbert Amon.

Schon wieder dieser Bernd Auerbach. »Und, was ham die mit der Doris zu schaffen?«, wollten die beiden Witwen wissen.

»Des weiß ich eben nicht so genau. Ich selbst hab die Doris dem Bernd Auerbach vorgestellt. Die zwei sind ins Gespräch gekommen. Dann hat der Bernd seine Freundin Anna mit dazu geholt. Ich hab in der Zeit Glühwein ausgeschenkt und hab mich um die drei nicht mehr weiter gekümmert. Trotzdem, ein paar Wortfetzen ihrer Unterhaltung hab ich doch mitgekriegt.«

»Und worum gings da?«, drängte ihn die Kunni.

»Um Flüchtlingsbetreuung. Und dann hab ich ghört, wie der Bernd und die Anna die Doris zu sich nach Hause eingeladen ham.«

»Weißt du, ob der Bernd Auerbach auch den Müselüm Yilmaz kennt?« Die Retta hatte die Frage gestellt.

»Bestimmt net«, gab sich Norbert Amon überzeugt, »aber es tät mich net wundern, wenn ihm die Doris auch von ihren Problemen mit dem Türken erzählt hat. Mir hat sie's ja auch brühwarm kundgetan.« Norbert stutzte. Er stierte auf die Tischplatte. Seine Gedanken liefen auf Hochtouren. »Ihr meint ...«, versuchte er zusammenzufassen, »dass der Bernd Auerbach ..., ich mein vielleicht ..., also gewissermaßen ..., derjenige sein könnte, der den Türken ... ?«

»Wir meinen überhaupt nichts, wenn wir etwas nicht beweisen können«, räusperte sich die Kunni, »aber ich hab in genau die gleiche Richtung gedacht wie du, und wenn der Bernd Auerbach ein Asylberater is, dann fress ich einen Besenstiel mit Mayonnaise und Ketchup drauf.«

»Mein Gott, das wäre ja furchtbar«, wimmerte Franzi Mayer. Die Tränen kullerten ihr über die Backen. »Ich habe mich mit der Anna Wollschläger angefreundet. Wir treffen uns des Öfteren beim Yoga, und ich Hirschkuh habe der Anna die Geschichte von Walter und der Akgül erzählt.«

»Welche Geschichte«, wollte die Kunni wissen.

»Na ja, dass sich die beiden heimlich bei mir treffen.«

»Franzi, bist du bleed!?«, schrie Walter Fuchs sie an.

»Ruhig, ruhig«, griff die Kunni beschwichtigend ein. »Des muss überhaupt nix heißen. Habt ihr noch so eine Überraschung auf Lager?« Die drei sahen sich an, und schüttelten die Köpfe. »Also gut«, fuhr sie fort, »wir ham zwar jede Menge Verdachtsmomente, aber nicht den kleinsten Beweis. Ohne Beweise brauchen wir unser Maul überhaupt net aufreißen. Verstanden?« Sie sah mit strengem Blick in die Runde. »Kein Wort zu niemandem! Und keine Alleingänge. Wenn unsere Vermutungen stimmen, haben wirs mit einem skrupellosen Kerl zu tun. Und du, Franzi, hältst deine Beziehung zu der Anna Wollschläger aufrecht, aber verplapper dich net wieder, gell!«

»Glaubt ihr, dass die Anna auch Dreck am Stecken hat?«, wollte sie wissen.

»Nachdem sie auch an verschiedenen Stellen das Märchen von der Asylberatung rumerzählt, müssen wir davon ausgehn.«

»Mein Gott, das kann ich gar nicht glauben« wisperte Franzi Mayer vor sich hin. »Der Bernd ist doch des Öfteren auf Dienstreisen. Erst im Februar war er wieder für eine Woche verreist.«

»So, wo war er denn?«, fragte die Kunni amüsiert.

»Das hat die Anna nicht erzählt.«

50

Hakim Al-Wahid wusste nicht so recht, was er den beiden Typen noch alles erzählen sollte. Seit drei Stunden hatten sie ihn in der Mangel, ein neuer Mann vom bayerischen Verfassungsschutz und der aus dem Maul Stinkende, den er schon kannte. Ihm war klar, dass ihm eine hohe Gefängnisstrafe bevorstand. Er hatte keine Wahl, er musste kooperieren, wie der kleine Dicke immer wiederholte. Doch er verstand die beiden nicht, wovon sie überhaupt sprachen. Er wäre zu jeder Aussage bereit gewesen, die ihm Hafterleichterung brachte. Notfalls hätte er auch Dinge auf sich genommen, die er gar nicht begangen hatte. Dass er auch früher schon C-Sprengstoff nach Deutschland geschmuggelt hatte, hatte er bereits zugegeben, nur um endlich Ruhe von dieser Fragerei zu haben. Sollten sie ihm doch anlasten, was sie wollten, Hauptsache er bekam durch seine Kooperationsbereitschaft mildernde Umstände. Er schob alles auf seinen Onkel Ali Abusharekh. Nein, wozu der den Sprengstoff brauchte, wusste er nicht. Er war nur ein kleiner Handlanger und Mitläufer.

»Und was war mit den Handgranaten?«, wollte der Kerl aus München wissen. »Hast du die auch besorgt?«

»Kann sein, ich hab viel besorgt für Onkel. Nicht mehr genaue Erinnerung. Viele Waffen. Handgranaten? Denke schon.«

»Und was hat dein Onkel mit den Waffen gemacht? Wozu hat er sie gebraucht?«

Mein Gott, wie der Dicke aus dem Mund stank. »Ich nicht wissen. Ich nur beschaffen Waffen. Chef fragen Onkel Ali.«

»Chef dir gleich hauen eine in dein freches Maul«, schrie ihm der Dicke ins Gesicht.

»Bitte, können Fenster öffnen? Viel zu heiß in Zimmer, und riecht.«

»Hier nix Fenster. Vernehmungsraum«, schrie nun auch Johann Krausse auf ihn ein. »Und wenn du nicht endlich gestehst, dass du in den Sprengstoffanschlag auf das Türkische Konsulat in Nürnberg und in den Handgranatenanschlag auf das Asylantenheim in Zirndorf verwickelt warst, sperr ich dich für eine Nacht in eine Zelle, in der zwei schwule Mörder untergebracht sind.«

Jetzt hatte Hakim Al-Wahid begriffen. »Bitte glauben, ich nix direkt in Anschläge verwickelt. Bin nur Beschaffer von Waffen. Onkel Ali und Männer von syrische Geheimdienst zu mir sagen: Du machen, sonst Kopf ab. Später ich habe gelauscht und gehört, wie Onkel Ali zu syrisch Geheimdienstmann sagen: *Jetzt ihr habt Waffen, nun ihr könnt eure Anschläge ausführen.*«

Die beiden Ermittler sahen sich an. Das war der Durchbruch. Endlich hatten sie die Bestätigung dafür, wer die beiden Anschläge verübt hatte.

»Sehr vernünftig, Hakim«, lobte ihn der stinkende Dicke. »Willst du eine Zigarette? Wir schreiben jetzt ein Protokoll, und dann wollen wir deine Unterschrift darauf sehen. Verstanden?«

★

Für Bernd Auerbach war es ein Leichtes gewesen, herauszufinden, dass Betty Schmidt, die Zugehfrau von Professor Rosenkranz immer am Montag, Mittwoch und Freitag kam, um ihre Dienste zu verrichten. Am Samstag den 15. März schlich er sich von der Weiherseite auf das Grundstück des Professors. Die Kirchenglocken aus dem Dorf riefen die Gläubigen zum Gottesdienst. Der Ostdeutsche sah auf seine Armbanduhr. Achtzehn Uhr zwanzig. Der Professor war zuhause. Die Küchen- und Wohnzimmerfenster waren erleuchtet, und ab und an huschte der Schatten von Daniel Rosenkranz über die geschlossenen Vorhänge. Bernd Auerbach kniete neben einem Komposthaufen nieder, dessen Schatten ihn völlig verschluckte. In der Plastiktüte, die er lässig in seiner rechten Hand trug, steckten zwei Tupperware-Behälter. In einem befanden sich acht, rohe Nürnberger Rostbratwürste, in dem anderen Sauerkraut, welches bereits nach original fränkischem Rezept, mit geräuchertem Speck, Wacholderbeeren, geriebenem Apfel und Lorbeerblättern zubereitet war. Na ja, eine Einschränkung musste Bernd Auerbach doch machen: In dem Sauerkraut waren zwei fein pürierte Zigarren mit gekocht worden. Handgerollte Zigarren aus der Dominikanischen Republik, welche mit sieben Jahre altem, kanadischem Whisky getränkt waren. Sie enthielten knapp sechshundert Milligramm Nikotin. Eine tödliche Dosis. Bernd Auerbach hatte sich tagelang mit der Frage beschäftigt, wie hoch die letale Dosis Nikotin für einen Erwachsenen sein müsse. Fast hätte er einen großen Fehler begangen, aber nun war er sich sicher: 0,5 Gramm sollten ausreichen. Insbesondere für einen 97-Jährigen, mit dessen Immunsystem es sicher nicht mehr zum Besten stand. Mit einem Pürierstab hatte er persönlich die beiden Zigarren pulverisiert, bevor seine Anna damit das Sauerkraut würzte. Es wurde langsam Zeit, das Abendessen für den Professor zuzubereiten.

Die Kellertüre, mit ihrem veralteten Schloss, leistete keinerlei Widerstand, als sich Bernd Auerbach ins Haus schlich und seinen Dietrich wieder in der Hosentasche verschwinden ließ. Leise schlich er sich die Treppe in das Erdgeschoß hoch. Aus dem Wohnzimmer hörte er leise Musik aus dem Radio. Andrea Berg trällerte ihren Schlager *Du hast mich tausend Mal belogen*. In der Küche hantierte Daniel Rosenkranz in einer Schublade herum. Der Professor wandte ihm den Rücken zu. Er hatte eine Schweinelende auf einem Küchenbrett liegen und entfernte mit einem scharfen Messer die äußeren, dünnen Fettstreifen. Bernd Auerbach näherte sich leise von hinten. »Heute gibt es keine Lende«, sprach er den Hausherrn an. »Heute gibt es die weltberühmten Nürnberger Rostbratwürste mit Sauerkraut. Eine fränkische Delikatesse.«

Der Professor fuhr herum und starrte ihn an. »Wer sind Sie? Wie sind Sie hier hereingekommen?«

»Ich bin Ihre braune Brut und gehöre zu einer der neuen Terrorzellen. Das sollten Sie doch wissen. Ich möchte Sie zum Abendessen einladen und etwas mit Ihnen plaudern, bevor Sie sich von dieser Welt verabschieden. Glauben Sie mir, ich habe etwas ganz Besonderes für Sie vorbereitet, und Sie dürfen sich Ihr Henkersmahl sogar selbst zubereiten. Auf geht's!«, forderte Bernd Auerbach den Professor auf und richtete dabei den Lauf seiner Pistole auf ihn. »Machen Sie keine Dummheiten. Das würde Ihr Leben eher verkürzen. Wir brauchen eine Pfanne und einen Topf. Machen Sie schon!«

Ich bin mit dir so hoch geflogen, doch der Himmel war besetzt, verkündete Andrea Berg aus dem Wohnzimmer.

»Ich mag keine Nürnberger Rostbratwürste«, murrte der Professor.

»Ach, das glauben Sie nur. Das bilden Sie sich nur ein.« Dann stellte der Ostdeutsche seine Plastiktüte auf die Küchenarbeitsfläche und holte die beiden Behälter heraus. »Wir brauchen etwas Pflanzenfett oder Öl.«

Zwanzig Minuten später war das Sauerkraut aufgewärmt und die Bratwürstchen appetitlich braun gebraten. »Ich wünsche Ihnen einen guten Appetit und erwarte, dass Sie alles aufessen. Besonders das Sauerkraut kann ich wärmstens empfehlen. Es wurde, extra für Sie, ganz speziell gewürzt. So etwas Gutes haben Sie bestimmt noch nie gegessen.«

»Es schmeckt ekelhaft. Ich werde das nicht essen.«

»Sie werden, Herr Professor, Sie werden. Glauben Sie mir.« Bernd Auerbach entsicherte zur Verdeutlichung seiner Forderung seine Pistole und führte den Lauf an die Schläfe von Daniel Rosenkranz.

»Was ist in dem Sauerkraut?«, wollte der Professor wissen.

»Ein ganz spezielles Gewürz. Ich weiß, dass Sie das normalerweise mögen, aber wie gesagt, heute genießen Sie eine etwas andere Zubereitung. Los aufessen!«

Es dauerte fast eine dreiviertel Stunde, bis der Professor widerwillig und voller Ekel die Würstchen und das Kraut verputzt hatte. Der junge Neonazi hoffte, dass Daniel Rosenkranz alles im Magen behielt und sich nicht übergeben musste. Er würde warten, bis sein Opfer in die ewigen Jagdgründe eintrat. Bei 0,6 Gramm Nikotin sollte das normalerweise rasch gehen. Er hatte Zeit. In der Ruhe liegt die Kraft. Nichts überstürzen.

★

Als Betty Schmidt am frühen Montagmorgen die Haustüre aufschloss, kam es ihr seltsam vor, dass das Haus noch völlig im Dunkeln lag. Die Tageszeitung steckte noch im Briefkasten. Schlief der Professor noch? Sie knipste das Licht im Flur an, entledigte sich ihres Mantels und betrat die Küche. Normalerweise war es immer ihre erste Aufgabe, egal ob am Montag, Mittwoch oder Freitag, die Küche aufzuräumen und das schmutzige Geschirr, welches der Professor bei seinen Kochkünsten hinterließ, zu spülen. Die Küche blitzte vor Sauberkeit. Sie überprüfte die Schubladen und Fächer. Die große Pfanne stand nicht in der untersten, mittleren Schublade, sondern im Drehkarussell unter der Spüle. Der Edelstahltopf, der in der Pfanne stand, gehörte auch nicht dorthin. Langsam bekam Betty Schmidt leichte Panik. Sie öffnete leise die Schlafzimmertür. Das Bett war unberührt. Dann eilte sie ins Wohnzimmer und knipste das Licht an. Halb sitzend, halb liegend fand sie Daniel Rosenkranz in seinem Fernsehsessel. Die Brille war ihm von der Nase gerutscht. »Herr Professor, Herr Professor«, versuchte sie ihn zu wecken. Keine Reaktion. Dann nochmals lauter: »Herr Professor, wie geht es Ihnen?« Sie trat näher an den Fernsehsessel heran. Atmete er noch? Betty Schmidt legte ihren Zeigefinger an die Halsschlagader des Akademikers. Das hatte sie schon so oft im *Tatort* gesehen.

Sie spürte nichts. Voller böser Vorahnung packte sie den Professor am Oberarm und versuchte ihn wachzurütteln.

»Kreislaufkollaps«, diagnostizierte der herbeigerufene Hausarzt wenig später. »Na ja, seien wir ehrlich, siebenundneunzig ist ein stolzes Alter.«

»Ich weiß nicht, ich weiß nicht«, zweifelte Betty Schmidt, »ich hab so ein komisches Gefühl.«

»Ach was«, versuchte der Arzt sie zu beruhigen, »in so einem Alter kann der Tod blitzschnell wie aus heiterem Himmel kommen. Jedenfalls hat er keine Schmerzen erlitten, sondern ist friedvoll entschlafen. Ein schöner Tod.«

»Aber warum hat er noch die Küche aufgeräumt? Den Fußboden scheint er auch gewischt zu haben, dabei hasste er Putzarbeiten.«

»Wer weiß, vielleicht eine Art Todesahnung?«, mutmaßte der Arzt. »Er wollte eben alles sauber hinterlassen.«

»Quatsch«, widersprach die Zugehfrau. »Er war voller Elan und wollte heute einen weiteren Leserbrief an die Medien schreiben. Er hatte sich bereits handschriftliche Notizen gemacht.« Sie trat vor den alten Sekretär aus Eichenholz und riss die Klappe auf. »Hier hatte er sie …« Betty Schmidt verstummte. »Sie sind nicht mehr da«, stellte sie verwundert fest. »Irgendetwas stimmt hier nicht.«

★

Gerald Fuchs und Sandra Millberger durchschritten das Haus von Daniel Rosenkranz. Die Kollegen von der Kriminaltechnologischen Untersuchungsabteilung gingen ihrer Arbeit nach. Der Leichnam war auf den Weg in die Pathologie. Dr. Niethammer, Pathologe und Rechtsmediziner, nahm seinen Mantel vom Kleiderhaken und war dabei, das Haus von Daniel Rosenkranz wieder zu verlassen. »Ich kümmere mich gleich heute Nachmittag um die Angelegenheit«, versprach er dem Kriminalkommissar. »Morgen früh haben Sie meinen Bericht auf dem Tisch.«

»Können Sie schon eine vorläufige Aussage treffen?«, drängte ihn Gerald Fuchs.

»Nein, kann ich nicht. Dazu muss ich den Leichnam erst öffnen. Es ist doch immer wieder das Gleiche mit euch Ermittlern. Keine Geduld!« Mit diesen Worten verabschiedete sich der Mediziner endgültig, und ging zu seinem Wagen, den er auf der Straße vor dem Haus geparkt hatte.

»Was hältst du von der Sache?«, wollte Sandra Millberger von ihrem Chef wissen.

»Hhm, schwirig zu sagen, ich glaube wir müssen tatsächlich die Ergebnisse der Autopsie abwarten, aber ich tendiere doch eher zu einem natürlichen Tod.«

»Und was ist mit den Auffälligkeiten, die uns die Betty Schmidt mitgeteilt hat?«

»Kann auch Wichtigtuerei sein«, antwortete der Kommissar. »Morgen früh werden wir mehr wissen.«

★

Der Tod des Professors hatte sich in dem Dorf schnell herumgesprochen. Kunni wusste bereits Bescheid, bevor Sandra Millberger sie anrief.

»Des war Mord«, gab sich die Kunni überzeugt, »aber du willst mir bestimmt a bisserla mehr erzählen?«

In fünf Minuten fasste Sandra Millberger zusammen, was sie über den Tod des Professors wusste.

»Die Betty Schmidt hat mit ihren Vermutungen recht«, gab sich die Kunni überzeugt, »da stimmt was net. Habt ihr die handschriftlichen Aufzeichnungen von dem Professor noch gefundn?«

»Nein.«

»Sandra, es is Zeit, dass wir uns alle zusammenhocken. Ich mein, auch mit dem Gerald. Wir ham zwischenzeitlich auch ein paar interessante Neuigkeiten herausgefunden. Sprich mal mit dem alten Sturkopf und sag ihm, dass ich ihn enterb, wenn er nicht endlich vernünftig wird. Ich lad euch am

Mittwoch zum Abendessen ein. Sag mer um halb siema bei mir. ... Und, Sandra? ... Sandra, bist du noch dran?«

»Ja, ich höre.«

»Sandra, gebt um Himmelswillen keine Details an die Presse! Der Professor is friedlich entschlafen. Altersbedingtes Organversagen. Ich will, dass sich der Mörder sicher fühlt.«

»Verstanden, Tante Kunni. Bis zum Mittwoch.« Sie seufzte tief. »Du weißt, ich habe noch einige Überzeugungsarbeit vor mir.«

»Darum beneid ich dich net. Mach's gut.«

51

»Eindeutig eine schwere Nikotinvergiftung«, diagnostizierte Dr. Niethammer. »Die Einzelheiten findet ihr alle in meinem Bericht. Entweder der alte Knabe hat sich auf eine seltsame Art und Weise selbst das Leben genommen – was ich für unwahrscheinlich halte – oder er wurde ermordet.«

»Können Sie uns etwas mehr Informationen an die Hand geben«, bat der Kommissar.

»Also, im Magen des Professors fanden wir Nürnberger Rostbratwürste und Sauerkraut. Aber jetzt haltet euch fest: Das Sauerkraut war mit pulverisiertem Zigarrentabak versetzt. Ich würde mal sagen, der Menge nach waren da mindestens zwei dicke Zigarren drin.«

»Wer isst denn so was?«, wollte Sandra Millberger wissen.

»Eben«, setzte der Pathologe seine Rede fort. »Wer isst denn so was? Ich kenne niemanden, der so einen Fraß freiwillig zu sich nehmen würde.

»Das heißt, der Professor wurde gezwungen«, folgerte der Kommissar.

»Dies herauszufinden, ist Ihre Aufgabe, lieber Herr Kollege«, lächelte der Mediziner maliziös.

»Wie wirkt denn Nikotin auf den menschlichen Organismus?«, wollte Sandra Millberger wissen.

»Das kommt natürlich auf die Dosierung an«, erklärte der Pathologe, »aber in dem vorliegenden Fall dürfte nach kurzer Zeit zunächst eine heftige Übelkeit, verbunden mit Bauchkrämpfen, aufgetreten sein. Dass sich das Opfer nicht übergeben hat, grenzt an ein kleines Wunder. Atembeschwerden und starkes Schwitzen sind weitere Merkmale, die bei einer schweren Nikotinvergiftung auftreten. Herzklopfen und Krämpfe führen normalerweise zu einer Ohnmacht beziehungsweise der Vergiftete verfällt in ein Koma. Der Kreislauf bricht zusammen, sämtliche physiologischen Prozesse werden blockiert, es kommt zu einer Lähmung der Atmung und dann: Exitus.«

»Wir müssen nochmals mit Betty Schmidt reden«, schlug Sandra Millberger vor.

»Wozu?«, wollte der Kommissar wissen.

»Vielleicht ist ihr noch etwas eingefallen, was von Wichtigkeit sein könnte«, argumentierte die Polizeibeamtin.

★

»Nürnberger Rostbratwerscht! Wollt ihr mich verarschen? Sind wir vielleicht bei *Verstehen Sie Spaß?*« Betty Schmidt sah zuerst den Kommissar und dann seine Assistentin an. »Ich glaub, des war des Einzige, was der Professor absolut net gegessen hat. Na, wirklich, Spaß bei Seite, ich mach kann Witz. Der Professor hat mir amol erzählt, dass er kein Anhänger vo dem orthodoxen Judentum is. Der hats net so mit der Religion ghabt. Koscheres Essen war für ihn ein Fremdwort. Er hat immer gsagt, dass er ein sogenannter säkularer Jude is. Also, es is ihm mehr um Kultur und Politik und so was gegangen. Des war für ihn wichtiger als die Religion. Wie gsacht, Krustenbraten war sein Lieblingsessen, dabei solln die Juden überhaupt ka Schweinefleisch net essn. Aber Nürnberger Rostbratwürst? Na, niemals!

»Andere Frage«, hakte Sandra Millberger das Essensthema ab, »war er denn manchmal, in Anbetracht seines hohen Alters, doch schon ein bisschen verdattert?«

»Verdattert?«

»Na ja, ich meine, hat er ab und zu vielleicht doch schon mal etwas durcheinandergebracht? Salz mit Pfeffer verwechselt? Vergessen, den Ofen oder das Licht auszuschalten? Solche Dinge halt.

»D e r ? Sie meinen a bisserla dement?«

»So ungefähr.«

»Dass ich net lach«, konterte Betty Schmidt. »Der konnte noch letzte Woche *Das Lied von der Glocke,* von Schiller, ohne Unterbrechung runterleiern. Der hatte alle Einkaufszettel, die er mir in den letzten vier Wochen gschrieben hat, noch im Kopf. Wenn der Professor dement gwesen sein sollte, dann hams mir mei Hirn scho vor zwanzg Joahr rausoperiert. Na, der woar so was von hell auf der Pfanna. Der hätt beim Jauch die Million ganz easy abgräumt.«

»Okay, Frau Schmidt, das reicht uns«, ergriff nun wieder der Kommissar das Wort. »Wir müssen Sie bitten, über das, was wir mit Ihnen besprochen haben, absolutes Stillschweigen zu bewahren. Kein Wort zu niemandem!«

»Iech kann schweigen wie ein Grab«, bestätigte Betty Schmidt, »mei Alter waas heit nu net, dass ich ihn scho vor dreißg Joahr mitn Seyfrieds Ortlieb betrogn hab. Ich soch nix zu niemandn. Mei Wort drauf. Woran is er denn jetzt eigentlich gstorbn, der Professor? Woarn die Bratwerscht am End vergift?«

»Wir sind noch dabei, das herauszufinden, Frau Schmidt«, warf Sandra Millberger ein. »Gegebenenfalls müssen wir sowieso nochmals auf Sie zurückkommen.«

»Ja, jederzeit. Kein Problem. Sagns mir halt vorher rechtzeitig Bescheid, damit ich a daham bin, gell.«

★

Der ewige Mahner ist sanft entschlafen, titelten die Nordbayerischen Nachrichten. *Nur wenige Wochen nach seinem siebenundneunzigsten Geburtstag verstarb am Samstag, den 15. März 2014, Professor Daniel Rosenkranz, Röttenbachs ältester Bürger und ständiger Mahner vor einer neuen Terrorwelle der Neonazis, in seinem Haus. »Er ist sanft entschlafen«, verriet uns seine Zugehfrau, Frau Betty Schmidt, welche ihn am Montag leblos vorfand, kurz nachdem sie ihren Dienst bei ihm antrat. »Kreislaufprobleme, Bluthochdruck, schwaches Herz – da führt halt eines zum anderen, vor allem wenn man gerne, häufig zu viel und nicht immer das Gesündeste isst.« »Wir alle trauern um den Verstorbenen. Er war ein großer Bürger unserer Heimatgemeinde«, ließ auch Bürgermeister Ludwig Gast verlauten.*

★

Der Mörder des Professors las den kurzen Artikel mit Wohlgefallen. Er schmunzelte vor sich hin, als er Betty Schmidts Kommentar las: *… und nicht immer das Gesündeste isst.* Die Frau hatte den Nagel auf den Punkt getroffen. Bernd Auerbach hatte nicht damit gerechnet, wie leicht es war, den Unruhestifter in die ewigen Jagdgründe zu schicken. Die handschriftlichen Aufzeichnungen, die er in dem alten Sekretär gefunden hatte, waren längst im Kamin gelandet und nur noch Asche. Es war richtig und notwendig, den Alten endgültig zum Schweigen gebracht zu haben.

★

Werner Mikulaschek und die zuständige Staatsanwaltschaft erklärten den Anschlag auf das *Escinsel* als geklärt. Sie hatten sämtliche Ermittlungsdokumente und belastendes Material an den Verfassungsschutz übergeben, nachdem sich herausgestellt hatte, dass das Motiv des Täters im politisch-religiösen Bereich lag und möglicherweise auf das Konto der neuen Terrororganisation ISIL ging. Die schwarze Flagge der sunnitischen Dschihadisten, welche bei Kemal Özkan gefunden wurde, sprach jedenfalls Bände. Für die Kripo Nürnberg war der Fall gelöst und abgeschlossen, für die

Beamten des Verfassungsschutzes ging er erst richtig an. Sie stürzten sich wie die Heuschrecken auf das Anwesen der Özkans und zerlegten die Inneneinrichtung des Hauses in ihre einzelnen Bestandteile. Das Familienoberhaupt, Ahmet Özkan, wurde von seiner Arbeitsstelle abgeführt. Er schimpfte wie ein Rohrspatz. Die Arbeitskollegen tuschelten. Er fühlte ihre bohrenden Blicke in seinem Rücken. »Mein Sohn ist kein Terrorist«, rief er voller Verzweiflung, »immer ein gute Mensch gewesen. Nie mit Gesetz in Konflikt gekommen, immer ehrlich und anständig.«

»Immer ehrlich und anständig, heh?«, hielt ihm der Mann vom Verfassungsschutz im Vernehmungsraum vor. Dann zeigte er Ahmet Özkan ein Video. Der Türke starrte gebannt auf den Bildschirm. Zuerst sah er nur ein Verkaufsregal, in welchem verpackte und ausgepackte Spiegelreflexkameras lagerten. Im Hintergrund nahm er ein Werbeplakat wahr, auf welchem der Schriftzug *SATURN* zu lesen war. Es dauerte noch ein paar Sekunden, dann trat sein Sohn Kemal ins Bild. Er wirkte nervös. Er sah sich nach allen Seiten um. Dann bückte er sich und wandte der Kamera den Rücken zu. Als er wieder aus dem Bild trat, gähnte dort, wo in dem Regal vorher eine dicke Nikon-Kamera zu sehen war, ein Loch. »Immer ehrlich und anständig«, wiederholte der Mitarbeiter des Verfassungsschutzes. Ahmet Özkans muslimische Wertevorstellung war soeben mit einem lauten Knall eingestürzt. Übrig blieb ein riesiger Trümmerhaufen, der sein Herz überschüttete. Was für eine Schande. Sein Sohn, ein schwuler Dieb und Terrorist. Er konnte unmöglich länger hier bleiben. Wenn dieser ganze Horror, den er gerade durchlebte, vorbei war, würde er mit dem Rest der Familie wieder nach Urfa zurückkehren. Das hatte er soeben beschlossen.

★

Ein kleiner Dicker vom BKA und sein bayerischer Kollege Johann Krausse vom Verfassungsschutz hatten eine Indizienkette aufgebaut, welche hauptsächlich auf Aussagen von Hakim Al-Wahid basierte. Sie hatten Ali Abusharekh mit den Aussagen seines Neffen konfrontiert, hatten ihn Tag und

Nacht wieder und wieder vernommen, aber der Palästinenser blieb bei seiner Aussage, dass er nur für die Syrer Waffen geschmuggelt habe. Mit den Anschlägen auf das Türkische Konsulat in Nürnberg und auf die Asylantenaufnahmestelle in Zirndorf habe er nichts zu tun. »Und was ist mit Ihren persönlichen Racheplänen an Adem Gökhan, der Ihren Sohn Muhammed überfahren hat?«, schrie ihn der kleine Dicke an. Ali Abusharekh zuckte zurück.

»Sie stinken aus dem Maul, schlimmer wie eine Herde Kamele«, antwortete er ernst. »Das eine hat mit dem anderen nichts zu tun. Ich töte keine Menschen«, schrie er zurück, und dachte dabei an die vielen Flüchtlinge, die seine Schlepper über das Mittelmeer brachten.

»Sie vielleicht nicht persönlich«, brauste der kleine Dicke wieder auf, »aber Ihre Hintermänner vom syrischen Geheimdienst. Und merken Sie sich eines: Wenn hier einer stinkt, dann kann das nur ein Kameltreiber und Turbanträger wie Sie sein. Sie verkappter Taliban.«

Das war das letzte Gespräch, welches sie vor zwei Tagen mit Ali Abusharekh hatten. Zum Schluss fügte der Verdächtige noch hinzu: »Und wenn Sie wieder mit meinem Neffen sprechen, dann richten Sie ihm aus, dass ich – an dem Tag, an dem ich hier rauskomme – ihm persönlich seinen dreckigen Schwanz abschneide und ihn den Skorpionen in der Wüste zum Fraß vorwerfe.«

★

Norbert Amon saß zuhause und dachte über das Gespräch nach, welches er, sein Freund Walter und Franzi Mayer mit den beiden Witwen geführt hatten. Er hatte eines seiner Notizbücher, das mit dem Titel *Bernd Auerbach*, hervorgeholt und machte eifrig Einträge. In ihm stieg ein furchtbarer Verdacht auf, und egal, was Kunni zu ihnen gesagt hatte – von wegen keine Alleingänge –, er wollte und musste seinen Beitrag dazu leisten, das Geheimnis, welches über Bernd Auerbach schwebte, zu lüften. Er würde ihn nicht aus den Augen lassen, und seine Freundin Anna Wollschläger dazu.

★

»Was ham wir dir immer gsacht«, herrschte Moritz Fuchs seinen Sohn Walter an, »lauter Terroristen und Salafisten. Aber na, unser Sohn, des alte Gscheiterla wass ja alles besser und verknallt sich in die Schwester von dem Massenmörder. Ja, wer sacht dir denn, dass die türkische Schnalln net a zu dene Extremisten ghört? Vielleicht trächt die unter ihrm Mantel net a an Sprenggürtl, um Ungläubige in die Luft zu jagn?«

»Wo der Vadder recht hat, hat er scho recht«, meinte Gerta Fuchs dazu.

»Gott seis gepriesn und gepfiffen, dass die den erwischt ham«, setzte Walters Vater seine emotionale Rede fort, »dass der selber in dem Flammeninferno umkumma is. Stell dir amol vor, der hätt hier bei uns in Röttenbach so einen Anschlag verübt! Im Kerwaszelt! Da wärn wir ja a mit neizogn worn, in die Sach. Bloß weil unser depperter Sohn dera türkischn Sarah scheene Augn macht.«

»Da hat der Vadder scho recht«, ergänzte Gerta Fuchs.

★

Gerald Fuchs hatte mit seiner Tante Kunni – wieder einmal – das Kriegsbeil begraben, nachdem er vernommen hatte, dass sein Hauptverdächtiger ein wasserfestes Alibi besaß und seine Tante von der Enteignung des einzigen näheren Verwandten sprach. Gemeinsam mit seiner Assistentin und der anderen Quasselstrippe, Retta Bauer, genoss er eines der Schäuferle, welche die beiden Witwen mit Serviettenknödel und einem bunten Salat zubereitet hatten.

»Ich muss mir unbedingt das Rezept von dem Schäuferle und den Knödeln aufschreiben«, schwärmte Sandra Millberger.

»Des is schnell erklärt«, würgte die Kunni hervor, während sie auf einem knusprigen Stück Schwarte herumkaute. »Du musst die Schwartn vo dem Schäuferla tief und rautenförmig bis aufs Fleisch durchschneidn. Dann werds sche knusprig. Die meisten Metzger machen des net gscheit. Dann würzt du des Fleisch mit Salz, Pfeffer und edelsüß Paprika. Aber vorher brauchst du a weng a Suppngrün. A gelba Rubn, a Stück Sellerie, a Stück Lauch, a große Zwiebel und a weng a Peterla.«

»Peterla?« Sandra zog ihre Stirn fragend in Falten.

»Petersilie«, klärte sie ihr Chef auf.

»Genau«, fuhr die Kunni fort. »Des alles putzt du, schneidst des alles in Stücke und haust des ganze Gemüse in an Bräter nei. Dann legst du des gewürzte Schäuferla mit der Schwartn nach oben auf des klein gschnittene Suppengrün. Ich streu immer noch a weng an Kümmel über des Fleich und des Gemüse und setz a poar Stückli Butter auf des Fleisch. Zum Schluss gieß ich noch a Tassn Wasser an. Dann kommt der Deckel auf den Bräter, und des Ganze kommt in den kalten Backofen, auf eine der unteren Schienen. Etz kommt des Wichtigste. Du schaltst die Temperatur vo dem Backofen net höher als hundertsiebzich Grad. Kannst ruhig Oberhitze einstellen. Den Bräter lässt du drei Stunden im Backofen. Zwischendurch kannst kontrollieren, obsd vielleicht noch a bisserla Flüssigkeit zugießen musst. Jedenfalls, nach drei Stunden kummt des Schäuferla aus dem Ofen. Dann gießt du die Soß und des Gemüse ab. Den zamkochten Sellerie nehm ich meistens raus und schmeiß nern weg. Net alle mögen den. Aber den Rest vo dem Gemüse lass ich in der Soß und pürier den ganzn Rotz mit an Pürierstab. Des macht die Soß sämiger. Des Fleisch, widder mit der Schwartn nach oben, kommt für eine weitere halbe Stund zurück in den Backofen, aber ohne Deckel. Etz kannst die Temperatur auf zwahundert Grad schalten. Ich gieß immer a weng a Bier über des Fleisch, weil dann – durch den Zucker, der in dem Bier is – die Schwartn richtig knusprich wird. Nach dreiahalb Stundn is des Fleisch durch und durch weich. Wenn du mit der Gabel a weng hihutzt, fällt des Fleisch alla vom Knochen.«

»Hoffentlich kann ich mir das alles merken«, zweifelte Sandra. »Und die Soße?«

»Also bei der Soß mach ich fei ka so ein Gscheiß wie diese Sterneköche ausm Fernsehn. Ich nehm mein Sud, den ich vorher abgschöpft und püriert hab, und setzt a weng ein in Wasser aufgelöstes Soßenpulver dazu.

Du wasst scho, so eine Instantsoße von Maggi oder Knorr für Schweinebraten. Aber, um die Soße trotzdem zu verfeinern, geb ich immer noch a Creme Fraiche dazu. Des is des ganze Geheimnis.«

»Also, ich finde deine Soße schmeckt hervorragend, und der Serviettenkloß saugt sich so toll damit voll.«

»Etz, wenn ich scho dabei bin, mach mer den Serviettenkloß a nu schnell durch, aber im Schweinsgalopp«, setzte die Kunni ihren Redefluß fort. »Für drei bis vier Leut brauchst du acht Scheiben normales Toastbrot. Die schneidest du in Würfel, gibst sie in eine große Schüssel und tust a Prisn Salz dazu. Durchmischen net vergessen. Jetzt haust du vier Eier auf die Brotbreggerli und rührst alles sorgfältig durch. Des Toastbrot muss sich mit den Eiern sche vollsaugen. Dann schmorst du eine große Zwiebel, in kleine Stücke gschnitten, in Butter in einer Pfanne an und gibst Peterla dazu. Net zu wenig, net zu viel. Des kann ruhig a getrocknetes sein. Du mischt des Peterla mit der Zwiebel in der Pfanna, bis die Zwiebel gut glasig geworden is. Danach gibst du den Pfanneninhalt auf die Brot-Eier-Mischung und rührst wieder alles gut durch. Der Kloßteig sollte schön geschmeidig sein und sich gut zu einem Laib formen lassen. Wenn der Teig zu trocken ist, gibst du a bisserla Milch dazu. Is er zu flüssig, also zu schmierig, streust Semmelbrösel drüber und mischt des Ganze nochmals durch. Den Kloßlaib wickelst in ein feuchtes Gschirrtuch ein, drehst die Enden vo dem Tuch links und rechts zam und legst des Ganze in kochendes, leicht sprudelndes Salzwasser. Nach vierzig Minuten is der Serviettenkloß fertig, und du kannst ihn in Scheiben schneiden. So, etz hab ich aber genug gred. Ich hab des Gefühl, mein Maul is scho ganz fransig. Etz wird erst aufgessen, und dann reden wir über die aktuellen Fälle.«

★

Während sich die Ereignisse in Röttenbach und anderswo überschlugen, war ein alter Röttenbacher, der sich lange Zeit auf Reisen im Ausland befand, wieder in seine Heimat zurückgekehrt. Im August letzten Jahres hatte ihn das Reisefieber gepackt. Es war nicht das erste Mal, dass er die Straße von Gibraltar überquerte und über Marokko nach Mauretanien gelangte. Natürlich machte er hie und da Zwischenstation, aber sein innerer Kompass zog ihn weiter. Nachdem er die Wüstengebiete der westlichen Sahara geschafft hatte, war er seinem Ziel, der Sahelzone zwischen Senegal und Kamerun, deutlich näher gekommen. Im Senegaldelta beendete er seine weite Reise und richtete sich häuslich ein. Fast zwei Monate, mit Zwischenstationen natürlich, war er unterwegs gewesen. Zudem reiste er nur tagsüber. Nachts hatte er sich von den Reisestrapazen erholt. Nun, nach fast sieben Monaten Abwesenheit, war er wieder zurückgekehrt. Die Rückreise schaffte er in deutlich kürzerer Zeit. Er sehnte sich nach seiner fränkischen Heimat. Jetzt, im beginnenden Frühjahr, wenn die Wiesen wieder kräftige, grüne Farbe annahmen, das Leben rings um die zahlreichen Fischweihern wieder erwachte, war es in Röttenbach doch am schönsten. Er hatte sein Zuhause schon von Weitem erkannt. Alles kam ihm so bekannt und vertraut vor. Er war nicht allein unterwegs, seine Frau war mit ihm gereist. Sie würde ebenfalls bald in Röttenbach eintreffen. Er war ihr quasi nur vorausgeeilt, wollte schnell noch Hausputz machen, bevor sie eintraf. Er verließ seinen Gleitflugmodus und seine Reiseflughöhe und umflog kurze Zeit später zu einer ersten Inspektion sein Nest auf dem ausgedienten Schornstein der Brauerei Sauer. Es schien alles in Ordnung zu sein. Alles war wie immer. Nur eine Minute später landete er auf dem Rand des Nestes und begrüßte seinen Heimatort mit gebogenem Hals und einem freudigen, lauten Geklapper. Der Röttenbacher Storch war wieder da.

52

Thomas Keller hielt seinen neuen Reisepass und seinen neuen Führerschein in Händen. Sein Konterfei lächelte ihm mild und weise als Peter Ringler entgegen. Er war nicht untätig gewesen, die letzten Wochen. Auch für Bernd Auerbach und seine Lebensgefährtin, für Peter, Franz, Helmut,

Siegfried und Johannes, die Panzerfaustexperten hatte er exzellent gefälschte Papiere besorgt. Gut, wenn man wusste, an wen man sich mit solchen heiklen Aufgaben wenden konnte. Der Graphiker in Prag war immer noch im Geschäft, und seine Arbeit machte er besser denn je.

Im Moment saß Thomas Keller in seinem Zimmer im Klosterhotel Ettal und sah hinüber auf den monströsen Komplex des weltberühmten Klosters. Das Wetter im März zeigte sich von seiner besten Seite, ein wolkenloser, tiefblauer Himmel und frühlingshafte Temperaturen tagsüber versüßten dem Ostdeutschen seinen Urlaub in den Ammergauer Alpen und im Werdenfelser Land. Vor einer Woche nahm er den ICE von Leipzig nach München. Am Münchner Bahnhof mietete er sich einen VW Golf und machte sich auf, in Richtung Garmisch-Partenkirchen. Circa fünfzig Kilometer südlich von München verließ er die Autobahn und nahm sich in Bad Tölz für zwei Tage ein Zimmer. Gleich am Ankunftstag unternahm er nachmittags einen Ausflug in das nahe Penzberg. Er fand die Moschee oder besser gesagt, das im Mai 2005 eröffnete Islamische Forum, auf Anhieb. Es lag im Südosten der sechzehntausend Einwohner zählenden Gemeinde, unweit vom Ortsrand, gegenüber einem Wohngebiet. In unmittelbarer Nachbarschaft hatten sich diverse Gewerbebetriebe angesiedelt. Thomas Keller erkundete die nähere Umgebung ausgiebig zu Fuß. Die Freitagspredigt wird in der Sommerzeit immer von dreizehn Uhr fünfzehn bis vierzehn Uhr abgehalten, informierte ihn ein Hinweisschild am Haupteingang. Er wollte es sich zuerst nicht eingestehen, doch die L-förmige, moderne Architektur des Gebäudes beeindruckte ihn. Die schlichten, geraden Formen und die raumhohe, blaue und ornamentierte Verglasung gefielen ihm. Rechter Hand des Foyers befand sich die eigentliche Moschee. Links vom Eingang ging es zu einer Bibliothek. Der nach Mekka ausgerichtete Gebetsraum, sowie Gemeinschafts- und Verwaltungsräume lagen unter einem gemeinsamen Dach. Thomas Keller verbrachte nahezu zwei Stunden in dem Gebiet rund um die Moschee. Er lief die Bichler Straße hoch, bog rechts in die Oskar-Miller-Straße ab, lief in der Frauenhoferstraße wieder in Richtung Süden, überquerte auf Höhe Stegfilzstraße die Bichler Straße und lief die Sommerstraße wieder in Richtung Oskar-von Miller-Straße. Immer wieder blieb er stehen und machte sich Notizen. Auf seinem Mobiltelefon waren zwischenzeitlich mehr als dreißig Fotos gespeichert. Als er seinen VW Golf bestieg, um nach Bad Tölz zurückzukehren, reiften bereits seine ersten konkreten Pläne für den Überfall.

Wieder in seinem Hotelzimmer angekommen, holte Thomas Keller Papier und Bleistift hervor und begann eine Skizze anzufertigen. Ab und zu zog er seine Notizen und Fotos zurate. Er war so sehr mit seiner Arbeit beschäftigt und in Gedanken vertieft, dass er beschloss, das Abendessen heute ausfallen zu lassen. Fünf rote Pfeile zeigten aus verschiedenen Richtungen auf die Moschee. Daneben standen die Bemerkungen »Schütze 1 bis 5«. In der Fraunhofer Straße war ein kleines, rotes Quadrat eingezeichnet. »Klein-Lkw« stand daneben. Drüben, auf der anderen Seite der Bichler Straße, beschrieb »Fluchtauto« ein weiteres, rotes Quadrat. Ein zweites Fluchtauto stand in der Sommerstraße. Thomas Keller besah sich seine Arbeit und war zufrieden. Nun galt es noch, die Anreise und Flucht seiner Leute zu planen. In den nächsten Tagen besuchte Thomas Keller Oberammergau mit seinen herrlichen Lüftlmalereien, begab sich hinüber zu Schloss Linderhof, dem Jagdhaus von König Lufwig II. und fuhr anschließend durch das Werdenfelser Land, vom Karwendel und Wetterstein-Gebirge über Mittenwald bis nach Scharnitz auf der österreichischen Seite. Dann wendete er seinen Weg wieder in Richtung Norden, über den Walchen- und Kochelsee bis nach Benediktbeuern. Dort stieg er im Abrahamhof ab. Am nächsten Tag interessierten ihn vor allem die Anzahl der Unterkunftmöglichkeiten im Ort sowie die Verbindungen und Fahrpläne der regionalen, öffentlichen Verkehrsmittel. Er war einen vollen Tag damit beschäftigt, alle Informationen zusammenzutragen. Am Abend holte er – nach einem herzhaften Semmelknödel mit Pfifferlingrahmsoße – auf seinem Hotelzimmer seine Notizen hervor und überlegte. Von seinem ursprünglichen Plan, seine Leute über die deutsch-österreichische Grenze zu schaffen, um sie vom Flughafen Innsbruck auszufliegen, war er längst abgekommen. Die ab dem Kochelsee in Serpentinen steil aufsteigende Bundesstraße 11 war ihm zu unsicher. Wie schnell konnte sich dort ein Unfall ereignen und die Weiterfahrt unmöglich machen. Was, wenn wider Erwarten die deutschen Behörden doch den Grenzübergang Scharnitz schließen beziehungsweise jedes Fahrzeug kontrollierten? Thomas Keller hatte beschlossen, seine Leute als Urlauber bereits drei oder mehr Tage vor dem Angriff auf die Moschee in der Gegend zu platzieren und sie mit den öffentlichen Verkehrsmitteln an- und abreisen zu lassen. Er würde sie auf verschiedene Gasthöfe in Benediktbeuern, vielleicht auch auf zwei Campingplätze am Kochelsee verteilen. Zu unterschiedlichen Zeiten sollten sie den Bus von Benediktbeuern nach Bad Tölz benutzen. Von dort ging es weiter, über Bad Heilbrunn nach Penzberg. Ein enormer Umweg für die kurze Strecke, aber vielleicht ratsam. Er musste sich das Ganze erst noch einmal genau überlegen. Exakt um dreizehn Uhr fünfundvierzig sollten sie sich am Klein-Lkw einfinden und die Panzerfäuste sowie die nötige Munition entgegennehmen. Dann musste alles sehr schnell gehen. Keiner benötigte mehr als eine Minute, um seine Schussposition einzunehmen. Zwei Minuten später – ihre Waffen sollten sie am Tatort zurücklassen – mussten sie sich zu ihren Fluchtautos begeben. Die Fahrer würden die Anweisung erhalten, die Schützen an unterschiedlichen Bushaltestellen abzusetzen. Von dort fuhren sie in ihre Urlaubsquartiere zurück. Ein perfekter Plan, stellte Thomas Keller fest. Vielleicht noch optimierbar. Penzberg sollte der nächste große Schlag werden. Bis dahin plante er keine weiteren Aktionen. Die Situation war günstig. Die Attentate in Nürnberg und Zirndorf waren für die deutschen Ermittlungsbehörden so gut wie geklärt. Gut so. Niemand hegte den Verdacht, dass seine Gruppe dahintersteckte. Die Schändung des jüdischen Friedhofs war ebenfalls im Sand verlaufen. Außer einem Video, das einen Nikolaus zeigte, hatte die Polizei nichts, und dieser jüdische Störenfried, dieser Daniel Rosenkranz, hatte von selbst das Zeitliche gesegnet. Der Angriff auf das Islamische Forum würde wie aus heiterem Himmel erfolgen. Nun musste er nur noch die Fahrzeuge organisieren, welche sie für den Anschlag benötigten. Aber das war ein Klacks. Morgen würde er nochmals hinüberfahren, in die Ammergauer Alpen, und sich noch zwei

Tage im Klosterhotel Ettal genehmigen. Das Wetter war einfach zu schön, um schon wieder nach Leipzig zurückzukehren. Er hatte sich vorgenommen, tagsüber Wanderungen in die nähere Umgebung zu unternehmen. Seine Arbeit hatte er erledigt.

★

Bernd Auerbach langweilte sich. Von Thomas Keller hatte er schon seit einiger Zeit nichts mehr gehört. Er wartete auf einen neuen Auftrag. Der problemlose, raffinierte Mord an Daniel Rosenkranz hatte ihn innerlich regelrecht beflügelt. Er wollte nicht nur Däumchen drehen und sich dem Nichtstun hingeben. Es gab genug von diesen Juden, Asylanten und Türken, die nicht hierher gehörten. Man musste ihnen gehörig auf die Fresse hauen. Nur das verstehen sie. Erst kürzlich, er war mit Anna am Wochenende in Höchstadt an der Aisch unterwegs, bekam er wieder seinen Zorn. Am liebsten hätte er diesen Döner-Imbiss am Marktplatz gleich in ein Trümmerfeld verwandelt. Da standen sie wieder in Gruppen, diese jugendlichen Migranten, palaverten auf Türkisch herum, jeder ein Smartphone in der Hand, eine Zigarette zwischen den Lippen, und wussten nicht so recht, was sie anfangen sollten. Deutsche Mädchen belästigen, die an ihnen vorbeiliefen, das konnten sie. Auch Anna rollte mit den Augen. Ihre Zornesader an der Schläfe wuchs an. »Die gehören alle raus aus Deutschland«, murmelte sie, »dieses Gesocks liegt dem Staat nur auf den Taschen. Ich möchte nicht wissen, wie viele Straftaten die schon hinter sich haben.«

»Genau«, entgegnete ihr Freund, »wenn ich etwas zu sagen hätte, ich würde alle Muslime rauswerfen. Der Islam gehört zu Deutschland! So ein Quatsch! Diese Imams und Mullahs glauben wirklich daran, dass ihre Religion die einzig wahre ist auf dieser Welt. Nur wer an Allah und den Propheten glaubt, ist ein wahrer Gläubiger.«

»Und warum bringen sich dann die Sunniten und die Schiiten gegenseitig um?«, wollte Anna Wollschläger wissen.

»So genau habe ich mich damit auch noch nicht beschäftigt«, antwortete Bernd Auerbach, »aber ich glaube, da geht es um die Grundsatzfrage, wer die Gemeinschaft der Muslime führen darf. Die Schiiten – das ist der kleinere Teil – vertreten die Auffassung, dass nur die leiblichen Nachfahren des Propheten Mohammed die Muslime führen dürfen. Die anderen, die Sunniten, wollen ihre Führer unabhängig von ihrer Herkunft selbst bestimmen.«

»Das wäre ja genauso, als wenn sich bei uns die Katholiken und die Lutheraner offen bekriegen würden«, stellte Anna fest.

»So ungefähr«, bestätigte Bernd Auerbach, »da siehst du erst, wie beschissen die im Kopf ticken. Ich habe überhaupt nichts dagegen, wenn sie ihre internen Querelen daheim in ihren Ländern austragen, aber wenn sie hierher kommen und ihre Moscheen hier bauen wollen beziehungsweise sich auf die Straße stellen und kostenlos den Koran verteilen, dann kommt mir die Galle hoch. Stell dir mal vor, in Nordrhein-Westfalen hat ein kurdischer Asylbewerber geklagt, dass die Zahlungen nach dem Asylbewerberleistungsgesetz zu niedrig und auf Hartz IV-Niveau anzuheben seien. Und was glaubst du, was passiert ist? Das Bundesverfassungsgericht hat ihm recht gegeben. Alle Asylbewerber erhalten, teils rückwirkend, höhere Bezüge, welche sich an den Sozialleistungen für Deutsche orientieren.«

»Das gibt es doch nicht!« Anna Wollschläger war baff.

»Doch, doch«, erregte sich ihr Freund, »die bisherigen Zahlungen seien *evident unzureichend* und *unverzüglich neu festzulegen*, urteilte das Gericht. Was muss sich denn ein deutscher Arbeiter dabei denken, der dreißig Jahre berufstätig war, arbeitslos wurde und nach einem Jahr noch immer arbeitslos ist?«

»Die meisten von diesen Allah-Jüngern sind doch nur Asylbetrüger«, urteilte Anna Wollschläger. »Wirtschaftsflüchtlinge ist vielleicht das bessere Wort. Und die werden nun mit Deutschen auf die gleiche Stufe gestellt?«

»Genau, so ist es. Die bleiben dann ihr Leben lang im Schlaraffen-Deutschland, und ihre Nachkommen, die gar kein Interesse an Arbeit haben, leben weiterhin von Sozialhilfe, stehlen, kriminalisieren sich, verbreiten den Islam, und was dabei herauskommt, das siehst du, wenn du zu diesem Pack da drüben hinguckst. Ich bewundere Malta.«

»Wieso Malta?«, wollte Anna wissen.

»Die nehmen jeden Flüchtling, der ankommt, zunächst in Haft. Ausnahmslos. Da gibt es keine Sozialleistungen, kein Taschengeld. Dann werden die Asylanten überprüft und die meisten von ihnen wieder zurückgeschickt.«

»So sollte es bei uns auch sein.«

»Sollte! Ist es aber nicht. Leider. Und darum sind wir da. Wir geben diesen Schmarotzern eins in die Fresse, in der Hoffnung, dass es sich bis zu den anderen Schmarotzern, die noch vor unserer Grenze warten, herumspricht. *Deutschland ist kein Einwanderungsland für euch*, das muss unsere Botschaft sein. Und diesen türkischen Nichtsnutzen dort drüben werde ich auch bald eine Lehre erteilen.«

★

»Was macht denn eigentlich dieser Türke, der in Erlangen überfallen wurde?«, wollte die Kunni wissen, und sah ihren Neffen, den Erlanger Kripo-Kommissar, erwartungsvoll an.

»Der Müselüm Yilmaz?«, stellte Gerald Fuchs die Gegenfrage.

»»Ja, Müselüm Dingsbums, oder so ähnlich.«

Der Kommissar sah seine Assistentin mit großen Augen fragend an.

»Als er aus der Klinik entlassen wurde«, erklärte diese, »wurde er nach Herzogenaurach zur Reha verlegt. Dort müsste er noch bis Ende dieses Monats sein.«

»Ihr habt also nicht noch einmal mit ihm gesprochen?«, wollte die Kunni wissen. »Typisch! Und dieser Müselüm Dingsbums hat versucht , die Doris Kunstmann anzubaggern? Ist des richtig?«

»Ja, das hat sie uns erzählt«, bestätigte Sandra Millberger. »Und wir haben sie gebeten, nochmals intensiv darüber nachzudenken, wem sie alles von ihrer misslichen Lage berichtet hat. Aber das konnte sie ja nicht mehr, weil am gleichen Tag, an dem sie bei uns war, wurde sie ja umgebracht.«

»Ich denk schon, dass sie nachdacht hat«, widersprach Kunigunde Holzmann, »es könnte ihr sogar dazu was eingfalln sein, was ganz Wichtiges sogar. Es könnt für sie so wichtig gwesen sei, dass sie die Angelegenheit vielleicht gleich klärn wollte. Ich mein mit ihrm Mörder.«

»Du meinst …«, begann Sandra Millberger den Satz, aber Kunni Holzmann stoppte sie und wechselte das Thema: »Und nun zu unserem Professor. Er is also eindeutig an einer Nikotinvergiftung gestorben, indem der a Sauerkraut gessen hat, des mit Zigarrentabak versetzt war?«

»Ganz genau«, bestätigte ihr Neffe.

»Ich hab nochmal mit der Betty Schmidt gsprochen«, erklärte die Kunni, »also dement war der Professor in keinster Weise, vielleicht manchmal a weng vergesslich. Aber dass der sich a Sauerkraut mit Zigarrntabak kocht und dazu auch noch Nürnberger Bratwerscht in der Pfanna brät – na, ausgeschlossen. Also heißt des, dass ihn jemand umbracht hat. Stellt sich die Frage: Warum? Persönliche Feinde hat der Professor net ghabt. Des bestätigt die Betty Schmidt a. Also frag ich mich, was hat der Professor in der letzten Zeit gmacht, was jemanden so aufgeregt hat und ein Motiv gegeben hat, ihn umzubringen? Fällt euch dazu was ei?«

»Das Einzige, was mir dazu einfällt«, äußerte sich Sandra Millberger, »waren seine Neonazi-Theorien, aber denen wurde ja vom BKA und vom Verfassungsschutz sofort widersprochen.«

»Und was wäre, wenn der Daniel Rosenkranz damit doch recht ghabt hätt?«, ließ die Kunni nicht locker.

»Unmöglich, Tante«, meldete sich der Kommissar ins Gespräch zurück, »also komm jetzt bitte nicht mit den Theorien von diesem Professor. Die Täter oder zumindest die Mittäter der besagten Anschläge in Nürnberg und Zirndorf sitzen in U-Haft. Einer hat bereits ein Geständnis abgelegt. Es ist nur eine Frage der Zeit, bis auch der zweite seine Schuld beziehungsweise Mittäterschaft zugibt. Lass uns nicht abschweifen. Die beiden Fälle sind zudem nicht unser Hoheitsrevier. Bleiben wir bei dem Überfall auf Müselüm Yilmaz und bei den Morden an Doris Kunstmann und Daniel Rosenkranz. Also, soweit ich verstanden habe, könnten die Fälle Yilmaz und Kunstmann durchaus einen Zusammenhang haben. Den Mord an Daniel Rosenkranz sehe ich davon eher unabhängig. Wie machen wir weiter? Was schlagt ihr vor?«

Kunigunde Holzmann kratzte sich am Kopf und verzog den Mund, bevor sie wieder das Wort ergriff. »Hhmm«, knurrte sie widerwillig, »also des mit den Neonazis seh ich trotzdem anders als du, Gerald. Aber Schwamm drüber, ich will net scho widder an Streit anfanga. Wir wern ja sehn. Was die Doris Kunstmann und den Türken angeht, ham wir – die Retta und ich – einen gewissen Verdacht, aber noch überhaupt keine Beweise. Wir wern mal den Müselüm Dingsbums in der Reha in Herzogenaurach besuchen und mit den Eltern von der Doris sprechen. Vielleicht finden wir doch noch was raus.«

»Könnt ihr vergessen«, gab sich der Kommissar überzeugt, »das bringt nichts Neues. Aber wenn ihr meint …«

»In dem Fall von dem Professor«, fuhr die Kunni fort, »seh ich im Moment keinen anderen Täterkreis als die von mir erwähnten Neonazis, über die du aber nicht sprechen willst. Also müsst ihr versuchen, in des Umfeld von dem Professor Licht zu bringa. Vielleicht gibts ja doch jemanden, dem der Professor in früheren Zeiten gewaltig auf die Zeha tretn is und der mit ihm noch eine Rechnung offen ghabt hat. Aber eins muss garantiert sei: Wir informiern uns gegenseitig, am besten über die Sandra.«

★

Am Abend des gleichen Tages saß Kunigunde Holzmann vor ihrem Fernsehgerät und grübelte immer noch über den Inhalt des Gesprächs mit ihrem Neffen und Sandra Millberger. Die Zeitanzeige auf dem Bildschirm lief auf acht Uhr zu, dann ertönte die Abspielmelodie der Tagesschau. Die blonde Judith Rakers lächelte in die Kamera, bevor sie die aktuellen Neuigkeiten verkündete.

»Guten Abend, meine Damen und Herren, ich begrüße Sie zur Tagesschau.« Im Hintergrund erschienen Fotos vom zerstörten Türkischen Konsulat in Nürnberg und von der Asylantenaufnahmestelle in Zirndorf. »Wie der *Spiegel* in seiner neuesten Ausgabe berichtet, hat einer der beiden mutmaßlichen Täter, welche in die Terroranschläge in Nürnberg und Zirndorf verwickelt sein sollen, sein Geständnis widerrufen. Hakim Al-Wahid, der Neffe des Hauptverdächtigen, beschuldigte die ermittelnden Beamten, sein Geständnis durch Andeutungen von Straferleichterungen anstelle drakonischer Strafen erpresst zu haben. De facto wisse er nach wie vor nicht, was man ihm zur Last lege. Dass er seinem Onkel, Ali Abusharek, geholfen habe, Waffen aus dem Iran zu schmuggeln, um diese dem syrischen System in dessen Kampf gegen aufständische Rebellen zu übergeben, habe er wiederholt zugegeben. Dass er fünf Panzerfäuste nebst Munition aus Eigeninteressen an einen ihm unbekannten Auftraggeber abgezweigt habe, sei ebenso eine Tatsache. Weitere Straftaten habe er nicht begangen. Dass er sich an Terroranschlägen im süddeutschen Nürnberg und Zirndorf direkt oder indirekt beteiligt haben soll, weise er ausdrücklich zurück. Er wisse überhaupt nicht, wo dieses Zirndorf liege. Weder der Verfassungsschutz noch das BKA haben zu dem Spiegel-Bericht einen Kommentar abgegeben.«

Die Kunni grinste in ihrem breiten Fernsehsessel wie ein Honigkuchenpferd. »Also doch die Neonazis«, frohlockte sie zufrieden.

53

Über der bayerischen Landeshauptstadt segelten dunkelgraue Regenwolken hinweg. Von wegen weiß-blauer Himmel. Seit dem frühen Morgen stürzten wahre Gebirgsbäche auf die Plätze und Straßen der Stadt herab. Auch der dreistöckige, klassizistische Bau am Odeonsplatz 3, in welchem das Bayerische Staatsministerium des Innern, für Bau und Verkehr beheimatet ist, wirkte noch trostloser als sonst. Drinnen im Gebäude spielte sich gerade eine Tragödie ab. Der Präsident des Landesamtes für Verfassungsschutz und sein Mitarbeiter Johann Krausse standen mit hängenden Schultern und geneigten Köpfen vor dem gewaltigen, leeren Schreibtisch ihres obersten Dienstherrn. In dem breiten Ledersessel, ihnen gegenüber, gestikulierte schreiend der aus Franken stammende Hausherr. Sein Gesicht leuchtete wie eine überreife Tomate, und an seinem Hals traten dicke Adern hervor. »… und nun? Was nun?«, schrie er die beiden bereits zum dritten Mal an. In seinem Amtszimmer war es so ruhig, dass man eine Stecknadel hätte fallen hören. Nur der Regen hämmerte von außen unaufhörliche auf die kupfernen Fensterbretter. »Könnens wenigstens mal ihr Maul aufmachen, und mir eine plausible Erklärung geben? Was soll ich denn der Presse sagen? Dass wir lauter Idioten in unseren Reihen haben, oder was? Da gründen wir im Herbst 2004 die Arbeitsgemeinschaft BIRGIT – sagt Ihnen der Name überhaupt was? BIRGIT steht für Beschleunigte Identifizierung und Rückführung von Gefährdern aus dem Bereich des islamistischen Terrorismus/Extremismus. Bei BIRGIT soll Ihre Dienststelle mit den Ausländerbehörden und dem Bayerischen Landeskriminalamt zusammenarbeiten, um islamistische Gefährder rechtzeitig zu identifizieren und auszuweisen. Haben Sie mit den anderen bayerischen Kollegen zusammengearbeitet?«

Ein leises »Nein« kam über die Lippen von Johann Krausse.

»Nein«, wiederholte der Politiker. »Und warum nicht, frag ich mich. Nein, aber mit dem stinkenden Deppen vom BKA schon, gell? Meine Herren, das wird Konsequenzen nach sich ziehen, das kann ich Ihnen schon heute verraten. Zurück zu meiner Frage. Wie geht's nun weiter?«

»Also«, ergriff nun der Präsident des Bayerischen Landesamtes für Verfassungsschutz das Wort, »wir werden diesen Hakim Al-Wahid nochmals intensiv vernehmen, um herauszufinden, wer die Auftraggeber für die Beschaffung der fünf Panzerfäuste waren. Vielleicht stoßen wir dadurch auf eine neue, heiße Spur. Ich werde mich selbst darum kümmern.«

»Und warum erst jetzt?«, platzte es aus dem fränkischen Tausendsassa heraus. »Bin ich denn nur von Trotteln und Anfängern umgeben? Im

Moment interessiert es mich einen Scheiß, wo die Panzerfäuste abgeblieben sind. Alles, was ich wissen will, sind die Namen der Terroristen, welche die Anschläge in Nürnberg und Zirndorf verübt haben, und das möglichst schnell. Danach können Sie sich um den Verbleib der Panzerfäuste kümmern.«

»Jawohl, wir haben verstanden. Ich werde ihnen täglich über unseren Fortschritt berichten«, versprach der Chef von Johann Krausse, »aber vergessen sie bitte nicht, wir haben jetzt auch noch den Fall *Escinsel* an der Backe. Wie soll ich sagen, ... also die Arbeitsbelastung, ... na ja, Sie wissen schon ...«

Aus dem Schreibtischsessel von gegenüber donnerte ihnen ein gewaltiges »Raus!« entgegen, und noch immer wütete der Regen in einem ununterbrochenen Stakkato auf das Fensterbrett. Der Franke rang nach Luft und lockerte seinen Krawattenknoten.

Eine seiner Sekretärinnen öffnete die Bürotür und steckte ihren Kopf ins Zimmer. »Der Chef hat aus Berlin angerufen und erwartet dringend Ihren Rückruf. Es geht um diese beiden verhafteten Palästinenser und die Anschläge in Nürnberg und Zirndorf«, erklärte sie. »Aber im Moment ist er bei der Angela, da geht's um die Mautvorschläge vom Alexander.« Dann schloss sie die Tür wieder dezent hinter sich.

»Der hat mir heut grad noch gefehlt, der Ingolstädter Klugscheißer«, schimpfte der CSU-Politiker. »Der kann warten, ich hab jetzt keine Zeit.« Dann griff er in die unterste Schublade seines riesigen Schreibtisches und zog die Untersuchung zur Ermittlung des Nutzen-Kosten-Indikators für die Stadt-Umlandbahn Erlangen heraus. »Noch so ein Scheißthema«, lamentierte er, bevor er sich in die Dokumente vertiefte.

★

»Was bedeutet der Widerruf des Geständnisses für die Lösung des Falls, Herr Minister? Heißt das, dass die Ermittlungsbehörden, wieder einmal –

genauso wie bei den Ermittlungen gegen den NSU – auf dem falschen Pfad sind?«, wollte der Reporter des Bayerischen Rundfunks wissen.

»Nein keineswegs.« Der bayerische Innenminister lächelte nervös in die Kamera. »Wir sind auf dem richtigen Weg. Wir brauchen lediglich noch etwas Zeit, um die komplexe Angelegenheit bis in ihre Details aufzuklären.«

»Was heißt das?«, wollte der Reporter wissen.

»Nun, das ist ganz leicht erklärbar. Je tiefer wir in die Sache eindringen, desto mehr zeigt sich, dass die Terroristen eine breite Unterstützerfront gehabt haben. Wir wollen nicht nur die Handlanger und Helfer dingfest nehmen, sondern das Übel an seiner Wurzel beseitigen. Dazu arbeiten wir intensiv mit den Polizei- und Ermittlungsbehörden anderer Länder zusammen. Dies ist notwendig, da sich auch der Terrorismus internationalisiert hat. Ich bitte um Nachsicht, dass ich Ihnen keine Details dazu nennen kann, aber wir rechnen schon in Kürze mit dem entscheidenden Durchbruch.«

»Kann es sein, dass doch Neonazis ihre Hand im Spiel haben?«

Der Minister lächelte erneut gequält in die Kamera. »Wie gesagt, keine Details bitte!«

★

Kunigunde Holzmann hatte am Telefon mit Klara Kunstmann, der Mutter von Doris Kunstmann, gesprochen. Die gute Frau war immer noch fix und fertig und hatte geweint. »Wir ham einfach des Gefühl, dass die Polizei net ausreichend aktiv is, den Mörder Ihrer Tochter zu fassen«, erklärte sie ihr, »deshalb wolln wir die Polizei unterstützen und unsere eigenen Recherchen anstellen.«

Nun saßen Margarethe Bauer und Kunigunde Holzmann im Wohnzimmer von Klara und Hubert Kunstmann. Überall standen oder hingen Fotos von der Ermordeten. »Verstehn Sie uns bitte nicht falsch«, erklärte die Kunni dem Ehepaar, »uns geht es nicht um Sensationslust oder Einmischung in die Polizeiarbeit. Wir können Ihnen auch nicht versprechen, dass wir den Mörder Ihrer Tochter fassen werden, aber wir ham uns schon mal etwas umgehört und sind dabei auf einige Ungereimtheiten gestoßen.«

»Aber wir haben der Polizei doch schon alles gesagt«, schüttelte Hubert Kunstmann verständnislos den Kopf, »das müsste doch alles protokolliert sein.«

»Schon«, gab ihm die Retta recht, »aber vielleicht ham wir ganz andere Fragen, als die Polizei.«

»Na gut«, gab sich Hubert Kunstmann einsichtig, »es kann ja nicht schaden.«

»Eben«, stimmte die Kunni zu. »Wir wissen ja bereits, dass die Doris eine sehr selbstständige junge Frau war und ihr Leben längst schon selbst in die Hand genommen hat. Wir wissen auch, dass Sie beide sie nicht mit Fragen bedrängt haben. Sie haben Ihrer Tochter zutiefst vertraut und haben sie nicht kontrolliert. Aber manchmal sitzt man einfach beim Abendessen zusammen, und mal erzählt der eine und manchmal der andere. Jeder Mensch ist irgendwie mitteilungsbedürftig. Vielleicht hat ja Ihre Tochter von Dingen erzählt, die für Sie völlig belanglos sind, die uns aber Hinweise auf den Täter geben könnten.«

»Also, was wollen Sie wissen?«, forderte Klara Kunstmann die beiden Witwen auf.

»Wir gehen davon aus, dass Doris ihren Mörder kannte«, stellte Kunigunde Holzmann klar, »und dass zwischen dem Mord an Ihrer Tochter und dem Überfall auf einen Türken in Erlangen ein Zusammenhang besteht.«

»Sie meinen diesen Müselüm Yilmaz?« wollte Hubert Kunstmann wissen.

»Genau den«, bestätigte die Retta. »Was wissen Sie dazu?«

Klara Kunstmann runzelte die Stirn und dachte nach. »Ja das stimmt. Doris hat sehr unter der Trennung von ihrem Freund Walter Fuchs gelitten. Mein Mann und ich hatten gar nichts gegen diese Trennung, denn wir fanden, dass dieser junge Mann gar noch nicht reif genug für unsere Doris war. Aber na ja, … wo die Liebe eben hinfällt«, seufzte sie. »Jedenfalls war Doris über die Trennung nicht nur enttäuscht. Sie fühlte sich auch verletzt und lächerlich gemacht. Das konnte bei ihr umschlagen. Eine gewisse Rachsüchtigkeit war ein eher negativer Charakterzug an ihr. Sie hat uns erzählt, dass sie mit dem Ex-Freund dieser jungen Türkin – der neuen Freundin von Walter Fuchs – Kontakt aufgenommen hatte, weil sie sich erhoffte, gemeinsam mit ihm Rache an den beiden untreuen Geschöpfen zu nehmen. Aber da täuschte sie sich. Als dieser Müselüm Yilmaz unsere Doris kennenlernte, hatte er nur noch Augen für sie. Ständig hat er sie bedrängt, mit ihm auszugehen. Dabei hatte sie an ihm nicht das geringste Interesse. Im Gegenteil, seine ständigen Anrufe und plumpen Annäherungsversuche gingen ihr sehr bald auf den Senkel.«

»Das alles wissen wir, Frau Kunstmann, aber Sie sind genau beim springenden Punkt«, hakte die Kunni ein. »Wir gehen nämlich davon aus, dass Ihre Tochter ihr Problem auch jemandem anderen erzählt hat und dieser jemand ihre Tochter von diesem Türken quasi befreit hat, indem er ihn zusammenschlug. Und nun gilt es, diesen jemand zu finden.«

»Wir dachten, Sie wollen den Mörder unserer Tochter finden«, griff nun der Hausherr wieder in die Diskussion ein. »So bedauerlich der Überfall auf den jungen Türken auch sein mag, aber warum sollte uns interessieren, wer ihn überfallen und niedergeschlagen hat?«

»Weil«, ließ die Kunni die Katze aus dem Sack, »dieser Täter auch Ihre Tochter umgebracht haben könnte.«

»Das verstehe ich nicht«, warf Klara Kunstmann ein, »das müssen Sie uns erklären.«

»Ganz einfach«, spann die Kunni den Faden weiter, »nehmen wir an, Ihre Tochter hat einen gewissen Verdacht gehegt und geahnt, wer den Türken niedergeschlagen haben könnte. Nehmen wir weiter an, Ihre Tochter wollte sich persönlich Gewissheit verschaffen, hat diesen jemand direkt angesprochen und ihm gedroht zur Polizei zu gehen.«

Dem Ehepaar Kunstmann entgleisen die Gesichtszüge. Sie hatten die Botschaft verstanden. »Glauben Sie wirklich, dass es so gewesen sein könnte?«, wollte Hubert Kunstmann wissen.

»Wir können es uns gut vorstellen«, bestätigte die Retta, »aber wir haben noch keine Beweise, und um die zu sammeln, deswegen sind wir hier.«

»Also geht es um Bekanntschaften oder Namen von Bekanntschaften, die Doris in letzter Zeit gemacht hat«, folgerte Hubert Kunstmann.

»Sie haben den Nagel auf den Kopf getroffen«, lobte ihn die Kunni.

»Also mit Namen können wir nicht dienen«, fuhr der Hausherr fort, »die Freundschaft mit Walter Fuchs hatte Doris genügt, und neue Bekanntschaften zu schließen, da fehlte ihr einfach die Zeit. Sie kam ja so gut wie nicht mehr aus dem Haus, hat sich fast ausschließlich auf ihr bevorstehendes Abitur vorbereitet.«

Die beiden Witwen ließen enttäuscht die Köpfe hängen.

»Mit einer einzigen Ausnahme«, fuhr Hubert Kunstmann fort.

»Und die wäre?«, spürte die Kunni wieder neue Hoffnung.

»Klara willst du das sagen, dir hat unsere Doris doch die Geschichte erzählt?«

Klara Kunstmann legte die Stirn in Falten und nickte. »Also das war, glaube ich, der Samstag vor dem zweiten Advent des letzten Jahres. Doris kam so gegen einundzwanzig Uhr nach Hause. Sie hatte einen Schwips und einen unsicheren Gang. Ständig grinste sie mich mit verklärten Augen an. So hatte ich sie noch nie erlebt. *Hallo Mutti, ich bin, glaube ich, etwas besoffen*, erklärte sie mir. *Zu viel Glühwein getrunken. Ladykiller. Ganz schön hartes Zeug.* Ich konnte mit dem Begriff *Ladykiller* überhaupt nichts anfangen.«

»Wir schon«, warf die Kunni ein, »gell Retta? Aber erzählen Sie ruhig weiter.«

»Na jedenfalls eröffnete sie mir, dass sie ein supernettes junges Paar kennengelernt hatte, welches sie tags drauf zu sich nach Hause eingeladen hat.«

»Hat Ihre Tochter einen Namen erwähnt?«, wollte die Retta wissen.

»Hat sie nicht, aber eine knappe Woche später hat sie mir berichtet, dass sie die beiden besucht hat und dass sie sich wunderbar mit den beiden unterhalten hätte. Sie war ganz begeistert, dass die zwei sich total sozial engagieren. Das hat sie stark beeindruckt. Ich weiß aber nicht mehr ganz genau was das war. Irgendetwas mit Asylanten, glaube ich.«

»Haben Sie diese Geschichte auch der Polizei erzählt?«, wollte die Kunni wissen.

»Nö, die haben auch nicht danach gefragt, so wie Sie«, antwortete Hubert Kunstmann.

»Deppen«, rutschte es Kunigunde Holzmann heraus. »Jedenfalls, liebes Ehepaar Kunstmann, haben Sie uns mit Ihren Erzählungen einen Riesenschritt vorangebracht.«

»Kennen Sie dieses Ehepaar, welches unsere Doris besucht hat«, wollte Doris' Mutter wissen.

»Es ist kein Ehepaar«, erklärte Retta. »Die beiden leben einfach so zusammen, und ich kann mir vorstellen, warum Sie danach fragen. Bitte denken Sie auch nicht einen Augenblick daran, sich mit diesem Paar zu treffen. Es wäre nicht ganz ungefährlich, und es könnte unsere Ermittlungsarbeit erheblich stören. Wir danken Ihnen jedenfalls nochmals, dass Sie für uns Ihre Zeit geopfert haben. Wir versprechen Ihnen, dass wir alles tun werden, um den Mord an Ihrer Tochter aufzuklären. Werden Sie bitte nicht ungeduldig, wenn es noch etwas dauern sollte. Der Fall ist komplexer als es auf den ersten Blick aussieht.

★

Als die beiden Witwen die Weiherstraße dorfeinwärts liefen, meinte die Kunni: »Dei Freund, der Dirk Loos, meinst du, der tät uns mit seim Audi A4 in die Reha-Klinik nach Herzogenaurach fahrn?«

»Untermieter«, reagierte die Retta säuerlich, »Untermieter, net Freund. Wie oft denn noch?«

»Hastn immer noch net ran glassn, den arma Kerl? Na ja, dann halt Untermieter.«

»Ich frag ihn, wenn wir dahamm sind. Und wann?«

»Asap«, antwortete die Kunni.

»Hä?«

»As soon as possible. Kannst du ka Englisch?"

»Vo wem hastdn etz des widder?«

»Des hat amol der Kommissar Leitmayr zu seim Kollegen, dem Batic, gsacht. Der hat genauso bled gschaut wie du.«

»Mein Gott, etz fängst wohl widder mit dem Versager an«, jammerte die Retta, »der is doch so bleed, dass er hutzt. Wenn der den Batic net hätt, der hätt bis heut noch kann Fall gelöst.«

»Na ja«, erklärte die Kunni süffisant grinsend, »bei den beiden ist des genau wie bei uns. Der Leitmayr gibt den Ton an, sacht was gmacht wird, und ist der Think Tank.«

»Der was?«

»Vergiss es, kümmer dich lieber um den Dirk Loos.«

★

Die Ermittler konnten Ahmet Özkan nichts nachweisen. »Ich kein extremistischer Muslim«, wiederholte er ständig, wie eine Schallplatte mit Sprung, »ich gläubiger Mann, okay, und verehre Fethullah Gülen, der auch verurteilt Terrorismus, egal wer machen. Herr Gülen hat gegründet Hunderte von Schulen. Das ist gut.«

»Dieser Gülen ist auch nur ein Wolf im Schafspelz«, klärte ihn der Mann vom Verfassungsschutz auf, »bildet die Elite aus, um die türkische Regierung zu unterwandern und seine islamischen Weltansichten zu verbreiten.«

Als Ahmet wieder zuhause in Röttenbach angekommen war, meldete er sich zuallererst krank und rief dann seine Frau Kamuran und seine Tochter Akgül an den Küchentisch. »Ich nicht mehr werde gehen zur Arbeit«, verkündete er den beiden, »Schande zu groß. Werde nehmen gesamten Jahresurlaub, um Sache mit Kemal zu regeln.«

Kamuran Özkan brach in Tränen aus.

»Heul nicht Weib. Allah hat uns bestraft, und wir müssen seine Strafe annehmen. Es war nicht klug, dass wir haben verlassen Urfa vor Jahren, und sind gezogen in dieses Land der Ungläubigen. Deshalb wir werden gehen zurück nach Urfa sehr bald.«

»Nein!« Akgül konnte es nicht fassen und ihre Enttäuschung nicht unterdrücken.

»Schweig, Tochter, ich noch nicht fertig«, fuhr Ahmet Özkan fort. »Ich habe gespart genug Geld, können kaufen in Urfa ein Haus und eröffnen eine Autoreparaturwerkstatt. Und für dich, Akgül«, dabei sah er seine Tochter durchdringend an, »Urfa auch besser als hier. Wir werden suchen für dich eine wohlhabende türkische Mann, dann du kannst heiraten und uns mit Enkelkinder machen glücklich.« Ahmet sah von seiner Tochter Akgül zu seiner Frau und wieder zurück. »Was ihr haltet von meiner Entscheidung?«

»Ich nicht gehen nach Urfa zurück!«, stieß seine Tochter mit bebender Stimme hervor. »In sechs Wochen ich werde achtzehn, dann ich bin erwachsen und kann bestimmen meine Leben selbst.«

»Was ist Gesetz hier, ist nicht Gesetz, was gilt bei uns«, stieß ihr Vater ärgerlich hervor. »Wovon du willst leben, wo wohnen?«, versuchte er, ihre Illusionen zu zerstreuen.

»Ich werde gehen von Schule und arbeiten als Putzfrau bei reicher Familie«, antwortete Akgül trotzig. »Nebenbei ich werde lernen und später einen Beruf ergreifen. Urfa ist Mittelalter, und ich nicht werde heiraten konservativen türkischen Mann, der stinkt nach Knoblauch und mit mir nur machen will Sex und Kinder. Niemals!«

»Schweig! Du nicht bestimmst, was ich habe längst entschieden.«

Kamuran Özkan saß mit geneigtem Haupt am Küchentisch. Sie hatte die ganze Zeit über kein einziges Wort von sich gegeben. Still und leise kullerten ihr die Tränen über ihre Wangen und versickerten in ihrer dicken Wolljacke.

54

Seit zwei Stunden quälten sich Johann Krausse und sein Chef mit Hakim Al-Wahid bereits ab. »Nein, Sie mir glauben, es war einziges Mal, dass ich habe begleitet Waffentransport von meine Onkel. Ich nur mitgefahren wegen die Panzerfäuste.«

»Und wie sind Sie an Achilleas Sideropoulos, den Eigentümer der MS Acheron gekommen?«

»Ich? Überhaupt nicht. Transport haben organisiert Leute, die Panzerfaust gekauft haben. Ich habe nur gesorgt, dass Waffen in Kisten geladen werden. Panzerfaust gar nicht angefasst. Nur Zeuge gespielt.«

»Die Unschuld vom Land«, konstatierte Johann Krause. »Wie immer.«

»Es hilft nichts«, sprach sein Chef, »so kommen wir nicht weiter. Wir müssen nochmals an die Kollegen in Kavala ran. Die sollen sich die beiden Schiffer der MS Acheron nochmals intensiv vornehmen. Irgendwo muss es doch einen Hinweis auf die geheimnisvollen Auftraggeber geben, welche die fünf Panzerfäuste gekauft haben. Und Sie«, ordnete er an, »Sie kümmern sich, gemeinsam mit den örtlichen Polizeibehörden nochmals um das geklaute Fahrzeug dieser ominösen Firma Hellas-Import. Ich will wissen, wann und wo das Fahrzeug gestohlen wurde. Was war das eigentlich für ein Typ?«

»Ein blauer Mercedes Sprinter.«

»Zudem will ich wissen, ob die Kisten bei ihrer Ankunft in Nürnberg vom Zoll kontrolliert wurden. Es kann doch nicht sein, dass sechs größere Packstücke so ohne Weiteres unbesehen ins Land kommen.«

»Und ich«, meldete sich Hakim Al-Wahid zu Wort, »wann ich darf heim?«

»In ein paar Jahren«, antwortete Johann Krause. »Vielleicht.«

»Noch etwas«, wies der Präsident des Bayerischen Landesamtes für Verfassungsschutz seinen Mitarbeiter an, »ich will auch wissen, wo die Panzerfäuste abgeblieben sind, und ich werde veranlassen, dass die Terror-Warnstufe erhöht wird. Mich beunruhigt, dass – wieder einmal im mittelfränkischen Raum – sich fünf Panzerfäuste in Schall und Rauch auflösen. Ach ja, unterzieh die Leute am Flughafen einem Sicherheitscheck!«

»Und der Minister?«, wollte Johann Krause wissen.

»Ich werde zuerst die Kollegen von BIRGIT informieren, dann werden wir gemeinsam beraten, wie wir mit der Sache umgehen. Und Sie Krause, halten sich in Zukunft an die hausinternen Regeln. Gehaltserhöhungen können Sie in den nächsten Jahren sowieso vergessen. Vielleicht sollten Sie sich am besten gleich nach einem neuen Job umsehen.«

★

Dieses eine Mal hatte Kunigunde Holzmanns Neffe recht: Der Besuch von Müselüm Yilmaz in der Reha-Klinik in Herzogenaurach brachte keine neuen Erkenntnisse.

»Die arme Sau«, rekapitulierte Margarethe Bauer, »den frisst ja immer noch die Angst auf.«

»Des versteh ich«, nickte die Kunni. »Der hat noch Glück ghabt, dass er überhaupt noch lebt. Hast du gmerkt, dass der immer noch enorme Gleichgewichtsstörungen hat?«

»Und hörn tut er auch nimmer gscheit«, ergänzte die Retta. »Da meint mer immer, dass ein Mensch mit so einer Nasn eh schon gstraft gnug is, aber wenn du dir dieses körperliche und seelische Wrack anschaust, dann kannst du deinem Herrgott bloß danken, dass er dir so was erspart hat.«

»Du sagst es«, bestätigte die Kunni. »Der Überfall muss ja wie aus heiterm Himmel kumma sei. Wennst dem Türken so zuhörst, hat der ja nicht die geringste Abwehrchance ghabt.«

»Wer macht denn so was?«, fragte die Retta, »so brutal und rücksichtslos.«

»Ich denk, da kommt mehr zusammen, als jemandem bloß einen Denkzettel zu verpassen«, folgerte die Kunni. »Wer so einen Überfall ausführt, der hat auch kein Problem, Menschen umzubringen. Und noch etwas kommt dazu: Ausländerhass. Abgrundtiefer Ausländerhass.«

»Du denkst an die Neonazis, stimmts?«, wollte die Retta wissen.

»Du bist ja a richtigs Schlaumeierla«, bestätigte ihr die Kunni.

»Und du denkst an eine ganz bestimmte Person. Aber der schaut gar net aus, wie ein Neonazi, und Beweise ham wir scho dreimal net. Wie willst du denn dem was beweisen?«

»Wir werden ihn zwingen, Fehler zu machen,« schlug die Kunni vor.

»Und wie willst du das bewerkstelligen?«

»Wir werden ihm nette Postkarten schreiben. Aber das hat noch Zeit.«

»Ach, noch was«, fiel der Retta ein. »Fahrn wir etz mit?«

»Wo mit?«

»Na mit die Senioren. Nach Mittenwald, zum Kochel- und Walchensee. Du weißt schon.«

»Wann soll des sei?«, wollte die Kunni wissen. »Des hab ich scho widder vergessen.«

Die Retta atmete tief durch. »Wenn du mich net hättst! Am Montoch, dem 19. Mai gehts los, und am Samstoch, dem 23. Mai sen wir widder daham.«

»Na ja, schlecht wärs net. In dera Gegend war ich noch nie«, stimmte die Kunni zu. »Wass mer scho, wie des Wedder wern soll?«

»Horch, do sen noch sechs Wochn hie«, erinnerte sie die Retta, »du wasst doch selber, wie zuverlässig unsere Wetterfrösche sen.«

»Des werd scho widder a mittlere Katastroph wern«, zeigte sich die Kunni pessimistisch, »aber vo mir aus, in Gotts Nama. Sonst bin i bloß widder die Spielverderberin.«

★

Pavel Svoboda, der Prager Passfälscher, war gut im Geschäft. Zu gut, wie er manchmal feststellte, wenn es um die rechtzeitige Fertigstellung seiner Kunstwerke ging. An diesem 31. März trat er um die Mittagszeit aus seinem Fälscheratelier hinaus auf die Josefská Straße. Es war ein wunderbarer Tag. Viel zu schade, um zu arbeiten, aber – wie gesagt – die Termine hatten Vorrang. Obwohl das Wochenende gerade vorbei war, war Pavel Svoboda sofort von den Touristenströmen eingehüllt, die entweder den Burgberg Hradschin ansteuerten oder von dort oben herunterkamen. Eine Horde Chinesen zog schnatternd an ihm vorbei, angeführt von einer Fremdenführerin, die vorneweg lief und einen roten Schirm hochhielt. Damit keines der Schäfchen verlorenging, trug ein jedes eine gelbe Baseballmütze auf dem Kopf. Pavel Svoboda lenkte seine Schritte bergabwärts, in die Mostecká Straße. Links und rechts am Straßenrand parkten rote Oldtimer-Cabriolets. Die Fahrer waren eifrig bemüht, den vorbeiströmenden Touristen überteuerte Stadtrundfahrten anzubieten. Je näher Pavel Svoboda der Karlsbrücke kam, desto dichter wurden die Touristenströme. Er sah auf seine Armbanduhr. Noch zehn Minuten bis zu dem vereinbarten Treffen. Dass ihm, seit er aus dem Haus getreten war, zwei Schatten folgten, war dem gebürtigen Prager entgangen. Er versicherte sich, dass die zwei russischen Pässe, die er gleich übergeben würde, im Innern seiner Jacke steckten. Vorsichtig tastete er sich durch die Menschenmenge auf der fünfhundertsechzehn Meter langen Karlsbrücke. Händler, links und rechts an den steinernen Brückengeländern, boten ihre Ware feil. Billiger Schmuck, Gemälde in Farbe und schwarz-weiß, typische Prager Reiseandenken im Miniaturformat, von der Prager Burg bis zu den dreißig steinernen Statuen auf der Karlsbrücke, alles wurde feil geboten. Künstler saßen auf ihren dreibeinigen Hockern und karikierten Touristen, die sich auf den Handel eingelassen hatten. Drunten auf der Moldau tummelten sich eine Handvoll Ausflugsschiffe, die stromaufwärts in eine Art Schleuse fuhren und stromabwärts wieder wendeten. Kinder und Erwachsene winkten von den Ausflugsdecks der Schiffe den Brückengängern zu, und umgekehrt. Pavel Svoboda hatte nur noch einen kurzen Weg vor sich. Er war vier Minuten zu früh dran, als er sich gegen das Brückengeländer, gleich neben der Statue des Heiligen Johannes von Nepomuk, auf der stromaufwärts gelegenen Seite der Brücke lehnte. Er wusste, dass die Statue des Heiligen Nepomuk die älteste auf der sechzehnbogigen Karlsbrücke ist. Neben der Statue der Heiligen Maria trug der Heilige Nepomuk als Einziger einen Sternenkranz. Pavel Svoboda heftete sich sein Erkennungszeichen, einen Sticker des WWF, welcher einen Pandabären zeigte, ans Revers seiner Jacke. Noch zwei Minuten. Er sah hinauf zum Burgberg, zu der riesigen Burganlage, in deren Mitte der Veitsdom auf die goldene Stadt herabblickte. Dunkle Wolken hatten sich um den Turm gebildet, und weiter in der Ferne baute sich bereits eine mächtige Gewitterwand auf. »Passport?« Ein

Hüne von Mann stand vor ihm. Außer Nase und Augen schien sein Gesicht ausschließlich aus Bart zu bestehen. An seinem Revers steckte ein Panda-Bär-Sticker.

»Money?«, antwortete Pavel Svoboda. Der Fremde klopfte auf die linke Seite seiner Brust. Dann ging alles sehr schnell. Die beiden Fremden tauschten zwei braune Umschläge aus. Keiner sah hinein. Keiner schien sich für deren Inhalte zu interessieren. Dann sahen sie sich nochmals tief in die Augen, und jeder wollte wieder seines Weges gehen. Der Tscheche hatte noch jede Menge Arbeit vor sich auf dem Tisch liegen. In diesem Moment schlugen die Beamten der Utvar rychlého nasazení, einer Spezialeinheit der tschechischen Polizei für Terrorismusbekämpfung, zu.

55

Bernd Auerbach hatte den Gedanken, die Höchstadter Döner-Bude in Schutt und Asche zu legen, wieder fallen gelassen.

»Viel zu mickrig«, bestätigte ihm auch seine Freundin Anna. »Wenn schon, denn schon …«

»Du meinst, es muss sich lohnen?«, versicherte er sich.

»Klar, denk doch mal nach. Wie toll hast du den Juden-Professor um die Ecke gebracht. Problemlos. Schau dir mal die aktuellen Zahlen an. Tausende von Asylbewerbern drängen momentan nach Deutschland. Wie soll das denn noch enden? Warum gehen die nicht nach Saudi-Arabien oder in die Emirate, zu ihresgleichen? Weil Deutschland ein reiches Land ist und sie genau wissen, dass sie unterstützt werden. Das wollten wir doch unterbinden, indem wir deutliche Zeichen setzen.«

»Aber eine größere Sache sollten wir doch mit Thomas abstimmen«, merkte Bernd Auerbach zweifelnd an.

»Thomas, Thomas, wo ist er denn? Weißt du das? Vielleicht plant er gerade die ganz große Sache, und hat zu viel um die Ohren«, folgerte Anna, »er sollte froh sein, wenn du ihm Arbeit abnimmst. Eigeninitiative ist gefragt. Das ist, was einen guten Mitarbeiter ausmacht.«

»Meinst du?«

»Das mein ich nicht nur, das weiß ich«, gab Anna ihrem Freund zur Antwort. »Es wird doch, verdammt nochmal, hier in der näheren Umgebung eine türkische, oder sonstige muslimische Einrichtung geben, der man ordentlich Feuer unter dem Hintern machen kann! Lass uns mal darüber in Ruhe nachdenken. Mensch, Bernd, wofür wirst du denn bezahlt? Ich merk doch, wie du tagein, tagaus unzufrieden hier herumstrolchst. Du brauchst eine Aufgabe. Sei doch ehrlich zu dir selbst.«

»Okay, Anna, du hast mich überzeugt. Und du hast recht. Lass uns gemeinsam darüber nachdenken, was wir als Nächstes planen.«

»So gefällst du mir, Bernd. Diese Ausländer brauchen immer eins in die Fresse. Die müssen einfach verstehen, dass sie hier unwillkommen sind. Dieser Islam gehört nicht zu Deutschland. Ihre Frauen haben keine Rechte. Dürfen wir in ihren Ländern Kirchen bauen oder in den Straßen die Bibel verteilen? Warum glauben die das Recht zu haben, bei uns Moscheen bauen zu dürfen? Nur weil unser Grundgesetz so tolerant ist? Der Koran ist extremistisch und lehrt aggressive Thesen, und das alles im Namen von Allah und dem Propheten? Ich bitte dich! Wer soll denn das noch verstehen?«

»Wie recht du hast, Anna. Okay, öffne mir die Augen, wenn ich mal wieder zu viel nachdenke, anstatt zu handeln. Wir hauen ihnen wieder mal auf's Maul. Die sollen spüren, was ihnen hier blüht.«

»So höre ich dich gerne reden«, antwortete sie.

★

Thomas Keller war längst aus dem Urlaub und seiner Erkundungstour zurückgekehrt. Er saß mit den Gründungsmitgliedern des NEL in ihrem Leipziger Unterschlupf, nahe dem alten Rathaus. »Ursprünglich hatte ich gedacht, dass wir den Überfall auf das Islamische Forum im Juni hinkriegen, aber zwischenzeitlich, nachdem wir die Waffen haben, und auch die Leute, und ich mir die Situation vor Ort angesehen habe, bin ich überzeugt, dass wir unsere Attacke bereits im Mai erfolgreich durchführen können. Lasst mich berichten. Ich habe für jeden von euch eine Präsentationsmappe vorbereitet, und schlage vor, euch zu schildern, wie ich mir den Anschlag vorstelle. Die Mappe gliedert sich in drei Teile. Der erste Teil beschreibt die Anreise unserer Leute, also wer reist wann und wie an. Der zweite Teil befasst sich mit dem Anschlag selbst, und der dritte Teil zeigt, wie unsere Leute wieder sicher vom Tatort evakuiert werden. Ich schlage vor, dass ihr euch die Unterlagen erst anseht, bevor ich euch Einzelheiten dazu erkläre. Wenn ihr Fragen dazu habt, könnt ihr die sofort stellen. Wir sollten uns ausreichend Zeit nehmen, und am Ende unseres Treffens stelle ich mir vor, dass wir eine Entscheidung treffen. Das sind meine Vorschläge. Hat jemand Einwände?« Ein allgemeines Gemurmel signalisierte Zustimmung.

Dreißig Minuten später hatte jeder der NEL-Mitglieder seine Unterlagen durchgesehen. »Also, wenn nicht gleich von vorneherein Fragen bestehen, würde ich anfangen«, schlug Thomas Keller vor. »Zunächst: Warum den ursprünglichen Zeitplan nach vorne ziehen, werdet ihr euch fragen. Weil wir unsere Vorbereitungen soweit abgeschlossen haben, dass wir zuschlagen können. Also, warum weiter warten? Als Tag des Angriffs habe ich Freitag, den 23. Mai, ausgesucht. Während des traditionellen Freitagsgebets sind die meisten Menschen der muslimischen Gemeinde in der Moschee. Unsere sechs Leute, welche den Angriff ausführen, will ich schon Tage vorher als Urlauber in der Gegend platzieren. Peter wohnt in der Ferienwohnung Pollmann, Franz im Haus Meindl. Helmut will ich Am Klosteranger unterbringen und Siegfried Zum Gilg. Verbleiben noch Johannes und Bernd mit seiner Freundin Anna. Die beiden letzteren kriegen im Gasthof Herzogstand ein Doppelzimmer, und Johannes wohnt beim Moosmang. Das heißt, alle reisen mit leichtem, unauffälligem Feriengepäck an. Bis zum 23. Mai verhalten sie sich auch wie Touristen. In dieser Zeit der Vorbereitung haben sie untereinander keinerlei Kontakt. Zu ihrer

Sicherheit werden sie mit perfekt gefälschten Pässen ausgestattet, welche ich in Tschechien besorgt habe. Am 23. Mai werden unsere Leute auf unterschiedlichen Wegen mit dem öffentlichen Nahverkehr nach Penzberg anreisen. Die meisten von ihnen fahren mit dem Bus von Bendiktbeuern über Bad Tölz und von dort über Bad Heilbrunn nach Penzberg. Die Freitagspredigt beginnt um viertel nach eins und dauert bis zwei Uhr. Wir schlagen um dreizehn Uhr fünfundvierzig zu. Und nun zum Anschlag selbst. Dazu nehmt ihr am besten die Skizze auf Seite sechs zur Hand. Ganz hinten in euren Mappen findet ihr eine Reihe von Fotos von dem Gebäude. Aber schauen wir zuerst auf die Skizze. Das Islamische Forum liegt im Südosten von Penzberg, an der Bichler Straße 15. Von hier bis zum Ortsausgang sind es nur ein paar hundert Meter. Wie ihr seht, liegt das Gebäude direkt gegenüber einer Wohngegend mit dichtem Baumbestand.« Thomas Keller hielt sein Exemplar der Präsentationsmappe hoch, und deutete auf einen Punkt des L-förmigen Gebäudes: »Hier liegt die eigentliche Moschee. Um genau dreizehn Uhr dreiundvierzig hält ein Kastenwagen hier in der Frauenhofer Straße und bringt die Waffen. Nachdem unsere Leute die Panzerfäuste und die Munition an sich genommen haben, fährt der Wagen sofort wieder weg. Die Panzerfäuste stecken in großen Kontra-Bass-Tragevorrichtungen. Unsere Leute verteilen sich unverzüglich auf ihre Schusspositionen. Hier, hier, hier sowie hier und hier. Nachdem sie ihre Waffen abgefeuert haben, überqueren sie gezielt die Bichler Straße, biegen in die Stegfilzstraße ein und besteigen hier an dieser Stelle die bereits wartenden Fluchtwagen. Die Fahrer werden angewiesen, die Schützen an festgelegten Bushaltestellen abzusetzen. Von dort aus kehren unsere Leute wieder in ihre Ferienwohnungen zurück.«

»Warum bringen wir sie nicht über die Grenze nach Österreich, wie ursprünglich besprochen«, wollte Karlheinz Sammeter aus der Runde wissen.

»Ich habe mir den kürzesten Fluchtweg nach Scharnitz angesehen«, gab Thomas Keller zur Antwort. »Es sind nur fünfzig Kilometer, aber die Bundesstraße elf steigt am Kochelsee zu engen Serpentinen an. Unfälle können sich an solchen Stellen schnell ereignen. Den Weg über die Autobahn schließe ich von vorneherein aus. Wider Erwarten könnten die Behörden den Grenzübergang unmittelbar nach dem Anschlag auch schließen, weil sie mit einer Flucht über die Grenze rechnen. Ich denke, es ist sicherer, wenn unsere Leute in ihre Ferienwohnungen zurückkehren, noch einige Tage bleiben und danach individuell wieder abreisen. Mit so einem Verhalten rechnet doch niemand.«

»Ein exzellenter Plan«, klatschte Karlheinz Sammeter Beifall.

»Wenn ihr alle zustimmt«, beendete Thomas Keller seine Rede, »kümmere ich mich noch um den Waffentransporter und die beiden Fluchtautos. Hoffen wir, dass am 23. Mai alles klappt und ein paar hundert Sandalenlatscher die Reise in ihr Paradies antreten.«

★

Anna Wollschläger saß am Küchentisch. »Schau mal«, forderte sie ihren Lebenspartner auf, nachdem sie auf ihrem iPad Google-Maps geöffnet hatte. »Hier, Islamische Gemeinde Erlangen, Am Erlanger Weg 2. Das wär doch was? Mitten in der Stadt, ein kleines, niedriges Tor, ansonsten frei zugänglich, und jede Menge Bäume und Büsche, durch die man sich anschleichen kann«, urteilte sie.

»Hm«, meinte ihr Freund, der sich das Haus mit der roten Stecknadel herangezoomt hatte, »nicht schlecht. Gleich neben dem Frankenschnellweg, und ideale Fluchtwege.«

»Eben, hab ich mir auch gedacht«, bestätigte ihm Anna. »Die haben sogar Kontakte zu ihren Glaubensbrüdern in Penzberg. Was hältst du davon, wenn wir uns in den nächsten Tagen die Situation vor Ort mal ansehen?«

»Gute Idee.«

★

Zwischenzeitlich legte Norbert Amon jeden Tag problemlos fünf Kilometer im Dauerlauf zurück. Sein ursprüngliches Kampfgewicht von vierundachtzig Kilogramm hatte er auf neunundsechzig heruntergebracht. Neben den sportlichen Aktivitäten hatte er Bier von seiner Getränkeliste gestrichen und durch Mineralwasser ersetzt. Außerdem ernährte er sich bewusster und gesünder. Er sah richtiggehend schlank aus. Der Nachteil, der damit einherging, war, dass ihm seine Klamotten nicht mehr passten. Alles schlackerte an ihm herum. Vor ziemlich genau drei Monaten, Anfang Januar, schlackerten Norbert Amon auch die Ohren. Nicht weil die sich auch großartig verändert hatten, sondern weil er nach langer Zeit mal wieder Hannelore Adam begegnet war. Sie kam ihm, drüben auf der anderen Seite des Kaibachweges, entgegen. Schon von Weitem stellte er fest, dass sich an ihr etwas verändert hatte. Aber er kam nicht sofort darauf, was es sein könnte. Erst als er mit ihr auf fast gleicher Höhe war, fiel es ihm auf. Es war dieses Wogen. Hannelore Adam hatte obenrum ordentlich zugelegt. Das waren keine Papiertaschentücher, die da unter dem BH eingezwängt vor sich her getragen wurden. Das war echte Masse. Er war ganz fasziniert von diesem Auf und Ab und Hin und Her. Er glotzte wie eine Kuh auf diese wippenden Schnaufhügel. Hannelore Adam hatte seine Blicke registriert, und es schien fast, als würde sie ihm ein kleines, zaghaftes Lächeln herüberschicken. Da musste er nochmals angreifen, nahm er sich vor. Aber erst mit neuen, schicken Klamotten. Er saß im Bus der Linie 205 in der letzten Reihe. Heute hatte er sich vorgenommen, die Erlanger Arcaden zu durchstreifen, auf der Suche nach neuen Jeans, Hemden, einer Übergangsjacke und sonstigen schönen Sachen, auf die er vielleicht zufälligerweise stoßen würde. Der Busfahrer fuhr gerade die Haltestation Hauptstraße/Ringstraße an. Norbert Amon zuckte zusammen und drückte sich tief in seinen Sitz. Draußen standen Bernd Auerbach und seine Anna. Sie entwerteten, nachdem sie eingestiegen waren, die Felder auf ihrer Zehnerkarte und ließen sich in die Sitze der dritten Reihe fallen. »Was die wohl vorhaben?«, ging es Norbert Amon durch den Kopf. Er war neugierig geworden. Vielleicht stiegen sie ja unterwegs schon aus. Aber Bernd Auerbach und Anna Wollschläger stiegen erst am Erlanger Hauptbahnhof aus. Eigentlich wollte Norbert bis zum Neuen Markt weiterfahren, aber irgendetwas in ihm befahl ihm, ebenfalls auszusteigen. Er stieg als Letzter aus dem Bus und blieb weit hinter ihnen zurück. Er sah, wie die beiden in der Goethestraße in südlicher Richtung davonliefen. Er folgte ihnen mit Abstand. Wenig später gestikulierte Anna mit ihrem Arm nach rechts, und tatsächlich bogen die beiden in die Gütherhallenstraße ein und unterquerten kurz darauf die Gleisanlagen der Deutschen Bahn. Oben wieder angekommen liefen sie die Äußere Brucker Straße stadtauswärts entlang. Das ging so einige Zeit, bis sie die Werner-von-Siemens-Straße unterquert hatten. Die beiden blieben stehen und schienen sich zu orientieren. Zumindest holte Bernd Auerbach sein Mobiltelefon heraus und spielte auf der Tastatur herum. Nach einer Weile zeigte er in die halbrechte Richtung, und plötzlich waren die beiden wie vom Erdboden verschluckt. Norbert Amon wusste nicht so recht, was er jetzt machen sollte. Er blieb auf der anderen Seite der Äußeren Brucker Straße und verhielt sich ruhig. Er blickte hinüber auf die andere Straßenseite und sah Bernd Auerbach aus den Schatten zweier Baumstämme treten, Anna hinterher. Die beiden fotografierten das Haus mit dem grauen Dach. Zehn Minuten strichen die beiden an dem Haus auf und ab. Selbst die Zufahrt zu dem Grundstück, welche durch ein niedriges Gittertor verschlossen war, interessierte sie. Dann inspizierten sie die Baum- und Buschreihen, welche rechter Hand des Gebäudes standen. Nach fünfzehn Minuten zogen sie wieder ab und liefen die Äußere Brucker Straße zurück in die Richtung, aus der sie gekommen waren. Als sich Norbert Amon sicher war, dass die beiden nicht mehr in der Nähe waren, überquerte er die Straße und sah sich das Haus ebenfalls aus nächster Nähe an. *Islamische Gemeinde in Erlangen e.V.* verkündete ein Schild an der Hauswand, *Friedensmoschee*.

56

Johann Krausse arbeitete wie ein Büffel. Mit dem Minister hatte er es eh schon verschissen, also wollte er seinen Chef nicht auch noch zu seinem

Feind haben. Die Nachrichten aus Kavala brachten keine neuen Erkenntnisse, außer dass die Mitarbeiter am Flughafen schlampig gearbeitet hatten. Die Kisten mit den Panzerfäusten und der Munition wurden nicht überprüft. Die Transportpapiere wurden auch nicht gecheckt. Wenn die Kisten mit *Vorsicht nukleares Material* signiert gewesen wären, wären sie wahrscheinlich auch verladen und abgeflogen worden. Die erneute Recherche am Nürnberger Flughafen leitete Johann Krausse persönlich. Auch hier schien es zunächst so, als gäbe es keine neuen Erkenntnisse. Die verantwortlichen Mitarbeiter am Flughafen hatten sich darauf verlassen, dass ihre Kollegen in Kavala die Ordnungsmäßigkeit der Ladung vor Ort überprüft hatten. Die Aushändigung der Packstücke an Hellas-Import war auf den Frachtdokumenten korrekt dokumentiert. Johann Krausse erinnerte sich an die Anweisung seines Vorgesetzten, die Leute einer Sicherheitsüberprüfung zu unterziehen. Die Ergebnisse, die nach zwei Tagen vorlagen, überraschten ihn allerdings: Gisbert Reißinger und Gunther Wulff waren bis Anfang der neunziger Jahre Mitglied der Neonazi-Band *Feuersturm*. Er ging der Sache nach, und bald stellte sich heraus, dass die von ihnen produzierten Tonträger, welche sie im Ausland herstellen ließen, in der Bundesrepublik verboten waren. Je intensiver er nachforschte, desto nachdenklicher wurde er. Die Band mit insgesamt fünf Mitgliedern gab fast ausschließlich nicht öffentliche Konzerte in der Szene. Auch Uwe Mundlos und Uwe Bönhardt sollen ihre Konzerte besucht haben, fand er heraus. Johann Krausse war zutiefst beunruhigt. Er ließ sich einen Termin bei der Leiterin der Personalabteilung des Nürnberger Flughafens geben. Die Aussagen von Frau Annegret Hölderlin gaben ihm den Rest.

»Herr Reißinger und Herr Wulff sind zwei unserer besten und zuverlässigsten Mitarbeiter«, flötete sie. »Seit zwölf Monaten stehen sie in unseren Diensten, haben noch nie über ihre Arbeit gemurrt und noch nie über ihre Einkommensverhältnisse geklagt. Tag für Tag verrichten sie ihre Arbeit pünktlich und zu unserer vollsten Zufriedenheit. Das ist für uns wichtig und maßgeblich, bei diesem Kostendruck, dem auch wir unterliegen. Wie sie vielleicht wissen, sind die jährlichen Passagierzahlen des Flughafens rückläufig. Wir kämpfen quasi ums Überleben.«

»Wie sind Sie denn an die beiden gekommen? Haben Sie die Stellen ausgeschrieben oder haben sich die beiden von selbst um die Arbeitsplätze bemüht? Die zwei sind ja erst seit einem Jahr in Ihren Diensten.«

»Das weiß ich noch ganz genau«, berichtete Frau Hölderlin, »der CEO der ILIL hat uns die beiden wärmstens ans Herz gelegt.«

»Sie sprechen in Rätseln, Frau Hölderlin«, entschuldigte Krausse sein Nichtverstehen.

»Oh, entschuldigen Sie«, kicherte sie, »ILIL steht für *Internationale Logistik in Leipzig*, und der Chef der Firma, ihr *Chief Executive Officer*, ist Herr Sigurd Stürmer. Ich kenne Herrn Stürmer persönlich schon seit mehr als zwanzig Jahren und lege meine Hände für ihn und sein Urteilsvermögen ins Feuer.«

»Das war's schon Frau Hölderlin«, bedankte sich Johann Krausse bei der Personalleiterin, »vielen Dank für das offene Gespräch.«

Eingedenk der Rüffel, die er in letzter Zeit einstecken musste, forderte der Ermittler über die interne Organisation auch noch eine Personalüberprüfung von Herrn Sigurd Stürmer, CEO der Firma ILIL, an. Er wollte unbedingt ein gründliches Arbeitsergebnis abliefern. Als der sich als früherer Mitarbeiter des Ministeriums für Staatssicherheit der DDR entpuppte, rief Johannes Krausse die Sekretärin seines Chefs an und ließ sich einen Termin geben.

»Am Dienstag, den 15. April?«, erhielt er zur Antwort, »Vorher geht's nicht, da ist der Chef entweder verreist oder dauernd ausgebucht.«

★

Eigentlich hatte Bernd Auerbach vor, in der Nacht zum 12. April das Gebäude des Islamischen Vereins Erlangen in die Luft zu jagen, aber ausgerechnet Thomas Keller machte ihm einen Strich durch die Rechnung. »Es wäre schön, wenn ihr alle am Samstag, den 12. April 2014, vollzählig im Hotel Weinbauernhaus im Sack, in Jena, zu unserem diesjährigen Klassentreffen erscheinen könntet. Es gibt bestimmt vieles zu erzählen. Wir treffen uns um zwanzig Uhr. Euer alter Lehrer Thomas«, lautete die Nachricht.

Der Wahlfranke traf nachmittags gegen siebzehn Uhr am Bahnhof Jena Paradies ein. Die Deutsche Bahn hatte mal wieder eine ordentliche Verspätung eingefahren. Draußen nieselte es leicht. Bernd Auerbach überlegte, ob er die Straßenbahn für den kurzen Weg in die Innenstadt nehmen sollte, entschied sich aber dagegen. Er zog seinen kleinen Rollkoffer die Straße Am Volksbad in Richtung Norden und bog alsbald in die Grietgasse ein. Es hatte sich viel verändert, seitdem er das letzte Mal hier war. Er genoss die würzige, frische Luft. Sie roch immer noch nach DDR. Es dauerte nicht lange, dann stieß er auf die Paradiesstraße. Von hier aus konnte er den Löbdergraben schon sehen und hören. Eine Straßenbahn ratterte, vom Holzmarkt kommend, kreischend auf ihrem Schienenstrang vorbei. Schnell lief er das kurze Stück hinauf, da kam auch schon die nächste Tram aus der entgegengesetzten Richtung. Die Fahrzeuge waren moderner geworden, stellte er fest. Der Regen hatte etwas zugenommen, und Bernd Auerbach suchte sich an einer Metzgerei eine Überdachung. Er brauchte auf der anderen Straßenseite, nur etwas links versetzt, die Oberlauengasse hochlaufen, und schon wäre er am Hotel gewesen, aber er wollte hier noch nicht weg. Er wollte noch ein wenig hierbleiben, im Stadtzentrum, das er so gut kannte, wollte die Szenen verinnerlichen, die sich heute hier abspielten. Banale Szenen: Menschen die für das Wochenende ihre Einkäufe erledigten, Rentner, die ihre Hunde spazieren führten, Nachbarinnen, die, trotz Regen, unter ihren Schirmen ein kleines Pläuschchen hielten, Jugendliche, die auf ihren Roller-Skates die Gehsteige unsicher machten. Der Rahmen hatte sich verändert, war moderner geworden. Die Werbeplakate in den Straßen versprachen nun auch hier iPhones, Navis und PCs, aber die Menschen waren die gleichen geblieben. Ob sie nun in einer besseren Welt lebten als früher? Als er den Obdachlosen bemerkte, der sein ganzes klägliches Hab und Gut in einem Einkaufswagen an ihm vorüberschob, und die drei türkischen Jugendlichen gegenüber, die in ihren schicken

Disco-Outfits palaverten und eine Zigarette nach der anderen rauchten, musste er die sich selbst gestellte Frage eindeutig verneinen. Wieder stieg die Wut in ihm auf, und er war froh, zu der Elite zu gehören, die in der Lage war, Deutschland zu verändern. Er war gespannt, was Thomas Keller zu berichten hatte. Zwanzig Minuten später checkte er im Hotel ein.

★

Sie saßen an der Wand, etwas separiert von den anderen Gästen, und konnten sich normal unterhalten, ohne dass jemand etwas mitbekam. Sie hatten sich für Rinderroulade mit Blaukraut und Köstritzer Schwarzbierbraten entschieden. Auf jedem Teller ruhte ein Kloß, so groß wie ein Babykopf. Natürlich gab's dazu ein Köstritzer Schwarzbier. Sie ließen sich das deftige Abendessen schmecken und bestellten sich ein zweites Bier. »Es ist bald soweit«, eröffnete Thomas Keller das eigentliche Gespräch. »Du und Anna solltet euch in dem Zeitraum vom 17. bis 27. Mai nichts vornehmen.«

»Das sind zehn Tage?«, wunderte sich Bernd Auerbach.

»Keine ungewöhnlich lange Zeit für einen Urlaub«, antwortete ihm sein Gegenüber.

»Urlaub?«

»Ja, ihr fahrt in Urlaub. Ins Werdenfelser Land.«

»Wohin?«

Thomas Keller grinste. »Noch nie davon gehört? Eine landschaftlich wunderschöne Gegend. Spaß beiseite, Bernd. Hör mir zu.« Er senkte seine Stimme etwas ab und begann dann konzentriert zu erklären: »Der Anschlag auf das Islamische Forum in Penzberg ist am 23. Mai geplant. Genau um viertel vor zwei Uhr nachmittags schießen wir dieses Scheiß-Ding kaputt. Und hoffentlich auch jede Menge von diesen Moslems. Du und Anna, ihr werdet am Donnerstag, den 15. Mai nach Benediktbeuern reisen. Im Gasthof Herzogstand wird für euch ein Doppelzimmer inklusive Frühstück reserviert sein. Wenn alles gut geht, reist ihr am 27. Mai wieder ab. Euer

Erscheinungsbild in der Öffentlichkeit: Ihr seid zwei typische, junge und freundliche Rucksacktouristen, die sich die herrliche Gegend bis hinüber zu den Oberammergauer Alpen ansehen wollen. Für eure Tagesausflüge nehmt ihr bevorzugt die öffentlichen Verkehrsmittel oder leiht euch ab und zu mal auch ein Fahrrad aus. Auch zum Tatort, nach Penzberg, reist du mit den Öffentlichen …«

»Aber …«, wollte Bernd Auerbach eine Frage stellen, doch sein Mentor winkte sofort ab. »Lass mich erst zu Ende erzählen«, erklärte er, »dann kannst du deine Fragen stellen. Auch den Rückweg zu eurem Ferienapartment legst du mit den öffentlichen Verkehrsmitteln zurück. Das gilt auch für die anderen Panzerfaustschützen, welche sich ebenfalls in Benediktbeuern aufhalten werden. Ihr werdet euch nur kurz am Tatort sehen und sonst keinerlei Kontakt zueinander haben. Direkt vor dem Islamischen Zentrum, in der Fraunhoferstraße, parkt ein roter Renault Kastenwagen, der die Panzerfäuste und die Munition geladen hat. Ihr nehmt eure Waffen und Munition entgegen, und begebt euch sofort auf eure Schussposition. Pünktlich, viertel vor Zwei, feuert ihr ab. Eure Waffen lasst ihr zurück, denn der Renault ist zwischenzeitlich längst abgefahren. Auf der anderen Straßenseite der Bichler Straße, in der Stegfilzstraße, warten zwei Fluchtfahrzeuge mit Fahrern. Ihr steigt ein und verschwindet. Die Fahrer bringen euch zu festgelegten Haltestellen des öffentlichen Nahverkehrs. Sie drücken euch die Fahrscheine in die Hand, und ihr fahrt entweder direkt oder über Umwege zu euren Ausgangspositionen zurück. Soweit eine grobe Beschreibung, wie alles ablaufen soll. Alle, aber auch alle wichtigen Informationen, die ihr benötigt, wie Lageplan des Islamischen Forums in Penzberg, Standort des Waffentransporters, Standort der Fluchtfahrzeuge, eure Schusspositionen, Uhrzeiten, Fahrpläne der öffentlichen Verkehrsmittel, Grundrisse des Penzberger Zieles und vieles andere mehr, bekommt ihr einen Tag, nachdem ihr in eurem Feriendomizil eingecheckt habt. Ein persönlicher Bote wird euch die Unterlagen vorbeibringen. Für dich und Anna gilt elf Uhr vormittags als vereinbarter Übergabezeitpunkt. Ihr könnt also ein spätes, langes Frühstück genießen. Jeder von euch ist angehalten, die Unterlagen genauestens zu studieren – wenn möglich auswendig zu lernen – und sie anschließend zu vernichten. Wir wollen keine Spuren hinterlassen. Gespräche, wie wir sie gerade führen, werden in den nächsten Tagen auch mit den anderen Teammitgliedern geführt. Wir beide sind die ersten. Alles, was ich dir eben gesagt habe, kann noch Änderungen unterliegen. Der endgültige Ablauf des Anschlags wird minutiös in den Instruktionen enthalten sein, welche dir der Bote vorbeibringt. So, nun kannst du deine Fragen stellen.«

»Mir saust der Kopf«, war Bernd Auerbachs erste Reaktion.

»Kein Problem«, nickte Thomas Keller, »das habe ich nicht anders erwartet. Aber mach dir keine Sorgen, lass erst mal alles auf dich wirken, und wenn du die endgültigen Unterlagen durchgesehen hast, wird dir alles glasklar sein. Da bin ich mir sicher.«

»Also, den Ablauf habe ich verstanden und auch die Idee, dass harmlose Individualtouristen nicht wirklich verdächtigt werden, einen Terrorakt begangen zu haben. Dennoch habe ich eine grundsätzliche Frage: Wenn wir in unserem Feriendomizil einchecken, müssen wir doch sicherlich entweder unsere Pässe vorzeigen oder uns zumindest mit unseren persönlichen Daten anmelden ...«

»Gut, dass du das Thema ansprichst«, unterbrach ihn Thomas Keller, griff in die Innentasche seiner Jacke und zog ein kleines Kuvert heraus. »Auch daran haben wir gedacht. In diesem Umschlag«, erklärte er und deutete mit dem rechten Zeigefinger auf das kleine Päckchen, »sind zwei Reisepässe. Glaub mir, exzellente Fälschungen. Ein Pass für dich, ein Pass für deine Freundin Anna. Natürlich werdet ihr euch nicht unter eurem tatsächlichen Namen anmelden, denn Bernd Auerbach und Anna Wollschläger waren vom 17. bis 27. Mai niemals im Werdenfelser Land. Für euch beide gibt es eine Buchung vom 21. bis 24. Mai, von Nürnberg nach Barcelona und zurück.«

»Wie soll das gehen?«, wunderte sich Bernd Auerbach.

»Ein anderes Pärchen, welches in Wirklichkeit natürlich nicht Bernd Auerbach und Anna Wollschläger heißen, wird sich ein paar schöne Tage in der katalanischen Hauptstadt machen. Die Flugtickets und die Hotelrechnung werden auf eure Namen lauten. Somit habt ihr ein einwandfreies Alibi, falls ihr wider Erwarten doch gefragt werden solltet.«

»Ihr habt wirklich an alles gedacht«, gestand Bernd Auerbach bewundernd.

»Die Pässe nimmst du heute gleich mit«, erklärte Thomas Keller und schob das Kuvert über den Tisch. Bernd Auerbach ließ es in seiner Hosentasche verschwinden. »Noch ein Bier? Komm eins geht noch.«

»Okay«, stimmte der junge Mann zu, »auf bestes Gelingen. Also Thomas, ich muss schon sagen, das habt ihr wirklich generalstabsmäßig geplant. Meine Bewunderung. Da wird nichts dem Zufall überlassen. Es macht richtig Spaß, Deutschland wieder in die richtigen Bahnen zu lenken. Oh, da fällt mir noch eine Frage ein: Wann werden denn die Panzerfäuste von Röttenbach abtransportiert?«

»Bernd, ich bin begeistert«, lobte ihn Thomas Keller, »du denkst einfach mit. Bitte halte dich für Dienstag, den 15. April bereit. An dem Tag werden die Dinger abgeholt. Ob, wann und durch wen, werde ich dir innerhalb der nächsten drei Tage noch bestätigen. Aber es ist klar: Wir müssen die Waffen ausreichende Zeit vor dem geplanten Anschlag in einem sicheren Versteck vor Ort haben. Wie gesagt, ich bestätige dir in den nächsten Tagen den 15. April noch.«

»Super«, gab sich Bernd Auerbach, sichtlich müde, zufrieden. »Ich freue mich auf den 23. Mai. Endlich können wir wieder Geschichte schreiben.«

57

Am Samstag, den 12. April warf der Briefträger eine seltsame Postkarte in den Briefkasten von Bernd Auerbach und Anna Wollschläger. Wie überall auf dem Land üblich, hatte der Mann in der gelben Jacke die wenigen Zeilen gelesen. Allein schon das Postkartenmotiv machte ihn neugierig, welche Botschaft wohl auf der Karte stand. Das Motiv zeigte einen dunkelblauen Sommerhimmel, unterbrochen von weißen Wolkenfetzen. Man konnte erahnen, dass die Nacht bald mit gewaltigen Schritten herannahte, denn obwohl es noch hell war, funkelten bereits drei Sterne durch die Wolken. Im rechten, oberen Eck der Karte sah man einen mopsigen Engel, der es sich auf drei Wolken gemütlich gemacht hatte. Links daneben, im dunklen Himmelblau, stand ein dämlicher Spruch in weißer Schrift: »Wenn kleine Engel schlafen gehen, kann man dies am Himmel sehen«. »So ein Quatsch«, dachte sich der Briefträger auf dem Weg von seinem Dienstfahrzeug zum Briefkasten und drehte die Postkarte um. »Hallo Bernd«, stand da, »ich bin's, die Doris. Ich schaue dir von hier oben aus zu. Muss ich ja, nachdem du mich hier hinaufgeschickt hast. Ich sehe alles, was du gerade machst. Daniel hat gesagt, es sei eine gute Idee, dir zu schreiben. Er will auch bald von sich hören lassen. Vergiss mich nicht. Doris.« »Kinderkram«, murmelte der Postbote vor sich hin, und schmiss die Karte in den Schlitz des Briefkastens.

★

Pavel Svoboda kannte zwar keinen seiner Kunden persönlich, das gehörte auch nicht zu seinem Geschäft, aber wie jeder Graphiker war auch Pavel ein sehr penibler Mensch. Seitdem er als Passfälscher tätig war, hatte er die wesentlichen Daten seiner Babies, wie Passnummer, Ausstellungsdatum und Namen der Passinhaber, feinsäuberlich nach Nationalitäten dokumentiert. Es waren Hunderte. Zwei dicke Notizbücher in der linken untersten Schublade seines Schreibtisches bargen die Geheimnisse. Die Spezialeinheit der Tschechischen Polizei für Terrorismusbekämpfung hatte alle Hände voll zu tun, um den Einzelfällen nachzugehen. Tage später landete eine lange Liste auf den Schreibtischen der GSG 9 der Bundespolizei in Sankt Augustin-Hangelar. Unter den mehr als einhundert deutschen Namen, standen als letzte aktuellen Einträge:

| Ringler, Peter | Pass-Nr. CG8A331Z4 |
| Hausmann, Manfred | Pass-Nr. ZT5L893V5 |

Lieberwirth, Elfriede	Pass-Nr. PO9K211F5
Pöppel, Hans-Peter	Pass-Nr. UL8N533C4
Teichmann, Uwe	Pass-Nr. YG7X762V6
Hachmann, Ulrich	Pass-Nr. WS9A423Z7
Hagenkötter, Lars Winfried	Pass-Nr. ST7Y456V4
Engels, Markus	Pass-Nr. GC9J224M6

»Gib die Namen mal gleich an die Kollegen vom Verfassungsschutz, BKA, BND, vom Zoll und an die Polizeikollegen der Länder weiter«, wies Polizeiobermeister Gerhard Braun seinen Kollegen, Polizeimeister Michael Vogler, an, »und weise sie darauf hin, dass noch mehr Namen folgen, dass aber aufgrund der Aktualität bei den übermittelten Namen besondere Aufmerksamkeit bezüglich eines zeitnahen Missbrauchs geboten sei.«

»Okay.«, bestätigte Polizeimeister Michael Vogler und machte sich an die Arbeit.

★

Bernd Auerbach tat die an ihn adressierte Postkarte keinesfalls als Kinderkram ab. Er war aufs Höchste verunsichert, und der Verweis auf Daniel bewirkte bei ihm nahezu einen Schock. Der Absender trieb mit ihm einen bösen, sonderbaren Scherz. Irgendjemand ahnte etwas. Aber wer? Er las die Botschaft zum wiederholten Male durch. Anhand des Schriftbildes konnte man nicht auf den Absender schließen. Die Botschaft war in klaren, geradlinigen Druckbuchstaben geschrieben. Nachdem die Karte in Erlangen aufgegeben war, musste der Schreiberling aus dem näheren Umfeld stammen. Oder war es gar eine sie? Wohnte er oder sie gar in Röttenbach? Er dachte nach, kam aber zu keinem Ergebnis. Hatte der oder die Verfasserin eine besondere Beziehung zu Erlangen? Wohnte oder arbeitete der oder die dort? Er zermarterte sich das Gehirn. Auch Anna war über die Postkarte zutiefst erschrocken. »Irgendjemand vermutet etwas, hat aber keine Beweise«, folgerte sie, »sonst stünde die Polizei längst vor der Tür.«

»Das ist mir auch klar«, antwortete ihr Freund unwirsch, »aber wie viel ahnt oder weiß der Absender? Das ist doch die Frage.«

»Lass dich nicht ins Bockshorn jagen«, riet ihm Anna, »warten wir auf die Nachricht von Daniel Rosenkranz. Vielleicht kommt ja auch gar nichts mehr.«

Doch da irrte sich Anna Wollschläger. Die Postkarte von Daniel Rosenkranz traf am Montag ein. Das Motiv auf der Vorderseite zeigte sechs Nürnberger Rostbratwürste auf Sauerkraut. Die Rückseite war eng, mit zittriger, lateinischer Schrift beschrieben und schlecht lesbar. »Na, du schmieriger Neonazi, glaubst du wirklich, dass du ungeschoren davonkommst? Dass du mich gezwungen hast, Nürnberger Rostbratwürste zu essen, vergesse ich dir nie. Aber deine Sauerkrautmischung war noch schlimmer, wie du ja selbst weißt. Ich hätte die Zigarren lieber geraucht. Fast hätte ich es vergessen: Von den Münchner Rentnern (du weißt schon, welche ich meine), sind mir auch schon ein paar über den Weg gelaufen. Du siehst mir doch nach, dass ich ihnen erzählt habe, wer dafür verantwortlich ist, dass sie auch hier oben sind. Die Muslime aus Zirndorf sind nicht hier. Die haben ja ihr eigenes Paradies. Vielleicht schreiben sie dir ja auch einmal. Und versprich mir eines: Schände keine jüdischen Friedhöfe mehr. Das gehört sich einfach nicht. Schade, dass auf der Postkarte so wenig Platz ist. Ich hätte dir noch so viel zu sagen. Vielleicht das nächste Mal. Himmlische Grüße von Daniel R.«

Bernd Auerbach war platt. Die Angst schnürte ihm den Hals zu. Wer war dieser gottverdammte Schreiberling, und wo sollte das Ganze noch enden? Ob am Ende eine Erpressung dahinterstehen würde? Doch die wichtigste Frage, die er sich immer wieder stellte: Woher hatte die fremde Person ihr gesamtes Wissen? Nur er, Anna und Thomas Keller wussten von den Anschlägen in Nürnberg und Zirndorf. Keller hatte keine Ahnung, wie Daniel Rosenkranz und Doris Kunstmann ihre Leben aushauchten, nur Anna. Anna? Er verwarf den aufkommenden Gedanken sofort, aber ein Saatkorn des Misstrauens blieb zurück. Dieses Mal war die Postkarte in Forchheim aufgegeben worden. Er war völlig verwirrt, konnte kein Muster erkennen, und er fühlte sich beobachtet. Von dem *Escinsel* schien die unbekannte Person keine Ahnung zu haben. Vielleicht war das ein Ansatz, Licht ins Dunkel zu bringen, aber so lange er auch darüber nachdachte, ihm fiel nichts Gescheites ein. Er musste diese Postkarten aus seinem Kopf bringen, sonst würde er noch verrückt werden.

★

Am nächsten Tag, Punkt elf Uhr, fuhr ein silbergrauer Ford Transit rückwärts auf den Hof von Bernd Auerbach. Der Hausherr hatte ihn bereits erwartet und das Tor der Scheune weit geöffnet. Vorsichtig stieß das Transportfahrzeug hinein. Dann wurde das Tor zur Scheune von innen wieder geschlossen. Nach circa dreißig Minuten rollte der Ford wieder vom Grundstück, nahm den kurzen Weg von der Ringstraße zur Hauptstraße und bog dort links ab. Bernd Auerbach wollte gerade wieder ins Haus zurück, als ein Postauto vor dem Grundstück hielt und aus dem Innern eine Stimme »Herr Auerbach, scho widder a Postkartn, wollnsis gleich mitnehma?« rief. Eine Hand erschien aus dem offenen Beifahrerfenster, welche zwischen Daumen und Zeigefinger eine Postkarte hielt. Drüben, auf dem Gehweg der Ringstraße, standen zwei ältere Damen und tauschten ihren Dorftratsch aus. Eine dicke, mit einer gewaltigen Leibesfülle, und eine dünne, die gleich der Wind davonblasen würde. »Grüß Gott«, grüßten sie freundlich herüber, als er dem Briefträger die Postkarte aus der Hand nahm, und nickten höflich mit den Köpfen. »Guten Tag«, grüßte er zurück, und verschwand im Haus. »Jeden Tag kriegt der a Postkartn«, rief der Postangestellte den beiden Frauen zu und fuhr davon. Das hätte er ihnen nicht sagen müssen. Das wussten die beiden bereits. Sie waren ja die Absender, und ihr Helfer, Rettas Untermieter Dirk Loos, war überglücklich, dass er die beiden bei ihrer Arbeit unterstützen konnte. Es machte ihm nichts aus, mal nach Erlangen, Forchheim oder Höchstadt an der Aisch zu fahren und dort die frankierten Postkarten bei den jeweilgen Postämtern abzugeben.

»An Besenstiel tät ich fressn, wenn ich wissen␣tät, was des Auto bracht oder abgholt hat«, belferte die Kunni. »TÖL, is des net Bad Tölz?«, riet sie.

»Bad Tölz?«, wiederholte die Retta.

»Des Kfz-Schild mein ich, alte Dolln. Hast an Stift und an Zettl dabei? Dann schreib's auf!«

»Hab ich scho widder vergessn«, gab die Retta kleinlaut zu.

»Wie der Batic, der Zigeiner«, rüffelte die Kunni ihre Freundin. »Dem Leitmayr tät so was nie passiern. Der passt immer auf, genau wie ich. Der is genauso hell auf der Pfanna wie ich. Könnt mit mir verwandt sei.«

»Etz hör aber auf«, rächte sich die Retta, »du weißt doch genau, welcher Kriminaler mit dir verwandt is und wem du deine Gene vererbt hast. Also an Staat kannst du mit dem fei net machen.«

»Halt doch endlich mal dei Schleppern und schreib endlich die Nummer auf, sonst hab ich die auch bald vergessn. Bei dem ständigen Umgang mit einer Person wie dir muss mer ja langsam dement werdn. Mal schaua, was uns die Sandra zu der Autonummer sagn kann. Mich täts ja gar net wundern, wenns die in Wirklichkeit gar net gebn␣tät oder wenn der Ford geklaut wär.«

★

Gegenüber Im Hausinnern, saß ein völlig ratloser und verzweifelter Bernd Auerbach auf der Wohnzimmercouch und starrte an die weiße Wand. Die Postkarte mit dem Neonazi-Motiv war ihm aus der Hand geglitten und lag auf dem Fußboden. »Na du alter Schläger, geht's dir jetzt auch an den Kragen? Haben sie dich bald am Arsch? Ein Scheißgefühl ist das, wenn man in die Enge getrieben wird, nicht wahr? Wenn man nicht weiß, wen man zum Gegner hat. So ist es mir auch ergangen, als du mich krankenhausreif geschlagen hast. Ganz schön brutal. Dabei habe ich dir gar nichts getan, außer dass ich Türke bin. Die magst du nicht. Gib's doch zu. Der Anschlag auf den Schwulenclub geht doch auch auf deine Rechnung, nicht wahr? Das spür ich im Urin. Noch was spür ich im Urin: Dass es mit deinen Mätzchen bald vorbei sein wird. Ich wünsche es dir. Müselüm. Wirst du mich jetzt auch noch umbringen?«

»Ich halte das nicht mehr aus.« Bernd Auerbach hatte das Gesicht zwischen beiden Händen vergraben und wog den Kopf hin und her. »Ich werde noch verrückt«, klagte er abermals. »Nachts träume ich schon von Postkarten. Wenn morgen wieder eine kommt und mir sagt, ich soll den Anschlag auf das Islamische Forum bleiben lassen, begebe ich mich in Behandlung und melde mich krank.«

58

»Ja was denkst denn du, des kommt doch schon überhaupt net in Frag«. Moritz Fuchs war auf der Palme. »Hab ichs net scho längst prophezeit, Mama«, wandte er sich an seine Frau Gerta, »dass uns unser Herr Sohn seine türkische Schnalln ins Haus anschlaft bringa will. Ja, wo kämen wir denn da hin? A Türkin in unserm Haus. Was tätn denn da die Nachbarn sagn? Und erscht der Streit mit dem altn Özkan! Der tät ja sofort mitn Messer angrennt kumma, wenn wir seiner Tochter erlaubn täten, bei uns zu wohna. Was aber sowieso nie und nimmer in Frag kumma tät. Gerta, etz sag du a was!«

»Walter, versteh doch, der Papa hat doch so recht. Wie solln des geh? Ihr geht doch alle zwa noch in die Schull. Geld habt ihr a kans, und was wärn, wenn sich da plötzlich a nu was Klans anmelden tät?«

»Jesses«, Moritz Fuchs sprang vom Sofa auf, »soweit hab ich ja noch gar net denkt. Wir müsstn euch ja alle zwa durchfüttern. Und des, was die Mama andeutet hat, … Ja glaubst du denn, ich schieb in an Kinnerwagn an türkischen Balg durch die Gegend? Ich mach mich doch net zum Gespött der Leut. Vielleicht kummst eines Tags und sagst mir, ich soll auch noch zum Islam übertreten und die Mama soll a Burka tragn.«

»Tätst du dich dann a beschneidn lassn?«, wollte Gerta Fuchs wissen.

»Quatsch! Walter, sei froh, dass des Türkn-Pack widder in sein Nirvana zurück will. Die passn ja a gar net hierher. Schau, du isst doch a gern a knusprigs Schäuferla odder a gfüllts Schweinschnitzel. Des täts alles nimmer gebn. An des türkische Gfress tät ich mich jedenfalls net gwöhna.«

»Geh, Bu, hör halt auf des, was der Papa sacht«, appellierte Gerta Fuchs an ihren Sohn, »er meints doch nur gut.«

Die ganze Zeit über war Walter Fuchs schweigend in seinem Sessel gesessen und hatte sich die Argumente seiner Eltern angehört. Nun erhob er sich und sah die beiden nacheinander mit ernsten Augen an. »Ihr zwaa seit kleinkarierte Arschlöcher und könnt keinen Zentimeter über euern Tellerrand schaua. Macht so weiter, wenns euch glücklich macht. Lebt weiterhin in eurer fränkischn Schablonenwelt. Ich werd euch jedenfalls verlassen. Ich werd des Schuljahr noch zu Ende machen, dann verpflicht ich mich bei der Bundeswehr und nehm die Akgül mit. Die Akgül wird übrigens bald achtzehn, und niemand kann uns dann verbieten zu heiraten. Und eins will ich euch auch noch sagen: Glaubt bloß nicht, dass ich jemals wieder nach Röttenbach zurückkomm. Euer Haus könnt ihr euch in den Hintern stopfen. Ich will's nicht.«

★

»Das haben Sie ordentlich recherchiert, Krausse«, lobte ihn sein Vorgesetzter, »es geht doch! Warum nicht gleich so? Also doch die Neonazis?«, grübelte er vor sich hin. »Das wird einen riesigen Aufschrei in der Presse geben und uns einen gewaltigen Ärger einbringen.«

»Wieso?«, wollte Johann Krausse wissen.

»Wieso?«, wiederholte sein Chef, »erinnern Sie sich nicht an die unzähligen Ermittlungspleiten, als es darum ging, die Verbrechen des NSU aufzuklären? Zehn Morde, unzählige Banküberfälle, und Sprengstoffanschläge liefen auf ihrem Konto auf, bloß weil sich die Ermittlungsbehörden zu blöd angestellt hatten. Wir waren auch blind und sind lange Zeit dieser falschen palästinensischen Spur gefolgt. Aber ich habe da eine Idee, wie wir aus dem jetzigen Kenntnisstand vielleicht noch politisches Kapital schlagen können. Dazu muss ich aber erst mit dem Minister sprechen. Sie nehmen jedenfalls die beiden Flughafenangestellten in Untersuchungshaft und unterziehen die beiden detaillierten Verhören. Setzen Sie die zwei ordentlich unter Druck. Wir brauchen schnelle Ergebnisse. Aber übertreiben Sie nicht, Krause. Keine unstatthaften Vernehmungsmethoden. Sehen Sie sich die Paragraphen 133 bis 136a der Strafprozessordnung nochmals an. So ein Debakel wie mit diesem Hakim Al-Wahid möchte ich nicht noch einmal erleben. Und wenn Sie Ergebnisse haben, rufen Sie mich sofort an. Ich kümmere mich in der Zwischenzeit um diesen CEO der ILIL. Wäre doch gelacht, wenn wir das Schiff nicht doch noch aus dem Sturm steuern.«

★

»Sandra, hast grad Zeit?«, wollte die Kunni am Telefon wissen.

»Für dich doch immer, Tante Kunni.«

»Gibts was Neues?«

»Schon«, antwortete die Polizeibeamtin, »nachdem dieser Hakim Al-Wahid – das hast du sicherlich in der Zeitung gelesen – sein Geständnis widerrufen hat und Daniel Rosenkranz offensichtlich ermordet wurde, hat uns unser Chef, Joerg Kraemer, du kennst ihn ja, angewiesen, auch die Neonazi-Szene in den möglichen Täterkreis einzubeziehen. Zudem höre ich, dass es bei dem Waffenschmuggel, in welchen die Dark Lady verwickelt war, zwischenzeitlich auch aktuelle Hinweise in diese Richtung gibt.

»Ein kluger Mensch, euer Chef«, bemerkte die Kunni. »Und sonst?«

»Nicht viel. Jedenfalls keine aktuellen Ermittlungsergebnisse. Wir können die Tatsache, dass Daniel Rosenkranz ermordet wurde, pressemäßig nicht mehr lange zurückhalten, Tante Kunni, sonst kommen wir in Teufels Küche. Habt ihr zwischenzeitlich etwas herausgefunden?«

»Also, Sandra, als Erstes notierst du dir bitte ein Tölzer Kraftfahrzeugkennzeichen und erkundigst dich über den Halter.« Dann erzählte Kunigunde Holzmann der Polizeibeamtin von den Ereignissen der letzten Tage, wie sie versuchten Bernd Auerbach durch ihre Postkarten psychologisch unter Druck zu setzen.

»Der muss doch einen Koller kriegen«, meinte die Polizistin.

»Morgen kriegt er schon wieder eine«, kicherte die Kunni. »Dann hat uns der junge Norbert Amon eine interessante Beobachtung gmeldet: Durch Zufall hat er Bernd Auerbach und seine Freundin Anna dabei beobachtet, wie die beiden das Haus der Islamischen Gemeinde Erlangen ausspioniert ham. Da sind mir sofort widder die Anschläge auf das Türkische Konsulat und das Asylantenaufnahmelager in Zirndorf eigfalln. Insbesondere, nachdem dieser Palästinenser sein Geständnis widerrufn hat. Und wenn du mich jetzt auch für verrückt erklärst, ich denk die Brandstiftung bei dem türkischen Schwulenclub war auch das Werk von Neonazis. Dieser junge Türke aus Röttenbach, der Kemal Özkan, der selber verbrennt is und dem man die Täterschaft in die Schuhe schiebt, hat gar nicht die Intelligenz und Fähigkeit, so einen Anschlag zu planen, geschweige denn ihn auch auszuführn. Wie sollte der denn den verwendeten Brandbeschleuniger in den Club gebracht ham? Da gehört eine sorgfältige Planung dazu.«

»Und die Flagge der ISIL und die extremistischen Ansichten, die man bei ihm fand? Ist das kein Motiv?«

»Schwärmereien eines arbeitslosn jungen Türken, der in seim muslimischen Glauben stark vom Elternhaus geprägt is«, antwortete die Kunni. »Erfolglos, frustriert, geistig etwas unterbelichtet, hat der sich seine ideale Welt zurechtgelegt. Mehr is da net dahinter. Wirst sehn. Ach, da fällt mer noch was anders ein, Sandra. Wir ham nochmal mit den Eltern von der Doris Kunstmann gsprochen. Ihrer Mutter hat sie erzählt, dass sie am Röttenbacher Weihnachtsmarkt, den die Freien Wähler veranstaltet ham, ein sehr nettes Paar kennengelernt hat, welches sie nach Hause eingladen hat.«

»Und die Namen des Paares?«, hakte die Polizistin nach.

»Kennen die Eltern net. Abber wir, die Retta und ich, wir warn nämlich a dort, am Weihnachtsmarkt, und ham a an Ladykiller trunken. A teuflisches Zeugs.«

»Und wer ist nun das Paar?«, wiederholte Sandra Millberger ihre Frage.
»Der Postkartnempfänger und seine Freundin.«

★

Die vierte an Bernd Auerbach adressierte Postkarte lag am 16. April im Briefkasten. Auf der Vorderseite war lediglich ein großes, rotes Fragezeichen aufgedruckt. »Was ist denn los?«, begann sie, »keine Lust mehr auf neue Anschläge? Wozu habt ihr denn die Islamische Gemeinde in Erlangen ausspioniert, wenn du sie nicht in die Luft bläst? Das wäre doch auch ein lohnendes Ziel? Oder vielleicht doch nicht, weil dabei nicht genügend Menschen umkommen? Wir verstehen, es muss was Größeres sein. Hast du schon was gefunden? Wir sind uns ziemlich sicher. Keine Sorge, wir sind geduldig. Wir können warten. LG Doris + Daniel«

★

Johann Krausse vernahm zuerst Gisbert Reißinger. Er hatte sich gut auf das Gespräch vorbereitet, den Verdächtigen auf seine Rechte hingewiesen und ihm die Verdachtsmomente ausführlich erklärt.

»Welches Instrument haben Sie eigentlich bei *Feuersturm* gespielt«, eröffnete er die Vernehmung, und sah sein Gegenüber freundlich an. Der starrte zurück und war etwas desorientiert. Offensichtlich wusste er nicht so genau, wie er auf die Frage reagieren sollte.

»Ich war früher selbst in einer Rockband«, schob der Mann vom bayerischen Verfassungsschutz nach.

»Keyboarder«, kam die kurze Antwort.

»Und Gunther Wulff?«

»Drummer.«

»Uwe Mundlos und Uwe Böhnhardt sollen auch ab und zu bei Ihren Konzerten gewesen sein. Können Sie sich an die beiden erinnern?«

»Nö.«

»Na schön, Sie scheinen nicht besonders gesprächig zu sein. Vielleicht sollte ich Ihnen etwas erzählen, und Sie hören mir zu. Ist das nicht ein guter Vorschlag?«

»Von mir aus.«

»Ihre oberste Personalchefin am Flughafen spricht ja ganz begeistert von Ihnen. Dabei weiß sie allerdings nicht, dass Sie vorbestraft sind. Wie soll sie auch? Sigurd Stürmer hat sie beide ja wärmstens empfohlen, nicht wahr? Ihre Einstellung war ja mehr oder weniger nur eine reine Formsache. Frau Hölderlin kennt Herrn Stürmer ja schon seit ewigen Zeiten, und sie vertraut ihm blindlings. Sie beide sind ja so zuverlässige Mitarbeiter, hat sie mir erzählt, und so zufrieden – auch was Ihr Gehalt anbelangt. Das versteh ich allerdings nicht ganz, denn Herr Stürmer überweist Ihnen jeden Monat zusätzlich dreitausend Euro. Wofür eigentlich, frage ich mich? Und warum erhält Ihr Kollege, der Herr Wulff, dreitausendfünfhundert?« Johann Krausse entging nicht das Zucken um Reißingers linkes Augenlid, als er den Betrag nannte. »Überhaupt muss die Arbeitsleistung von Herrn Wulff deutlich höher anerkannt sein, als Ihre. Sie wissen doch sicherlich, dass er privat einen Ford C-Max fährt. Jetzt raten Sie doch mal, wer ihm den Wagen geschenkt hat?«

»Dieses Schwein!«, entfuhr es Gisbert Reißinger.

»Das würde mich auch ärgern«, stimmte ihm Johann Krausse zu. Soll ich Ihnen auch noch von den Urlauben Ihres Kollegen erzählen?«, wollte er wissen, »oder kommen wir nun doch so langsam zu Ihrem Aufgabengebiet am Flughafen? Natürlich können Sie die Aussage verweigern. Sie können aber auch ein offenes Wort mit mir reden. Ihren Kollegen, Herrn Wulff, werde ich auch noch befragen, und auch Herr Sigurd Stürmer steht noch auf unserer Gesprächsliste. Ich habe überhaupt keine Sorge, dass es uns bald gelingen wird, Licht in die Angelegenheit zu bringen. Es fragt sich nur, wer von Ihnen als Erster seinen offenen Beitrag dazu leisten möchte.« Johann Krausse schwieg und ließ seine Worte auf den Verdächtigen wirken. Man sah, wie dieser mit sich selbst einen inneren Kampf austrug. Es dauerte zwei Minuten.

»Also gut. Ich gehe davon aus, dass ich eine mildere Strafe erhalte, wenn ich ein volles Geständnis ablege?«

»Das ist zwar gelebte Gepflogenheit, aber das kann ich Ihnen jetzt und hier nicht versprechen, ich bin kein Richter«, antwortete der Ermittlungsbeamte.

»Pfeif drauf«, antwortete Gisbert Reißinger, »es wird schon so sein.« Dann erzählte er seine Geschichte. Johann Krausse hörte aufmerksam zu, während das Band mitlief. Sein Herz hüpfte vor Freude. Endlich hatten sie eine verbindliche Adresse: Spedition Winterkorn

59

Der Chef des Bayerischen Verfassungsschutzes rief im Innenministerium an, und heimste von seinem obersten Chef großes Lob ein.

Der Innenminister sprach daraufhin mit dem Ministerpräsidenten und holte sich einen derben Rüffel ab. »Nix wird in die Öffentlichkeit getragen!«, schrie der ins Telefon. »Viel zu früh. Das Innenministerium hat sich bisher bei den Fahndungsarbeiten sowieso noch nicht mit Ruhm bekleckert. Erst will ich die Verbrecher in Handschellen sehen. Zudem verhandeln wir auf Länderebene gerade die Asylbewerberquoten, da käme so eine Erfolgsmeldung nicht gerade zu einem günstigen Zeitpunkt für uns Bayern. Und außerdem, wenn jemand so eine positive Nachricht den Bürgern mitteilt, dann bin das ich, im Namen des Freistaates Bayern. Dass ihr fränkischen Hitzköpfe das immer noch nicht begriffen habt. Mit dem Finanzminister hab ich auch immer das gleiche Theater.«

★

»Des Programm für unsern Ausflug nach Mittenwald is da«, verkündete die Retta ihrer Freundin Kunigunde Holzmann. Beide Witwen saßen mal wieder in Kunnis Küche bei einer Tasse Kaffee und einem Blech Bienenstich, so dick wie ein Gebetbuch. »Soll ichs dir mal vorlesen?«

»Na net, des dauert mir zu lang. Kannst du des net zusammenfassen? Ich man des Wichtigste halt?«

»Also gut«, begann die Kunni, »am 19. Mai, früh um achta, fahrn wir vorm Rathaus ab. In München gehts auf die Autobahn in Richtung Garmisch-Partenkirchen, bis zur Abfahrt Sindelsdorf. Von dort aus is es nimmer weit bis Benediktbeuern. Wenn alles gut geht, müsstn wir spätestens um die Mittagszeit dort sein. Da gibts erst amol a Mittagessen. Des is im Preis drin. Bis vierzehn Uhr kann sich jeder den Ort anschaua, dann fahrn wir des kleine Stück bis zum Kloster Benediktbeuern.«

»Muss da a jeder mit?«, wollte die Kunni wissen, »ich man zu der Klosterbesichtigung? Ich vertrag doch den Weihrauch net.«

»Ich man, wennst net mit nei mogst, dann kannst bestimmt a draußen wartn«, vermutete die Retta. »Jedenfalls geht's dann, nach der Klosterbesichtigung weiter bis nach Kochel am See. Am Kochelsee besteigen wir ein Ausflugsschiff.«

»Da denk ich, wer ich drauf verzichtn«, stellte die Kunni klar, »ich werd doch immer gleich seekrank, wenns so schaukelt.«

»Auf der B11 fahrn wir weiter bis zum Walchensee«, fuhr die Retta fort.

»Scho widder a Schiffstour?«, fragte die Kunni mit einem zweifelndem Gesichtsausdruck.

»Na.«

»Gott sei Dank!«

»In der Nähe vom Isarstausee fahrn wir auf die B2.«

»Scho widder a Wasser«, klagte die Kunni.

»Vo da aus dauerts nimmer lang, bis wir unser Ziel, die berühmte Geigenbauerstadt Mittenwald, erreicht ham.«

»Geigen? Des a nu«, stieß die Kunni angewidert hervor, »du wasst doch, dass ich des Gekreisch und Gequietsche net hörn kann.«

»Dann fahrn wir hinauf zu unserem Feriendomizil, dem wunderschön gelegenen Hotel Gasthof Gröbl-Alm.«

»Hinauf? Bleiben wir net im Ort?«

»Am Dienstag besteigen wir die Karwendelbahn und lassen uns hinauftragen zur Hochlandhütte, wo es auch eine deftige Brotzeit gibt.«

»Scho widder hinauf, ich mit meiner Höhenangst, da wart ich lieber unten, bis ihr widder unten seid.«

»Am Nachmittag besichtigen wir Garmisch-Partenkirchen.« Die Retta wartete auf einen Einwand von Kunni. Zu ihrem Erstaunen kam aber keiner. »Am Mittwoch fahrn wir hinüber zu den Ammergauer Alpen und besichtigen das Kloster Ettal.«

»Scho widder a Kloster!«

»Danach gehts weiter nach Oberammergau, mit seinen berühmten Lüftlmalereien. Nach einem Gang durch die Ortschaft ruhen wir uns in einem Café aus und genießen bei einer Tasse Kaffee das lokale Angebot an Kuchen und Torten.«

»Ob die was Gscheits ham?«

»Der Donnerstag steht zur freien Verfügung, und es bietet sich an, einen Streifzug durch Mittenwald einzuplanen.«

»Und wie kumma wir den Berg da runter, und später widder rauf?«

»Am Freitag, unserem letzten Urlaubstag, wollen wir Schloss Linderhof, das kleinste der drei Schlösser Ludwigs II., besuchen, das einzige, welches noch zu seinen Lebzeiten vollendet wurde.«

»Des war doch ein Fantast, den moch ich sowieso net, da schau ich mir doch net nu ans von seinen Schlössern an.«

»Am Samstag, den 24. Mai, nach einem kräftigen Frühstück, treten wir wieder unsere Heimreise an.«

»Gott sei Dank! Wenns na scho so weit wär!«

»Sag amol, du bleede Henna«, plusterte sich die Retta auf, »warum fährst du eigentlich mit?«

»Etz geh mer aber fei«, keilte die Kunni zurück, »wer hat denn diesen Horrortrip ausgsucht? Du odder ich?«

★

Während die beiden Witwen eines ihrer vielen Wortgefechte austrugen, saß Johann Krausse Herrn Andreas Straßer, dem Chef und Inhaber der Spedition Winterkorn gegenüber. »Wann soll denn die Abholung der Güter am Flughafen Nürnberg gewesen sein, Herr Krausse? Sie müssen wissen, wir holen da fast täglich irgendetwas ab.«

»Auf den Tag genau kann ich das auch nicht sagen, aber es muss so zwischen dem 7. und 25. Januar dieses Jahres gewesen sein.«

»Fünf längliche Holzkisten, sagen Sie, und eine rechteckige?«

»Genau!«

»Und was befand sich in den Kisten?«

»Spezialwerkzeuge, wie mir gesagt wurde«, antwortete der Ermittler.

»Wohin die Spezialwerkzeuge geliefert wurden, wissen Sie nicht?«

»Nein, das wollen wir ja gerade herausfinden.«

»Verstehe. Da hilft nichts, Herr Krausse, da muss ich meine Sekretärin dransetzen. Die ist aber erst wieder am 28. April im Büro.«

»Und jemand anderes ...?«

Andreas Straßer lächelte ihn milde an. »Jemand anderes? Sehen Sie sich doch hier um. Wir haben niemand anderes, außer den Gabelstapler- und Lkw-Fahrern draußen auf dem Hof. Ich bin heute Chef, Sekretärin, Buchhalter und Mädchen für alles zugleich, und in zehn Minuten muss ich zu einem wichtigen Kunden. Tut mir leid. Sobald meine Sekretärin wieder da ist, wird sie unsere Auslieferungen im Januar dieses Jahres überprüfen und Ihnen eine Liste, einschließlich der Empfängernamen zumailen. Versprochen.«

★

»Ich halte es hier nicht mehr aus, Anna. Jedes Mal, wenn die Türglocke anschlägt, stell ich mir vor, dass draußen eine Horde Polizisten das Haus umstellt hat, um uns zu verhaften.« Bernd Auerbach war das reinste Nervenbündel. Die letzte Karte mit dem roten, dicken Fragezeichen hatte ihm den Rest gegeben. »Werden unsere Schritte vielleicht schon überwacht?«, sprach er zu sich selbst und lugte alle zehn Minuten durch die Gardinen hinunter auf die Ringstraße.

Auch Anna Wollschläger war deutlich dünnhäutiger geworden, obwohl sie ihrem Freund die Sorgen nehmen wollte. »Bernd, nochmals: Wenn die Bullen etwas wüssten, hätten sie uns längst hoppgenommen.«

»Vielleicht warten die ja auch nur auf unseren nächsten Schritt, um uns auf frischer Tat zu stellen. Die letzte Postkarte soll dazu doch provozieren. Das ist doch klar. Vielleicht haben die schon unser Telefon angezapft und hören mit? Vielleicht haben sie auch schon Wanzen im Haus versteckt und hören uns gerade zu.«

»Jetzt gerate doch nicht in Panik!«, forderte ihn seine Freundin auf. »Ich habe einen Vorschlag.«

»Und der lautet?«, wollte Bernd Auerbach wissen.

»Meine alte Freundin Gerlies Wuttke aus Jena hat von ihren Eltern ein kleines Ferienhaus auf der Insel Poel, in der Wismarer Bucht, geerbt. Da könnten wir bestimmt für einige Zeit wohnen. Mein Vorschlag ist, dass wir ein paar Tage ausspannen, bevor wir nach Benediktbeuern fahren. Ich merke dir an, du brauchst Erholung und Abstand. Du musst den Kopf wieder frei kriegen, sonst wird das nichts, mit deinem Einsatz in Penzberg. Wenn du einverstanden bist, rufe ich Gerlies gleich mal an.«

»Anna, du bist die Beste«, lobte er sie. »Was würde ich bloß ohne dich machen?«

★

Käthe Siebentritt, die Sekretärin von Andreas Straßer, hatte am 28. April, nachmittags um sechzehn Uhr, die kompletten Januar-Auslieferungen der Spedition Winterkorn in einer Excel-Liste zusammengestellt. Es gab sieben verschiedene Auslieferungen von Spezialwerkzeugen, aber nur eine umfasste sechs Holzkisten. Der Empfänger war ein Herr Bernd Auerbach, in der Ringstraße, in 91341 Röttenbach. Sie erinnerte sich. Sie war schon mal durch Röttenbach gefahren, auf dem Weg ins Fränkische Seenland, und ihr

Chef schwärmte immer von der Fischküche Fuchs, weil es da die besten gebackenen Karpfen geben soll, wie er versicherte. Das Kaff musste im Landkreis Roth liegen, vielleicht vierzig Kilometer südlich von Nürnberg. Eine trostlose Ortschaft, soweit sie sich erinnerte. Oder gab es noch ein anderes Röttenbach? Käthe Siebentritt war von Natur aus eine neugierige Frau. Sie hämmerte ›91341 Röttenbach‹ in ihren Computer ein und siehe da, ihre Vorahnung gab ihr recht. *Röttenbach familienfreundlich lebensfroh* öffnete sich auf ihrem Bildschirm – die Homepage der Gemeinde. Sie klickte sich durch das Menü und blieb bei Bürgerservice/Information hängen, bevor sie den Karpfenführer aufrief. Dann las sie interessiert über die Geschichte der Landschaft und der Teichkultur, bevor sie sich zu der Vermehrung und Aufzucht der Aischgründer Spiegelkarpfen weiterklickte. Als sie mit dem Lesen fertig war, war es siebzehn Uhr und Feierabend. Sie packte ihre Sachen zusammen, fuhr ihren Computer herunter, verschloss die Schreibtische und verließ die Firma. Erst in der Straßenbahn fiel ihr die Excel-Liste wieder ein, welche sie unbedingt noch heute an den bayerischen Verfassungsschutz schicken sollte. Das würde morgen früh auch noch reichen, beruhigte sie ihr Gewissen. Was sollte schon das Besondere an der Auslieferung von Spezialwerkzeugen sein? Na ja, die Behörden, wie die mit den Steuergeldern umgingen! Unverantwortlich!

60

Am 29. April, um die Mittagszeit, rasten fünf Polizeiautos – zwei zivile und drei Streifenwagen – mit einem Höllenlärm nach Röttenbach hinein. So etwas hatte es bisher noch nie gegeben. Sie fuhren auf der Hauptstraße bis zur Brauerei Sauer und bogen in die Ringstraße ab. Kurz danach stoppten sie quer zur Straße, und eine Handvoll Beamte sperrten die Zufahrten von der Hauptstraße sowie aus der Gegenrichtung, vom Rathaus kommend, ab. Innerhalb weniger Minuten strömten aus jeder Ecke neugierige Röttenbacher herbei, wurden aber sofort hinter die rot-weißen Absperrbänder zurückgedrängt. »Was isn da los?«, wollten die ersten Neugierigen wissen. »Da wohnt fei a Preiß. Hat der was angstellt, der Schlack?« Die Beamten hörten nicht auf die Bemerkungen der Einheimischen. »Da braucht ihr gar net klingeln«, wusste ein besonders mitteilungsbedürftiger Röttenbacher Aborigine, »die sen goar net daham. Die sen am Montag früh in Urlaub gfahrn. Mitn Bus. Denk ich mir jedenfalls, weil bepackt warns wie die Esel, mit zwa mordsdrumgroße Rucksäck.« Die Beamten, die in den zivilen Fahrzeugen saßen, kümmerten sich nicht um die Verkehrsregelung und Absperrungen. Mit gezückten und entsicherten Pistolen stürmten sie zur Haustür und schwärmten im Hof aus. Auf ihr Klingeln hin tat sich nichts. »Öffnen!«, befahl ein großer Bärtiger, der offensichtlich das Kommando führte. Die Haustüre leistete keinen großen Widerstand, dann stürmten vier Beamte ins Treppenhaus. Ohne zu zögern, traten sie die Haustüre ein und durchsuchten vorsichtig, sich gegenseitig Deckung gebend, Raum für Raum. Die Vögel waren offensichtlich ausgeflogen. »Wann kommt die KTU?«, wollte der Bärtige wissen. »Müssten jeden Moment eintreffen«, antwortete einer seiner Kollegen. »Die sollen sich als Erstes um die Wohnung kümmern, wir schauen uns mal in der Scheune um.«

Draußen auf dem Hof waren die Beamten von der Kriminaltechnischen Untersuchungsabteilung eingetroffen und stiegen in ihre Ganzkörperanzüge. Als sie damit fertig waren, packten sie ihre Aluminiumkoffer, die ihre Spezialausrüstung enthielten, und gingen ins Haus. Auch Gerald Fuchs und Sandra Millberger waren eingetroffen und wiesen sich gegenüber ihren Kollegen aus. »Bolzenschneider!«, rief der Bärtige vom Scheunentor her. Ein Beamter lief zu seinem Wagen und wühlte im Kofferraum eines Zivilfahrzeuges herum. »Hab ihn«, rief er, »bring ihn sofort.«

»Achtet auf fünf längliche und eine rechteckige Holzkiste«, wies der Bärtige seine Männer an.

»Was sucht ihr?«, wollte Sandra Millberger von einem der Beamten wissen. »Panzerfäuste«, stieß der hervor, »die von der Dark Lady. Die sollen hier sein, behauptet jedenfalls der Bayerische Verfassungsschutz.« Dann folgte er seinen Kollegen und verschwand ebenfalls in der Scheune. Sandra

Millberger steckte den Kopf in das Innere des dunklen Gebäudes, in dem nur eine matte Funzel brannte. Auf den ersten Blick erkannte sie lediglich ein heilloses Durcheinander. Alte, hölzerne Leiterwagen standen da drinnen herum, die aus Zeiten stammten, da man in der Landwirtschaft noch Pferde oder Kühe vorspannte. Alte Schränke und Kommoden waren an die Wände gerückt. Rechen und Sensen waren an Holzbalken aufgehängt, und leere Kartoffelsäcke lagen wahllos zwischen allerlei Krimskrams herum. Dichte Spinnenweben zogen sich unter dem Gebälk entlang.

»Wir brauchen Licht«, drang ein Ruf von drinnen nach draußen.

Panzerfäuste fanden die Beamten nicht, dafür aber allerlei interessante andere Dinge: Plastischen C4 Sprengstoff, leere Feuerlöscher-Gehäuse, welche sich hervorragend zum Bau von Bomben eigneten, TNT-Zünder waren auch dabei, sowie Sprengkapseln. In einem alten Biedermeier-Schrank standen zwei automatische Schnellfeuergewehre. In einer Kommode lagen zwei Glock-Pistolen, Splitterhandgranaten und jede Menge Munition. »Alles abtransportieren!«, rief der bärtige Leiter des Kommandos. »Bringt das Zeugs ins Labor!«

Sandra Millberger und Gerald Fuchs verfolgten die Szene, als der Polizistin siedend heiß die Beobachtung einfiel, welche ihr Kunigunde Holzmann am Telefon mitgeteilt hatte. »Die Panzerfäuste wurden am 15. April abgeholt«, rief sie in die Scheune.

Es dauerte keine fünf Sekunden, bis Polizeirat Markus Achterbusch vor ihr stand und sich mit der rechten Hand über seinen Bart strich. »Was sagen Sie da? Woher wollen Sie das wissen?«

Dann erzählte Sandra Millberger von den beiden Witwen Kunigunde Holzmann und Margarethe Bauer und davon, dass die beiden am 15. April einen silbergrauen Ford Transit beobachtet hatten, der bis in die Scheune fuhr. Sandra erzählte dem Beamten der Bundespolizei, dass sie das Kfz-Kennzeichen überprüft hatten. »Der Transporter gehört einem Alois Hirngirgl aus Wackersberg bei Bad Tölz. Die Kollegen in Bad Tölz sind der Sache nachgegangen. Herr Alois Hirngirgl, Landwirt und hauptsächlich Milchproduzent, hatte den Diebstahl zunächst gar nicht bemerkt, da er vom 14. bis zum 17. April eine Fachtagung in Innsbruck besuchte. Als er zurückkam, stand der Ford wie üblich auf dem Hof. Als die Beamten in Bad Tölz den Landwirt darauf hinwiesen, dass sein Ford Transit in unserer Gegend gesehen wurde, überprüfte er den Tachostand, und siehe da, da waren plötzlich, wie aus dem Nichts, fünfhundert Kilometer zu viel drauf.«

»Sie kennen die beiden Zeuginnen?«, wollte der Polizeirat wissen.

»Eine davon ist meine Tante«, antwortete Gerald Fuchs und verdrehte die Augen.

»Können Sie die beiden hierherbringen?«

»Ich rufe schon an«, beeilte sich Sandra Millberger und holte aus ihrer Jackentasche ihr Mobiltelefon hervor.

★

Draußen in der Ringstraße und in der Schloßgrabenstraße hatte sich zwischenzeitlich das halbe Dorf versammelt. Selbst im Kirchenweg standen noch Leute und unterhielten sich. Gerüchte machten die Runde. »Die Scheuna soll ein einziges Diebeslager sei. Habi ghört. Net, dass mer red, mer sacht ja bloß«, warf eine kleine Dicke in die Runde, die zu dieser Stunde eigentlich bei der NORMA an der Kasse hätte sitzen sollen.

»Was ham die zwa Ossis eigentlich gmacht, beruflich man ich?«, fragte Kurt Amon, ein rüstiger Rentner.

»Des möcht ich a gern wissen«, beteiligte sich Brunhilde Clemens an der Diskussion. »Ich wohn ja da, in der Schloßgrabenstraß, quasi gleich um die Eckn, da kriegst ja einiges mit. Die zwa warn ja ständig daham. Also, einer regelmäßigen Beschäftigung sind die net nachgegangen.«

»Der soll doch an Beraterjob ham, der Auerbach«, verriet Hanni Müller, »hat der mir zumindest im Kerwaszelt gsacht.«

»Und wen berät der?«, mischte sich die kleine Dicke wieder ein.

»Keine Ahnung.«

Auch Kunigunde Holzmann und Margarethe Bauer standen inmitten der Schaulustigen und unterhielten sich mit Betty Schmidt. »Ich denk, etz kommt die Wahrheit an den Tag«, prophezeite Kunigunde Holzmann, als sich ihr Mobiltelefon meldete. »Kunni Holzmann«, meldete sie sich.

»Hallo, Tante Kunni, hier spricht die Sandra. Bist du daheim?«

»Na, wir stehn grad in der Ringstraß, die Retta und ich. Beim Auerbach läuft grad a größere Razzia.«

»Das ist gut«, vernahm sie, »der Gerald und ich sind auch da. Ich habe gerade dem Leiter des Ermittlungsteams von eurer Beobachtung am 15. April erzählt. Du weißt schon, von dem silbergrauen Ford Transit mit der Tölzer Nummer. Er will euch gleich sprechen.«

»Wer, der silbergraue Ford?«

»Der Beamte von der Bundespolizei.«

»Wir kumma.«

»Ich warte auf euch hinter der Absperrung und lasse euch durch. Bis gleich.«

★

Während die Beamten der Bundespolizei die Scheune bis in den kleinsten Winkel durchsucht hatten, war das Team der Kriminaltechnischen Untersuchungsabteilung noch immer bei der Arbeit. Sie sicherten unzählige Fingerabdrücke und DNA-Proben. Ansonsten war die Ausbeute als eher bescheiden zu bezeichnen, mit einer Ausnahme: In der Schublade einer Kommode fanden sie einen Schnellhefter, in dem fein säuberlich und chronologisch sortiert Zeitungsausschnitte abgeheftet waren. Alle berichteten über die Anschläge auf das Türkische Konsulat in Nürnberg, auf die Asylbewerberaufnahmestelle in Zirndorf und über den Überfall auf einen Türken in Erlangen. Ferner kamen hinzu: die Schändung eines Judenfriedhofs, der verheerende Brand in einem türkischen Schwulenclub, der Mord an einer Doris Kunstmann und ein Bericht über den Tod eines jüdischen Professors namens Daniel Rosenkranz. Außerdem fanden sich in der Mappe fünf obskure Postkarten, mit denen die Polizeibeamten zunächst nichts anfangen konnten. Computer oder Mobiltelefone wurden nicht gefunden. Der Speicher des Festnetztelefons gab auch nichts her.

»Bitte schildern Sie mir Ihre Beobachtungen vom 15. April nochmals so detailliert wie möglich, und lassen Sie nichts aus«, bat Markus Achterbusch die beiden Witwen. Er, Kunni, Retta, Sandra Millberger und Gerald Fuchs saßen im Wohnzimmer der beiden Flüchtigen, welches zwischenzeitlich von der KTU freigegeben worden war. Die beiden Witwen sahen sich an.

»Erzähl du«, forderte Retta die Kunni auf.

»Da muss ich aber weiter ausholen«, bat die Kunni um Verständnis, »damit Sie des alles von Anfang an verstehn«, und sah den Chefermittler an.

»Tun Sie sich keinen Zwang an, wir haben Zeit«, beruhigte sie Markus Achterbusch.

61

Die beiden Gesuchten, nach denen zwischenzeitlich eine bundesweite Fahndung lief, hatten eine lange Reise hinter sich. Nachdem sie ihre Rucksäcke gepackt hatten, stiegen sie am Montag, den 28. April, um neun Uhr fünfzehn in den Bus der Linie 205. Exakt zwanzig Minuten später stiegen sie am Bahnhof in Erlangen aus und lösten zwei Einwegtickets zum Nürnberger Hauptbahnhof. Um neun Uhr vierundvierzig bestiegen sie die S1. In Nürnberg angekommen hatten sie noch reichlich Zeit. Ihr Flixbus nach Rostock ging erst eine viertel Stunde vor zwölf, und vom Hauptbahnhof der Deutschen Bahn bis zum Zentralen Omnibusbahnhof in der Käte-Strobel-Straße war es wirklich nur ein Katzensprung. Sie beschlossen, sich bei McCafé ein ausgiebiges Frühstück zu leisten, denn sie erwartete eine mehr als neunstündige Busfahrt.

Zehn Minuten vor dreizehn Uhr erreichten sie Bayreuth. Die weiteren Haltestellen Leipzig und Berlin lagen zu diesem Zeitpunkt noch vor ihnen. In Leipzig, nachmittags um halb vier, schlangen sie schnell zwei Cheeseburger in sich hinein, bevor sie kurz vor zweiundzwanzig Uhr müde und gerädert am Platz der Freundschaft in Rostock ankamen. Sie erreichten gerade noch den letzten Regionalzug von Rostock nach Wismar. Dort angekommen, nahmen sie für die letzte, kurze Etappe nach Kirchdorf auf Poel ein Taxi. Der Schlüssel für die Ferienwohnung im Krabbenweg lag, wie von Gerlies Wuttke versprochen, unter der Fußmatte. »Ich sag Jens Burmeister Bescheid«, hatte Gerlies am Telefon vorgeschlagen. »Das ist unser Nachbar. Der kümmert sich unterjährig um die Wohnung und passt auf, dass nichts wegkommt. Der legt euch die Schlüssel unter die Fußmatte und stellt Getränke in den Kühlschrank.« Nachdem Anna Wollschläger und Bernd Auerbach die Wohnung betreten und ihren Durst gelöscht hatten, entledigten sie sich ihrer Rucksäcke. Für die Abendtoilette waren sie viel zu müde. Sie schmissen ihre Schuhe in eine Ecke und ließen sich auf die Betten plumpsen. Wenige Minuten später waren beide eingeschlafen.

★

Die Namen Ringler Peter, Hausmann Manfred, Lieberwirth Elfriede, Pöppel Hans-Peter, Teichmann Uwe, Hachmann Ulrich, Hagenkötter Lars Winfried und Engels Markus sowie die dazugehörigen falschen Passnummern waren zwischenzeitlich bundesweit allen Polizeibehörden bekannt. An den Häfen und Flughäfen, sowie an allen Grenzstationen herrschte erhöhte Aufmerksamkeit. Selbst an den europäischen Flughäfen waren die Namen und Passnummern an den internationalen Grenzkontrollen eingescannt. Die Fahndungsroutine lief. Keine Maus namens Ringler Peter oder Hausmann Manfred hätte sich von einem europäischen Flughafen aus nach Übersee absetzen können. Die Falle war gestellt.

★

Bernd Auerbach und seine Freundin genossen die nächsten Tage auf Poel. Sie erkundeten die Insel mit dem Fahrrad. Sie radelten nach Timmendorf, nach Vorwerk, Malchow, Wangen und Gollwitz und ließen sich eine steife

Brise ins Gesicht blasen. Am Schwarzen Busch, einem der Strände auf Poel, stiegen sie in das noch kalte Wasser der Ostsee und freuten sich über die Wellen, die sie umtosten. In ihrem Feriendorf Kirchdorf besuchten sie das Heimatmuseum, besahen sich die Reste des Schlosswalls und spazierten zu der Gedenkstätte für die Toten der Cap Arcona, einem Luxusdampfer, der am 3. Mai 1945 versehentlich durch britische Flugzeuge versenkt wurde, wobei die meisten der an Bord befindlichen 4600 KZ-Häftlinge zu Tode kamen. Die beiden genossen den Aufenthalt auf Poel, und Bernd Auerbach fühlte sich wieder entspannt und voller Tatendrang. Die merkwürdigen Postkarten waren bereits am zweiten Tag ihres Aufenthaltes wie vom Wind aus seinem Gedächtnis geblasen. Die zwei hatten sich vorgenommen, bis zum 15. Mai auf Poel zu verweilen und sich dann auf den weiten Weg nach Benediktbeuern zu begeben.

★

Es war wie verhext. Bernd Auerbach und seine Freundin blieben wie vom Erdboden verschluckt. Kein einziger Hinweis auf eine Übernachtung, keine Bankabhebung, keine Mietwagenbuchung und kein Grenzübertritt. In ihren Schränken in der Röttenbacher Wohnung hingen ihre Klamotten, und selbst der Mülleimer in der Küche war nicht geleert. Entweder die beiden waren nur kurzfristig unterwegs und kehrten bald wieder zurück, oder sie hatten, wie auch immer, Lunte gerochen und waren Hals über Kopf geflüchtet. »Dass die Panzerfäust nimmer da sind«, spekulierte Kunigunde Holzmann, »könnt auch bedeuten, dass sie widder an Anschlag vorham. Aber des wär dann was ganz Großes.«

Markus Achterbusch war von den beiden Witwen hellauf begeistert. »Die zwei – vor allem die Kunni – haben so einen glasklaren Verstand«, verriet er Sandra Millberger, »dass ich sie am liebsten einstellen würde.«

»Versuchen Sie es doch«, munterte sie ihn auf. »Nein, Spaß beiseite, die Kunni und die Retta haben uns schon in so manchem Fall geholfen und uns auf den richtigen Weg geführt. Meinem Chef hat das zwar nicht immer gepasst, aber das sind nun mal die Tatsachen. Ich mag die beiden.«

»Sollte sich nach den Labortests herausstellen, dass der Plastiksprengstoff, den wir in der Scheune gefunden haben, und die Handgranaten identisch sind mit den in Nürnberg und Zirndorf eingesetzten Kampfmitteln, müssen die beiden Fälle nochmals völlig umgeschrieben werden«, bestätigte der Bundespolizist. »Ich würde da durchaus auch den Fall *Escinsel* einbeziehen, wenn ich an die ausgeschnittenen Zeitungsberichte denke«, ergänzte der Beamte. »Sollte sich des Weiteren herausstellen, dass die Morde an dieser Doris Kunstmann und dem jüdischen Professor ebenfalls auf das Konto dieses Bernd Auerbachs gehen, werde ich die beiden Damen für das Bundesverdienstkreuz vorschlagen.«

»Was halten Sie von Kunnis Verdacht, dass Bernd Auerbach von einem Dritten geführt wird? Er sieht ja gar nicht aus, wie ein typischer Neonazi«, warf Sandra Millberger ein.

»Durchaus denkbar«, antwortete Markus Achterbusch, »aber das wäre eine neue Qualität des rechtsextremistischen Terrors. Wir stellen in anderen Bundesländern zwar nicht ganz vergleichbare Taten fest, aber auch in diesen Fällen treten wir auf der Stelle. Der gemeinsame Nenner ist immer grenzenloser Ausländerhass.«

»Okay, was wollen Sie jetzt tun und an welcher Stelle können wir Sie unterstützen?«, fragte die Polizeibeamtin nach.

»Sprechen Sie auf jeden Fall nochmals mit allen Pressevertretern, die während unseres Einsatzes vor Ort waren. Kein Wort darf darüber veröffentlicht werden. Dieser Fall unterliegt absoluter Geheimhaltung. Wer dagegen verstößt, muss mit einer deftigen Strafe und dem Entzug seines Presseausweises rechnen. Wir suchen natürlich im Stillen weiter nach den Flüchtigen. Irgendwann müssen sie ja irgendwo wieder auftauchen. Wir werden die schon kriegen. Meine Hauptbedenken gehen in Richtung der ebenfalls verschwundenen Panzerfäuste. Hoffentlich steht uns da nicht die nächste Katastrophe ins Haus.«

★

Die nächsten Tage verflogen, ohne dass von den Verschwundenen ein Lebenszeichen sichtbar wurde. Dennoch konnten die Ermittler ein weiteres Puzzleteilchen sammeln, welches sich nahtlos in das Gesamtgebilde einfügte. Nach der Vernehmung von Gisbert Reißinger und Gunther Wulff – auch der hatte schließlich bestätigt, was Johann Krausse bereits vorher von seinem Kollegen erfahren hatte – wurde auch Sigurd Stürmer, der CEO der ILIL, verhaftet und vernommen. »Nicht nur, dass Sie den beiden Verdächtigen Gunther Wulff und Gisbert Reißinger ihr dürftiges monatliches Salär aufbessern, Herr Stürmer, nein, da gibt es auch noch einen Bernd Auerbach, der zurzeit im fränkischen Röttenbach lebt, dem Sie jeden Monat sechstausend Euro zukommen lassen – unversteuert«, warfen ihm die vernehmenden Beamten vor. »Sparen Sie sich jedwede Ausreden«, kamen ihm die Beamten zuvor, »wir haben Herrn Auerbachs Bankkonto überprüft und auch die Zahlungswege über die Banque de Luxembourg zurückverfolgt. Dabei sind wir bei Ihnen und Ihrer Firma gelandet. Warum eigentlich, Herr Stürmer? Sind Sie ein Menschenfreund?«

Der Chief Executive Officer der Firma ILIL wand sich wie eine Schlange, doch es war lediglich eine Frage der Zeit, bis er unter der Last der Anschuldigungen seine Strategie der nicht konsistenten Ausreden aufgab. »Ich mache das doch nur aus reinem Gefallen gegenüber einem alten Freund.«

»Und wie heißt Ihr alter Freund?«

»Thomas Keller.«

Thomas Keller, wohnhaft in Berlin-Köpenick, war allerdings nicht zuhause anzutreffen. Auch dieser Vogel war ausgeflogen.

★

Am 15. Mai, nach einem erholsamen und fantastischen Urlaub, verabschiedeten sich Bernd Auerbach und Anna Wollschläger aus Poel und traten die aufwendige und lange Reise nach Benediktbeuern an. Dieses Mal gönnten sie sich allerdings für den Hauptteil der Strecke eine ICE-Verbindung von Berlin nach München. Danach fuhren sie mit der S-Bahn, Linie 7, bis Wolfratshausen weiter. Sie bezahlten ihr Ticket in bar. Je nach Pünktlichkeit der Deutschen Bahn hatten sie beschlossen, sich erst in Wolfratshausen um ihre Anschlussverbindung nach Benediktbeuern zu kümmern. Sie wussten, es gab die Möglichkeiten, entweder einen Regionalzug oder Busverbindungen zu wählen. Doch das würden sie später entscheiden. Noch saßen sie im Regionalexpress der DB von Wismar nach Rostock.

★

Thomas Keller war auch unterwegs, und auch er wusste nicht, was sich in den letzten Tagen in Röttenbach ereignete, und dass die Polizei zwischenzeitlich auch sein Haus untersucht hatte. Seine ganze Konzentration galt dem bevorstehenden Anschlag auf das Islamische Forum. Er wollte dieses Ereignis hautnah erleben und hatte sich in Penzberg im Hotel Olympia einquartiert. In den nächsten Tagen mussten seine Leute in ihren Feriendomizilen eintrudeln. Die Instruktionen für sie waren minutiös vorbereitet und lagen noch in seinem Koffer. Auch er hatte in den nächsten Tagen noch einige Vorbereitungsarbeiten vor sich.

62

Am Wochenende vom 17. auf den 18. Mai spitzte sich die Situation allerorts zu:

Kunigunde Holzmann war stinksauer und schlecht gelaunt. Ihr lag die bevorstehende Reise nach Mittenwald schwer im Magen. Viel lieber wäre sie zuhause geblieben, als sich über steile und verschlungene Gebirgsstraßen schaukeln zu lassen. Nie wieder würde sie auf die Reisevorschläge ihrer Freundin hören. Zudem, gerade jetzt, da sich dieser Auerbach verdünnisiert hatte, passte es ihr gar nicht, nicht in Röttenbach zu sein. Irgendwann musste der ja mal wieder auftauchen, und wenn sie dann nicht da war, wer weiß, was ihr Neffe wieder anstellen würde. »Wenns na scho a Wochn später wär«, jammerte sie vor sich hin. »Dieses Geschaukel auf dem Wasser, und dann noch mit der Seilbahn aufn Berg nauf, na, da mach ich, glaub ich, wirklich net mit. Solls doch der Retta schlecht werdn. Und mei Zeich muss i a nu zampacken. Ein Gwerch is des.«

★

Im Hause Özkan und Fuchs herrschte helle Aufregung. Walter und Akgül waren verschwunden. Still und heimlich hatte ein jeder der beiden Klamotten in eine Reisetasche gepackt und sich nachts aus dem Haus geschlichen, ohne eine Nachricht zu hinterlassen. Kamuran Özkan saß in der Küche und heulte Rotz und Wasser. Selbst ihr Mann Ahmet war tief betroffen. Erst kürzlich hatte er seinen Sohn verloren, und nun hatte ihm seine Tochter ebenfalls den Rücken gekehrt.

Moritz Fuchs hingegen war sehr gelassen. »Der kommt scho widder, wenn er ka Geld mehr hat. Außerdem hat er doch selber gsacht, dass er erst des Schuljahr noch zu Ende machen will. Der will uns doch bloß an gscheitn Schreck einjagn.«

»Vielleicht hat er sich des anders überlecht, unser Bu«, klagte Gerta Fuchs. »Wo er na etz sei könnt? Hoffentlich gehts ihm gut.«

»Na, wo wird der scho sei?«, orakelte ihr Mann, »mit seiner türkischn Schicksn wird er unterwegs sei. Da geb ich dir Brief und Siegel drauf. Am Montach wird der wieder vor der Tür steh. Aber dann kann er sich was vo mir anhörn, des sach ich dir.«

»Schimpf halt net immer so, mit unserm Bubn, die Akgül is doch wirklich a saubers Madla.«

»Was«, brauste Moritz Fuchs auf, »a saubers Madla? Etz fällst du mir wohl a nu in Rücken? A saubers Madla! Das ich fei net lach! A türkische Schnalln is die. Net amol gscheit Deitsch kann die. Die versteht dich doch überhaupt net. Mit der kannst du doch goar net redn. Und katholisch is a net.«

★

Nobert Amon schwebte im siebten Himmel. Hannelore Adam hatte seine längst überfällige Entschuldigung angenommen und schien auch seinem neuen Werben um sie nicht abgeneigt zu sein. Für den Sonntag hatten sie vereinbart, sich bei ihm zu einem DVD-Abend zu treffen. Der Sekt und die Zutaten für Cocktails standen bereits im Kühlschrank. Vorher musste er unbedingt noch schnell nach Erlangen. Nachdem er daheim jede einzelne seiner Unterhosen gecheckt hatte, musste er feststellen, dass keine einzige wirklich vorzeigbar war, geschweige denn, dass man von einem gewissen Sex-Appeal hätte sprechen können. Norbert Amon wollte auf jede mögliche Situation vorbereitet sein. Hannelore war heiß, das spürte er. Er auch.

★

Der CSU-Landesvater rief im Innenministerium an. »Wie schaut's denn jetzt aus, mit dem versprochenen Fahndungserfolg? Wann kann ich denn jetzt endlich vor die Mikrophone der internationalen Presse treten? Unsere potentielle Wählerquote ist wegen des Maut-Themas momentan etwas rückläufig. Wir brauchen eine Erfolgsmeldung. Eine ordentliche.«

»Die Fälle sind quasi aufgeklärt«, wurde ihm versichert, »nur die Verdächtigen befinden sich noch auf der Flucht. Im Moment können wir noch nicht vor die Presse treten. Das würde sie warnen. Wir rechnen jeden Tag mit einer Festnahme.«

»So, auf der Flucht befinden sie sich, die Verdächtigen. Na, dann suchen Sie sie doch, und rufen's mich sofort an, wenn Sie die Verbrecher gefunden haben.« Dann legte der hochgewachsene CSU-Politiker mit dem schnurgeraden Linksscheitel wutentbrannt auf. »Na, dann suchen Sie sie doch«, äffte sein Gesprächspartner seinen politischen Dienstherrn nach. »Von nichts eine Ahnung, und davon viel.«

★

Bernd Auerbach, der polizeilich meistgesuchte Mann Deutschlands, und seine Freundin Anna Wollschläger, hatten vor Tagen im Gasthof Herzogstand, in der Dorfstraße 7, eingecheckt. Er war erleichtert, dass er nicht einmal seinen Pass vorzeigen musste. Die Dame am Empfang reichte ihm lediglich einen vorgedruckten Meldezettel, den er auszufüllen hatte. Mehr als Tag der Ankunft, Familienname, Vorname, Tag der Geburt, Anschrift und Staatsangehörigkeit waren nicht einzutragen. »Was geschieht eigentlich mit den Meldescheinen?«, fragte er scheinheilig.

»Nix«, meinte die Angestellte, die aus dem Schwäbischen stammen musste, »wir hebet die ein Jahr uf, dann schmeißet wir die weg.« Am nächsten Tag, sie waren gerade mit dem Frühstück fertig, kam ein Bote vorbei, den er vorher nie gesehen hatte, und drückte Bernd Auerbach einen DIN-A4-Umschlag in die Hand. »Die Instruktionen«, flüsterte er, bevor er wieder verschwand und mit seinem Fahrrad davon radelte.

★

Die Anklagen gegen Ali Abusharekh und Hakim Al-Wahid, terroristische Anschläge begangen zu haben, waren zurückgezogen und auf die Straftat des illegalen Waffenschmuggels reduziert worden. Hakim Al-Wahid träumte bereits von einem geringen Strafmaß und dachte an die Fliegenklatsche von Meggy Mercedes.

★

Die Ermittler, allen voran Johann Krausse, Markus Achterbusch, Gerald Fuchs und Sandra Millberger waren zum Nichtstun verurteilt. So schien es jedenfalls. Drei Namen hatten sie: Bernd Auerbach, Anna Wollschläger und Thomas Keller. Demgegenüber standen fünf ebenfalls verschwundene Panzerfäuste, sicher gestellter C4 Plastiksprengstoff, Handgranaten, Feuerwaffen und sonstiger Krimskrams, der sich zum Bau von Bomben eignete. Die Beamten saßen wie auf heißen Kohlen. Sie ahnten, dass demnächst etwas Schlimmes passieren würde, sie wussten aber nicht, wann und wo. Es war zum Haare ausraufen, und im Hintergrund drängte die hohe Politik auf einen schnellen Ermittlungserfolg. Die Nerven lagen blank.

63

Der Tag der Abreise war gekommen. Zwanzig Minuten vor acht Uhr fuhr der moderne Reisebus der Firma Neukam auf den Platz vor dem Röttenbacher Rathaus. Alle Teilnehmer waren bereits anwesend, bis auf zwei.

»Etz mach halt a weng!«, schimpfte die Retta, »wegn dir kumma wir a no zu spät.«

»Ich wass net, was ich anzieh soll«, jammerte die Kunni. »Rengts, rengts net? Scheint die Sunna, oder net? Wies des machst, machst des verkehrt.«

»Im Moment is draußn scho nu a weng frisch", warf die Retta ein, um ihrer Freundin die Entscheidung zu erleichtern.

»Dann man ich, zieh ich doch die aufgrauhte Blusn an«, entschied sich die Kunni, »und a langa Husn, kann Rock. In die Berch is ja doch immer a weng kälter als im Tal.«

»Mach wasd mogst, aber mach was«, drängte die Retta. »In aner viertl Stund is Abfahrt, und du hast nu net amol dein Koffer zugmacht.«

»Odder bleib mer doch daham?«, fragte die Kunni zaghaft nach.

»Des kannst du machen, wie du willst. Ich fahr.«

»Na gut, dann fahrn wir halt«, gab die Kunni nach. »Brauch bloß nu mei Jackn, dann kemmer geh.«

Vier Minuten nach acht Uhr kamen die beiden abgehetzt am Bus an. »Jedes Mal seid ihr zwei zu spät dran«, wurden sie vom Organisator des Seniorenkreises begrüßt. »Etz aber nei in den Bus, damit wir endlich abfahrn kenna.«

Mit leichter Verspätung startete der Fahrer den Motor des Busses und begrüßte die Fahrgäste. »So, nochmals einen schönen guten Morgen an alle. Nachdem wir nun vollzählig sind, geht's auch gleich los. Als Erstes möchte ich mich vorstellen. Ich bin der Charly, und fahr euch die ganze Woche über, je nachdem welche Ausflugsfahrten ihr gebucht habt. Als Erstes geht's jetzt von hier auf die Autobahn nach München. Der Verkehr soll sich angeblich in Grenzen halten, so dass wir gut durchkommen dürften. Auch der Wettergott meint es gut mit uns. Heute soll den ganzen Tag die Sonne scheinen, und die Temperaturen klettern auf wunderbare fünfundzwanzig Grad. Ich fahr jetzt erst mal auf die Autobahn und melde mich dann später nochmals. Dann werde ich euch unsere heutige Strecke erklären, und wo wir überall Halt machen werden, bis wir unser Ziel Mittenwald erreichen. Ich wünsche allen eine gute Fahrt. Wenn ihr Hunger oder Durst habt, sagt mir einfach Bescheid. Wir haben belegte Brötchen, Kaffee, Limo, Mineralwasser, Bier und Piccolos an Bord.«

»Im Moment is draußn scho nu a weng frisch", unkte die Kunni, »do werd mir später ganz sche die Soß runterlaufn, man ich. Fünfazwanzig Grad!«

»Ich habs ja nur gut gmant«, verteidigte sich die Retta, »des werd widder a Fahrt werdn. Die kost mich widder a poar Joahr vo meim Lebn. Am bestn is, du hockst di in dein Sessel, hältst dei Goschn und schaust zum Fenster naus odder schläfst a weng. In weniger als vier Stund gibts ja scho widder Mittagessen. Vielleicht gehts dir danach scho widder viel besser.«

Der Fahrer hatte tatsächlich ein gutes Gefühl für die Strecke – zumindest bis Benediktbeuern. Zwanzig Minuten vor zwölf Uhr hielt er vor dem Gasthof zur Post. Das zweistöckige, weiße Gebäude mit den weiß-blauen Fensterläden hatte eine lange Geschichte. Als Tafernwirtschaft wurde es bereits im zwölften Jahrhundert urkundlich erwähnt. Später, ab dem Jahr 1441, diente es als wichtige Poststation zwischen München und Mittenwald. »Bevor alle aussteigen, bitte nochmals herhören«, verkündete der Organisator der Seniorengruppe, »für uns alle ist im kleinen Saal gedeckt. Es gibt drei Essen zur Auswahl. Die Speisen sind im Reisepreis bereits enthalten. Ihr müsst also nur eure Getränke selbst bezahlen. Nach dem Mittagessen könnt ihr euch den Ort ansehen, wenn ihr wollt. Um vierzehn Uhr treffen wir uns alle wieder hier am Bus. Kunni, Retta, habt ihr das auch gehört? Um vierzehn Uhr am Bus.«

»Des brauchst du uns net extra sagn«, belferte die Kunni zurück, »wir ham scho ghert. Außerdem stehts großmächtig im Programm.«

★

Wider Erwarten schmeckte der Kunni der Semmelkloß in Pfifferlingrahmsoße, mit einem grünen Salat. »Bloß dieses bayerische Bier kannst net saufen«, bemängelte sie. »da ziehchts der ja die Unterhosn ins Arschloch nei.«

»Kunni!«, tadelte die Retta sie, »deine Ausdrucksweise!«

»Wie soll ichs dann sogn? Da zieht es dir den Schlüpfer in den After hinein?«

Die beiden Witwen traten auf den Dorfplatz hinaus. Die Sonne stand in voller Kraft hoch am wolkenlosen, dunkelblauen Himmel. Die Straßencafès waren geöffnet und bis auf den letzten Platz belegt. Kunni kramte in ihrer Handtasche nach ihrer Sonnenbrille, während Retta sich umsah, ob sie nun die Bahnhofstraße nach rechts oder die Dorfstraße nach links laufen sollten. Die Entscheidung wurde ihnen abgenommen. Kunigunde Holzmann sah die beiden als Erste. »Mensch, Retta«, raunte sie ihrer Freundin ins Ohr, »zwick mi, ich glab, ich hab Tomaten auf die Augn.«

»Wieso, was isn?«

»Der Auerbach und sei Freindin. Die ham grad ihrn Kaffee austrunkn und sen aus den Sessln da drüben aufgstandn. Etz laafns händchenhaltend die Dorfstraß nauf. Schnell wir müssn dene hinterher.«

»Aber der Bus …?«

»Der Bus, der Bus, scheiß doch auf den Bus. Wir müssn wissen, wo die hie genga. Die Polizei sucht die wie die Stecknadl im Heuhaufn. Kumm! Schick di.«

Margarethe Bauers Sorge wegen der rechtzeitigen Busabfahrt war unbegründet. Das ostdeutsche Pärchen vor ihnen schien zwar jede Menge Zeit zu haben, denn sie schlenderten gemütlich dahin, aber weit kamen sie nicht. In der Dorfstraße 7 betraten sie den Hotel-Gasthof Herzogstand.

»Was mach mern etz?«, erkundigte sich die Retta.
»A poar Minuten wartn.«
»Und dann?«
»Dann geh ich do nei.«
»Warum?«
»Werst scho sehgn. Ich möcht wissen, ob die da wohna.«
Der Hotel-Gasthof Herzogstand machte von außen einen schmucken und passablen Eindruck. Die Sprossenfenster des dreistöckigen Gebäudes waren unten und oben durch dezente Lüftlmalereien verziert. Grüne, hölzerne Fensterläden stimmten den oberbayerischen Baustil ab. Über dem Haupteingang, im dritten Stockwerk, verlief ein Balkon, an dessen Holzgeländer frisch gepflanzte Hängegeranien einen baldigen rot-weißen Blütenzauber erwarten ließen. An der linken Hausecke lud ein mit Büschen und Bäumen bewachsener Biergarten zu einem kühlen Löwenbräu ein.
»Hast amol an Zwanzger in der Taschn?«, wollte die Kunni wissen.
»Wozu?«
»Werst gleich sehgn.«
Die Retta reichte ihr den Geldschein. Mit einem »Wart auf mich« stürmte die Kunni in das Gebäudeinnere und stürzte auf den Empfangstresen zu. Sie wedelte mit dem Schein und stürzte auf die Empfangsdame zu. »Fräulein, Fräulein«, keuchte sie ganz aufgeregt, »das junge Pärchen, des grad hereingekommen is, der Herr, ... der Herr ..., wie hasst er denn gleich widder? Glaabns, ich werd a immer vergesslicher.»
»Meinen Sie vielleicht den Herrn Hausmann Manfred ...?«
»... und die jungen Frau ...«
»... seine Verlobte, die Frau Lieberwirth Elfriede?«
»Genau. Denen is da draußen vor der Tür dieser Zwanzig-Euro-Schein aus der Taschn gfalln. Ich hab nur gsehn, dass die beiden hier in das Hotel gegangen sind, und da hab ich mir gedacht, dass das bestimmt Gäste von Ihnen sind.«

»Oh«, antwortete die Hotelangestellte erfreut, »das ist aber nett. Soll ich die beiden rufen? Wollen Sie ihnen den Schein persönlich übergeben? Die beiden wohnen im Zimmer zehn, gleich über uns, im ersten Stock.«

»Nein, nein das ist nicht nötig«, erwiderte die Kunni, »ich hab sowieso keine Zeit. Wissens, ich hab einen Termin beim Doktor und bin eh scho zu spät dran. Gebens den beiden halt ihren Geldschein zurück.«

»Vielen Dank nochmals, auch im Namen von Frau Lieberwirth und Herrn Hausmann. Solche ehrliche Menschen findet man heute selten.«

»Is schon gut«, gab die Kunni zurück, die schon längst wieder auf dem Weg nach draußen war, »und Auf Wiedersehen.«

»Auf Wiedersehen«, rief ihr die Empfangsdame nach.

★

»Was hastn so lang da drin gmacht?«, wollte die Retta wissen.

»Dein Zwanzger ausgebn«, erhielt sie zur Antwort. »Komm lass uns von hier verschwinden. Lauf mer a weng die Bahnhofstraß runter, ich muss überlegn, was wir etz machen.«

»Da brauchst doch gar net überlegn«, verkündete die Retta, »in aner dreiviertl Stund geht unser Bus.«

»Aber wir fahrn net mit«, erhielt sie zur Antwort, »weil wir auf den Auerbach aufpassn müssn, bevor der uns widder abhaut. Wir nehma uns im Gasthof zur Post ein Doppelzimmer.«

»Und Mittenwald, der Walchensee, Schloss Linderhof und die andern Ausflugsziele?«

»Scheiß drauf! Wir ham was Wichtigers zu tu. Und etz ruf ich die Sandra an. Die werd Augn machen.«

★

»Scho mal so viel vorab, Sandra, die ham sich im Hotel-Gasthof Herzogstand einquartiert, unter den Namen Hausmann Manfred und Lieberwirth Elfriede. Die machen ganz auf Urlaub, aber mein Gefühl sagt mir, die ham was vor. Ich wass bloß net was. Die Retta und ich, mir bleibn jedenfalls da und passen auf die zwa auf, dass die uns net widder abhaua. Sagst du dem Achterbusch Bescheid? Wenn was is, mei Handynummer hast du ja. Ach ja, fast hätt ich's vergessen: Wir nehma uns im Gasthof zur Post ein Zimmer, die Retta und ich.«

»Mich vorher zu fragen, ob ich da mitmach, kommt dir wohl net in den Sinn«, entrüstete sich die Retta. »Alles entscheidet Ihre Majestät Kunni I. Mir ham an Urlaub gebucht, und keine Gangsterjagd.«

»Schau mal Retta«, versuchte die Kunni einzulenken, »der Auerbach hat die Doris Kunstmann und den Daniel Rosenkranz umbracht. Mit hoher Wahrscheinlichkeit hat der a die Anschläg in Nermberch und Zirndorf beganga, vielleicht steht auch der türkische Schwulnclub auf seiner Liste. In seiner Scheuna hat der Sprengstoff und Waffen glagert und bis vor Kurzem fünf Panzerfäust. Wir zwa ham selber zugschaut, wie die Panzerfäust von einem Auto mit Tölzer Nummer abgholt worn sind. Dann is der Saukerl mit seiner Schlora genauso wie die Panzerfäust verschwundn und nemmer auftaucht. Vor aner knappn halbn Stund is uns der Verbrecher zufällig übern Weg gloffen. Könnerst du da einfach wegschaua und seelenruhig in Urlaub fahrn? Ich net. Wir müssn den im Auch behalten. Stell dir mal vor, der plant morgen an Überfall und bringt widder an Haufn Leit um. Ich könnt des net mit meim Gwissen vereinbarn.«

»Ich a net«, gab die Retta zu, »aber ich möcht net, dass immer alles über mein Kopf entschieden wird. Und etz erzählst erscht amol, was du in dem Hotel Herzogstand gmacht hast.«

Während die beiden Witwen weiterhin der Bahnhofstraße entlangschlenderten, kamen die zwei Zwiebeltürme des weltberühmten Klosters immer näher. Die mächtige, barocke Anlage lag in der grellen Maiensonne, und dahinter bauten sich in der Ferne die Gebirgsmassen der eintausendachthundert Meter hohen Benediktenwand auf.

★

»Ihre Tante ist ein Schatz, Herr Fuchs«, ereiferte sich Markus Achterbusch am Telefon. »Findet den Auerbach und seine Freundin, spaziert seelenruhig in sein Hotel, führt eine Komödie auf und erfährt auch noch die falschen Namen, unter denen sich die zwei angemeldet haben. Und dann, wie es der Teufel will, passen diese Namen exakt zu Reisepässen, die ein Prager Fälscher angefertigt hat. Damit, noch immer nicht genug, haben wir weitere sechs Namen gefälschter Pässe, die der gleiche Fälscher angefertigt hat. Ich fress einen Besen, wenn die anderen sechs sich nicht auch in der Nähe von Benediktbeuern aufhalten. Die planen ein ganz großes Ding. Ich habe die Kollegen in Penzberg instruiert, sich unauffällig bei allen Gasthöfen, Pensionen, Hotels und sonstigen Beherbergungsbetrieben zu erkundigen, ob in den letzten Tagen Gäste mit den uns vorliegenden Namen eingecheckt haben. Vielleicht geht uns noch der eine oder andere Fisch ins Netz. Ich trommel jedenfalls gleich meine Leute zusammen und fahre nach Benediktbeuern.«

»Wenn Sie nichts dagegen haben, würden Sandra und ich uns auch gleich auf den Weg machen«, erkundigte sich Gerald Fuchs.

»Kommen Sie, kommen Sie, unterstützen Sie Ihre Tante.«

★

Am nächsten Morgen saßen alle in einem Besucherraum der für Benediktbeuern zuständigen Polizeiinspektion Penzberg zusammen: Kunigunde Holzmann, Margarethe Bauer, Gerald Fuchs, Sandra Millberger, Markus Achterbusch sowie ein Beamter der lokalen Polizeiinspektion, Polizeihauptmeister Luggi Sonnleitner.

»Ein herzliches Grüß Gott an jeden«, ergriff Markus Achterbusch das Wort. »Ich möchte mich gar nicht mit irgendwelchen Floskeln aufhalten, sondern gleich in medias res gehen.«

»Was isn des, medias res«, flüsterte die Retta der Kunni ins Ohr.

»Pssst«, flüsterte die zurück, »ich muss mich etz konsternieren, … ich muss etz aufpassen«, schob sie nach.

»Als Erstes erteile ich dem Hausherrn, Herrn Polizeihauptmeister Luggi Sonnleitner, das Wort.«

Der Angesprochene sah sich um, räusperte sich und begann mit seinem Bericht: »Ähm, ja, also auch von mir nochmals ein herzliches Grüß Gott und willkommen in unserem schönen Penzberg. Nachdem mich gestern der Herr Polizeirat Achterbusch angerufen hatte, habe ich sogleich alle meine verfügbaren Kollegen zusammengetrommelt, und wir haben uns auf den Weg gemacht, sämtliche Beherbergungsstätten in Bendiktbeuern und der näheren Umgebung aufzusuchen. Gleich bei der dritten Überprüfung waren wir erfolgreich und sind auf den Namen Pöppel Hans-Peter gestoßen. Um die Sache abzukürzen: Insgesamt haben wir fünf dieser Kerle gefunden und wissen, wo sie wohnen. Nur auf den Namen Ringler Peter sind wir nicht gestoßen.«

»Und was machen wir etz mit dieser Erkenntnis?«, wollte die Kunni wissen.

»Genau, Frau Holzmann«, eiferte sich Markus Achterbusch, »das ist genau der springende Punkt. Alle sieben, einschließlich Herrn Auerbach und seiner Freundin, werden von uns lückenlos überwacht. Wir haben Wanzen in ihren Zimmern platziert, und selbst an den Empfangstresen ihrer Gasthöfe und Pensionen sitzen mittlerweile auch Leute von uns. Eins ist klar: Auf den Zimmern befinden sich keine Waffen, und die Kerle kommunizieren auch nicht untereinander. Angenommen, die planen einen Anschlag, und davon bin ich überzeugt, dann benötigen sie noch Unterstützer von außen, die uns noch nicht bekannt sind. Ich bin mir ziemlich sicher, dass alles von langer Hand vorbereitet und geplant ist. Entweder die haben einen festen Terminplan, der sich nur in ihren Köpfen befindet, und schlagen dann los, oder sie bekommen noch eine wie auch immer geartete, geheime Botschaft. Jedenfalls wollen wir alle fassen, auch die Hintermänner. Also beobachten wir im Moment und warten, was passiert.«

»Was wäre denn in Bendiktbeuern ein lohnenswertes Ziel?«, warf Sandra Millberger ein. »Ich denke, wenn sich fünf oder sechs oder noch mehr

Terroristen an einem Ort aufhalten und möglicherweise Panzerfäuste in ihrem Besitz haben, muss es eine große Sache sein.«

»Richtig, das habe ich mir auch schon überlegt«, gab der Polizeirat zur Antwort, »aber außer dem Kloster ist mir auch nichts Gescheites eingefallen.«

»Des macht doch kann Sinn«, meldete sich die Kunni zu Wort, »wer sacht denn, dass der Anschlag in Benediktbeuern geplant is? Warum net woanders? Net weit weg davon? Wo in der Näh gibts denn eine große ausländische, türkische oder muslimische Organisation?«

Polizeihauptmeister Luggi Sonnleitner wich sämtliche Farbe aus dem Gesicht. »Bei uns, in Penzberg. Im Jahr 2005 wurde das Islamische Forum in Betrieb genommen. Das Forum beherbergt auch eine Moschee.«

»Und zu welchen Anlässen versammeln sich da drin die meisten Menschen?«, ließ die Kunni nicht locker.

»Zum traditionellen Freitagsgebet«, antwortete Luggi Sonnleitner.

»Das ist es.« Markus Achterbusch kam um den Tisch herum gelaufen und drückte der verblüfften Kunigunde Holzmann einen dicken Schmatz auf die Stirn. »Sie sind ein Ass, Frau Holzmann. Wenn dem so ist, haben wir noch knapp drei Tage Zeit. Und Herr Sonnleitner, lassen Sie doch nach diesem abgängigen Ringler Peter auch in Penzberg suchen. Peter Ringler oder Thomas Keller. Ich werde für den Freitag schon mal ein Team des Sondereinsatzkommandos Südbayern organisieren.«

»Mach ich gleich«, bestätigte Luggi Sonnleitner.

»Können wir uns von dem Islamischen Forum mal selber a Bild vor Ort machen?«, schlug die Kunni vor.

»Prima Idee, Frau Holzmann, da fahren wir nachher gleich hin.«

64

Nach mehr als einer Woche Trägheit kam am Freitag, den 23. Mai, plötzlich Bewegung in die sieben Verdächtigen.

»Es geht los.« »Es tut sich was.« »Der Verdächtige Teichmann Uwe ist zu Fuß unterwegs.« »Hausmann Manfred ist mit dem Fahrrad losgefahren.« Von allen Seiten erhielt Markus Achterbusch entsprechende Meldungen von seinen Leuten. Auch Peter Ringler hatte im Frühstücksraum des Hotels Olympia einen heimlichen Schatten, der ihn keinen Moment aus den Augen ließ.

»So früh schon«, rätselte Markus Achterbusch, »von Benediktbeuern nach Penzberg sind es Luftlinie doch nur sechs Kilometer.« Der Polizeirat und sein Team hatten sich in der Polizeistation Penzberg, am Josef-Boos-Platz 1, eine Kommandozentrale eingerichtet und steuerten den Einsatz ihrer Leute von hier aus. »Ich brauche mehr zivile Observierungsfahrzeuge«, sprach Markus Achterbusch in sein Head-Set, »die Kerle strömen ja in alle Richtungen davon. Ist das Team vom SEK Südbayern einsatzbereit?«

»Das Team ist vollzählig, einsatzbereit und wartet im zweiten Stockwerk auf den Einsatzbefehl«, hörte er klar und deutlich aus dem Kopfhörer.

»Sagen Sie dem Teamleiter, dass es noch etwas dauern kann. Wir rechnen mit einem Einsatz zwischen dreizehn und vierzehn Uhr.«

»Okay, verstanden.«

★

Bernd Auerbach hatte die ganzen letzten Tage so ein komisches Gefühl. Angefangen hatte das Ganze mit diesem ominösen Geldschein, der ihm angeblich aus der Tasche gefallen sein sollte. Er trug niemals Geld lose in der Tasche herum. Er hatte den Zwanzig-Euro-Schein auch nicht angenommen. »Stecken Sie den in Ihre Kaffee-Kasse«, hatte er der freundlichen Empfangsdame empfohlen. »Oh, vielen Dank«, hatte sie gesagt, »sehr freundlich. Da werden sich die Kollegen aber freuen.« Am nächsten Tag war sie verschwunden. »Ein plötzlicher, überraschender Trauerfall in der Familie«, hatte ihm ihr Ersatz, ein hochaufgeschossener, überfreundlicher, junger Mann erklärt. Er mochte den Typen von Anfang an nicht. Ein schleimiger Typ.

»Du siehst Gespenster«, meinte seine Freundin Anna. »Allmählich geht es auf den entscheidenden Tag zu, da spielen die Nerven schon mal verrückt.« Die Instruktionen, die er am Tag nach ihrer Ankunft erhalten hatte, hatte er auswendig gelernt, bevor er sie vernichtete. Sie waren in sein Gedächtnis gemeißelt wie in Stein, wichen aber in einigen Punkten erheblich davon ab, was er bisher von Thomas Keller erfahren hatte. In dem Kuvert, welches er erhalten hatte, befand sich auch ein Mobiltelefon mit einer Prepaid-Karte. Darauf war eine einzige Telefonnummer abgespeichert.« Bitte nur im äußersten Notfall benutzen, wie zum Beispiel bei Entdeckung durch die Ermittlungsbehörden«, hieß es, »danach vernichten.« Es gab keine Vorschriften bezüglich der Anreise nach Penzberg. Jeder sollte für sich entscheiden und möglichst unkonventionelle Wege wählen. Aber sie sollten die Anreise nach Penzberg frühzeitig antreten und unterwegs peinlichst auf mögliche Verfolger achten. Die Zeit in Penzberg bis zum vereinbarten Einsatz sollte dazu genutzt werden, mögliche Verfolger abzuschütteln, indem man beispielsweise Geschäfte aufsuchte und durch andere Ausgänge wieder verließ. Bernd Auerbach wusste nicht, ob es reelle Gründe für diese Verhaltensanweisungen gab. Er beurteilte sie als reine Vorsichtsmaßnahmen. Jeder sollte, unmittelbar nach der Erledigung seiner Aufgabe, für seinen eigenen geordneten Rückzug sorgen und in sein Feriendomizil zurückkehren. Fluchtfahrzeuge wurden als zu risikoreich beurteilt.

Diesen Morgen war er nach dem Frühstück mit dem Fahrrad losgefahren. Nach Penzberg waren es nur circa acht Kilometer. Mit Anna war er die Strecke schon zweimal gefahren und wusste, dass er nur knappe fünfzig Minuten benötigen würde. Er brauchte nur die Bahnhofstraße hinunter fahren, an der Deutschen Jugendherberge Miriam vorbei und in die Meichelbeckstraße einbiegen. Auf die riesige Klosteranlage, die linker Hand lag, verschwendete er keinen Blick, sondern fuhr parallel immer an der Bahnlinie, rechts von ihm, entlang. Dann wechselte der Straßenname, und die Straße, die er weiterfuhr, war plötzlich die Klosterstraße und später die Sportplatzstraße. Die Strecke führte an der kleinen Ortschaft Bichl vorbei und überquerte danach die Bahntrasse. Bis zum Loisachtal ging es immer bergabwärts. Drüben, über dem Fluss, begann bereits die Bichler Straße, die direkt nach Penzberg führte. Allerdings ging es wieder bergauf und erforderte einige Muskelkraft in den Oberschenkeln. Bernd Auerbach hatte sich vorgenommen, die Bichler Straße bis fast zum Islamischen Forum zu fahren, um nochmals einen Blick auf das heile Gebäude zu werfen. Davor würde er rechts in die Fraunhofer Straße abbiegen und dort bis zum Gelände des Sport- und Gebrauchthundevereins Penzberg weiterfahren. Dort würde er sein Fahrrad abstellen und zu Fuß den Weg in die Innenstadt nehmen. Doch noch war es nicht soweit, noch war er nicht einmal an Bichl vorbei. Er stutzte. War das nicht schon das dritte Mal, dass ihn der graue Ford Focus mit der Rosenheimer Nummer überholte? Doch plötzlich setzte der Fahrer vor ihm den Blinker und bog rechts in die Ortschaft ab. Bernd Auerbach war wieder beruhigt.

★

Langsam, viel zu langsam, verstrich die Zeit und die Spannung in der Kommandozentrale am Josef-Boos-Platz wuchs sprunghaft an. »Hachmann Ulrich ebenfalls in Penzberg eingetroffen«, vernahm Markus Achterbusch aus seinem Kopfhörer. Alle waren da, nur Anna Wollschläger nicht, und auch Peter Ringler hatte sich auf sein Hotelzimmer zurückgezogen. Auf der Großbildleinwand in der Kommandozentrale wurden die Live-Aufnahmen vom Islamischen Forum zugeschaltet. Drei Kameras, zwei davon aus der Vogelperspektive, übertrugen die Bilder von vor Ort. Markus Achterbusch überprüfte die Zoom-Funktionen. Es war ruhig in der Bichler Straße und in der Fraunhofer Straße. Noch war es eine Stunde hin, bis das traditionelle Freitagsgebet begann. Der Verkehr floss ruhig und geordnet dahin.

★

Oben, im zweiten Stock des Gebäudes, überprüften die Männer des SEK – jeder für sich – ihre Einsatzbereitschaft. Am frühen Morgen, um acht Uhr, waren sie aus ihrem Standort, in München in der Rosenheimer Straße, ausgerückt und hatten sich auf den kurzen Weg nach Penzberg begeben. Jeder von ihnen musste sich einem schwierigen Auswahlverfahren unterziehen, um in das SEK-Team berufen zu werden. Gute, körperliche Kondition war eine Grundvoraussetzung. Aber auch Charakterstärke, eine hohe soziale Kompetenz, Urteilsvermögen und Stressbelastbarkeit waren gefragt. In ihren schwarzen Sturmhauben und taktischen Westen sahen sie furchterregend aus. Aber das war ja auch Sinn und Zweck der Sache. Ihre Schutzwesten bestanden aus Kevlar-Gewebe und die Helme aus Titan mit integrierten Sprechfunkgarnituren. Das Visier der Helme war eine zwölf Millimeter starke Scheibe aus Polycarbonat. Jeder der Männer war mit einer Glock-Pistole und einer Maschinenpistole HK MP5 oder HK MP7 bewaffnet. Die Scharfschützen unter ihnen trugen das österreichische Sturmgewehr Steyr AUG. Jeder von ihnen hatte in zig Einsätzen Erfahrung gesammelt, egal ob es sich um Terrorismusbekämpfung, Geiselbefreiung oder einfach nur um Zugriffe handelte. Keiner der Männer sprach ein Wort. Jeder wusste, dass ihnen bald ein gefährlicher Einsatz bevorstand.

★

Fünfzehn Minuten vor dreizehn Uhr kam die Anweisung: »SEK-Team Alpha auf Position Fraunhofer Straße, Parkplatz Getränkemarkt, und SEK-Team Beta auf Position Fraunhofer Straße, Parkplatz rückwärtiges Gebäude der Formtechnologie-Firma ausrücken. Keine Aktivitäten. Weitere Anweisungen abwarten.«

Als die SEK-Teams an ihren zugewiesenen Standorten ankamen, herrschte vor und auf dem Gelände des Islamischen Forums bereits große Betriebsamkeit. Muslime strömten aus allen Richtungen herbei und verschwanden im Innern des Gebäudes, um vor dem Beginn des Freitaggebets die vorgeschriebenen Waschungen zu vollziehen. Es mussten Hunderte sein, die in die Moschee drängten.

»SEK-Team Alpha und Beta, ich sehe Sie gut«, sprach Markus Achterbusch in sein Mikrophon. Weiter abwarten.«

»Verstanden«, meldeten die beiden Team-Führer zurück.

★

Etwa zur gleichen Zeit, als die SEK-Beamten in der Fraunhofer Straße ankamen, verließ Thomas Keller das Hotel Olympia und in stieg in ein bestelltes Taxi. »Zur Stegfilzstraße bitte«, wies er den Fahrer an. Schräg gegenüber des Islamischen Forums, auf der anderen Seite der Bichler Straße, hatte er einen von Hecken umwachsenen Platz ausgemacht, welchen man schlecht einsehen konnte. Er wollte den Angriff seiner Leute live miterleben. Sogar eine winzige Digitalkamera hatte er in seine Jackentasche gesteckt. Sein kurzer Weg von der Stegfilzstraße zur Bichler Straße blieb nicht unbeobachtet. Eine Frau, Mitte vierzig, mit Brille und dunklem Pagenschnitt stieg aus einem roten VW Golf und heftete sich an seine Fersen. »Peter Ringler steht schräg gegenüber vom Islamischen Forum hinter einer schulterhohen Hecke und beobachtet die Szene«, sprach sie in ihr winziges Mikrophon.

»Habe verstanden.« Markus Achterbusch schwenkte eine der Kameras und betätigte die Zoom-Funktion. »Ich kann den Mann sehen«, bestätigte er, »Dran bleiben und weitere Anweisungen abwarten.«

»Okay, verstanden«, antwortete der Pagenschnitt.

★

Die sechs Terroristen, die noch in der Innenstadt von Penzberg unterwegs waren, sahen immer häufiger auf ihre Uhren. Eine gewisse Nervosität bemächtigte sich ihrer. Ihre Nerven waren angespannt. Fast jeder von ihnen rief sich die Handhabung der Bedienungselemente der Panzerfäuste ins Gedächtnis sowie das Laden der Munition und die Einstellung der komplizierten Zieloptik. Jeder wollte sein Bestes dazu beitragen, das Islamische Forum in Schutt und Asche zu legen und so viele Muslime wie möglich ins Paradies zu befördern. Langsam lenkten sie ihre Schritte, aus verschiedenen Richtungen kommend, in Richtung Bichler Straße.

★

Das Freitagsgebet der Muslime, in Richtung Mekka, war voll im Gange. Die Männer in der Moschee hoben ihre Hände bis in Kopfhöhe und beteten innbrünstig »Allahu akbar.« Dann verschränkten sie ihre Hände in Bauchnabelhöhe und fuhren in ihrem Gebet fort: »Subhanekel-lahumme ve bihamdike ve tebarekesmüke ve teala ceddüke ve la ilahe gyyruk – Preis sei dir, o Allah und Lob sei dir und gesegnet ist dein Name und hoch erhaben ist deine Herrschaft und es gibt keinen Gott außer dir.« Selbst draußen, auf dem schmalen Vorplatz der Moschee, war ihr Beten noch deutlich zu hören.

★

Der Minutenzeiger der Uhr bewegte sich zwischen dreizehn Uhr dreißig und dreizehn Uhr fünfundvierzig. »Achtung, Bernd Auerbach läuft auf die Stegfilzstraße zu«, vernahm Markus Achterbusch aus seinem Kopfhörer.

»Uwe Teichmann nähert sich vom Süden auf dem Gehsteig der Bichler Straße.«

»Hans-Peter Pöppel kommt gerade aus dem REWE-Supermarkt, nördlich der Oskar-von Miller-Straße.«

»Markus Engel läuft in der Sophie-Scholl-Straße. Er wird gleich die Oskar-von-Miller-Straße überqueren.«

»Ulrich Hachmann steigt gerade aus dem Stadtbus, Ecke Karlstraße/Am Schwadergraben.«

»Der Hagenkötter kommt durch die Bürgermeister-Rummer-Straße.«

»An alle: Tragen sie irgendwelche Waffen?«

»Nein, jedenfalls nicht sichtbar. Auf keinen Fall haben sie Panzerfäuste bei sich.«

»Einen Moment«, forderte der Polizeirat am Sprechgerät, »gerade fährt ein roter Renault Kastenwagen mit Tölzer Kennzeichen in die Fraunhofer Straße ein. Er parkt direkt vor eurer Schnauze, SEK-Team Alpha. Ich wette, da sind die Panzerfäuste drin.«

»Wir haben ihn direkt vor uns«, kam die Antwort.

»Auf den Zugriff vorbereiten und den Renault auf keinen Fall entkommen lassen.«

»Verstanden.«

★

Thomas Keller stand hinter der Hecke aus Vogelbeersträuchern, wartete auf seine Leute und hing seinen Gedanken nach. Wenn der Anschlag auf das Islamische Forum gelang – und daran hegte er nun nicht mehr den geringsten Zweifel – dann wollte er bald ein ähnlich großes Ding realisieren. Er hatte mitbekommen, dass sich in der Stadt Fürth ein ehemaliges Vier-Sterne-Hotel gerade im Umbau befand und im August von Asylanten bezogen werden sollte. Fünfhundert dieser Nichtsnutze sollten sich dort breit machen dürfen. Unglaublich. Skandalös. Es musste eine Wonne sein, das Gebäude mitten in der Nacht, wenn alles schlief, in die Luft zu jagen und bis auf die Grundmauern zu zerstören.

Er unterbrach seine Gedanken, denn sie kamen, seine Leute. Zumindest einige von ihnen konnte er sehen. Sie bewegten sich geschickt, und sie waren pünktlich wie die Maurer. Er war mächtig stolz auf sie. Auch der rote Waffen-Transporter rollte auf die Sekunde genau an den Rand der Fraunhofer Straße und hielt. Er zückte seine Kamera und betätigte die Energiezufuhr. Dann richtete er das Objektiv auf die gegenüberliegende Straßenseite und drückte den roten Aufnahmeknopf.

★

Margarethe Bauer, Kunigunde Holzmann, ihr Neffe Gerald und Sandra Millberger saßen im Nebenraum der Kommandozentrale und verfolgten das Geschehen auf einem großen Bildschirm. »Ich mach gleich in die Husn«, stöhnte die Kunni vor lauter Aufregung. »Da ist der Auerbach«, rief sie völlig aufgebracht, als das Zoom-Objektiv sein Gesicht ganz nah heranholte.

»Dahinten kumma die andern«, meldete sich auch die Retta zu Wort. »Mant ihr, dass diese Panzerfäust wirklich in dem roten Auto sind?«

»Des wern wir gleich sehgn«, stoppte die Kunni ihren Redefluss, »schau hie! Die kumma immer näher.«

»Warum greift denn des SEK-Kommando net ein?«, wunderte sich die Retta.

»Die sen doch noch viel zu weit weg«, erklärte ihr die Kunni, »und außerdem muss mer die auf frischer Tat ertappen, gell Gerald? Die müssn praktisch die Waffn in ihre Händ halten. Sunst behaupten die, die wollten goar net auf des rote Auto zugeh.«

»Ach so«, begriff die Retta. »Müssn die a erscht schießen? Sonst könntn die doch a behaupten, dass sie goar net auf die Moschee schießn wollten.«

»Retta«, stöhnte die Kunni, »etz sei leis und schau zu.«

★

Aus der Moschee ertönten Hunderte innbrünstiger Stimmen: »Ettehiyyatu lillahi ves-salevatu vet-tayyibatu, esselamu aleyke eyyühen-nebiyyu ve rahmetullahi ve berekatuh, es-salamu aleyna ve ala ibadillahis-salihiyn eschhedu enla ilahe aiiallah, ve eschdedu enne muhammedan abduhu ve rasuluh – Ehre sei Allah und Anbetung und Heiligkeit. Friede sei mit dir, o Prophet und die Barmherzigkeit Allahs und seine Segnungen. Friede sei mit uns und den frommen Dienern Allahs. Ich bezeuge, dass es keinen Gott gibt außer Allah, und ich bezeuge, dass Muhammed sein Diener und Gesandter ist.

★

Die sechs Terroristen gingen wirklich geschickt vor. Sie koordinierten ihre Abstände zum Waffentransporter. Diejenigen, die noch weiter entfernt waren, beschleunigten ihre Schritte. Die anderen, die schon ziemlich nahe waren, verzögerten ihren Gang. Als alle sechs ungefähr den gleichen Abstand zum Renault hatten und noch circa fünfzig Meter entfernt waren, hob einer der Kerle die rechte Hand. Es war Bernd Auerbach. Plötzlich stürmten alle sechs los und rannten auf den französischen Transporter zu. Dessen Fahrer riss plötzlich die Fahrertür auf, stürmte nach hinten und öffnete die beiden Flügeltüren des Wagens. Behände verschwand er im Innern des Fahrzeugs und schleppte die Kontra-Bass-Transportbehälter von hinten nach vorne. Ulrich Hachmann war der erste der Terroristen, der am Renault ankam und sich einen Behälter griff.

★

Markus Achterbusch war von der Heftigkeit der Entwicklung überrascht worden. Fast zu spät schrie er in sein Mikrophon: »Zugriff!« Die Fahrzeugtüren der SEK-Fahrzeuge flogen auf, und zwanzig in Schwarz gekleidete Polizisten stürmten, ihre Maschinenpistolen im Anschlag haltend, auf die verdutzten Terroristen zu. »Hände hoch, hier spricht die Polizei. Legen Sie Ihre Waffen auf den Boden und verschränken Sie die Hände hinter dem Kopf. Jeglicher Widerstand ist zwecklos und wird mit entsprechenden Maßnahmen geahndet.«

Der Fahrer des roten Renaults war in sein Führerhaus geflüchtet, hatte den Motor gestartet und wollte sich gerade aus dem Staub machen, als sich das Fahrzeug vom SEK-Team Alpha direkt vor seine Schnauze setzte. Er stieg aus und erhob ebenfalls seine Hände. Den Verdächtigen wurden Handschellen angelegt. Schnell wurden sie in einen Minibus verfrachtet, der gerade am Straßenrand hielt und auf der linken und rechten Seite nur ein vergittertes Fenster aufwies. Widerstandslos und mit hängenden Köpfen stiegen sie ein. Sie verstanden die Welt nicht mehr. Was war passiert? Ein Polizeibeamter setzte sich währenddessen hinter das Steuer des Renaults und fuhr den Wagen weg. Als die Muslime zehn Minuten später aus der Moschee strömten, lag das Islamische Forum friedlich da, wie eh und je.

Markus Achterbusch sprach zum letzten Mal in sein Mikrophon: »Gut gemacht.« Dann rief er seine Kollegen in Bendiktbeuern an. »Ihr könnt die Dame hoppnehmen. Bringt sie hierher.«

★

Drüben auf der anderen Seite der Bichler Straße konnte Thomas Keller immer noch nicht begreifen, was eben geschehen war und er mit eigenen Augen miterleben musste. Wie konnte das passieren? Er verstand es nicht. Niemand wusste, was sie vorhatten. Niemand außer seinen Leuten und den NEL-Gründern. Für die legte er seine Hand ins Feuer. Trotz Schockzustand arbeitete sein Gehirn weiter. Weg von hier. Er musste weg. Wie automatisch lenkten ihn seine Schritte den Weg zurück, den er gekommen war. Als er in die Stiegfilzstraße einbog, sah er den roten VW Golf, der mit geöffneten Türen am Straßenrand parkte. Eine Frau mit Pagenschnitt und zwei Männer standen davor. Die beiden Männer rauchten. Mit Blick auf den Boden gerichtet, wollte er an ihnen vorbei. »Wir haben für Sie ein Taxi organisiert, Herr Ringler«, sprach ihn die Frau an, »oder sollte ich besser sagen, Herr Keller? Allerdings geht es nicht zurück ins Hotel Olympia. Wir haben uns erlaubt, Ihnen ein anderes Zimmer zu reservieren. Nicht so schick, nicht so geräumig und auch ein Frühstücksbuffet gibt es nicht. Sie werden sich in den nächsten Jahren schon daran gewöhnen.«

»Wie haben Sie mich gefunden?«

»Das ist eine lange Geschichte.«

65

»Was habe ich falsch gemacht?«, wollte Thomas Keller wissen, der in einem fensterlosen Vernehmungsraum saß. Markus Achterbusch und zwei seiner Kollegen saßen ihm gegenüber.

»Nichts«, antwortete der Polizeirat, »außer vielleicht, dass Sie Ihre gefälschten Pässe von Pavel Svoboda anfertigen ließen. Dem wurde nämlich das Handwerk gelegt, und der Gute hatte all seine Referenzen sehr akkurat dokumentiert. Aber selbst mit den Nummern und Namen der gefälschten Pässe hätten wir Ihre wahre Identität nicht rechtzeitig identifizieren können, wenn da nicht …, ja wenn da nicht zwei ausgefuchste fränkische Witwen Ihrem Herrn Auerbach auf die Schliche gekommen wären. Der hat sich nämlich ein paar außerordentliche, private Schnitzer geleistet, indem er einen Deutschtürken krankenhausreif geprügelt und zwei Röttenbacher Bürger, eine junge Frau und einen betagten jüdischen Professor, umgebracht hat. Ich vermute, Sie wissen gar nichts davon? Richtig? Na, jedenfalls scheint es so, dass die Franken es sich nicht gefallen lassen, wenn man ihre Leute ermordet. Da sind sie wie Bluthunde, und wenn sie erst mal Witterung aufgenommen haben, dann lassen sie nicht mehr locker. Ach, fast hätte ich es vergessen: Ich soll Sie schön grüßen. Ihrem alten Freund, Sigurd Stürmer – den kennen Sie doch noch, aus früheren, schöneren Zeiten – haben wir für die nächsten Jahre auch ein Einzelzimmer vermitteln können. Aber nun genug der Vorrede, nun gehen wir doch mal in die Einzelheiten.«

★

Der hochgewachsene CSU-Politiker mit seinem glatt gezogenen Linksscheitel trat mit stolz geschwellter Brust vor die Kameras der internationalen Medien. Im Hintergrund grüßte das Maximilianeum vom östlichen Isar-Hochufer im Stadtteil Haidhausen. »Die feigen und hinterhältigen Anschläge auf das Türkische Generalkonsulat in Nürnberg und die Aufnahmestelle für Asylbewerber in Zirndorf sind, dank einer federführenden Meisterleistung des Bayerischen Verfassungsschutzes, aufgeklärt. Die Terroristen – eine neue Terrorzelle von Neonazis – sind alle verhaftet und sitzen hinter Schloss und Riegel.«

»… Herr Ministerpräsident, Herr Ministerpräsident«, versuchte ein Reporter der größten deutschen Tageszeitung den Politiker zu unterbrechen.

»Unterbrechen Sie mich nicht, sondern lassen Sie mich meine Aussagen erst zu Ende führen«, reagierte dieser sichtlich verärgert. Er wiederholte: »Also, wie gesagt, unter der Federführung des Bayerischen Verfassungsschutzes …«, und schien den Faden verloren zu haben. »Ach ja, die Festgenommenen scheinen weitere Verbrechen begangen zu haben. Dies restlos aufzuklären, wird noch einige Tage oder gar Wochen in Anspruch nehmen. Heute Nachmittag hatten die Verhafteten versucht, in unserem oberbayerischen Penzberg das Islamische Forum mit Panzerfäusten zu attackieren, doch das Sondereinsatzkommando Südbayern war rechtzeitig vor Ort und konnte den Anschlag in letzter Sekunde verhindern. Hunderte unserer geschätzten, muslimischen Mitbürger ahnten nicht, dass sie zeitweise in höchster Lebensgefahr schwebten. Durch die beherzte Arbeit unserer bayerischen Ermittlungsbehörden wurde wieder einmal deutlich, dass die Behörden auf Bundesebene lange Zeit einer falschen Spur nacheiferten. Erwähnenswert ist auch, dass zwei kriminalistisch begabte bayerische Witwen einen erheblichen Teil zu der Aufklärung der Fälle beigetragen haben. So, und nun können Sie Ihre Fragen stellen«, endeten die Ausführungen des Ministerpräsidenten.

★

»Bayerische Witwen«, plusterte sich die Kunni auf. »Dem hams wohl ins Hirn gschissn! Der sollte sich lieber um sei Maut-Konzept kümmern.«

»Den wähln wir nimmer, gell Kunni?«, mischte sich nun auch die Retta ein.

»Den habbi sowieso noch nie gwählt, den Dampfplauderer, nachdem die bayerischn Schwarzn den Beckstein abgsägt ham.«

»Meine Damen«, mischte sich Markus Achterbusch ein, »vergessen Sie doch für den Moment die Politik. Genießen wir doch unser gemeinsames Abendessen, und ich schlage vor, dass wir nun auf unsere fränkischen Witwen anstoßen, ohne deren Unterstützung wir diesen Fall nicht so schnell hätten lösen können. Prost.«

Auch Sandra Millberger, Gerald Fuchs und Luggi Sonnleitner erhoben ihre Gläser.

»Röttenbacher«, warf die Kunni noch ein, bevor sie einen kräftigen Schluck von ihrem Bier nahm.

»Wie bitte?«

»Röttenbacher Witwen«, wiederholte sie.

EPILOG

Die restlose Aufklärung des Falles zog sich noch Monate hin.

Der Islamische Staat betreibt nach wie vor sein brutales Regime in Teilen Syriens und des Irak. Immer mehr Menschen fliehen aus ihren muslimischen Heimatländern, und insbesondere Deutschland und Schweden stehen hier vor ungelösten Aufgaben. Andere europäische Nationen stellen sich bei der Frage der Verteilungsquote taub. Hooligans und Rechtsextremisten verbünden sich gegen sogenannte Salafisten. Patriotische Europäer gegen die Islamisierung des Abendlandes versuchen, unter dem Deckmantel der Zukunftsangst gegen den Einwanderungsstrom den warnenden Finger zu heben, und werden von den großen poltischen Parteien zu recht als Ausländerfeinde abgestempelt. Statistiken werden veröffentlicht, die belegen sollen, dass Migranten dem deutschen Sozialsystem jährlich Unsummen kosten. Der Freistaat Bayern plant, Flüchtlinge, welche keine asylrelevanten Gründe nachweisen können, zeitnah in ihre Heimatländer abzuschieben. Weitere Flüchtlingsströme und islamistische Gräueltaten werden nicht dazu beitragen, den wachsenden Fremdenhass in Deutschland zu mildern. Gegner und Anhänger der Zuwanderung werden ihre Meinungsverschiedenheiten weiterhin in der Öffentlichkeit austragen. Auch in Schweden brennen bereits die ersten Moscheen. In Teilen Deutschlands wird über die Einführung muslimischer Feiertage nachgedacht. Es wird diskutiert und argumentiert. Es gibt zu viele sogenannte Experten. Nur die Rechtsextremisten beteiligen sich nicht an den Diskussionen. Mal hier, mal da wird ein Dunkelhäutiger niedergeschlagen oder ein Asylantenheim in Brand gesetzt.

Doch auch die Schlepper und ihre geschäftstüchtigen Bosse im Hintergrund versündigen sich an Leib und Leben der Flüchtlinge. Das elendige Geschäft im Mittelmeer boomt. Geisterschiffe – von ihren Besatzungen aufgegeben – mit Flüchtlingen überladen, treiben hilflos auf dem Wasser.

Von **Werner Rosenzweig** sind bisher folgende Bücher erschienen (www.roetten-buch.de):

Ni hao Shanghai
Das Buch enthält Kurzgeschichten, welche in Anekdotenform geschrieben sind. Der Autor berichtet von Erlebnissen während seines dreijährigen Chinaaufenthaltes in den Jahren 2005 bis 2008. Des Weiteren besteht das Buch aus vielen selbst »geschossenen« Fotos aus China. Interkulturelle Beiträge sowie nützliche Ratschläge zum Reich der Mitte runden den Inhalt ab.

Korrupt und Mausetot
Schauplätze dieses Krimis sind China und Mittelfranken. Ein Fürther Unternehmen erhält einen Großauftrag aus China. Eine chinesische Sekte nistet sich in dem romantischen Wasserschloss Neuhaus ein. Einer der Vize-Bürgermeister Schanghais liegt erstochen in einer fränkischen Sommerwiese, in der Nähe von Röttenbach. Aus seiner Brust ragt der Knauf eines argentinischen Gaucho-Messers. Millionen Euro Schmiergelder sind spurlos verschwunden. Die Mordkommission der Kripo Erlangen nimmt ihre Ermittlungen auf, tappt aber lange Zeit im Dunkeln.

Todesklinik
Während in der Volksrepublik China die Anhänger der Meditationsbewegung Falun Gong gnadenlos verfolgt und inhaftiert werden, errichtet ein skrupelloser deutscher Chirurg nahe dem verträumten mittelfränkischen Hesselberg eine private Schönheitsklinik. Bald begnügt er sich nicht mehr nur mit Schönheitsoperationen, sondern führt auch illegale Organtransplantationen durch. Seine Organspender holt er sich aus dem Reich der Mitte. Die ausgeweideten Körper verschwinden spurlos in einer Tierverbrennungsanlage in Herzogenaurach.

Dann gelingt einer Chinesin überraschenderweise die Flucht aus der »Todesklinik«. Sie wird gnadenlos gejagt. Dank des beherzten Eingreifens eines

Hesselberger Ehepaares kann das Schlimmste gerade noch verhindert werden.

Fränkische und chinesische Gedichte

Gedichte über Franken und China. »Karpfenzeit – eine fränkische Tragödie«, »Blaue Zipfel«, und »Dialekt« bieten dem Leser ebenso Amüsantes, wie »Garküchen«, »Weideröslein«, oder »Finanzkrise«.

Karpfen, Glees und Gift im Bauch

Wer sich an diesen Krimi heranwagt, sollte des fränkischen Dialekts einigermaßen mächtig sein, denn die Dialoge sind überwiegend in mittelfränkischer Mundart geschrieben.

Ganz Röttenbach freut sich über seinen neuen Supermarkt. Endlich ein Vollsortimenter, wie man sich ihn seit Jahr und Tag gewünscht hat. Doch es ist mehr Schein als Sein. In der riesigen Lagerhalle werden verbotene Fluorchlorkohlenwasserstoffe umgeschlagen. Hergestellt und importiert aus China. Als dann auch noch die Tschechen-Mafia über das Dorf herfällt, wird eine in Plastikfolie verpackte Wasserleiche aus dem Breitweiher gezogen. Doch das war erst der Anfang. Das mysteriöse Morden geht weiter. Die beiden fast achtzigjährigen Witwen, Kunigunde Holzmann und Margarethe Bauer, nehmen sich der Sache an und ihre Ermittlungen auf.

Wenn der Frange frängisch red, der Breiß ka anzichs Wordd verschdehd

Ein Gedichtband aus dem fränkischen Alltagsleben. Egal, ob es um die »Baggers«, die »Weihnachtsgans«, ums »Gschmarri«, die »Berchkerwa«, ums »Walberla« oder die »Fränkische Bayernhymne« geht, die Reime sind vergnüglich zu lesen.

Zeckenalarm im Karpfenland

Frankens Karpfenland, der liebliche Aischgrund, wird durch Hyalomma-Zecken bedroht, eine Zeckenart, die es in diesen Breitengraden gar nicht geben dürfte.

In Erlangen wird ein Obdachloser, der von den kleinen Krabblern gestochen wurde, durch das Krim-Kongo-Fieber hinweggerafft. Die Ermittlungen der Gesundheitsbehörden laufen ins Leere.

Wochen später erleidet in der kleinen fränkischen Gemeinde Röttenbach ein bis dahin kerngesunder Bürger überraschend das gleiche Schicksal.

Kunigunde Holzmann und Margarethe Bauer, die beiden kriminalistisch begabten Witwen, glauben nicht an den Zeckenzauber. Wie recht sie haben: Ein perfider Mörder treibt mit den kleinen Blutsaugern sein Unwesen. Er lässt morden. Schließlich geht es um viel Geld. Die beiden Witwen benötigen viel Geduld und Bauernschläue, bis sie dem Täter auf die Schliche kommen.

Allmächd, scho widder a Mord!

Ganz Franken ist blutrot gefärbt:

Während in Erlangen die chinesische Mafia Schutzgelder erpresst und LSD unter das Volk bringt, planen Terroristen der Al-Qaida einen Bombenanschlag auf die Mainfrankensäle in Veitshöchheim.

In Nürnberg entführt der Nachtgiger den kleinen Raphael, und in Bamberg sterben hohe geistliche Würdenträger wie die Fliegen an der Wand.

Auch Altbürgermeister Georg Nusch aus Rothenburg ob der Tauber hätte auf den Meistertrunk besser verzichten sollen … Dass Frischfleisch nicht nur im Supermarkt angeboten wird, davon kann die Fürther Rockerbande »Kleeblatt-Spiders« ein Lied singen.

»Allmächd scho widder a Mord!« ist ein kriminalistischer Streifzug quer durch Franken. Zwölf unglaubliche Geschichten aus zwölf unterschiedlichen Orten.